KB060726

허브-거리의 종말

HUB-The death of distance

HUB

The death of distance

거리의 종말

홍순만(카이스트 교수) 지음

문이당

책을 펴내며

인간은 누구나 죽는다. 그래서 살아 있는 동안 가급적 많은 활동을 하면서 일하고, 즐기고, 느끼며 살아가기를 원한다. 인간의 활동 앞에 놓여 있는 커다란 장애물이 떨어져 있는 거리距離다. 거리라는 장애를 극복하는 것은 진시황이 살아생전 그토록 원했던 불로초不老草를 얻은 거나 마찬가지다. 거리를 극복하고자 하는 수많은 시도가 인류가 생긴 이래로 수천 년간 지속되고 있다. 인류 역사 초기에는 가마, 말, 마차, 돛단배 등 사람, 동물, 자연의 힘을 이용하여 보다 빠르고 멀리 가고자 했다. 근현대近現代에 들어와서는 기관차, 자동차, 선박, 항공기, 고속열차, 자기부상열차, 로켓 등 기계적인 힘을 이용하여 보다 용이하게 거리라는 장애를 극복해 오고 있다. 교통수단이 발달할 때마다 로마의 유럽 장악, 칭기즈 칸의 대륙 정벌, 콜럼버스의 미 대륙 발견, 일본의 미국 진주만 기습, 미국의 아폴로호 달 탐사 등 새로운 인류 역사가 생겨났다. 그리고 지금과 같은 빈번한 교역과 수많은 경제 활동이 생겨났다.

거리를 극복하기 어려울 때는 대안代案으로 많은 사람들이 좁은 공간에 고층 빌딩을 짓고 함께 모여 살기도 했다. 그로 인해 도시에 사는 사람들의 수는 점차 늘어났다. 그리고 메트로폴리탄이라는 대규모 도시군群들이 전 세계에 걸쳐 속속 생겨났다. '거리의 종말(death of distance)'은 인류에게 남아 있는 마지막 꿈일지도 모른다. 인간에게 거리가 그들이 활동하는 데 커다란 장애물로 남아 있는 한, 이를 극복하기 위한 인간의 노력은 계속될 것이다.

거리를 극복하여 사람이나 물자를 조금이라도 싸고 빠르게 이동시켜 주는 사람, 기업, 나라 들은 막대한 이득을 챙겨 왔다. 이러한 사람, 기업, 나라 들이 사람이나 물자의 거리의 종말을 앞당기기 위해 만들어 낸 전략이 허브 앤드 스포크(Hub and Spoke)다. 허브 앤드 스포크의 허브는 자전거 바퀴 축軸을 의미하고 스포크는 자전거 바퀴살, 즉 네트워크를 의미한다. 허브는 주변과 네트워크를 통해 관계를 맺으며 허브 자신의 우월적 효율성에 의해 중심에 서게 된다. 그리고 허브는 자신을 둘러싼 전체 시스템을 주도하며 발전해 나간다. 시스템 측면으로서의 허브는 마치 살아 움직이는 유기체와 같다. 허브는 새롭게 생성되기도 하고, 번성하기도 하며, 쇠락의 길을 가기도 하고, 소멸하기도 한다. 사람, 기업, 나라의 흥망성쇠 뒤에는 항상 허브의 흥망성쇠가 함께했다.

허브가 주변 지역의 중심이 되기 위해서는 허브 자체의 강력한 효율적 리더십이 있어야 하고, 그 리더십을 전파할 수 있는 거미줄과 같은 네트워크가 필요하다. 자신의 나라를 허브로 만들기 위해 나서는 것은 국가다. 그렇지만 정작 허브 전략을 사용하여 비즈니스를 하는 것은 기업이나 개인이다. 즉 허브는 자신을 허브로 이용할수록 기업이나 개인들에게 이익이 되는 그 무언가를 가지고 있어야 한다.

지금도 세계 각국은 금융, 정보, 통신, 교통, 물류, 제조, 소비 등 여러 방면에서 자신들의 나라를 허브로 만들기 위해 치열한 경쟁을 벌이고 있다. 제품은 제조 원가가 가장 싼 곳에서 만들어져 가장 비싼 곳으로 팔려 나간다. 때문에 낮은 임금, 재료비 등 제조 원가가 가장 싼 곳이 생산지가 되고 비싼 곳이 소비지가 되는 구조를 갖는다. 따라서 생산과 소비는 별도의 허브의 개념이 존재하기 어렵다.

금융, 정보, 통신 분야 역시 세계 어디서나 초고속 정보 통신망으로 무차별적인 서비스를 받을 수 있다. 즉 이미 이 분야는 거리의 종말(death of distance)을 맞이했다. 그러므로 허브가 어디에 있든 그다지 큰 문제가 되지 않는다.

그러나 전기적 신호가 아닌, 사람이나 물자를 직접 수송 하는 교통交通과 물류物流 분야는 이야기가 다르다. 경쟁력 있는 허브와 이를 둘러싼 거미줄 같은 빠른 네트워크는 교통 물류 비용을 획기적으로 줄일 수 있다. 이 때문에 경쟁력 있는 허브가 되어 사람과 물자들이 몰려든다. 그만큼 대량 수송을 통해 교통 물류 비용을 더 낮출 수 있다. 그런 까닭에 한번 경쟁력 있는 허브가 되면 그 우월적 지위를 쉽게 빼앗기지 않는다. 따라서 허브에 대한 이야기는 대부분 지리적 우위가 뚜렷한 교통 물류 분야에서 나온다.

경쟁력 있는 허브의 지리적 위치에 따라 일정한 위치에서 경제 활동을 하는 사람들과 기업들의 유불리有不利는 명확해진다. 경쟁력 있는 허브 인근에 위치한 사람과 기업은 그 이외의 지역에 사는 사람과 기업보다 교통 물류 시간과 비용을 획기적으로 줄일 수 있다. 따라서 경쟁력 있는 교통 물류 허브를 중심으로 사람과 기업이 몰려들어 인간의 활동(activity)과 교역(trade)의 중심지로 발전해 왔다. 그만큼 허브가 되었을 때 얻는 이익은 막대하다. 이 때문에 세계 곳곳에서 교통 물류 허브 경쟁이 치열하게 벌어지고 있다. 총성 없는 전쟁이 때와 장소를 가리지 않고 일어나고 있는 것이다.

우리나라는 지정학적으로 3면이 바다이고, 유럽과 미주 대륙을 잇는 하늘길과 바닷길 중심에 위치해 있다. 또한 우리 주변에는 세계 인구의 4분의 1이나 되는 20억에 가까운 사람들이 살고 있다. 그런 의미에서 우리나라는 지정학적인 측면에서 경쟁력 있는 세계 교통 물류 허브로 성장할 가능성이 무궁무진하다. 이 때문에 우리 조상들은 숱한 외세의 침략과 천재지변에도 불구하고 이 한반도를 꿋꿋하게 지켰는지 모른다. 이제 우리가 세계 교통 물류의 허브가 되느냐 마느냐는 우리 하기에 달렸다. 우리나라는 천연자원도 넉넉하지 않고 국토면적도 작고 인구는 많다. 우리나라를 허브 나라로 만드는 것은 우리의 생존을 위해 꼭 필요한 대업大業이다.

개인과 기업, 국가들은 자신들이 허브(HUB)가 되기를 원한다. 그러나 허브는 되고 싶다고 해서 되는 것이 아니다. 허브가 되려면 허브 메커니즘을 충분히 이해하고 자신만의 창의적 사고와 전략으로 그에 걸맞은 과감한 투자와 도전을 해야 한다. 즉 생각을 선점하고 실행에 옮겨야만 허브가 될 수 있다는 말이다.

정권이 바뀔 때마다 새로운 정부는 우리나라를 동북아 중심(HUB) 국가로 만들겠다고 공언해 왔다. 아예 노무현 정부는 '동북아 물류 중심 국가'를 국가 목표로 삼았다. 그러나 같은 시기에 중국의 상하이는 수심이 깊은 외항에 양산(洋山)항을 건설하여 주변에 오가는 컨테이너 물동량을 빨아들였다. 이런 상황에서 우리나라는 지역 균형 개발이라는 명목으로 부산 이외로 광양에 또 다른 컨테이너 항만을 만들었다. 허브를 지원하기보다는 그 부족한 힘마저 분산시킨 것이다. 상하이 항이 허브 항만으로서의 입지를 굳히면 굳힐수록 부산항의 입지는 좁아졌다. 정치적 논리에 빠져 구호로만 그친 허브 전략의 실상을 그대로 보여 준 사례다.

오히려 우리나라 허브 전략의 성공은 항공 부문에서 나왔다. 인천공항은 개항된 지 얼마 되지 않아 세계 서비스 1위 공항이 되었고, 항공 자유화가 본격화되면서 우리나라는 하늘의 허브로서의 면모를 갖추기 시작했다. 덕분에 우리나라를 드나드는 사람들도 급격히 늘고 있다. 이는 우리나라를 하늘의 허브로 만들기 위한 전략이 체계적이고 지속적으로 진행되어 왔기 때문이다.

우리나라를 미래의 허브로 만들기 위해서는 좋든 나쁘든 우리가 무엇을 했는지 과거를 살펴보는 것도 중요하다. 그동안 많은 시도들이 있었고 어느 경우는 성공을, 어느 경우는 실패의 길을 걸었다. 또 실패한 것으로 여긴 많은 사업들이 새로운 아이디어와 도전으로 되살아나 국가 발전에 기여하는 경우도 적지 않다.

　나는 이 책을 통해 우리나라가 지난 30년 동안 우리나라를 허브로 만들기 위해 어떤 노력들을 해 왔는지를 적었다. 아마도 성공, 실패, 부활, 새로운 도전의 이야기가 대세를 이룰 것이다. 그리고 미래를 어떻게 대비 해야 하는지, 진정한 허브 나라가 되기 위해서는 우리가 어떤 마음가짐으로 일해야 하는지를 두서없이 적었다.

　우리 경제가 어려워지고 있다. 그리고 많은 젊은이들과 장년층이 일거리를 찾지 못해 길거리를 배회하고 있다. 이 글을 통해 사면초가四面楚歌로 방황하는 우리 경제를 살릴 수 있는 불씨가 되었으면 한다. 나에게 이 책은 새로운 도전이고 희망이다.

2015년 5월
홍 순 만

CONTENTS

4장_ 진정한 허브

1장
허브의 조건들

허브의 조건들

　인간은 누구나 죽는다. 그래서 살아 있는 동안 가급적 많은 활동을 하면서 일하며, 즐기고, 느끼며 살아가기를 원한다. 이를 위해서는 인간 앞에 놓인 거리距離라는 장애를 넘어서야 한다. 오래전부터 인간들은 거리를 극복하기 위해 허브(HUB)를 만들고, 이를 중심으로 네트워크를 구축해 왔다. 그리고 이 허브를 중심으로 사람과 물자들이 빈번히 왕래하며 지역 경제에 활력을 불어넣었다. 허브는 사람의 심장에 해당하고 네트워크는 사람의 핏줄과도 같다. 사람과 물자가 모여드는 허브는 경제의 중심지가 되기도 하고 커다란 도시로 성장하기도 했다.

　지금 세계는 자신들의 나라를 세계의 허브로 만들기 위해 부심하고 있다. 허브가 되면 세계 경제를 주도할 수 있다는 믿음 때문이다. 그러나 허브는 되고 싶다고 해서 되는 것이 아니다. 그에 걸맞은 독특한 전략과 과감한 투자가 필요하다. 우리나라는 어떤 전략으로 세계의 허브가 될 것인가?

꽃보다 할배

한 케이블 TV 방송에서 '꽃보다 할배'라는 세계 여행 프로그램을 방영했다. 이순재, 신구, 박근형, 백일섭 씨 등 우리나라를 대표하는 고령의 배우들이 이서진이라는 젊은 배우를 앞세워 정열의 나라 스페인으로 낭만 여행을 떠난다. 스페인의 가톨릭 사원, 성곽, 플라멩코 춤 등 역사적인 문화 유적이 주연主演이 되었고, 정작 우리 할배들은 주연을 빛내는 조연助演이 되었다.

이 프로그램에서 바르셀로나의 가우디 성당, 황영주가 마지막 스퍼트로 금메달을 딴 몬주익 언덕, 세고비아의 로마 시대 수로교, 백설 공주의 성의 모델이 된 알카사르 성, 도시 전체가 예술품인 옛 스페인 수도 톨레도를 비롯해 이사벨 여왕이 이슬람교도들을 물리쳤고, 콜럼버스의 미대륙 탐험을 승인한 그라나다의 아람브라 궁전 등 멋진 관광지들이 과거의 역사를 간직한 채 자신들의 자태를 한껏 뽐냈다. 많은 시청자들이 당장이라도 스페인으로 달려가고 싶은 욕망을 느꼈다. 실제로 이 프로그램이 TV에 방영되고 얼마 지나지 않아 많은 사람들이 친구나 가족들과 함께 스페인으로 발길을 돌리기 시작했다.

도시 전체가 예술품인 옛 스페인 수도 톨레도의 전경이다. 톨레도는 한국에서 온 많은 관광객들로 활기를 찾았다.

프로그램이 방영되고 나서 대한항공과 아시아나항공은 관광객들을 스페인의 수도인 마드리드와 동부 해안 도시인 바로셀로나로 실어 날랐다. 항공기 안은 빈 좌석이 없을 만큼 우리나라 관광객들로 꽉 들어찼다. KLM, 아랍에미레이트항공, 핀에어, 카타르항공 역시 자신들의 공항을 경유해 우리나라 관광객을 스페인으로 실어 날랐다. 스페인 유명 관광지마다 우리나라 관광객들로 넘쳐 났다.

윤여정, 김자옥, 김희애, 이미연 등 중년 여성 연기자들과 젊은 연기자 이승기 씨가 가이드로 출연한 '꽃보다 누나'들이 방문한 터키 이스탄불, 크로아티아 경우도 사정이 비슷했다. 잘 만들어진 TV 프로그램이 시청자들의 몸과 마음을 또다시 흔들어 놓은 것이다. 그러나 TV 프로그램 하나만으로 이렇게 많은 우리 관광객들을 지구 반대편에 있는 스페인, 터키, 크로아티아까지 가게 할 수 있을까? 또 다른 이유는 없는 것일까?

물론 또 다른 이유가 있다. 인천공항에 많은 항공사가 몰리면서 항공사 간 경쟁으로 유럽 왕복 항공료가 100만 원 선까지 내려갔다. 우리나라에서 유럽까지 가는 항공 요금이 반값 이하로 떨어진 것이다. 예전 같으면 동남아, 일본, 중국을 오가는 항공 요금으로 유럽을 오갈 수 있게 된 것이다.

이렇듯 세계의 글로벌 항공사들이 우리 공항으로 몰려드는 이유는 무엇일까? 우리나라에는 이러한 항공사들이 허브 전략을 마음껏 펼칠 수 있는 널찍하고 서비스가 좋은 인천공항이 있다. 그리고 세계 어디든 항공기를 마음대로 띄울 수 있도록 세계 여러 나라와 항공 자유화 협정이 체결되어 있기 때문이다. 물론 우리나라 관광객이 몰려든 스페인과도 2011년 5월 항공 자유화 협정을 체결했다.

만약 우리에게 인천공항 같은 허브 공항과 자유롭게 항공기를 띄울 항공 협정이 없었다면 유럽 왕복 항공권 가격은 300만 원선을 훌쩍 넘어섰을 것이다. 그 금액이면 '꽃보다 할배', '꽃보다 누나' 같은 TV 프로가 아무리 우리를 유혹해도 유럽 여행은 일부 부유층에게나 가능한 '그림의 떡'이 되었을 것이다.

우리는 인천공항을 드나드는 많은 항공사들의 경쟁 때문에 반값으로 항공권을 구입하고 있다. 대규모 인천공항 개항과 많은 항공 자유화 협정 체결로 우리나라가 세계 하늘의 허브가 되었기 때문이다. 덕분에 많은 한국인들이 세계를 누비며 비즈니스 기회를 성사시키거나, 자신이 꿈에 그리던 곳을 가 볼 수 있게 되었다. 그리고 수많은 외국인들이 한국을 찾아 비즈니스를 하거나 관광을 하고 있다. 이런저런 이유로 우리나라를 드나드는 사람들이 내국인 1600만 명, 외국인 1400만 명 등 연간 3000만 명에 이르고 있다.

또한 인천공항을 운영하는 인천공항공사가 출입국자와 환승객 등 연간 4500만 명의 승객을 처리하면서 공항 이용료, 항공기 이착륙료, 면세점 임대 수입 등으로 1년 동안 벌어들이는 수입이 1조 5000억 원에 이른다. 게다가 우리 항공사들과 면세점, 여행사, 항공 물류 업체 등이 항공 비즈니스를 통해 벌어들이는 매출액은 이보다 훨씬 더 크다. 우리나라 항공 관련 업체들의 매출액은 인천공항공사, 한국공항공사 매출액 2조 원을 포함하여 대한항공 12조 원, 아시아나항공 6조 원, 면세점 2조 원, 제주에어 4000억 원 등 22조 원을 훌쩍 넘는다. 우리나라에 취항하는 외국 항공사들의 매출액까지 합치면 연간 40조 원 가까이 될 것이다.

이는 우리가 인천공항 건설을 위해 지금까지 투입한 총 사업비 12조 원의 세배가 넘는 금액이다. 인천공항에서 종사하는 3만 5000명의 임직원들은 그곳에서 번 돈으로 가계를 꾸려 나가고 있다. 이 모든 것을 어떻게 금액으로 환산할 수 있을까?

이렇듯 성공한 허브는 우리에게 천문학적인 이득을 돌려준다. 때문에 세계 각국은 자신들의 나라를 허브로 만들기 위해 치열한 경쟁을 벌이고 있다. 우리는 어떻게 우리 주변국들의 경쟁을 뿌리치고 오랫동안 허브의 자리에 오를 수 있을까? 갑자기 어깨가 무거워지고 많은 생각들이 교차한다.

우리는 '꽃보다 할배' 이야기와 관련하여 또 하나의 재미있는 사실을 놓칠 수 없다. 정보 통신 기술이 교통 수요를 대체하느냐 아니면 상호 보완 관계를 갖느냐 하는 것이다. 일반 사람들은 정보 통신 기술은 불필요한 교통 수요를 대체한다고 알고 있다. 그 논리대로라면 '꽃보다 할배', '꽃보다 누나', '꽃보다 청춘'이라는 TV 프로그램 방영 이후 그 나라에 방문하는 우리 관광객들은 오히려 줄어들어야 했다. 그러나 현실은 정반대였다. '꽃보다 할배', '꽃보다 누나', '꽃보다 청춘'이라는 TV 프로그램이 방영된 후 더 많은 우리나라 사람들이 그 관광지에 몰려들었다. 많은 시청자들이 TV 프로그램을 보면서 시각과 청각을 통해 관광지들에 관심을 갖게 되었다. 급기야 시각, 청각은 물론 미각, 후각, 촉각의 오감五感과 몸 전체 느낌의 육감肉感으로 직접 체험해 보고 싶은 생각이 들었고 마침내 많은 사람들이 그 관광지를 찾았다.

시각, 청각을 넘어 미각, 후각, 촉각까지 느끼기 위해 거리라는 장애를 극복하고 그 관광지까지 가는 데 들어간 돈은 1인당 수백만 원에 달했다. 그나마 경제적 여유가 있는 사람들은 온라인에서 촉발된 아쉬움을 관광이라는 오프라인을 통해 모두 달랠 수 있었다. 인간은 마지막 한 점의 꿈을 이룰 때까지는 그 꿈을 포기하지 않는다는 사실을 보여 주는 대목이다. 그래서 인간의 삶은 항상 부족하고 고통스러운 것일지도 모른다.

이 TV 프로그램이 우리들에게 스페인의 한 부분만 보여 준 부품이었다면 그 관광지를 직접 가 볼 수 있도록 도와준 하늘의 허브가 완제품을 만들어 준 셈이 되었다. 이런 관점에서 보면 정보 통신이 교통 수요를 대체하기보다는 새로운 교통 수요를 만들어 낸 것이다. 통계적으로도 정보 통신에 대한 수요가 늘수록 사람들의 이동 거리와 빈도, 즉 교통 수요도 함께 늘어난다는 것이 수많은 사례를 통해 입증되었다. 정보 통신 수요는 엄청나게 늘어 왔고 앞으로도 늘어날 것이다. 마찬가지로 교통 수요 역시 늘어 왔고, 또 더 많이 늘어날 것이다. 이 기회를 제대로 활용한다면 우리에겐 또 다른 비즈니스 기회가 주어질 것이다. 이때가 되면 교통 물류 허브의 중요성이 더욱 커지게 된다. 이에 대한 철저한 대비가 필요하다.

온라인과 오프라인

　중국인 마윈(馬雲)이 설립한 알리바바그룹은 '알리페이'라는 보안과, 편의성을 갖춘 결제 시스템과, 해외 직구直購가 가능한 티몰(Tmall)을 열었다. 이는 그동안 잠재되어 있던 중국인들의 외국 제품 소비 욕구에 불을 질렀다. 알리바바는 9억 명 가까운 회원을 확보하면서 하루에 10조 원의 거래를 달성하는 대기록을 작성했다. 2013년 알리바바의 매출은 79억 5000만 달러, 그중 순이익은 35억 6000만 달러에 달했다. 알리바바그룹 사이트에서 판매된 상품은 2480억 달러로, 이베이와 아마존(Amazon)의 거래 규모를 더한 것보다 많다.[1] 알리바바는 설립된 지 10여 년 만에 이베이, 아마존을 누르고 세계 1위의 전자상거래 그룹으로 성장했다.

　세계인들은 알리바바의 급성장에 경악하면서 슈퍼차이나(Super China)의 급부상에 두려움을 감추지 못했다. 그러나 알리바바의 실체를 제대로 이해하면 그러한 생각은 기우杞憂에 불과하다. 알리바바의 등장은 중국 소비 시장의 개방을 알리는 신호탄이나 마찬가지였다. 알리바바는 외국 브랜드들에게 중국 기업이 독과점하던 중국 내 소비 시장을 더 쉽게 접근할 수 있도록 도와주는 역할을 하고 있다. 이를 통해 알리바바는 세계 경제에 활력을 줄 것이다. 미국 뉴욕 증시에서 알리바바의 가치를 높게 평가한 것도 그 때문이다.

이런 의미에서 세계인들에게 알리바바의 등장은 더 이상 두려움의 대상이 아니라 축복祝福이다. 중국과 인접한 우리나라는 더욱 그렇다. 알리바바가 성공한 결과, Tencent, Baidu와 같은 제2, 제3의 알리바바들이 나오고 있다. 그만큼 숨어 있는 중국 소비 시장은 알리바바들의 전자상거래 시장 덕으로 국제 기준에 맞추어 개방하고 발전할 것이다. 이는 세계 경제에 또 다른 성장과 활력의 기회를 줄 것이다.

최근의 알리바바에 대한 중국 정부의 짝퉁 논란, 뇌물로 상품 게시 순서 조작 등으로 주가가 폭락하고 있다. 아마도 중국 소비 시장의 급격한 개방에 대한 중국 정부의 우려와 무관치 않을 것이다. 그러나 중국은 개방을 통해 성공한 경험이 있기 때문에 그러한 규제는 그리 오래가지 않을 것이다. 중국의 소비 시장 개방은 중국 제조업체들에게 기술 혁신의 기회를 제공할 것이다. 그리고 중국은 독자 브랜드를 가진 명실상부한 제조 강국으로 거듭날 수 있는 기회를 갖게 될 것이다.

알리바바가 단시일에 빠른 성장을 할 수 있었던 것은 인터넷 전자 거래 시장의 진입 장벽이 매우 낮다는 데 있다. 수십 기가바이트의 정보가 수 초 만에 오가고 하루 저녁 사이에 수십만 개의 인터넷 사이트들이 올라오고 있다. 가상현실을 구현하는 컴퓨터 게임과 그래픽 기술도 날로 발달하여 일반인들도 게임이나 영상물을 쉽게 만들고 접할 수 있게 되었다. 지금 같은 추세라면 누구든 좋은 콘텐츠만 있으면 인터넷 전자상거래 시장에서 쉽게 1위로 나설 수 있다. 인터넷 전자상거래로 급속하게 성장하고 있는 알리바바도 그 낮은 진입 장벽 때문에 10년 뒤에는 이베이나 아마존 같은 신세를 맞게 될지도 모른다. 아니, 그 시기가 더 빨리 올지도 모른다.

인터넷의 발달로 우리에게 주어진 가상공간은 일상이 되어가고 있다. 가상공간이 커지면 커질수록 실제 공간에서의 직접 활동의 욕구도 커진다. 최근의 인터넷 서비스 업체들의 경쟁은 온라인상의 가상공간이 아니라 물리적 접근이 필요한 실제 공간상에서 일어나고 있다. 이를 통해 인터넷 서비스 업체들은 확실한 진입 장벽을 만들 수 있다고 보는 것이다. 최근에 열풍이 불고 있는 사물 인터넷(IoT, Internet of Things)이나, 도로에서 자율 주행이 가능한 구글 자동차, 애플의 전기자동차(교통), 아마존의 택배, 무인 드론(물류) 등이 그것이다. 특히 인터넷 서비스 업체들이 많은 관심을 갖고 있는 쪽이 거리라는 장애를 가진 교통 물류 분야다. 이 거리라는 장애를 얼마나 싸고 빠르게 극복할 수 있느냐를 놓고 사활을 건 한판의 결전이 벌어지고 있다.

최근 들어 음식 배달 서비스를 해주는 스마트폰의 앱(App) 광고가 전국을 달구고 있다. 바로 '배달의 민족'과 '요기요'라는 앱이다. '배달의 민족'은 류승룡, '요기요'는 박신혜라는 인기 정상의 배우를 통해 광고를 하고 있다. 광고가 너무 재미있어 이 앱을 스마트폰에 깔아 놓는 사람들이 늘고 있다. 세 개의 음식 배달 전문 회사가 서로 경쟁하는 것처럼 보이지만, 이 회사들은 노이즈 마케팅으로 배달 시장이라는 '판'을 키우는 협력자인 셈이다. '배달의 민족' 이용자는 '요기요'와 '배달통'의 앱도 내려받고 있다. 소비자들은 경쟁을 시켜야 값싸고 질 좋은 상품을 살 수 있다는 생각에 익숙하기 때문이다. 이러한 집요하고 경쟁적인 광고 덕분에 세 회사 모두 가입자와 매출이 늘고 있다. 10조 원 규모의 음식 배달 시장의 10퍼센트인 1조 원의 매출을 이들 세 회사에서 올리고 있다.

이 회사들의 비즈니스 모델은 통신 주문 방식이다. 통신 주문 방식은 세계 어디서나 쉽게 구축할 수 있다. 그래서 '배달의 민족'과 '요기요'는 선발 주자인 배달통을 1년 만에 따라잡았다. 그리고 G마켓 등 후발 주자들의 추격이 만만치 않다. 그러나 이들 업체들이 오프라인 콘텐츠 없이 진입 장벽이 낮은 통신 주문 방식에만 의존할 경우 금방 또 다른 후발 주자에게 발목을 잡힐 수 있다.

그러나 이 회사들이 오프라인을 잘 관리한다면 이야기는 달라진다. 음식 배달 서비스의 기본은 택배업과 같은 음식 수송 서비스다. 만약 어떤 업체가 음식 수송 시스템을 제대로 구축하여 배달 비용을 낮추거나, 주방에서 나온 그대로의 맛을 살릴 수 있다면 강력한 경쟁력을 갖게 될 것이다. 경쟁은 마치 온라인에서 벌어지는 것 같지만 실질적인 경쟁은 콘텐츠가 강력한 오프라인에서 벌어진다. 진입 장벽이 높은 오프라인 콘텐츠를 잘 구축한 후, 진입 장벽이 낮은 온라인을 연결해야만 오랜 기간 동안 비즈니스를 영위할 수 있다.

최근 들어 구글, 아마존, 알리바바, 네이버, 다음 카카오, SK 플래닛, 쿠팡 등 국내외 인터넷 서비스 업체들이 우버 택시, 구글 자동차, 드론, 택배, 배달 사업 등 O2O(온라인과 오프라인 연계) 교통 물류 사업에 뛰어드는 것은 이 때문이다. 그들은 전자상거래와 마찬가지로 교통 물류 분야에서도 거리의 종말을 앞당겨 자신들의 비즈니스를 보다 경쟁력 있게 만들려 하고 있다. 그 교통 물류 사업의 핵심은 경쟁력있는 허브 앤드 스포크 시스템을 구축하는 일이다.

소프트웨어에만 익숙해 온 인터넷 서비스 업체들은 하드웨어인 오프라인 시스템 구축에 서툴 수밖에 없다. 그럼에도 인터넷 서비스 업체들은 자신들의 성공 경험에 도취되어 소프트웨어 다루듯 오프라인인 하드웨어를 다루려 하고 있다. 아마 그러한 인터넷 서비스 업체들의 자세 때문에 스스로 만든 함정에 빠질지도 모른다. 이미 그 같은 인터넷 서비스 업체들의 무모한 투자들이 이곳저곳에서 일어나고 있다. 그리고 그런 무모한 투자들로 인해 많은 경쟁력을 잃어 가는 인터넷 서비스 업체들이 속속 생겨나고 있다. 오프라인과 연계한 사업에서 성공하려면 인터넷 서비스 업체들은 자신들의 화려했던 성공 경험을 접어 두고 오프라인인 하드웨어의 특성을 잘 이해한 상태에서 오프라인 시스템 구축에 나서야 한다.

인터넷 공간이 아닌 인간들이 살아 숨쉬는 실제 공간에서는 많은 규제와 진입 장벽이 존재하기 때문이다. 예를 들어 인터넷 게임에서는 얼마든지 많은 사람들을 죽일 수 있지만 현실에서는 한 사람만 죽이거나 교사敎唆해도 사형 또는 무기징역 등의 형벌을 받을 수 있다. 또 인터넷 게임상에선 항공기를 어느 곳이든 날려 보낼 수 있으나 현실에서는 양국 간의 항공 협정, 관제 기관의 항로 통제, 항공기 소음에 따른 민원, 조류 충돌 등 해결해야 할 과제들이 산적해 있다.

이제 온라인과 오프라인을 본격적으로 연결시키는 작업은 하드웨어를 잘 알면서도 이 하드웨어를 소프트웨어 다루듯 하는 전문가들에게 맡겨야 한다. 이들은 하드웨어 자체에 대한 전문성, 생각의 유연성 그리고 현실에서 나타나는 여러 가지 장애를 극복할 수 있는 인내력을 갖춘 사람들이다.

국가 간 허브 경쟁은 세계 곳곳에서 교통 물류 분야 이외에 금융, 정보, 통신, 산업 등 모든 분야에서 일어나고 있다. 그러나 교통과 물류를 제외하고는 허브의 이익이 그리 커 보이지 않는다. 기업들은 공장을 짓기 위해 인건비와 땅값이 싼 중국으로 몰려갔다. 최근엔 중국보다 인건비와 땅값이 더 저렴한 캄보디아, 미얀마, 베트남, 라오스, 필리핀, 인도네시아 등 동남아 국가나 아예 아프리카 나라들로 옮겨 가고 있다. 제품은 제조 원가가 가장 싼 곳에서 만들어져 가장 비싼 곳으로 팔려 나간다. 따라서 제조 원가가 가장 싼 곳이 생산지가 되고 제품 가격이 비싼 곳이 소비지가 된다. 마치 양 떼를 몰고 이리지리 띠도는 유목민과 같은 모습이다. 굳이 허브의 개념이 필요치 않다.

정보 통신 분야는 대용량의 광케이블, 초고주파의 전파 덕분에 짧은 시간에 수십 기가바이트의 정보를 큰돈 들이지 않고 세계 어디서든 주고받을 수 있다. 금융 분야 역시 초고속 정보 통신망을 통해 매일 수천조 원의 천문학적인 돈이 전 세계를 누비고 있다. 일부 세계적인 투자자들은 금융의 허브인 월스트리트가 아닌, 카리브 해 700여 개의 섬으로 이루어진 조세 피난처인 바하마 휴양 도시에서 초고속 인터넷을 통해 금융 거래와 투자를 하고 있다.

얼마 전 주식과 채권 등을 거래하는 한국거래소가 서울 여의도에서 항구 도시 부산으로 본사를 옮겼다. 그럼에도 불구하고 우리 기업들의 주식이나 채권에 대한 투자는 세계 각지에서 아무 탈 없이 이루어지고 있다. 수백 명의 직원들만 자신들의 주거지를 부산으로 옮겼을 뿐이다.

이와 같이 정보·통신·금융 허브는 가상의 허브만 존재할 뿐이다. 금융·정보·통신 분야의 사업들은 항상 온라인상에 있어, 허브의 위치가 어디든 그 한계비용은 거의 제로다. 이런 상황에서 정보·통신·금융의 허브를 놓고 장소적 유불리를 이야기하는 것은 큰 의미가 없다. 거리의 종말을 실현한 정보·통신·금융 분야의 지리적 허브의 중요성은 이미 퇴색되어 가고 있다. 그리고 거리를 극복한 낮은 진입 장벽으로 그 시장 자체가 레드오션(Red Ocean)으로 변하고 있다.

미국 뉴욕에 카카오톡이나 스카이프(Skype) 등 인터넷 통신망을 통해 거의 무료로 전화를 걸 수 있다. 그러나 비행기로 사람이 직접 다녀오려면 200만 원가량의 비용이 든다. 사람들은 거리의 장벽이 여전히 큰 교통 물류 분야에 많은 돈을 쓰고 있다. 그 돈의 일부만이라도 줄여 주는 사람이나 기업이 있다면 많은 수익을 올릴 수 있다. 따라서 허브에 대한 이야기 대부분은 아직까지 거리가 커다란 장애로 남아 있는 교통과 물류 분야이다.

사람과 물자를 직접 이동시키려면 전기 신호가 아닌 물리력을 동원해야 한다. 항공기, 선박, 트럭, 자동차, 열차 등 교통수단과 항만, 공항, 도로, 철도와 같은 교통 인프라 등 엄청난 시설과 장비가 필요하다. 또 운송 비용을 낮추기 위해서는 규모의 경제 원칙을 따라 대량 수송을 해야 한다. 이 때문에 대형 트럭, 열차, 선박, 항공기와 대규모의 도로, 철도, 항만, 공항 시설이 필요하다.

이렇듯 경쟁력 있는 허브가 되려면 대규모의 장기 투자가 필수적이다. 그리고 이러한 대규모 투자들을 상호 연결시켜 시너지를 높여야 한다. 이같은 대규모 선도 투자와 상호 연계로 시너지를 올리는 선발주자의 교통 물류 시스템은 후발 주자들에게는 높은 진입 장벽으로 작용한다. 따라서 경쟁력 있는 대규모 네트워크 투자로 한번 경쟁력 있는 허브가 되면 상당 기간 그 지위를 지킬 수 있다.

우리나라의 인천공항과 부산 항만, 아랍에미리트의 두바이 공항, 홍콩의 첵랍콕 공항, 싱가포르 창이 공항과 항만, 상하이 양산 항, 네덜란드 로테르담 항, 파나마 운하, 이집트 수에즈 운하 등 자타가 공인하는 허브 시설들에 대한 투자 규모는 천문학적이다. 그리고 그 시설들을 통해 벌어들이는 수입과 경제적 파급 효과 역시 투자 금액의 몇 배가 된다. 그리고 이 시설들은 허브의 지위를 수십 년 동안 누리고 있다. 이제 우리나라를 세계 중심으로 가져다 놓을 경쟁력 있는 허브의 세계 속으로 들어가 보자.

인간 활동과 교역 중심

프랑스의 철학자 데카르트는 "나는 생각한다. 고로 존재한다"라는 명구를 남겼다. 생각으로 존재하는 인간은 생각대로 움직이며 자신의 존재를 확인한다. 그러한 인간 활동의 중심에 교통이 있다. 교통은 인간을 인간답게 살 수 있도록 해 주는 매우 중요한 기능이다.

경제학적으로 교통은 일반적인 재화 또는 서비스와 다르다. 일반적인 재화나 서비스는 소비하면 할수록 만족(utility)을 준다. 이와 반대로 교통은 소비를 하면 할수록 불편(disutility)함을 준다. 즉 교통이 고통인 셈이다. 교통은 사람들에게 불편함을 주기 때문에 교통 자체를 소비하는 사람들은 거의 없다. 교통이라는 서비스는 사람들이 학교에 가거나, 백화점에 쇼핑하거나, 회사에 출근하거나, 회의에 참석하거나, 영화관에 간다든가 등등 사회·경제적 활동(social—economic activity)에 참여하기 위해 어쩔 수 없이 소비하는 것이다.

교통 수요는 교통을 통해 쇼핑, 출근, 등교, 회의 참석 등으로 얻게 되는 만족감, 즉 효용(utility)이 교통으로 오는 불편함(disutility)보다 클 때 발생한다. 따라서 교통 수요는 사람들이 사회·경제적 활동에 참여하기 위해 불가

피하게 발생하는 유발된 수요(derived demand)라고 하는 것이다.(2)

교통이 빨라질수록 그로 인한 불편함은 줄어들고 사람들의 사회·경제 활동은 늘어난다. 교통은 인간 활동의 중간중간에 자리 잡고 인간의 사회·경제 활동을 좌지우지하는 셈이다. 교통이 없으면 사회 활동도, 경제 활동도 없다.

교통 수요는 사람들이 출근, 회의 참석, 영화 감상, 쇼핑, 운동 등 사회·경제적 활동에 참여함으로써 발생한다.

교통 네트워크는 허브를 만드는 힘의 원천이다. 따라서 국가 문명의 발전 수준은 그 나라의 교통 네트워크를 보면 알 수 있다. 우리가 교통 시스템을 사회 기반 시설(infra—structure)이라고 부르는 것도 그 때문이다. 세상만사世上萬事는 교통만사交通萬事다.

물자는 경제학에서 이야기하는 비교 우위의 법칙에 따라 전 세계를 헤매고 다닌다. 2013년 전 세계 GDP 70조 달러의 10퍼센트 정도인 7조 달러가 물류비로 쓰이고 있다. 세계 무역 20조 달러에서 2조 달러 정도가 국제 교역 과정에서 물류비로 쓰이고 있다. 그러나 이것은 겉으로 드러난 숫자에 불과하다.

부가가치가 높은 자동차(3만 개), 항공기(30만 개), 선박(100만 개) 등의 부품 수만 하더라도 셀 수 없을 만큼 많다. 제조 회사들은 이 많은 부품들을 자신들의 공장에서 직접 모두 만들기에는 역부족이다. 당연히 수많은 부품들은 전 세계에 흩어져 있는 공장들로부터 공급받는다. 그리고 그들의 제조 공장에서 하는 일이란 공급된 부품들을 조립하여 완제품으로 시장에 파는 일이다.

미국 시애틀의 보잉사는 항공기 제작을 위한 부품들을 세계 각처에서 조달하고 있다. 계약 기간 내에 항공기를 인도하려면 하나하나의 부품 조달이 제때 이루어져야 한다. 때문에 지역별 담당자를 두어 공장 가동 상황과 물류 시스템뿐 아니라, 정치 · 경제 등 국가 전반에 대해 모니터링을 하고 있다. 그리고 지역별 담당자들은 장소와 때를 가리지 않고 회장, 사장, 매니저 등 간부급으로부터 매일 쏟아지는 수십 건의 질문에 답변하느라 분주하다. 비즈니스의 핵심인 부품 조달 물류에 총력을 기울이고 있다.

세계 최대 기업으로 일컫는 삼성전자, 소니, 도요타, 현대, BMW, 보잉, 에어버스, GE 등도 크게 보면 하나의 커다란 물류 기업인 셈이다. 이들 회사 제품 구석구석에 숨어 있는 조달 물류, 생산 물류, 판매 물류 등 제품과 관련된 직간접 물류비는 제품 매출액의 3분의 1 이상이 될 것이다.

30여 년 전부터 물류는 단순히 물건이 이동하는 물적 유통(Physical Distribution) 개념에서 군軍에 물자를 보급하는 병참 기능과도 같은 물류(logistics) 개념으로 발전했다. 그리고 최근에는 원재료부터 완제품까지의 공급 과정 전체를 관리하는 공급 사슬 관리(Supply Chain Management)로 진화해 왔다. 제조 활동과 물류 활동이 한데 합쳐져 관리되고 있는 것이다. 게다가 제조, 물류, 유통이 서로의 영역 구분 없이 한데 어우러져 돌아가고 있는 사례들이 속속 나타나고 있다.

보잉은 세계 각처에서 온 부품을 조립하느라 공장 안이 분주하다. 보잉은 항공기 제작업체라기 보다 거대한 물류 기업인 셈이다.

중국의 휴대품 제조업체 샤오미(Xiaomi)는 인터넷을 통해 주문을 받아 물품을 공장 창고에서 소비자에게 바로 전달한다. 제조업체가 스스로 인터 넷에 가게를 만들어 물건을 파는 셈이다. 제조업체가 유통업체를 경유하지 않고 소비자와 직접 만나고 있다. 그리고 인터넷에서 주문한 상품들은 제 조업체 창고에서 물류 시스템을 통해 소비자에게 직접 배달된다. 이렇듯 소비자와 제조업체 사이에 놓여 있는 도소매점, 백화점 등 유통업체의 역 할은 점차 사라져 버리게 될 것이다. 최근 들어 백화점들이 상품 진열에만 그치지 않고 그 안에 극장, 커피숍, 음식점 등을 유치하여 종합적인 서비스 업으로 나가기 위해 몸부림치는 것도 이러한 추세와 무관하지 않다.

교통 물류 비즈니스는 사람과 물자를 이동시켜야 하는 거리라는 장애가 아직까지 남아 있는 비즈니스다. 아마도 제대로 된 3D 프린팅 기술과 공간 동시이동 기술 등 첨단 기술이 나오기 전까지는 적어도 비즈니스로 살아남아 있을 것이다.

만약 사람이나 물자를 수송하는 비용을 낮추거나 더 빨리 수송하는 기업이 있다면 그 기업은 세계 경제를 주도해 나갈 수 있다. 그리고 이를 통해 더 많은 사람들과 물자가 세계 전역을 오가며 세계 경제에 활력을 줄 것이다.

잘 갖추어진 교통 물류 네트워크는 사람과 물자의 이동을 싸고 빠르게 이동시켜 주기 위한 기반 시설이다. 그리고 이러한 교통 물류 네트워크를 가진 나라는 허브가 될 조건을 일단 갖춘 것이다. 그 네트워크를 갖고 허브가 되고 안 되고는 그 나라가 어떻게 운용하느냐에 달려 있다.

세상을 흔든 나라들

지난 수천 년 동안 세계를 지배한 나라들은 허브 나라들이다. 그들은 스스로를 허브로 만들기 위해 강인한 군대와 뛰어난 상인들을 양성하고, 이들이 활동할 교통 물류 네트워크를 정비했다. 이를 통해 주변 지역을 장악하면서 허브가 되었다. 지금의 허브 강국들은 과거 강인한 군대와 상인에서 거대 자본과 기업으로 형태만 바뀌었을 뿐, 그 메커니즘은 같다.

로마 시대의 번영과 강성함을 알리는 익숙한 글귀가 있다. "모든 길은 로마로 통한다"라는 말이다. 로마인들은 기원전 3세기부터 서기 2세기까지 500년 동안 로마를 허브로 만들기 위해 동서남북으로 유럽 전역을 관통하는 8만 킬로미터의 방사형 교통로를 확보했다. 영국 북부에서 로마를 거쳐 예루살렘까지 이어지는 도로는 그 길이가 6566 킬로미터에 이른다. 이 도로를 이용하여 자신들의 군사와 물자를 빠르게 이동시켰다. 로마를 허브로 삼은 이 교통로가 네트워크가 되어 유럽은 하나의 나라가 되었다. 덕분에 로마는 유럽 전역을 1300년 동안 지배할 수 있었다. 지금의 유럽 전역을 통합한 유럽연합(EU)을 만들기 위한 준비 작업을 2300년 전부터 한 셈이다.

중국 최초의 황제인 진시황은 정국鄭國에게 토목 공사를 맡겨 150 킬로미터의 운하를 건설했다. 이를 통해 4만 경頃의 농경지에 물을 대고 험악한 지형에도 불구하고 병력과 물자를 이동시킬 수 있었다. 진나라는 수도 함양을 허브로 하여 운하 건설 등 교통 개혁을 통해 기원전 221년부터 16년 동안 중국 전역을 지배할 수 있었다.

기원전 200년경부터 동서양을 연결한 실크로드는 중국 중원에서 시작하여 허시후이랑(河西回廊), 타클라마칸 사막, 파미르 고원, 중앙아시아, 이란을 거쳐 지중해 동안과 북안에 이르는 긴 거리다. 6400 킬로미터에 이르는 실크로드 하나가 동양과 서양을 하나로 이었다. 교통으로 동서 문명의 교류의 장을 연 것이다. 그리고 이 길 주위로 많은 문명이 생겨나고 사라졌다.

미국은 막대한 자본과 인력을 동원하여 전국에 걸쳐 33만 8000 킬로미터의 철도망을 건설했다. 1830년 볼티모어·오하이오 철도가 개통되었고, 남북전쟁 4년 후인 1869년에 최초의 대륙횡단철도가 개통되었다. 그리고 철길 주변을 따라 도시가 발전했다. 제2차 세계대전 후 1956년부터 1975년까지 20년간 전국을 격자형으로 관통하는 6만 8000 킬로미터의 고속도로를 완공했다. 이 도로는 경제성보다는 국가 안보 차원에서 미 육군 공병단이 주축이 되어 건설했다. 아마도 경제학자들에게 맡겨 놓았다면 갑론을박甲論乙駁으로 끝나고 말았을 것이다. 미국 전역에 걸쳐 있는 고속도로망은 미국의 경제 부흥을 일으켰으며, 미국은 세계 경제를 주도하는 초강대국이 되었다.

일본은 1964년 10월 1일 도쿄 올림픽 개최 9일 전에 도쿄에서 오사카 구간에 '새로운 간선'이란 의미의 시속 200킬로미터급 신칸센(新幹線) 고속철도를 선보였다. 고속철도 기술 개발은 1955년 5월 20일, 71세의 소고신지(十河信二)가 일본국철 총재에 취임하면서부터 시작되었다. 그는 1925년 도쿄 제국대학 기계공학과를 수석으로 졸업하고 일본국철에 근무한 적이 있는 시마 히데오(島秀雄)를 부총재급 이사로 영입했다.(3) 그리고 그가 주축이 되어 제2차 세계대전 패전 후 전쟁 당시 선박, 차량, 항공기 기술 개발을 하던 과학자를 모두 불러 모았다. 이들 과학자들은 우여곡절 끝에 시속 200 킬로미터급 신칸센 고속철도 기술을 개발했다. 화두로 회자되고 있는 융복합의 과학 기술로 이룬 성과다. 세계는 일본 고속철도 기술 개발에 놀라움을 금치 못했다. 일본인들은 신칸센 개통으로 제2차 세계대전 패전의 상처를 다소나마 위안받을 수 있었다. 도쿄 역에는 소고 신지 총재의 부조가 있다. 그 부조에는 "한 송이 꽃이 천하를 연다(一花開天下)"라고 적혀있다.(4) 그의 말대로 이 고속철도망은 일본의 국토개조론의 핵심에 섰다. 이후 일본은 미국에 이어 세계 최강이 되었다. 그 여세를 몰아 최근에는 최고 속도 605 킬로미터의 초고속 자기부상열차를 선보였다.

일본 고속철도 기술 개발은 독일(ICE), 프랑스(TGV)를 고속철도 속도 경쟁에 뛰어들게 했다. 프랑스는 1981년 시속 260 킬로미터급, 1989년 시속 300 킬로미터급 고속열차를 선보였다. 그리고 독일, 영국, 스페인 등 유럽 각국이 여기에 가세했다. 유럽 간선 축에 설치된 고속철도망은 기존의 철도망과 결합하여 유럽 전역으로 퍼져 나갔다. 고속철도가 연결된 프랑스, 독일, 영국 등은 유럽의 중심, 세계의 중심에 섰다. 그리고 유럽 전역을 하나의 국가, 지금의 유럽연합으로 통합시켰다.

중국은 최근 5년 사이에 미국의 고속도로보다 세 배 빠른 시속 300 킬로미터대의 1만 2000 킬로미터의 고속철도망을 개통하며(5) 중국 대륙 전역을 1일 경제권으로 묶었다. 그리고 2020년까지 4000 킬로미터의 고속철도망을 추가로 구축할 계획이다. 얼마전 중국의 고속열차는 시속 486 킬로미터의 최고 속도를 기록했다. 이어 시속 500 킬로미터급의 시제 차량을 선보였다.

2011년 철도기술연구원 원장 시절, 한·중·일 철도협력회의 참석차 중국을 방문했다. 중국의 고속철도 기술 수준을 알아보기 위해 베이징을 출발하여 상하이로 가는 고속열차에 몸을 실었다. 고속열차는 1300 킬로미터 떨어진 베이징과 상하이 구간을 시속 300 킬로미터가 넘는 속도로 4시간 48분 만에 주파했다. 중국 대륙 전체가 하나의 단일 경제권으로 통합되었다는 것을 새삼 느끼게 했다.

서방 국가들은 머지않아 중국에 내분이 생겨 여러 나라로 분열할 것이라는 성급한 예측을 내놓기도 했다. 서방 국가의 이 같은 막연한 기대는 중국이 대륙 전체를 1일 생활권이 가능한 고속철도망을 구축함으로써 사라져 버린 느낌이다. 오히려 중국은 전국 고속철도망 구축으로 중국 전역을 과거보다 더 탄탄한 하나의 나라로 만들었다. 그리고 자신들의 무대를 중국 대륙 밖 넓은 해양으로 옮기고 있다. 이 같은 중국의 움직임은 태평양에서의 강대국 간 힘의 균형을 깨는 위협적인 변수가 되고 있다. 이렇듯 중국은 빠른 교통망을 통해 세계 최강의 기반을 닦았다. 국가의 명운命運을 결정하는 전략 사업을 먼 미래를 보고 일관되게 추진한 결과다.

재미있는 것은 세상을 흔든 나라들이 경제적 이유보다 국가의 명운이 걸려 있는 안보적 관점에서 교통 물류 네트워크를 구축해 왔다는 점이다. 그러나 이러한 네트워크 구축 사업들은 경제적 관점에서 추진한 다른 어떤 사업보다도 더 많은 경제적 이득을 남기고 있다.

미국의 전국에 걸친 철도, 도로망, 항공망 그리고 유럽, 일본, 중국의 고속철도망, 러시아의 대륙횡단철도는 그 나라들에게 국가 안보와 경제 성장이라는 두 마리 토끼를 안겨 주었다. 그리고 경제학에서 말하는 규모 경제 단위를 도시에서 나라로, 나라에서 대륙으로 키웠다. 그리고 세계로 나아가고 있다. 미래 전략을 갖고 구축한 빠른 교통 물류 네트워크와 허브의 힘이 엄청나다는 것을 보여 준 사례다.

우리도 과거 경부고속도로에서 발원한 한강의 기적이 있었다. 미래 교통 네트워크의 힘을 활용한다면 우리도 충분히 미래 세계의 허브가 될 수 있다. 이 허브가 가져다주는 큰 힘을 이용하여 경제적으로 어려움에 직면한 우리나라, 기업, 개인을 살려 낼 수 있다.

돈을 버는 사람들

한때 백화점 셔틀버스가 사회적 이슈로 떠오른 적이 있었다. 당시 백화점들은 고객 유치를 위해 백화점 셔틀버스를 운행했다. 당시 롯데백화점에서는 500여 대, 신세계백화점은 440여 대의 셔틀버스를 운행하고 있었다. 백화점당 10여 개의 버스 회사를 가지고 있는 셈이다. 다른 백화점의 셔틀버스를 모두 합치면 서울시 버스 대수 8000대의 20퍼센트 가까운 셔틀버스가 운행되었다. 백화점 버스가 무료로 운행되면서 백화점 승객은 물론 기존 시내버스 승객까지 블랙홀처럼 빨아들였다. 무료로 탈 수 있는 백화점 셔틀버스가 늘어나자, 비슷한 노선을 운영하는 시내버스 회사의 경영은 고사 직전까지 몰렸다.

경영이 어려운 시내버스가 백화점 셔틀버스에 계속 승객을 빼앗길 경우에는 줄도산으로 시내버스 운행이 중단될 것이 뻔했다. 그렇다고 백화점 셔틀버스가 모든 시민들에게 대중교통 서비스를 대체할 수는 없었다. 백화점 셔틀버스를 방치할 경우 대중교통을 이용하는 일반 시민들의 발이 묶일 판이었다. 정부는 백화점 셔틀버스의 운행을 금지한 여객자동차운수 사업법의 규정을 들어 백화점 셔틀버스를 단속하기 시작했다. 이에 반발한 백화점업계는 집단으로 헌법재판소에 헌법소원을 냈다. 백화점업계의 간절한 요구에도 불구하고 헌법재판소에서는 백화점 셔틀버스 운행 금지 규정이 합헌이라는 판결을 냈다. 이후 백화점 셔틀버스는 거리에서 사라졌다.

우리는 여기서 재미있는 사실을 발견할 수 있다. 시내버스는 돈을 받고도 적자에 시달리는데 백화점 버스는 어떻게 요금을 받지 않고 그 많은 노선을 운영할 수 있었는가 하는 점이다. 이미 앞에서 언급한 바와 같이 교통에 대한 수요는 사회·경제 활동에서 유발된 수요(derived demand)라는 점이다. 시내버스의 경우에는 운송 서비스 자체가 승객들에게 직접적인 만족을 주지 못하니 승객들은 비용 지불에 인색한 것이 당연하다. 버스 요금을 조금만 올려도 여기저기서 볼멘소리가 나오는 것도 그 때문이다.

하지만 백화점 셔틀버스는 다르다. 백화점 셔틀버스를 이용하는 고객들은 쇼핑을 통해 만족감, 즉 즐거움을 얻는다. 그리고 백화점들은 그 쇼핑 때문에 많은 이익을 낸다. 백화점 고객들은 셔틀버스 운행 비용의 수백 배, 수천 배 금액의 쇼핑으로 셔틀버스 이용 대가를 지불하는 셈이다. 더구나 백화점 입장에서는 셔틀버스로 대규모 주차장을 마련하지 않아도 된다. 백화점들이 운행하는 백화점 셔틀버스야말로 정말 매력적인 마케팅 수단인 동시에 비용 절감 수단이 되는 셈이다.

헌법재판소 판결 이후 10여 년이 지난 지금도 많은 백화점들이 스포츠센터 또는 문화센터 명목으로 변칙적인 셔틀버스를 운행하고 있다. 백화점 입장에서 볼 때 셔틀버스는 아무리 애써도 끊기 어려운 유혹과도 같은 것이다.

교통 서비스 자체는 이를 이용하는 사람들에게 직접적인 만족을 주지 않는다. 때문에 그들로부터 비용 회수가 어렵다. 그러나 교통 서비스를 사람들에게 직접 만족을 주는 사회·경제적 활동과 연결시키면 비용 회수가

용의하다. 백화점들은 셔틀버스를 운행함으로써 자신들의 백화점을 허브(HUB)로 만들어 셔틀버스 운행 비용을 충분히 회수하고도 남을 막대한 이익을 남겼다. 이런 점에서 보면 교통 물류의 허브 앤드 스포크 전략은 비즈니스를 하는 기업들로서는 정말 매력적인 전략이다.

철도역 및 버스 정거장 주변의 상점, 백화점 등 교통이 편리한 상업 시설은 그 도시의 중심, 즉 허브가 되어 그렇지 않은 곳보다 장사가 잘된다. 많은 열차와 시내버스가 오가며 교통의 허브가 된 영등포 민자 역사 내 롯데백화점 역시 많은 손님들로 발 디딜 틈이 없다. 이렇게 허브가 되면 어떤 비즈니스라도 성공시킬 수 있는 힘을 갖게 된다.

도시 외곽 지역에서의 역과의 거리별 토지 가격

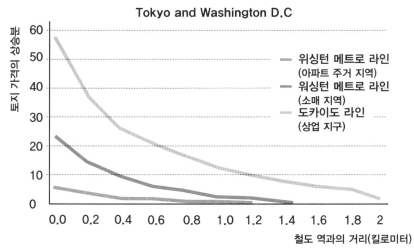

Tokyo and Washington D.C

일본 도쿄와 미국 워싱턴은 지하철역에서 가까울수록 지가가 높다. 일본 도쿄 역 근처가 다른 지역보다 최대 60퍼센트, 워싱턴은 최대 25퍼센트 지가가 높다.(6)

일본은 철도를 기반으로 한 부동산 대기업들이 많은 돈을 벌며 호황을 누리고 있다. 자신들이 소유하고 있는 부동산에 철도를 연결하고 철도역 주변을 개발하여 막대한 이익을 남겼다. 교통 네트워크와 부동산(HUB)의 시너지 효과를 활용하여 막대한 부를 축적하고 있는 것이다. 선박왕 오나시스는 국제 교역 과정에서 허브 앤드 스포크를 주요 전략으로 삼은 해운업으로 세계적인 거부巨富가 되었다. 그리고 그는 존 F. 케네디의 부인이었던 재클린 케네디와 결혼해서 세계를 깜짝 놀라게 했다.

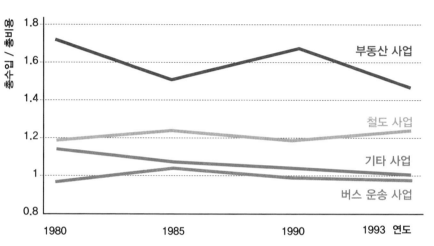

일본 도쿄권 철도 회사 사업별 수익률(1980~1993)

일본의 연도별 업종별 수익률을 보면 일본 재벌들은 부동산과 철도 사업의 결합으로 엄청난 수익을 올리고 있다.(7)

허브를 둘러싼 지역의 부동산 가치는 하늘 높은 줄 모르고 올라 간다. 고속철도역 주변은 그렇지 않은 곳보다 부동산 가격이 매우 높다. 2010년 한국부동산연구원에서 KTX 역세권의 지가 변화율을 분석한 자료에 따르면, 경부고속철도가 개통된 2004년부터 2007년까지 KTX 역세권 지역 지가 상승률은 114퍼센트로 전국 지가 상승률 55퍼센트보다 두 배가량 높은 것으로 분석했다. 특히 KTX 신설 역의 경우에는 지가 상승률이 141퍼센트에 달했다.(8) KTX역이 새로 개통되면서 많은 유동 인구 때문에 주변 지역의 재산 가치가 늘었다는 것이다. KTX 네트워크가 허브인 역세권을 만들어 낸 것이다. 교통 네트워크와 그로 인해 만들어진 허브의 중요성을 알아야 부동산 가격의 움직임도 알 수 있고, 또 세계를 움직이는 경제도 알 수 있다.

고속철도와 전철망 때문에 허브가 된 사례는 무궁무진하다. 2003년 말 천안시 인구는 46만 명이었다. KTX 고속열차가 개통된 2004년에만 수도권 한 시간대 출퇴근이 가능해지면서 4만 명의 시민이 늘어났다.

그리고 인구 50만 명을 돌파한 거대 도시가 되었다. 이듬해 수도권 전철이 천안까지 연장 운행되자 매년 1만 명 이상 인구가 늘어 2014년 6월 현재 61만 명이 되었다.[9] 고속철도 개통 이후 10년 만에 15만 명의 인구가 늘어난 셈이다.

이렇게 유입되는 인구의 주택 가격을 추정해 보면 아파트 한 가구당 2억 원씩 잡는다 해도 6만 가구에 12조 원이다. 이들이 이용하는 상가, 오피스텔, 사무실 등을 감안하면 지난 10년간 20조 원이 천안시에 뿌려진 셈이다. 일자리 창출이나 경제 유발 효과는 이보다 훨씬 많은 40조 원 정도가 되었을 것이다. 천안시 한 곳에서 발생하는 경제적 효과만으로도 서울에서 부산까지의 고속철도 건설비(22조 원)를 넉넉히 뽑고도 남는다.

이렇듯 경쟁력 있는 교통 물류의 허브 시스템은 개인, 기업, 지역, 나라 경제도 살릴 수 있는 강력한 힘을 갖고 있다. 선거철만 되면 지역 주민들은 자신들의 가게나 집 앞에 버스 정거장을 설치해 달라고 요구하고, 자기 마을 주변에 고속도로 진·출입구를 내달라고 아우성이다. 많은 백화점, 상가들이 자신들의 건물과 지하철역의 연결 통로를 만들기 위해 거액을 부담하고 있다.

전국에 걸쳐 광역급행철도(GTX), 고속철도(KTX), 고속도로, 동남권 신공항 건설 요구가 빗발쳐 나라 전체가 몸살을 앓고 있다. 대통령, 국회의원, 시장 후보들은 너나 할 것 없이 선거에서 표를 얻기 위해 교통 시설 확충을 주요 선거 공약으로 내놓고 있다. 왜냐하면 강력한 교통 물류 네트워크는 우리에게 활동 거점인 허브를 만들어 줌으로써, 우리의 삶을 활력 있고 즐겁게 하며, 부유하게 만들 수 있다는 믿음 때문이다.

교통 네트워크와 이를 기반으로 한 허브 시스템은 사람들이 먹고, 자고, 공부하고, 일하고, 즐기는 모든 일에 관여한다. 그만큼 허브 시스템을 잘 디자인하면 사회 전반에 활력을 줄 수 있다. 그럼에도 불구하고 이러한 허브 시스템을 이용하여 성공하려는 사람들은 그리 많아 보이지 않는다.

그 이유는 교통 물류 허브 시스템은 공기空氣처럼 항상 우리 곁에 있어 소중하게 느껴지지 않기 때문이다. 더구나 교통 물류 허브 시스템은 지역 범위가 넓고, 이해관계가 많으며, 돈이 많이 들어 개개인이 바꾸어 나가기에는 한계가 있기 때문이다. 그래서 교통 물류 시스템을 구축하는 일은 정부의 몫으로 인식되어 왔고, 이 때문에 우리 개개인의 관심 밖으로 멀어져 갔다. 하지만 이제부터라도 우리 개개인들이 교통 물류의 허브 원리를 알고 효과적으로 대처한다면 우리의 비즈니스를 성공시킬 수 있다. 그리고 나라도 살릴 수 있다.

허브 전략들

　인간은 언젠가 죽는다. 그래서 죽기 전에 많은 일을 하고, 인생을 즐기고 느끼며 자신만의 추억을 남기기를 원한다. 그러기 위해서는 인간 앞에 놓인 거리距離라는 커다란 장애를 극복해야 한다. 오래전부터 인간은 거리라는 장애를 극복하기 위해 빠른 네트워크를 구축하고 그 중심에 허브를 만들었다. 그리고 이 허브를 중심으로 사람과 물자들이 빈번히 왕래하며 경제에 활력을 불어넣었다. 사람과 물자가 모여드는 허브는 지역 경제의 중심지가 되기도 하고, 한 나라의 중심 도시로 성장하기도 했다.

　지금 세계는 자신들의 나라를 세계의 허브로 만들기 위해 부심하고 있다. 허브가 되면 세계 경제를 주도할 수 있다는 믿음 때문이다. 그러나 허브는 되고 싶다고 해서 되는 것이 아니다. 그에 걸맞은 독특한 전략과 과감한 투자가 필요하다. 우리나라는 어떤 전략으로 허브가 될 것인가?

　경쟁력 있는 교통 물류 허브가 되기 위해서는 ① 지정학적으로 글로벌 항로상에 위치하고, ② 허브 주변에 풍부한 상시 수요가 있으며, ③ 이들 수요를 끌어들일 수 있는 저렴하고 빠른 교통 물류 네트워크를 갖추어야 한다. ④ 글로벌 선사, 항공사, 운송업체 들이 허브 전략을 용이하게 수행할 수 있도록 충분한 항만, 공항, 역사, 터미널 시설 등을 갖추어야 한다. ⑤그리고 이 방대한 시설을 건설하고 운영하는 전문 인력이 있어야 한다. ⑥아울러 이러한 허브를 드나드는 많은 국내외 글로벌 선사와 항공사들과 운송업체가 있어야 한다.

인천공항이 허브 공항으로 성공한 배경에는 유럽과 미주 노선의 운항이 용이한 지리적 위치, 인천공항 주변의 풍부한 항공 수요, 넓고 충분한 공항 시설, 숙련된 전문 인력, 세계적인 경쟁력을 가진 대한항공, 아시아나 등 글로벌 항공사 등이 있기 때문이다.

경쟁력 있는 허브가 되기 위해서는 무게와 부피를 가진 사람과 물자를 싸고 빠르고 안전하게 물리적으로 옮길 수 있는 허브 앤드 스포크 시스템을 구비해야 한다. 경쟁력 있는 허브가 되기 위해서는 여러 가지 조건이 있고 이러한 조건을 충족시키기 위한 전략이 있다. 그 전략으로는 허브 자체의 경쟁력을 키우는 전략, 싸고 빠른 교통 물류 네트워크를 구축하는 전략, 교통수단을 효율적으로 연결하는 전략, 그리고 이를 실현하기 위한 재원 조달 전략 등이 있다.

경쟁력 있는 허브 농어촌 지역에서는 아직도 십일장場이니 오일장이니 해서 정기적으로 시장이 선다. 그 장터에서 많은 장사꾼과 농어민들이 물건을 교환하거나 사고 판다. 즉 집단적으로 거래가 이루어지고 있다. 그곳에서 이루어지는 거래량은 가가호호를 방문하여 물건을 사고파는 거래량보다 수백 배 크다.

허브 공항이니 허브 항만이니 하는 이야기도 같은 맥락에서 볼 수 있다. 항공기나 선박이 어느 특정 공항과 항만에 모이면 환승과 환적을 통해 많은 사람이나 물건을 세계 방방곡곡으로 보낼 수 있다. 이때 항공기나 선박이 모이는 곳이 허브 공항, 허브 항만이다. 육지에도 허브가 있다. 미국의 중부 도시 시카고는 전국적인 철도망을 이용하여 물류 허브가 된 사례다. 이들 허브가 역량을 발휘하려면 허브를 연결하는 도로, 철도, 해상로, 항공로 등 스포크(spoke) 시스템이 제대로 갖추어져야 한다.

글로벌 항공사와 선사船社들은 적은 편수의 항공기나 선박으로 보다 많은 항로를 운영하려고 한다. 이들 항공사와 선사들은 모든 항공기나 선박을 일정한 공항과 항만에 집결시켜 환승과 환적을 통해 수송함으로써 수많은 항로를 만들어 낼 수 있다.

항공사나 선사는 목적지별로 열 대의 항공기나 선박을 이용하여 노선을 운영한다고 가정하자. 만약 한 대의 항공기나 선박이 한 개의 노선만 취항한다면 승객이나 화물이 이용할 수 있는 노선은 왕복 열 개 노선에 불과 하다. 하지만 열 대의 항공기나 선박을 특정 공항 또는 항만으로 집결시키고, 승객 또는 화물을 환승 또는 환적을 한다면 그 노선 수는 왕복 45개 노선이 되어 노선 수가 네 배 이상 늘어난다.

중추공항을 이용한 항공노선 구조 효율화 (HUB & Spoke)

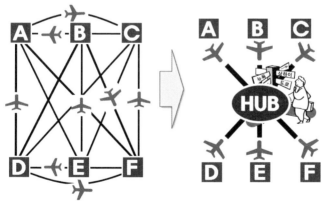

글로벌 선사나 항공사들은 같은 선박과 항공기로 더 많은 노선에 대한 대량 수송 서비스가 가능해지기 때문에 허브 전략을 즐겨 사용한다.

여러 항로를 취항하면 취항할수록 많은 운송 수요를 흡수할 수 있고, 승객이나 화물을 모아 수송하게 되므로 대형 항공기나 선박 이용이 가능해진다. 이를 통해 항공사나 선사는 허브 전략으로 자연스럽게 많은 물동량을 확보하고 운송 비용을 낮출 수 있어 경쟁에서 우위를 점할 수 있다. 때문에 글로벌 항공사나 선사는 허브 앤드 스포크 전략을 즐겨 사용하고 있다.

이렇듯 허브 전략을 이용하면 적은 수의 항공기나 선박으로 많은 노선을 만들어 낸다. 그리고 노선이 단순화되면 대량 수송이 가능하고 수송 비용을 낮출 수 있다.

글로벌 항공사와 선사들은 허브 전략을 구사함으로써 몇 대 되지 않는 항공기와 선박으로 글로벌 노선을 구성할 수 있다. 특정 공항 또는 항만에 자신들의 항공기와 선박을 집중시켜 승객이나 화물들을 자전거 바퀴살과 같은 네트워크를 통해 세계 구석구석까지 서비스할 수 있는 글로벌 노선망을 만든다. 이 허브 앤드 스포크 시스템을 얼마나 효율적으로 구축하느냐에 따라 글로벌 항공사나 선사들의 사활이 결정된다.

허브 공항이나 허브 항만에 취항하는 항공이나 선박이 많으면 많을수록 경쟁이 치열해지고 운임은 내려간다. 주변에 허브 공항이나 허브 항만이 있으면 사람들은 보다 저렴한 가격에 세계 각지로 여행을 떠날 수 있고, 기업들은 더 많은 물건들을 더 싼 가격에 세계 각처로 실어 나를 수 있다. 때문에 세계 각국은 자신들의 나라를 허브로 만들기 위해 안간힘을 쓰고 있다.

글로벌 항공사나 선사들의 입장에선 매력적인 공항, 항만, 터미널이 허브가 된다. 이들의 선택을 받기 위해 많은 나라들이 대규모 공항과 항만 시설을 갖추기 위해 천문학적인 돈을 쏟아붓고 있다. 또한 글로벌 항공사와 선사들이 허브 전략을 마음껏 구사하도록 각종 지원을 아끼지 않는다. 누가 매력적인 허브 공항인지 항만인지는 글로벌 항공사와 선사가 선택할 것이다.

  허브 공항 또는 허브 항만은 국가가 정하는 것이 아니다. 설사 국가가 대형 공항과 항만을 건설해도 글로벌 항공사와 선사가 없으면 허브 공항 또는 허브 항만이 될 수 없다. 따라서 허브 공항 또는 허브 항만이 되기 위해서는 항공사나 선사들이 허브 전략을 수행할 수 있는 시설과 서비스를 갖추어야 한다.

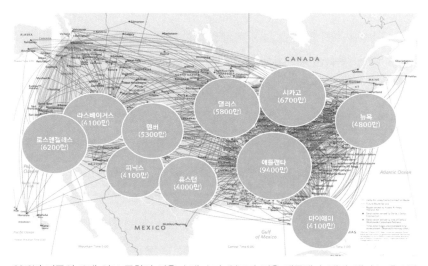

2013년 미국의 10대 허브 공항의 이용 승객 수다. 인구가 적은 애틀랜타, 덴버, 댈러스, 휴스턴 공항도 항공사들이 허브 앤드 스포크 전략을 수행할 수 있도록 충분한 공항 시설을 갖춤으로써 허브 공항이 되었다.

  항공사나 선사들의 허브 전략 중에 가장 중요하게 여기는 것이 '파도운항(wave schedule)'이다. 파도운항이란 환승과 환적 시간을 줄이기 위해 동일 시간대 많은 항공기나 선박을 특정 공항과 항만에 집중시키는 것이다. 그러기 위해서는 공항이나 항만 시설이 충분해야 한다. 허브 항만의 경우에는 대형 선박이 들어올 수 있도록 수심 16미터이상이 되어야 하고, 허브 공항의 경우에는 소음에 상관없이 24시간 운영할 수 있고 4킬로미터 길이의 활주로를 최소 두 개 이상 갖추어야 한다.

싱가포르 항만이 처리하는 많은 컨테이너 물동량의 대부분은 세계 각처에서 모인 것이다. 글로벌 선사들이 환적하기 좋은 싱가포르 항만을 즐겨 이용하기 때문이다. 싱가포르 정부는 글로벌 선사들이 언제든 항만을 이용할 수 있도록 많은 여유 용량(용량의 30~40퍼센트)을 확보하고 있다. 여유 용량이 소진될 기미가 보이면 막대한 돈을 투자하여 새로운 항만 시설을 신설하거나 확충하고 있다. 글로벌 선사들을 지속적으로 붙들어 놓기 위해서다. 이러한 투자 전략을 가진 싱가포르 항은 얼마 전까지만 해도 세계 최고의 컨테이너 처리 실적을 보였다.

세계 최고의 컨테이너 물동량을 취급하고 있는 중국 상하이 항의 경우 조금 다른 전략으로 세계 최대의 허브 항으로 성장했다. 오래전 상하이 항은 양쯔강에서 내려오는 퇴적물 때문에 대형 선박이 들어올 수 있는 수심을 확보할 수 없었다. 상하이 정부는 고민 끝에 깊은 수심을 가진 항만을 확보하기 위해 중국 본토와 32킬로미터나 떨어진 넓은 바다로 나가 돌섬 위에 양산 항을 건설했다. 그리고 대륙과 양산 항을 긴 교량으로 연결했다. 이후 상하이 항은 세계에서 가장 많은 컨테이너 물동량을 처리하는 항만이 되었다.

우리의 경우는 어떤가? 과거 1970년대 우리의 급속한 경제 성장으로 모든 공항과 항만이 포화 상태에 있었다. 그럼에도 불구하고 24시간 운영하며 용량을 초과하는 시설 가동을 했다. 공항과 항만 운영자들은 용량에 비해 100퍼센트를 넘는 시설 가동을 자랑스럽게 생각했다. 그리고 몇 년 뒤 물동량을 처리하는 데 한계에 이르자 서둘러 항만을 확장했다.

개발도상국 시절에 해 오던 방식대로 항만 시설의 용량이 다 찬 뒤에 시설 투자를 해서는 허브 공항 및 허브 항만이 될 수 없다. 글로벌 항공사나 선사들이 자신들의 허브 전략을 마음대로 펼칠 수 없기 때문이다. 마치 '소잃고 외양간 고치는' 식의, 미래가 보이지 않는 투자 방식을 고수해 왔다. 그마저도 부산항과 광양항으로 나누어 투자함으로써 세계적인 허브 항만이 될 수 있는 가능성을 스스로 무너뜨렸다.

　정부는 부산항과 광양항 모두를 동북아 허브 항만으로 만들기 위해 안간힘을 쓰고 있다. 그러나 과거보다 물동량이 늘어 가지만 미래가 보이지 않는다. 허브 항만에 걸맞은 전략, 투자와 용기가 필요하다. 우리의 지정학적 위치를 감안할 때 물류 허브를 실현시키지 못할 것은 아니다. 세계 최고의 항만에 걸맞은 독창성 있는 허브 전략이 나와야 한다. 그리고 이를 위한 과감한 투자와 처절한 노력이 필요하다.

빠른 네트워크 세계 강국들은 빠른 기동력으로 상대를 공격하고 제압했다. 그리고 자신들의 나라를 허브로 삼고 점령지들을 네트워크로 연결하여 지배했다. 빠르면 빠를수록 더 많은 영토를 가지고 허브 국가로서의 위치를 공고히 했다. 유럽 열강은 13~14세기의 대항해 시대大航海時代에 세계 대부분을 자신들의 식민지로 삼았다. 이 시대에는 먼저 땅을 발견하여 깃발을 꽂으면 자신들의 영토, 즉 식민지가 되었다.

　1492년 스페인의 깃발을 달고 크리스토퍼 콜럼버스는 돛을 단 범선帆船으로 현재의 쿠바인 서인도 제도를 처음으로 발견했다. 그리고 스페인의 식민지로 삼았다. 이어 아메리고 베스푸치는 1499~1502년까지 스페인 탐험대의 일원으로 중부와 남아메리카 대륙을 탐사했다. 그 결과 남아메리카 대륙 대부분이 스페인 식민지가 되었다. 스페인은 유럽 내 중남미의 허브 국가가 되었다. 그리고 북아메리카는 해가 지지 않는 나라 영국의 식민지가 되었다. 좀 더 빨리, 좀 더 멀리 바다를 항해할 수 있는 항법, 즉 과학 기술로 이룬 그들만의 전리품이었다.

　13세기 몽골의 칭기즈 칸은 빠른 말을 이용하여 종횡무진 대륙을 누비며 중국과 유럽 대륙을 정복했다. 한때 몽골 제국의 영토는 알렉산드로스 대왕의 마케도니아(610만 제곱킬로미터), 로마제국(650만 제곱킬로미터)보다 다섯 배가 넘는 영토 (3320만 제곱킬로미터)를 가졌다.(10) 빠른 말의 상징인 중국의 적토마는 후한後漢의 장수 여포와 촉蜀나라 장수 관우關羽가 탔다고 전한다. 싸움을 이기는 명장 이야기에는 빠른 말 이야기가 빠지지 않는다.

일본의 도요토미 히데요시는 몇 안 되는 기마병들로 빠르게 적진을 공격했다. 적들은 그 기동력에 혼비백산해서 전의를 상실하고 도망쳤다. 그 결과, 일본 전역을 파죽지세로 점령하여 통일의 대업을 이루고 막부幕府 시대를 열었다. 사막의 여우라고 불리는 독일의 롬멜 장군은 제 2차 세계대전 때 막강한 탱크 기동력으로 프랑스를 파죽지세로 밀고 들어갔다. 프랑스군은 속수무책으로 당했다. 그들의 승리의 핵심은 빠른 기동력(fast mobility)이다. 미국, 영국, 프랑스 등 연합군은 일본군과 독일군의 빠른 기동력에 맞서느라 어려운 전쟁을 치러야만 했다. 전쟁에 승리하기 위해서는 빠르게 움직여야 한다. 빠른 기동력은 잡아먹느냐 잡아먹히느냐의 싸움에서 승리를 위한 핵심 전략으로 자리 잡았다.

한국인의 평균 수명은 80세 전후다. 그러니까 태어나서 죽을 때까지 3만 일 정도를 사는 셈이다. 인간의 수명은 신체 장기臟器들의 평균 수명으로 보아도 될 것이다. 그리고 하루는 지구의 자전 시간인 24시간이다. 우리 교통은 이러한 인간의 수명, 지구의 자전 주기와 연관성을 갖는다. 최대 80~100세 남짓 살고 죽어야 하는 인간들이 살아생전 많은 일들을 경험하려면 빠르게 움직이는 수밖에 없다. 빠른 기동력을 갖는 것은 인간의 수명을 연장시키는 거나 마찬가지다. 이는 인간에게 진시황이 애타게 찾던 불로초와 같은 것이다.

하루는 24시간이다. 24시간 중 여덟 시간의 수면 시간과 여덟 시간의 근로 시간을 빼면 나머지 여덟 시간만이 마음대로 즐길 수 있는 자유 시간이다. 하루 중 일하고, 즐기고, 잠자러 가는 시간, 즉 교통 시간을 줄여야 더 많은 일을 하고 더 많이 즐길 수 있다.

도시 구조와 그 당시 교통수단을 비교해 보면, 오래전부터 사람들은 출근 시간을 한시간 내외로 보았던 것 같다. 고대 도시의 주거지들은 대부분 도심에서 도보나 우마차로 한시간 거리 이내에 위치해 있었다. 도시의 크기는 교통 속도의 함수가 되었다. 교통이 빠르면 빠를수록 주거지는 직장에서 멀리 떨어졌다. 당연히 한 도시에 수용할 수 있는 주민 수도 늘었다.

웨버(A. F. Webber)는 고대도시의 인구를 예측했는데, 인구 10만 명의 도시로 바빌론(고대 바빌로니아의 수도), 멤피스(고대 이집트의 왕도), 니네베(고대 아시리아의 수도), 인구 70만 명 도시는 카르타고, 알렉산드리아를 꼽았다. 100만 명 도시로는 고대 최강을 자랑했던 로마와 콘스탄티노플 등이다.(11) 로마의 주요 문화 유적지들은 도심으로부터 반경 1.5킬로미터의 거리에 퍼져있다. 도보로 걸으면 딱 좋은 거리다. 당시의 교통수단인 보행步行과 우마차의 속도로는 도시 규모를 더 키울 수도 없었을 것이다.

1975년 제임스 와트에 의해 증기기관이 개발된 이후 1825년 처음으로 영국의 스톡턴—달링턴(Stockton—Darlington)간 철도가 운행되었다. 그리고 런던 최초의 교외철도가 1863년에, 지하철이 1868년에 운행되기 시작했다. 전기 모터에 의한 지하철은 1890년부터 다니게 되었다.(12) 19세기 중반에 교통수단의 발달로 런던, 파리는 인구가 100만 명에 달했다. 교통수단이 빨라질수록 도시 규모는 점차 커졌다. 그런 관점에서 보면 도시 크기는 교통 과학 기술의 종속 변수인 셈이다.

19세기 후반에는 지하철이 대량으로 사람들을 실어 나르고, 고층 빌딩이 즐비하게 들어섰다. 도시 규모를 과거보다 열 배 이상 늘렸다. 교통수단의 속도만큼이나 한 도시의 규모 경제 크기가 늘어났다.

많은 도시계획 학자들은 대도시의 과도한 인구 집중이 집적의 비효율을 낳는다고 경고했다. 그러나 대량 교통수단인 지하철, 굴절버스, 트램 등이 빠른 속도로 한꺼번에 많은 사람을 이동시키면서 집적의 효율을 지속적으로 늘려 가며 도시의 규모를 끝도 없이 키워 나갔다.

미국 뉴욕이 대규모·고밀도로 성장할 수 있었던 이유는 26개 노선(468개 역) 총연장 1056킬로미터를 가진 빠른 속도의 지하철 네트워크 때문이다.

빠르고 편리한 교통수단의 발달로 서울, 런던, 도쿄, 파리 등 대도시들은 인근 도시를 흡수하며 그 규모를 점차 확장시켜 나가고 있다. 수도권의 경우에는 인구가 2000만 명에 이르게 되었다. 수도권의 반경도 50 킬로미터 정도로 늘어났다. 지금은 천안, 춘천까지 최대 시속 100 킬로미터의 통근용 전동차가 오가고 있다. 경부선에는 시속 300 킬로미터의 KTX와 경춘선에 시속 170 킬로미터의 청춘열차가 추가로 운행하고 있다. 수도권은 빠른 교통수단 덕분에 반경 100 킬로미터로 자신의 범위를 점차 확대시키고 있다.

최근에는 고속철도와 같은 빠른 교통수단이 전 세계에 속속 도입되고 있다. 고속 대량 교통수단이 운행되는 곳은 방대한 지역에 걸쳐 거대한 도시 군락都市群落을 형성하고 있다. 이들이 모여 새로운 경제 단위를 만들고, 중앙 및 지방 정부와 다른 독자적인 의사 결정 조직 체계를 만들 수도 있다. 이러한 동질성의 대도시 군락이 확대된 것이 거대 지역권(mega region)이다.

빠른 교통수단이 속속 개발됨에 따라 우리에게 초대형 거대지역권이 쓰나미처럼 다가오고 있다. 이런 현상은 과거의 우리가 생각하던 경제의 규모 단위를 대규모大規模, 초대규모超大規模로 바꿀 것이다. 거대 지역권이 주축이 되어 세계 경제를 좌지우지하게 될 날이 올 것이다. 이렇듯 빠른 기동력은 허브 자체의 규모를 키우면서 동시에 허브의 경쟁력까지 키운다. 이 거대 지역권의 소용돌이 속에서 우리의 생존을 위해 무엇을 어떻게 할 것인가? 아마도 더 빠르게 움직여야 할 것이다.

대량 수송 서울 시청에서 인천공항까지 가려면 택시를 탔을 때 6만 원, 공항버스는 1만 원에서 1만 5000원가량 든다. 그리고 공항 철도를 타고 가면 4250원이 든다. 차량이 크고 용량이 클수록 가격은 내려간다. 이것이 대량 수송의 이점이다.

2005년 4월 17일, 유럽 에어버스사는 최대 555명까지 태울 수 있는 A380이라는 2층짜리 항공기를 처음 공개했다. 보잉사의 B747 항공기의 최대 450명보다 100명가량을 더 태울 수 있다. 싱가포르에어라인, 아랍에미레이트항공 등 글로벌 항공사들은 앞다투어 이 항공기를 주문했다. 좌석당 수송 비용이 저렴한 항공기를 들여와 항공사의 경쟁력을 높이기 위한 것이다.

2007년 10월, A380 양산 1호기 항공기가 최초로 싱가포르에어라인에 인도 되었다. 그 후 7년 만에 에어버스는 A380 항공기 324대의 주문을 받아 매월 200만 명의 승객을 실어 나르고 있다. 대한항공도 2011년 1호기를 도입한 이래 3년 만에 아홉 대를 운영하고 있다. 아시아나항공도 2014년에 1호기를 도입하여 운영하고 있다.

산업혁명 이후 기업들은 대량 생산을 통해 물건 가격을 낮추면서 돈을 벌었다. 마찬가지로 대량으로 수송해야 많은 사람들에게 싸고 좋은 교통 서비스를 제공할 수 있다. 도시 교통 문제를 해결하기 위해 승용차 대신 지하철, 경전철, 트램, 버스 등 대중교통 시스템을 구축하려는 것도 그 때문이다. 대중교통 시스템이 잘 갖추어진 나라, 도시들은 빠르고 저렴한 대중교통 서비스를 통해 보다 많은 사람들을 경제 활동에 투입할 수 있다.

대량 수송 전략은 물자 수송에서 더 큰 위력을 발휘한다. 30년 전만 해도 대형 선박은 4만 톤급 이상으로 4000개의 컨테이너를 싣고 다녔다. 최근의 대형 선박은 10만 톤급 이상으로 컨테이너를 1만 3000개까지 싣고 다닌다. 그만큼 물류 비용이 싸진다. 미국, 캐나다, 인도, 중국 등 세계 각처에서 기존 화물열차보다 두 배의 컨테이너를 실을 수 있는 컨테이너 이단적二段積 열차를 운행하고 있다. 그리고 많은 나라에서 2층 여객열차를 운행하고 있다. 국제 여객 및 수출입 물량을 대량으로 처리할 수 있도록 대형 항만, 대형 공항들이 세계 각처에 속속 들어서고 있다.

대량 수송이 가능해지자 물건을 싸게 잘 만드는 곳에서 비싸게 잘 팔리는 곳으로 제품의 이동이 쉬워졌다. 대량 수송은 비교 생산 우위를 바탕으로 한 국제 교역을 활발하게 함으로써 세계 경제에 활력을 주었다. 그리고 세계 곳곳에서 많은 일자리가 창출되었다. 대량 수송 전략은 교역을 활성화하고, 인류가 풍족한 생활을 할 수 있도록 하는 중요한 교통 전략이다.

연계 교통 세계 한구석에서 또 다른 구석까지 사람과 물건이 빈번하게 움직이고 있다. 물자들은 비교 우위의 법칙에 따라 싸게 만들 수 있는 곳에서 만들어져 비싸게 팔리는 곳으로 이동하며 소비된다.

기업들은 경쟁의 우위를 확보하기 위해 더욱 인건비가 싼 오지奧地로 자신들의 공장을 옮겨 가고 있다. 이 때문에 값싼 노동, 자본, 토지를 가진 생산지와 비싸게 팔리는 소비지 간의 수송 거리는 점차 늘어나게 된다. 사람이나 물자를 수송하는 거리가 늘어날수록 트럭, 선박, 철도, 항공기 등 여러 교통수단을 조합해야만 수송할 수 있다. 이렇듯 여러 교통수단을 이용해 효율적으로 수송하는 전략을 복합 운송(multi-modal transport) 전략이라고 한다. 로스앤젤레스에서 부산까지보다 부산에서 서울까지의 수송비가 더 든다고들 말한다. 이는 육상 교통과 해상 교통이 제대로 연결되지 않아 생겨난 복합 운송 과정의 문제다.

물건의 이동을 위해 전문적으로 교통수단을 조합하여 운송하는 사람 또는 기업을 일컬어 복합 운송 주선인(mult-modal freight forwarder)이라고 부른다. 이들은 지구촌 어디든 여러 가지 교통수단과 시설들을 잘 조합하여 저렴한 비용으로 제때 물자를 수송하는 역할을 담당하고 있다. 국제 교역 증가로 물건의 이동 거리가 늘어나면서 복합 운송 주선인들은 국제 운송 시장의 중요한 플레이어로 자리 잡았다.

복합 운송이 효율적으로 이루어지려면 교통수단을 효율적으로 연계하는 것이 중요하다. 이러한 복합 운송을 용이하게 할 수 있도록 만들어진 수송 용기가 컨테이너다. 컨테이너를 이용하면 물건을 어디서나 쉽게 옮겨 싣고 보관할 수 있으므로 수송 비용과 수송 시간을 대폭 절감할 수 있다. 그럼에도 불구하고 복합 운송 과정에서 막상 물건을 옮겨 싣고 운반하려면 통관, 검역, 운송, 상하역, 노조 관행 등 넘어야 할 산이 많다.

국가 간 당면한 교통 문제를 논의하기 위해 유럽 EU 회원국들을 주축으로 한 54개 회원국 교통 장관들과 교통 관련 기관장들이 매년 한 차례씩 독일 라이프치히에서 국제교통포럼(ITF, International Transportation Forum)을 연다. 이때의 중요한 논의 주제가 복합 운송이다. 그만큼 복합 운송 시스템은 구축하기가 어렵다. 특히 유럽처럼 하나의 대륙에 여러 나라로 나누어져 있는 경우가 더욱 심하다. 이렇듯 세계는 교통수단을 효율적으로 연결하는 연계 교통(multi—modal transportation) 문제에 대해 많은 고민을 하고 있다. 우리나라는 육상 교통과 항공 교통은 국토교통부에서, 해운은 해양수산부에서 나누어 정책을 집행하고 있다. 우리나라를 제대로 된 교통 물류 허브로 만들기 위해서는 정부 조직부터 진지한 고민이 필요하다.

재원 조달 이러한 허브 전략을 제대로 구사하기 위해서는 막대한 규모의 교통 물류 시설과 장비를 갖추어야 한다. 대형 교통 물류 사업은 수년에서 수십 년까지 한 푼의 수입도 없이 투자만 해야 하는 경우가 다반사다. 그런 이유로 그동안 공공재公共財적 성격이 있는 교통 시설에 대한 투자는 대부분 국가 또는 지방 정부의 몫이었다. 또 교통 시설에 대한 투자 효과는 불특정 다수에 미치는 만큼 국가 또는 지방 정부 예산으로 충당하는 것이 당연하게 생각해 왔다.

그러나 미래에 필요한 교통 시설을 현재의 예산만으로 건설하기에는 역부족이어서 많은 국가들이 세계은행 차관, 금융 기관 융자 또는 공채 발행 등을 통해 자금을 조달해 왔다. 교통 시설은 한번 건설하면 수십 년을 사용하기 때문에 그 부담도 미래 전 세대에 걸쳐 부담해야 한다는 논리다.

정부 예산과 금융 차입만으로는 미래 경제 발전이나 복지 수요에 따라 급격히 수요가 늘어나는 교통 시설 투자를 감당할 수 없다. 일부 수요가 많아 이용료를 많이 거두어들이는 교통 시설의 경우에는 민간 자본을 과감히 유치하는 것도 적극적으로 생각해 볼 만하다.

이러한 교통 투자 재원 확보 전략을 프로젝트 파이낸스(project fiance)라고 부른다. 이는 민간이 SOC 시설을 건설하고 이후 수십 년 동안 들어올 수입과 건설·운영 비용을 현재 가치로 환산하여 정부가 그 부족분을 민간에게 정산해 주는 투자 기법이다. 그렇게 되면 민간도 어느 정도 수입이 확보되므로 교통 시설에 대한 투자와 운영이 가능해진다.

교통 시설 투자는 국가 입장에서는 필요하지만 건설 운영자 입장에서는 수익이 나오지 않는 경우가 대부분이다. 즉 경제성은 있지만 재무성(사업성)이 없을 때 일부 비용을 국가가 투자하여 수익성 있게 사업 구조를 만든 후 민간 투자를 유치한다. 이 경우 정부의 투자비 부담을 줄이기 위해 민간 투자 기업의 창의적인 부속 및 부대사업을 적극 권장하고 있다. 교통 시설 투자에 민간을 끌어들이는 이유는 재정 부족 문제도 있지만 건설 단계 또는 건설 이후 운영 단계에서 민간이 더 효율적으로 운영할 수 있다는 기대감 때문이기도 하다.

교통 시설에 대한 민간 자본 조달 방식은 건설 이후 소유와 운영 방식에 따라 여러 종류로 나뉜다. 민간이 건설하여 소유하고 운영하는 방식(BOO, build—own—operation), 민간이 건설한 뒤 시설을 모두 국가에 넘기고 일정 기간(20년, 30년) 운영권만 받아 운영하는 방식(BTO, build—transfer—operation), 민간이 시설을 건설하고 운영한 뒤에 국가에 반납하는 방식(BOT, build—operation—transfer), 민간이 건설한 뒤 시설을 국가에 넘기고 국가로부터 일정 기간 리스 대금(사용료)을 받는 방식(BTL, build—transfer—lease), 민간이 디자인, 건설, 자금 조달, 운영 모두를 맡아 하는 방식(DBFO, design—build—finance—operate) 등이다. 이 밖에도 여러 가지 민간 투자 유치 방식이 있다. 화물 터미널, 항만 시설처럼 한 지역에 국한된 수익 사업들은 BOO 또는 BTO 방식으로, 도로나 철도 등 공공적 성격이 높은 사업들은 BTO, BTL 방식을 선호하고 있다.

2장
허브로 가는 길

허브로 가는 길

허브로 가는 길은 험난하다. 성공하면 수백 배의 이득을 챙기지만 실패하면 투자비 모두를 날릴 수 있다. 실제로 막대한 투자를 하고도 그에 걸맞은 수요가 없어 텅 빈 인프라 시설을 바라보고 있노라면 곤혹스러울 때가 한두 번이 아니다. 수많은 허브 전략이 성공했고, 수많은 허브 전략이 실패의 쓴 잔을 들어야 했다. 그중 가장 성공한 전략은 인천공항 개항과 이어진 많은 나라들과 체결된 항공 자유화 협정들로 우리의 하늘이 허브가 된 것이다. 반면에 양양·무안·울진·청주 공항과 광양, 목포항 개발 사업 등은 잘못된 수요 예측과 마케팅 전략으로 한때 수요가 없어 고민하던 사업들이다.

우리나라는 중국, 일본, 싱가포르, 홍콩 등 세계에서 가장 경쟁력 있는 나라들로 둘러싸여 있다. 이런 상황에서 지나간 일들에 대해 잘잘못을 따지고 있을 만큼 한가롭지 않다. 더 큰 틀에서 허브 전략을 세우고, 이를 체계적으로 추진해야 주변 국가들과의 경쟁에서 승산이 있다. 또 실패한 사업들도 다시 생명력을 불어넣어 우리의 허브로 가는 길에 동참하도록 해야 한다. 그래야 큰돈 들이지 않고 허브가 될 수 있다. 허브로 가는 길은 험난하다. 우리 모두의 지혜와 열정을 모아야 한다.

하늘의 허브

하늘에 드리운 바리케이드

하늘을 정복한 역사는 미국의 윌버 라이트와 오빌 라이트 두 형제의 모험에서 시작되었다. 이들 형제는 1903년 12월 17일, 미국 노스캐롤라이나 주 키티호크 인근 킬 데빌 힐스에서 플라이어 1호로 명명된, 날개 길이 12미터, 기체 무게 283킬로그램의 비행기로 첫 비행에 성공했다. 비행 시간은 12초였고, 비행 거리는 36.5미터였다. 역사상 최초의 비행으로 기록되고 있다. 그로부터 110여 년의 세월이 흘렀다. 전 세계 민간 항공기 수는 3만 대에 육박하고, 동시에 전 세계 하늘을 떠다니는 항공기 대수는 4500대에 이르고 있다. 하늘길을 통해 많은 사람과 물자가 이동하고 있으며, 수많은 사람들이 하늘과 관련된 사업장에서 일하고 있다. 항공 산업의 규모가 하늘의 크기만큼이나 커져 가고 있다.

우리나라는 인구는 많고, 국토는 좁고, 변변한 천연자원이 없다. 5000만 명에 달하는 국민들은 국내뿐만 아니라 세계 속에서 먹고살 길을 찾아야 한다. 물건을 만들어 해외에 팔거나, 해외로 나가 돈을 벌거나, 외국 관광객을 많이 유치해야 한다. 그런데 우리나라는 3면이 바다이고, 북쪽은 휴전선을 두고 북한이 있다. 마치 하나의 섬 같다. 아니, 오히려 북쪽으로는 북한에 막혀 있으니 섬나라보다 못한 나라에서 사는 셈이다. 남북통일이 되기 전까지 우리가 세계로 나가기 위해서는 하늘길과 바닷길을 통하는 수밖에 없다.

인천공항에는 매일 800편 가까운 항공기가 드나들고 있다. 또 연간 1600만 명의 내국인과 1400만 명의 외국인 등 3000만 명이 들락거린다. 이들 대부분이 항공기를 이용하는데 우리나라 15개 공항에서 연간 1억 명이 하늘길을 통해 국내외로 나가고 있다. 우리나라 주력 수출 및 수입 상품인 LED, 반도체, 스마트폰, 카메라, 책자, 서류 등 고가 상품들은 주로 항공기를 이용한다. 우리나라 총 무역액의 30~40퍼센트에 해당되는 물량이다. 항공사에서 비행기 한 대가 늘어나면 조종사, 스튜어디스, 정비사 등 120명가량의 직원이 새로운 직장을 얻는다. 항공 산업은 첨단 산업인 반면, 문자 그대로 일자리 창출 산업이다. 우리나라를 하늘의 허브로 만든다면 세계 경제의 중심에 설 수 있다. 그런 의미에서 우리에게 하늘길은 우리의 생존을 위한 생명 줄인 셈이다.

이런 하늘길을 우리 마음대로 쓸 수 있다면 얼마나 좋을까? 그러나 우리는 하늘을 마음껏 날아다니는 새들과 달리 하늘을 자유롭게 쓸 수 없다. 국제 규약은 세계 각국의 영토 위 하늘을 영토와 같은 개념의 영공領空으로 인정했다. 따라서 모든 항공기는 해당 국가의 허가가 있어야 그 나라 영공을 통과할 수 있다. 다시 말해 당사국 간에 합의하지 않으면 한 대의 항공편도 띄울 수가 없다. 세계로 뻗어 나가기 위한 우리의 길목에 커다란 '바리케이드'가 쳐 있는 것과 같다.

1944년에 타결된 시카고 국제민간항공협약(Chicago Convention)에 따르면, 비군사적 목적의 상업용 항공기 운항에 대해 기본적으로 항공의 자유를 선언하고, 항공기 고장에 의한 기술적 착륙과 영공 통과 비행의 자유는 포괄적으로 인정했다. 이러한 경우 외의 상업용 항공기들은 당사국들 간에 항공 협정을 맺도록 명문화했다.

　세계 각국은 이해관계에 따라 항공 협정을 맺고, 이를 근거로 서로의 항공기를 취항시키고 있다. 그리고 각국 간의 항공 협정을 통해 항공 자유화를 합의하거나 서로 운항할 수 있는 최대 운항 편수를 정했다. 항공운수권은 그 허용 범위에 따라 제1자유부터 제8자유까지 나뉘었다. 이와 같이 국가 간 운항할 수 있는 권리를 항공운수권(air traffic rights)이라고 부른다.

제1자유	영공 통과 (Fly – over)	제5자유	상대국 → 자국 → 제3국 (Beyond)
제2자유	기술 착륙 (Technical Landing)	제6자유	제3국 → 상대국 (자국 경유)
제3자유	자국 → 상대국 (Set – down)	제7자유	상대국 ↔ 제3국
제4자유	상대국 → 자국 (Bring Back)	제8자유	자국 ↔ 자국 (Cabotage)

항공 자유의 종류는 제1 자유부터 제8 자유까지 있다.

　제1, 제2자유는 각국 간에 일반적으로 허용되고 있다. 대부분의 항공 회담은 양국을 오가는 항공기의 제3, 제4자유에 대한 항공운수권 협상에 집중되었다. 최근에는 글로벌 서비스를 하는 항공사가 늘어나면서 제5자유에 대한 항공운수권 확보에 관심이 높아지고 있다. 협상 국가가 우리나라를 경유지로 삼아 우리나라에서 승객을 태우고 제3국을 갈 수 있는 권리가 제5자유 항공운수권이다. 오픈 스카이(Open Sky)는 제3, 4, 5자유에 대한 항공운수권을 무제한으로 허용한 것이다. 이에 반해 항공 자유화(liberalization)는 제3, 4자유의 항공운수권을 무제한으로 허용한 것이다. 각국의 최우선 관심사는 우선 양국간 왕래를 자유롭게 할 수 있는 제3, 제4 자유 항공운수권을 무제한 허용하는 항공 자유화에 있었다. 우리는 미국과 유일하게 오픈 스카이 협정을 체결하고 있다.

항공운수권 배분 갈등

협상 당사국은 협정에서 확보한 항공운수권을 자국 항공사에 배분하여 상대 국가에 항공기를 취항시키고 있다. 우리나라의 경우 다른 나라와의 항공 협상을 통해 확보한 항공운수권 수는 우리 항공사들의 성장세에 비해 턱없이 적었다. 때문에 항공사들은 정부에서 항공운수권을 어떻게 배분하느냐에 따라 회사의 사활이 결정된다고 생각했다. 그래서 항공운수권 배분 시기가 오면 모든 항공사 임직원들이 언론, 정치권, 여론 등을 총동원하여 몇 개 되지 않는 항공운수권을 확보하기 위해 치열한 로비전을 벌였다. 정부 역시 이들 업체들의 항공운수권 확보를 위한 파상적인 공세에 많은 어려움을 겪었다.

당시 항공운수권 배분 기준은 '귀에 걸면 귀걸이 코에 걸면 코걸이(耳懸 鈴鼻懸鈴)'라고 불릴 정도로 애매한 조항들을 담고 있었다. 그 조항들은 기존의 대한항공과 신규 아시아나항공의 경쟁 구도를 만들어 가는 과정에서 불가피했을지도 모른다. 그러나 시간이 갈수록 이 조항들은 오히려 항공사 간의 항공운수권 배분을 둘러싼 갈등 요인이 되었다. 항공운수권 배분을 두고 끊임없이 불만과 갈등이 생겨났다. 심지어 항공사들은 자신들의 경영상 잘못도 정부의 항공운수권 배분 정책 탓으로 돌리기까지 했다.

정부의 항공운수권 배분이 끝나면 양 항공사 모두 불만의 목소리를 높였다. 항공사 자신들에게 유리하게 항공운수권이 배분되더라도 다음 배분 때 우위에 서기 위한 명분 확보를 위해 더 크게 목청을 높였다. 그래도 모자라다 싶으면 항공운수권 배분에 대한 행정처분 취소 소송을 했다. 대부분의 소송은 스스로 취하하기도 했지만 끝까지 간 소송은 대부분 항공사가 패소

했다. 정부는 국가 간의 협상을 통한 신규 항공운수권 확보보다 갈등 소지가 많은 항공운수권 배분에 더 신경을 썼다. 우선순위가 바뀐 느낌이다.

당시 항공기 운항 편수가 상대적으로 많은 대한항공은 현재 운항 점유율을 감안할 때 아시아나보다 많은 항공운수권을 받아야 한다고 주장했다. 반면 후발 주자인 아시아나는 건전한 경쟁을 위해서는 항공운수권이 적은 항공사에 몰아 주어야 한다고 주장했다. 모두 아전인수 격인 해석이다. 이렇듯 사업의 성패가 항공사의 경쟁력보다는 정부의 항공운수권 배분 정책에 의존하게 되면서 항공사 간, 그리고 항공사와 정부 간 갈등이 증폭됐다.

논란을 잠재우기 위해 항공운수권을 보다 공정하고 투명하게 배분하는 방안을 마련해야 했다. 그러기 위해서는 정부 스스로 많은 재량권을 행사할 수 없도록 새로운 기준을 마련할 필요가 있었다. 그래야 항공사들도 예측 가능한 경영으로 세계 무대에 나설 수 있기 때문이다.

그동안 아시아나항공의 항공운수권 규모는 대한항공의 반 가까운 수준이 되었다. 정부는 지금이 공정하고 투명한 항공운수권 배분 정책이 필요할 때라고 판단했다. 공정한 업무 추진을 휘안 항공정책심의위원회를 구성했다. 위원회에 항공운수권 배분 지침 심의와 항공운수권 배분을 심의하는 역할을 맡겼다. 공정성 확보를 위해 가급적 기존 항공사들과 교분이 있는 항공 전문가보다는 경제학, 경영학, 시민 단체 등 사회 각계 인사들로 위원회를 채웠다.

위원회가 구성되자, 양 항공사는 항공운수권 배분 지침을 새로 만드는 과정에서 자신들의 의견을 충분히 들어줄 것을 요구했다. 그러한 요구에 부응하여 항공정책심의위원회 산하에 소위원회를 구성하여 수차례 양 항공사 의견을 들었다. 그리고 항공운수권 배분 시 가능한 모든 경우의 수를 가정하여 문제점이 없는지를 몇 차례에 걸쳐 점검했다. 그리고 석 달쯤 뒤 새로운 항공 운수권 배분 지침을 마련하여 공개했다.

새로운 항공운수권 배분 지침은 우리나라 두 항공사의 사활이 걸린 것처럼 비치며 언론의 관심을 끌었다. 그 지침에는 다음과 같은 내용을 담았다. ①신규 항공운수권 배분 시 해당 항공사가 항공운수권을 단독으로 신청하였을 경우 해당 항공사에 배분한다. ②경합이 있을 경우는 양 항공사에 2분의 1씩 배분한다. ③항공 운수권 배분 이후 일정 기간 운항하지 않으면 이를 회수하여 상대 항공사에 주도록 했다. 새로운 항공운수권 배분 지침은 간결하고 명확했다. 이제까지의 갈등을 감안하면 너무도 간단한 지침처럼 보였다. 그러나 그 지침을 만들기까지는 매우 어려운 과정을 거쳤다.

양 항공사는 새로 나온 항공운수권 배분 지침에 환영의 성명을 냈다. 항상 반대 입장인 양 항공사가 함께 환영하는 입장을 보인 것은 의외였다. 그동안 예측하기 어려운 항공운수권 배분 문제로 항공사 임직원들이 얼마나 마음고생을 했는지 알 수 있었다. 새로운 지침에 따라 항공운수권이 배분되면서 수십 년을 끌어 온 대한항공과 아시아나항공 간의 갈등도 점차 사그라졌다.

이러한 배분 갈등은 근본적으로 우리 항공사의 규모와 성장 가능성에 비추어 항공운수권 수가 적어 일어나는 현상이다. 정부가 외국과의 협상을 통해 확보한 한정된 항공운수권을 일일이 배분하는 것은 덩치가 커질 대로 커진 우리 항공사들의 성장에 발목을 잡고 있는 거나 마찬가지로 보였다. 우리 항공사들이 세계 시장에서 자유로운 경쟁을 통해 자기 영역을 확대할 수 있도록 우리의 항공 시장을 활짝 열어 주는 것이 필요했다. 이를 위해서는 많은 나라들과 항공 자유화 협정을 체결하거나 여태까지보다 훨씬 많은 항공운수권을 확보해야 했다.

대동부권 항공 자유화 블록

항공 수요가 많은 미국에는 북미 항공 자유화 블록, 유럽은 유럽 연합(EU) 항공 자유화 블록이 구성되어 있다. 하지만 아시아, 아프리카, 동유럽 국가들은 항공 자유화 블록을 구성하지 못하고 있다 보니 블록에 소속된 국가들과의 항공 회담에서 불이익을 받는 경우가 생겼다.

EU에서는 EU에 소속된 국가들이 EU 이외의 국가들과 항공 협상을 통해 확보한 항공운수권을 EU에 소속된 모든 국가가 함께 공유할 수 있는 규정(EU Clause)을 제정했다. 국가 간 항공 협정을 체결하여 양국끼리만 행사하기로 한 항공운수권을 EU에 소속된 국가들이 함께 나누어 쓰겠다는 것이다. 아시아 국가들의 입장에서 보면 불평등한 조항이었지만 EU에 소속된 국가들은 한국, 일본, 중국 등 역외 국가들과의 항공 회담 때마다 이 규정을 받아들일 것을 강요했다. 심지어 EU 일부 국가에서는 이 조항을 받아들이지 않으면 항공 협상 자체를 하지 않겠다고 으름장을 놓았다.

이러한 불이익을 받지 않기 위해선 유럽과 북미를 제외한 나머지 지역도 항공 자유화 블록을 형성하여 유럽과 북미 항공 자유화 블록에 대응해야 한다고 생각했다. 그런 생각에서 나온 구상이 바로 대동부권 항공 자유화 블록(Great Eastern Block)이다. 러시아로부터 발원하여 중국, 한국, 일본 등 동북아 국가 그리고 동남아시아 국가들을 광범위하게 포함하는 세계 최대 항공 자유화 블록을 설정하여 유럽과 북미 항공 자유화 블록들과 동등한 위치에서 항공 자유화를 위한 협상을 하자는 것이다. 이래야만 항공 자유화 블록에서 소외된 동부권 국가들의 이익을 지킬 수 있다고 보았다. 또한 이 방법은 세계 전역으로 항공 자유화를 확산시키는 길이기도 했다. 나는 동부권 국가들과 항공 회담을 할 때마다 이러한 구상을 상대 국가 대표들에게 제안했다. 대부분의 동부권 국가들은 우리 측 제안에 공감하고 지지 의사를 보냈다.

이러한 구상을 구체화시키기 위해서는 선제적으로 우리 주변국들과 항공 자유화를 하는 것이 중요했다. 그중에서 특히 중요한 항공 자유화 협상 대상은 역시 우리와 인접해 있고 항공 교통량이 많은 중국, 일본, 러시아 등 동북아 국가들과 태국, 베트남, 미얀마, 말레이시아 등 동남아 국가였다. 그러나 항공기획관 1년은 새로운 개념의 대동부권 항공 자유화 블록을 실현시키기에는 너무 짧았다. 그러나 이러한 구상은 항공 자유화에 부정적이던 나라들이 우리의 항공 자유화 제의를 쉽게 받아들이게 하는 촉매제 역할을 했다. 항공 회담을 거듭하면서 잘 만들어진 생각 하나가 얼마나 큰 힘을 발휘하는지를 느꼈다.

항공 자유화 시대

2006년 우리 항공 시장에 커다란 변화의 바람이 불었다. 우리나라는 항공 교통량이 많은 중국, 태국, 베트남, 캄보디아, 미얀마, 우크라이나, 아제르바이잔 등 7개국과 항공 자유화 협정을 체결했다. 그리고 얼마 뒤엔 말레이시아, 일본과도 항공 자유화 협정이 체결되었다. 이로써 우리와 항공 수요가 많은 대부분의 나라와 항공 자유화 협정이 체결된 것이다.

유럽 국가들과도 본격적인 항공 자유화의 전 단계로 항공운수권을 대폭 늘렸다. 독일과 항공운수권을 대폭 확대(주 11회→21회)하여 대유럽 항공 시장의 교두보를 강화했다. 2007년 초에는 프랑스 파리에 대한항공에 이어 아시아나항공까지 취항하는 복수 취항도 성사되었다. 러시아로부터 북극항로 이용권을 확보하여 우리 항공기들의 북미 도시 운항 시간을 30분이나 단축했다. 그리고 러시아와 항공운수권도 대폭 확충(주당 40회→60회)했다. 이러한 일련의 과정을 거쳐 2006년 1년 동안 350회의 항공운수권이 새로 배분되었다. 여태까지 배분된 운수권의 4분의 1에 해당하는 수다.

이후 우리 항공사들은 항공운수권 숫자보다 항공기가 부족하여 배분된 항공운수권을 다 이용하지 못하는 상황에 이르게 되었다. 우리 항공사들은 발주 후 4~5년 뒤에나 확보 가능한 항공기를 조달하느라 비상이 걸렸다. 외국 항공사로 하여금 항공기를 임차하기도 하고, 외국 항공사들이 발주 취소한 항공기를 사들이기까지 했다. 세계로 나가는 하늘에 걸려 있던 '바리케이드'의 일단을 걷어 낸 셈이다.

우리나라를 오가는 국제선 운항 편수는 2005년 주당 1755회에서 항공 자유화가 본격화된 2006년 다음 해인 2007년에는 주당 2402회가 되어 2년 동안 주당 600편 이상의 항공편이 늘어났다. 늘어난 항공 편수만큼이나 인천공항의 허브(HUB) 기반이 강화되고, 수요가 부족해 몸살을 앓던 지방 공항들이 활성화되기 시작했다. 그리고 많은 국제 항공 노선을 갖게 된 우리 항공사들은 세계 항공 시장에서 마음껏 실력을 보여 주기 시작했다. 항공 산업의 대변혁기를 맞은 것이다.

이 같은 항공 산업의 급격한 성장세에 힘입어 항공권 가격은 반값으로 떨어졌고 2005년 600만 명에 불과하던 해외 관광객이 2014년 두 배 이상인 1400만 명으로 늘어났다. 또한 2005년 1000만 명인 내국인 출국자 수도 2014년에는 60퍼센트 늘어난 1600만 명에 이르고 있다. 이제 우리나라를 드나드는 내 · 외국인 출입국자 수 '3000만 명 시대'가 도래한 것이다.

우리 하늘의 허브 전략이 미완의 성공을 거두었다. 이런 추세라면 4~5년 안에 내 · 외국인 출입국자 수는 우리의 인구수에 맞먹는 5000만 명에 이를 것이다. 이렇듯 우리 하늘의 허브로의 성공은 우리나라의 경제, 사회, 문화 등 생활 전반의 변화를 가져왔다.

쉽지 않았던 항공 자유화 협상 2006년 항공 자유화 협상 당시 대부분의 나라 항공사들은 국영이었다. 그러다 보니 대부분 항공 회담에서 자국의 이익보다 자국의 항공사 이익을 우선 살피는 것이 자연스러운 관행으로 자리 잡았다. 대부분의 국가들이 자국 항공사의 경영상 이유로 항공운수권 수를 늘리는 데 인색했다. 결국 자국 항공사 의견이 그 나라의 입장이 되었다. 각국의 항공사 이익을 우선시하는 협상 자세는 결과적으로 국익에 반하는 결과를 초래하기 십상이었다. 즉 항공 시장이 독과점 상태가 되어 항공사들은 많은 이익을 누릴 수 있을는지 몰라도 국민들은 비싼 항공 요금을 부담해야 했고, 많은 재정을 투입하여 건설한 공항들은 수요가 부족해도 어찌할 바를 몰랐다.

이런 상황에서 양국 간 항공 자유화 합의를 이끌어 내기란 무척이나 어려웠다. 대부분의 나라들은 자국 항공사가 경쟁력이 있고, 자국보다 상대 국가에 항공 수요가 많을 때 항공 자유화에 보다 적극적이었다. 그리고 반대의 경우는 항공 자유화 협상에 매우 방어적이었다. 항공 협상을 하는 두 나라 간에는 항공사 경쟁력과 항공 수요에 불균형이 생기는 것이 일반적이다. 엎친 데 덮친 격으로 이러한 이해관계의 불균형은 항공 자유화를 하거나 항공운수권을 늘리기 위한 협상을 더욱 어렵게 만들었다.

이러한 이해관계의 차이로 협상 당사국들의 항공 자유화에 대한 입장은 항상 상반되게 마련이었다. 그 차이가 클수록 협상 당사국들은 서로 마주 앉기도 서먹서먹하게 생각했다. 몇 년마다 열리는 항공 회담은 밀고 당기며 시간만 보내기 일쑤였다. 항공 자유화는 차치하고 조금이라도 추가 항공운수권을 확보하면 다행이었다. 항공 회담은 서로 체면치레만 하고 끝내는 회담으로 변질되어 가고 있었다. 때문에 우리나라가 항공 회담으로 새롭게 얻은 항공운수권 수는 우리 항공사들의 급격한 성장세에 비해 턱없이 부족했다. 항공사들의 항공운수권 확보를 위한 경쟁은 더욱 치열했다.

이런 와중에 미국은 캐나다, 멕시코 등 여러 국가들과 북미 항공 자유화 블록을 만들고, 유럽은 유럽 전역을 항공 자유화 블록으로 묶었다. 이어 미국과 EU 간의 상호 항공 자유화를 선언했다. 당연히 블록 이외의 국가들은 이들 항공 자유화 블록과 시장 규모 면에서 열세를 면치 못했다. 특히 EU 국가들은 한데 뭉쳐 블록 외 국가들의 불공평한 시장 개방을 요구하는 등 압박 수위를 높였다. 외부 여건은 우리 항공사들에 불리한 방향으로 전개되고 있었다. 사면초가四面楚歌란 이를 두고 하는 말인지도 몰랐다.

2006년 1월, 건설교통부 철도기획관에서 항공기획관으로 자리를 옮겼다. 당시 건설교통부 김용덕 차관은 내가 항공기획관에 발령을 받자마자 가급적 많은 나라들과 항공 자유화 협정을 맺어 줄 것을 당부했다. 나 역시 그동안 우리나라의 항공운수권 배분을 두고 우리 항공사 간 이전투구의 모습을 보아 오던 터라 그 필요성을 공감했다. 항공 자유화 지역을 확대함으로써 우리 항공사들이 좀 더 자유롭게 세계를 누볐으면 하는 바람이 있었다.

이를 위해서는 우리나라와 항공 수요가 많은 중국, 일본, 태국, 러시아, 베트남, 캄보디아, 프랑스, 독일 등과 항공 자유화 협정을 체결하거나 항공운수권을 최대한 늘려야 했다. 그러나 협상 상대국들은 우리나라 항공사들이 자신들의 항공사들보다 경쟁력이 강하다는 이유로 항공 자유화 협정 체결에 강한 거부감을 드러냈다. 우리나라 항공사들도 말로는 항공 자유화를 외치면서 자신들의 독점 노선에 대해서는 항공 자유화 노선이 되는 것을 내심 반대했다.

그러나 항공사들의 단기적 이해관계 때문에 세계 항공 시장을 열지 못한다면 앞으로가 더 큰일이었다. 국민들은 항공사 독과점으로 인해 비싼 항공 요금을 부담해야 하고, 경쟁 없이 온실 속에서 자라 온 우리 항공사들은 세계 항공 시장에서 낙오될 것이 뻔했다. 또 막대한 투자비를 들인 우리 공항들은 수요가 없는 탓에 엄청난 부채로 적자에 허덕일 것이다. 어렵지만 다른 나라들을 설득해 항공 자유화를 관철시키는 것 외에는 달리 방법이 없었다.

만리장성 중국과의 협상   2014년 중국의 해외여행객은 연간 1억 1000만 명에 달했다. 이들이 해외에서 쓰는 돈은 연간 2000억 달러(200조 원)에 이른다. 그리고 그 성장세는 경이적이다. 2006년 중국과의 항공 회담이 예정되었다. 항공 자유화가 되기만 하면 거대한 노다지를 캐는 것과도 같았다. 당시 중국은 미국과의 항공 회담에서 상호 항공 시장 개방(Open Sky) 제의를 받았지만 감정싸움으로 번져 무산됐다. 유럽 국가들도 항공 자유화를 원했으나 중국의 거부로 성사되지 못했다. 세계 각국은 항공 수요가 많고 항공사 경쟁력이 비교적 약한 중국과의 항공 자유화를 간절히 원했다. 그러나 중국은 자국의 항공 시장을 보호한다는 명분으로 다른 나라와의 항공 자유화에 부정적이었다.

당시 외교 당국에서는 건설교통부의 협상 능력으로는 중국과의 항공 자유화 합의를 이끌어 내기 어렵다고 믿었다. 노무현 대통령이 직접 나서야 한다는 이야기가 공공연히 회자되었다. 그 정도로 중국과의 항공 자유화 합의를 이끌어 낸다는 것은 거의 불가능한 일처럼 보였다. 마치 달걀로 바위 치기였다. 그러나 무모한 도전인 만큼 성공하면 대박이었다. 우리나라뿐 아니라 중국 역시 마찬가지다. 당연히 항공기획관으로 발령을 받고 가장 우선순위를 둔 업무는 중국과의 항공 자유화 협상을 타결시키는 것이었다. 중국과의 항공 회담을 앞두고 내 머릿속은 그 생각으로 가득 찼다. 동료들과 저녁 식사를 하는 자리에서도 중국과의 항공 자유화 협상 타결을 위한 궁리에 정신을 팔다 핀잔을 듣곤 했다. 중국과의 항공 회담을 위해 정말 많은 고민을 했다. 단기필마로 거란군과 국경 문제를 놓고 담판을 벌였던 고려 서희徐熙 장군의 당시 심정은 어땠을까 하는 생각을 여러 번 했다.

중국과의 항공 자유화 합의를 이끌어 내기 위해선 중국 항공 당국과 사전에 많은 대화가 필요하다고 생각했다. 마침 중국의 국제항공과장과 부국장이 두 차례의 국제 항공 세미나 참석차 우리나라를 방문했다. 항공 자유화에 대한 우리 정부의 강력한 입장을 중국 정부에 전달할 수 있는 중요한 기회라고 생각했다. 우리 국제항공과장은 상호 격이 맞지 않는다는 이유로 항공기획관인 나와 그들 간의 만남에 부정적인 입장을 보였다. 국제항공과장의 입장은 이해했지만 이번 기회를 놓칠 수 없다는 생각이 들었다. 자연스럽게 별도의 자리를 마련하여 중국 항공부국장과 국제항공과장을 만났다. 그리고 그들에게 한국과 중국이 항공 자유화를 해야 하는 이유를 진지하게 설명했다.

① 일본은 인건비가 한국보다 비싸고, 중국은 한국보다 인건비가 싸서 항공사 경쟁력의 차이가 있다. 그럼에도 한국은 일본과 중국 모두와 항공 자유화를 하려고 한다. 그것은 단순히 항공사의 이익보다 국민들의 이익을 더 중요하게 여기기 때문이다.

② 지금은 우리나라 항공사의 경쟁력이 강하지만 중국은 인건비가 낮기 때문에 시간이 갈수록 우리 항공사보다 경쟁력 우위에 설 수 있다. 그러므로 중국으로서도 손해는 아니다.

③ 중국을 방문하는 한국 사람의 수가 더 많아 항공 자유화를 할 경우 중국은 불리할 것이 없다. 마지막으로 중국에 돌아가면 왕륭하 국제합작사장國際合作司長께도 안부 말씀 드려 달라는 말도 잊지 않았다.

몇 달 뒤 중국에서 항공 회담을 하자는 연락이 왔다. 한국과 중국의 항공 회담은 양국 정부 및 항공사 대표, 지자체 공무원 등 100여 명이 참석하는 대규모 회담이다. 많은 이해관계자들이 함께한 자리에서는 서로의 국익이 걸려 있는 민감한 문제를 진지하게 논의하기가 곤란하다는 생각에 이르렀다. 나는 회담 대표끼리 국익 차원에서 허심탄회하게 이야기할 수 있는 별도의 자리가 필요하다고 생각했다. 그래서 회담 전에 양국 협상 대표끼리 3일 동안 사전 비공식 회담을 갖자고 제의했다. 공식 회담 전에 비공식 회담을 개최한다는 것은 국제 관례상 매우 이례적인 일이었다. 사전 비공식 회담 개최 문제는 여러 차례 밀고 당기는 우여곡절 끝에 성사되었다.

회담은 2006년 6월 중국 산둥 성 웨이하이(威海) 해변에 있는 골든베이(Golden Bay) 호텔에서 열렸다. 웨이하이는 우리나라에서 가장 가까운 중국 도시로, 서울에서 제주도보다 가까운 거리에 있다. 우리나라에서 우는 새벽 닭 울음소리가 이곳까지 들린다고 할 정도였다. 나는 중국 상하이 홍차우 공항을 경유하여 협상 장소인 웨이하이 시로 들어갔다. 중국과 김포-홍차우 노선에 대한 이야기가 나올 경우에 대비하여 홍차우 공항 사정을 알아야 했기 때문이다. 홍차우 공항은 국내선으로 전환된 이후 중국 내 항공 수요가 가파르게 올라가면서 국내선 항공기들로 계류장이 만원을 이루고 있었다. 김포-홍차우 간의 새로운 국제 항공 노선 개설이 만만치 않을 거라는 생각을 했다. 적어도 중국 측에서 먼저 김포-홍차우 노선 개설을 제의하지는 않을 것으로 보았다. 설사 우리 쪽이 제의해도 성사되기는 어려울 것으로 판단했다.

웨이하이의 아름다운 바닷가에 있는 골든베이 호텔 소회의실에서 양국 대표와 항공과장 그리고 통역만 참석한 사전 비공식 회담이 3일간 이어졌다. 중국은 우리의 집요한 요구에 산둥 성(山東省)과 하이난 성(海南省) 두 개 성省을 항공 자유화 지역에 포함시키겠다고 제안했다. 우리 측의 회담 전 지속적인 항공 자유화 요구에 그나마 성의를 보인 것이다. 하지만 나는 당초 제안대로 중국 전 지역과의 항공 자유화를 하자고 또다시 제안했다. 중국 측은 상하이와 베이징 공항은 혼잡하여 중국 전 지역과의 항공 자유화는 곤란하다는 입장을 다시 확인했다. 나는 상하이와 베이징 공항 확장 사업이 언제 끝나는지를 물었다. 그리고 그 확장 사업이 끝나는 2010년부터 양국이 항공 자유화를 하면 되지 않느냐고 설득했다. 우리의 끊임없는 설득에 중국 측은 난감한 표정을 지었다.

양국 대표 간의 비공식 회담은 매일 한두 시간씩 계속되었다. 그러나 중국 측으로부터 항공 자유화 합의를 이끌어 내는 데는 절대적으로 시간이 부족했다. 비공식 회담 중간에 중국 대표가 웨이하이 공항의 신규 항공사 취항 행사에 참석차 나섰다. 나도 행사를 참관하고 싶다고 부탁하여 함께 미니밴을 타고 공항으로 향했다. 그리고 가는 길에 중국 대표에게 또다시 양국 간의 항공 자유화가 왜 필요한지를 다시 한 번 정리해서 설명했다.

①양국 국민들의 자유로운 왕래, 양국 항공사 간 경쟁을 통한 경쟁력 확보, 저렴한 항공 운임으로 인한 교류 증대 등 한·중 항공 자유화는 양국의 국익 차원에서 매우 중요하다.

②양국과의 항공 자유화 이후 북미와 유럽처럼 한·중·일 항공 자유화 블록을 만들 경우 세계 항공 시장에서의 영향력도 커질 것이다.

③한·중 항공 자유화는 싼 인건비 구조를 가진 중국 항공사들이 세계 항공 시장에서의 경쟁력을 키우는 계기가 될 수도 있다. 중국 항공사들에 득이 될 것이다.

중국은 당시 24개의 항공사가 있었고 우리는 두 개의 글로벌 대형 항공사와 제주에어, 한성항공 등 두 개의 저가 항공사만 있었다. 이런 상황에서 중국도 한·중 간 항공 자유화가 결코 불리한 것만은 아니었다. 사흘간의 진정 어린 설득에 중국 대표인 왕룽하 국제합작사장도 조금씩 마음을 돌리기 시작했다. 마침내 공식 회담 하루 전날인 2006년 6월 13일, 중국은 전격적으로 2010년부터 한국과 중국 전 지역에 걸쳐 항공 자유화를 실시하자는 우리 측 제의에 동의했다.

사흘간의 비공식 회담이 끝난 후 항공사와 관련 기관이 함께 참여하는 공식 항공 회담이 시작되었다. 그 회담은 2006년 6월 14일부터 16일까지 3일간 골든베이 호텔 대회의실에서 열렸다. 한국 측은 수석 대표인 나를 포함해 19명이 참석했고, 중국 측은 수석 대표인 민항총국 국제합작사장 왕룽하를 포함하여 56명이 참석했다. 양국 대표단 규모는 중국 지방 정부 공무원까지 합치면 100여 명에 가까웠다. 항공 회담 사상 최대 규모였다.

공식적인 회담이 시작되자 중국 대표인 왕룽하 국제합작사장은 사전 협의를 통해 한국과 중국은 단계적 항공 자유화에 합의했다고 발표했다. 지금부터 산둥 성과 하이난 성을 항공 자유화 지역으로 하고, 점차 항공기 운항 횟수와 항공 자유화 지역을 늘려 2010년부터 한국과 중국 전 지역에 걸쳐 양국 간 항공기 운항을 자유화한다는 내용이었다. 우리 항공사들은 물론 중국 항공사들도 자신들의 귀를 의심했다. 그리고 역사적인 항공 회담 결과를 본사에 긴급히 알렸다.

그리고 이어지는 항공운수권 확대를 위한 회담에서 양국의 항공 운항 편수를 여객 33개 노선 주 204회에서 여객 43개 노선 주 401회로 항공기 운항 횟수를 두 배로 늘리기로 합의했다. 화물도 24회에서 36회로 50퍼센트 증회했다. 1994년 처음으로 한국과 중국 간에 항공 협정이 체결된 이후 12년 동안 쌓아 온 항공운수권 수만큼의 신규 항공운수권이 단 한 번의 회담으로 늘어난 것이다. 아마도 2010년에 양국이 항공 자유화하기로 합의한 만큼 항공운수권 확대에 매우 관대했던 것이 아닐까 생각했다. 이로써 완전 항공 자유화를 약속한 2010년이 오기도 전에 항공 자유화 수준으로 항공운수권 수가 늘어난 것이다. 항공사들은 이 사실을 다시 본사에 긴급히 타전했다. 세계 항공 회담 역사에 새로운 장을 여는 순간이었다.

이 같은 합의하에 진행된 양국 간 항공 회담은 마치 형제 나라의 축제처럼 진행되었다. 회담이 끝난 후 웨이하이 해변가 골든베이 호텔 라운지에서 회담 대표와 참석자들이 함께 둘러앉아 축하연을 벌였다. 당시 우리나라 건설교통부에서는 항공기획관인 나, 오양진 국제항공과장, 정진훈 사무관, 이경선 통역 담당, 김수정 주무관 등이 한국 정부 대표로 참석했다. 이들은 회담 기간 동안 중국 대표와 친분 관계를 유지하며 한·중 항공 자유화 합의를 이끌 수 있도록 헌신적인 노력을 했다. 진정으로 나라를 사랑하고, 항공을 사랑하는 사람들이었다.

2006년 6월 16일 항공기획관이었던 필자와 중국 왕룽하 민항총국 국제합작사장이 양국 간 항공 자유화 협정에 사인하고 있다.

나는 협정에 서명한 뒤 중국 대표와 저녁을 함께했다. 그 자리에서 중국 대표는 회담 시작 전까지는 산둥 성 및 하이난 성에 대해서만 항공 자유화를 하고, 나머지 지역은 20퍼센트 항공운수권을 증회하는 것으로 회담을 마무리할 생각이었다고 말했다. 그런데 협상을 진행하면서 생각을 바꾸게 되었다며 심경을 털어놓았다. 실제로 3개월 후 개최된 중국과 일본의 항공 회담에서는 양국의 항공운수권 횟수를 20퍼센트 늘리는 데 그쳤다. 우리 대표단은 한·중 항공 회담을 마친 후 웨이하이 산 중턱에 있는 장보고 사당을 방문했다. 이곳 중국 땅에서 우리 조상의 천 년 역사를 맞이하는 감회가 새로웠다.

한·중 항공 자유화 협상 전까지 일본-중국은 주당 547회, 한국-중국은 주당 446회 운항되고 있었다. 일본에서 중국을 오가는 항공 편수가 한국에서 중국을 오가는 항공 편수보다 주당 100편가량 더 많았다. 한국은 중국과의 항공 자유화 협정을 통해 산둥 성과 하이난 성 등 항공 자유화 지역을 포함해 주당 1000회(자유화 지역 제외 시 기존 주당 446회→874회)까지 항공기 운항 편수를 늘릴 수 있게 되었다.

한·중 항공 회담 후 3개월 만에 일본－중국 간 운항 횟수와 비슷한 주당 500여 회의 항공편이 오갔다. 그리고 1년 후에는 주당 800편 이상의 항공편이 한국과 중국을 오갔다. 일본과 중국을 오가는 항공편보다 주당 300편이 더 많다. 덕분에 한국이 중국에 운항하는 항공기 운항 횟수가 가장 많은 나라가 되었다. 동북아 항공의 중심축이 일본에서 한국으로 이동하기 시작했다. 그리고 인천공항은 동북아 중심 공항으로서의 위상을 탄탄히 다지기 시작했다.

이후 중국의 입장 변화로 당시 회담에서 합의한 2010년 완전 항공 자유화는 실현되지 않았다. 하지만 2006년 많은 항공운수권을 확보한 덕분에 그로부터 8년 뒤인 2014년에 연간 1000만 명 이상(중국인 한국 방문객 600만 명, 한국인 중국 방문객 400만 명)의 한국인과 중국인들이 양국을 오가고 있다. 즉 한·중 관광객 1000만 시대가 열린 것이다.

한국과 중국 간 항공 자유화 협상 이후 중국 항공사들은 우리 항공 시장 공략에 나섰다. 경쟁 노선에서는 항공료를 덤핑까지 해 가며 공략하기 시작했다. 그동안 독점적 이익을 누리던 우리 항공사들도 그에 맞서 요금을 인하했다. 그 치열한 경쟁에서 상황이 어려워진 우리나라 항공사의 중국 지사장은 우리 정보기관에 한·중 항공 자유화는 나라를 팔아먹은 잘못된 협상이었다고 혹평하기도 했다. 그러자 국내 정보기관에서 상황 파악에 나섰다.

실제로 한·중 항공 자유화 항공 협상 이후 초기에는 우리 항공사의 중국 시장 점유율이 다소 떨어지는 분위기였다. 그러나 한·중 항공 자유화는 어차피 걸어야 할 길이었다. 단기적으로는 우리 항공사들이 손해를 볼 수 있지만 장기적으로는 양국 항공사들이 경쟁을 통해 경쟁력을 높이게 될 것이고, 경쟁을 통한 항공료 인하로 양국 교류가 대폭 늘어날 것이다. 그리고 지금 와서 보면 그 말이 딱 들어맞았다.

한·중 항공 자유화 협상 이후 승객을 확보하려는 항공사 간 치열한 경쟁이 계속되어 인천−베이징 간 60만 원 하던 항공 요금이 20만 원 수준으로 떨어졌다. 대부분의 다른 한·중 노선의 항공 요금도 3분의 1 수준까지 떨어졌다. 그동안 한·중 페리를 이용하던 승객들도 저렴해진 항공 요금 덕분에 선박 대신 항공기를 이용하기 시작했다. 양국을 왕래하는 여행객 수도 크게 늘었다. 한국인 관광객이 방문하는 중국의 도시마다 한국 특수를 누렸다. 한국에는 많은 중국인이 몰려 중국 특수라는 새로운 용어가 생겨났다. 양국의 교류는 늘었고 양국 국민이 방문하는 곳마다 활력이 넘쳐 났다. 항공사들은 과당 경쟁에 따른 출혈 경쟁 속에서도 군살을 빼는 구조조정을 통해 살아남았다. 한·중 항공 자유화는 한국이나 중국 항공사 모두에게 세계 시장에서의 경쟁력을 확보하는 계기가 된 것이다.

중국과의 항공 자유화 협상을 마치고 보도 자료를 냈다. 당시로서는 중국과의 항공 자유화가 어떤 의미를 갖는지 잘 알지 못했던지 국내 언론들의 반응은 그저 그랬다. 하지만 한·중 항공 자유화 협상을 체결한 지 3개월이 채 지나지 않아 중국 항공 요금이 3분의 1로 떨어지고 승객이 급격히 늘어나자 한·중 항공 자유화의 위력을 실감하고 신문, TV 할 것 없이 대서특필했다.

2014년에는 600만 명이 넘는 중국 관광객들이 한국에 몰려왔다. 제주도를 비롯하여 면세점, 명동, 인사동, 속초 등 관광 관련 상권들은 중국 특수로 즐거운 비명을 지르고 있다. 한국을 방문한 중국인 관광객은 한·중 항공 자유화 협정을 맺은 이듬해 107만 명(2007)에서 613만 명(2014)으로 여섯 배가 늘었다. 한국관광공사가 발표한 자료에 따르면, 2014년 한 해 동안 중국인 관광객이 쓴 돈은 관광객 1인당 303만 원으로, 총 18조 6000억 원의 생산 유발 효과가 발생했다고 발표했다. 아울러 고용 유발 효과는 34만 명에 달하는 것으로 분석했다. 그리고 2015년에도 중국인 관광객이 720만 명으로 늘어 생산 유발 효과도 경부 고속철도 건설비에 맞먹는 22조 원에 이를 것으로 전망했다.

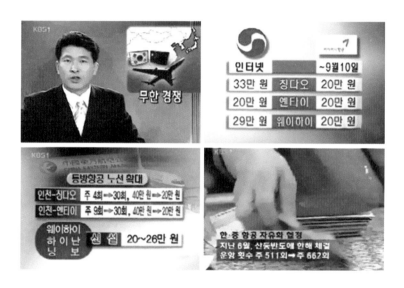

한·중 항공 자유화 협상 3개월 후 우리 언론은 한·중 항공 자유화 협상의 위력을 대서특필했다. (한·중 항공 자유화 KBS 보도 내용)

동남아 국가들과의 협상 동남아시아 국가들 중에 가장 먼저 항공 자유화 협상을 체결한 나라는 태국과 베트남이다. 태국은 자국을 동남아시아 허브로 만들기 위해 동북아시아 국가들과의 항공 자유화 협정 체결을 절실히 원했다. 우리도 동남아시아 지역에 교두보를 확보하는 것이 중요했다. 또한 태국과 베트남 양국은 우리나라를 자신들의 미주 노선의 교두보로 삼는 한편, 미국이나 캐나다 등 제3국으로 영업 운항할 수 있는 제5자유 항공운수권 확보를 절실히 원했다. 우리도 먼 장래에 동남아시아 지역에 한두 군데의 교두보를 마련하여 아프리카, 유럽 시장을 공략할 필요가 있다고 생각했다. 밀고 당기는 회담 끝에 주 4회의 제5자유 항공운수권을 상호 교환하는 것으로, 태국과 베트남 양국과 항공 자유화 협정을 맺었다.

태국과의 항공 자유화 협상을 마친 후 태국을 방문했다. 태국 항공청에서는 미래의 항공 파트너로, 우리 대표단을 맞았다. 태국 항공청장에게 대동부권 항공 자유화 블록에 동참하여 아시아인의 항공 이익을 보호하자고 했다. 태국 항공청장은 전적으로 동의했다. 그리고 세계 항공 시장에서 한국이 아시아의 이익을 위해 힘써 주기를 바란다고 말했다.

당시 태국은 방콕에 신공항 개항을 앞두고 있었다. 우리 항공사들이 자유롭게 취항하게 될 중요한 공항이다. 태국 방문 중 태국 항공청의 도움으로 개항 준비가 한창인 방콕 수완나품 신공항을 둘러보기로 했다. 인천공항 개항 때와 마찬가지로 무전기를 든 직원들이 헌 여행 가방들을 공항 안에 가득 쌓아 놓고 수화물 처리 시설을 점검하고 있었다. 수완나품 신공항은 태국의 강력한 항공 자유화 정책을 등에 업고 동남아 허브 공항으로서의 역할을 제대로 할 것이라는 생각이 들었다.

그로부터 10년이 지났다. 그때의 생각은 현실이 되었다. 우리가 태국과 맺은 항공 자유화 협정이 태국이나 우리나라 모두 각각의 동남아와 동북아 지역에서 하늘의 허브가 되는 데 촉매 역할을 하고 있다. 최근 들어 태국에서 우리나라로 오는 항공편은 항상 만석이다. 겨울철이 되면 항공권 품귀 현상은 더 심해진다. 태국인들이 자기 나라에선 즐길 수 없는 스키, 썰매 등 겨울 스포츠를 즐기기 위해 한국에 오기 때문이다. 태국과의 항공 자유화가 가져온 태국 특수다.

태국 및 베트남과의 항공 자유화 협정을 마치고, 우리의 오랜 숙제나 마찬가지인 미얀마, 캄보디아로 방향을 돌렸다. 당시 캄보디아와는 주 4회,

미얀마와는 주 7회 항공운수권이 설정되어 있었는데 늘어나는 한국 방문객들에 비해 턱없이 부족했다. 대한항공과 아시아나항공은 항공 수요가 많은 데 비해 항공운수권이 제한된 캄보디아와 미얀마의 항공운수권 확보에 혈안이 되어 있었다. 양 항공사는 항공운수권 확보를 선점하기 위해 승객이 없어도 무리하게 전세 항공편을 띄웠다. 말 그대로 출혈 경쟁이었다. 당시 미얀마와는 1964년에 항공 협정을 체결한 이후 한 번도 항공 회담이 열리지 않았다. 미국과의 불편한 관계 때문이라고 하지만 확실치는 않았다. 막상 항공 회담을 하려 해도 누구를 상대로 해야 할지 몰랐다. 수소문 끝에 미얀마 쪽 항공 회담 파트너를 찾았다. 그리고 2006년 9월 캄보디아와 미얀마를 직접 찾아 나섰다.

그동안 대부분의 동남아 국가와 맺은 항공 회담은 과장급이 대표로 참석했다. 항공 회담을 성사시키기 위해 한국에서 국장급 인사가 캄보디아와 미얀마를 방문하는 것은 이례적이었다. 그런 만큼 항공 자유화에 대한 우리의 제안은 비중 있게 다루어졌다. 마침내 캄보디아를 방문하여 부총리와 항공부청장, 미얀마 항공청장 등 정부 고위층을 만나 항공 자유화의 큰 그림에 합의했다. 그리고 연이은 과장급 실무 회담에서 2010년부터 양국 간 항공기 운항을 자유화하기로 합의했다. 2010년 이전까지는 캄보디아와는 주 7회에서 28회로, 미얀마와는 주 4회에서 14회로 항공운수권을 대폭 늘렸다. 우리나라는 캄보디아에 당시 최고의 항공운수권을 갖고 있는 싱가포르보다 더 많은 항공운수권을 가진 나라가 되었다. 과거 사회주의 공산권 국가들은 항공 자유화에 부정적이었다. 하지만 우리가 제안한 대동부권 항공 자유화 블록의 개념 그리고 사회주의 국가의 맹주인 중국과 맺은 항공 자유화 협정을 보고 큰 거부감 없이 항공 자유화에 합의한 것이다.

항공 자유화를 확산하기 위해 5일간의 일정으로 홍콩, 말레이시아, 태국, 필리핀 4개국을 방문했다. 말레이시아를 방문했을 때 한국 대사관의 건설교통관이 말레이시아 항공청장과의 면담을 주선했다. 의전 차원에서 무조건 고위직을 주선한 것이 오히려 화근이 되었다. 말레이시아 항공청장을 만나 한참 이야기를 나누다가 항공 자유화에 관한 이야기를 꺼냈다. 항공청장이 말하기를 자신은 항공 안전 업무만 맡고, 항공 협상 업무는 교통부에서 담당한다고 했다. 그날 저녁 비행기를 타고 태국으로 들어가야 하는데 무척 난감했다.

한국 대사관의 현지 주재관이 말레이시아 교통부에 다시 연락하여 항공국장과의 면담을 요청했다. 그러나 항공국장은 국회에 출석해서 면담이 어렵다는 답변만 되돌아왔다. 현지 주재관의 안내를 받아 말레이시아 국회로 항공국장을 찾아갔다. 말레이시아 국회 상임위원회 회의실에서 대기 중이던 말레이시아 항공국장을 만났다. 20분간의 짧은 대화가 오갔다. 그리고 양국 간에 항공 자유화 협정을 맺기로 구두로 합의했다. 서로 생각만 같으면 합의하는 데 많은 시간이 걸리지 않았다. 공식적인 회담 일정은 추후 연락하기로 하고 자리에서 일어나 공항으로 달려갔다.

말레이시아와는 건설교통부 항공기획관에서 생활교통본부장으로 자리를 옮긴 후 20여 일 지나 항공 회담이 열렸다. 내가 말레이시아 국회 복도에서 만났던 말레이시아 항공국장은 차관보로 승진하여 한국에 왔다. 항공 자유화 협정은 후임 항공기획관과 말레이시아 차관보 사이에 체결되었다. 그날 저녁 말레이시아 차관보와 만찬을 함께했다. 그 자리에서 두 나라 간 항공 자유화 협정 체결과 말레이시아 대표의 차관보 승진을 축하했다. 짧은 기간의 만남이었지만 마치 오랜 친구를 만나는 듯했다.

필리핀 정부는 한국 정부에 운항 편수가 아닌 좌석 수를 기준으로 항공 협정을 바꾸자며 비공식 항공 회담을 제안했다. 필리핀 정부의 끈질긴 요구에 견디다 못한 현지 한국 대사관에서는 내가 이 문제를 해결해 주기를 원했다. 나는 필리핀을 직접 방문해 필리핀 교통부 항공차관과 비공식 회담을 했다. 필리핀 항공사들은 중소형 항공기로 운항하고 있지만 한국 항공사들은 대형 항공기로 운항하기 때문에 주당 운항 편수로 맺은 현재의 항공 협정이 필리핀에 불리하다는 것이었다. 나는 한국과 필리핀 간에 항공 자유화를 하게 되면 필리핀이 중소형 항공기로 더 많이 운항할 수 있지 않겠느냐며 항공 자유화를 제안했다.

그때 차관 집무실에 갑자기 장관이 들어왔다. 차관이 나의 제의를 설명했고, 장관은 좋은 생각이라고 말했다. 그동안 필리핀 정부에서는 항공 협정 내용을 지금의 운항 편수제에서 좌석제로 바꾸자고 현지 한국 대사관을 압박해 왔다. 그러나 필리핀 항공 차관과의 토론 끝에 오히려 항공 자유화 쪽으로 가닥이 잡힌 것이다. 함께 따라나선 한국 대사관의 현지 주재관은 의외의 결과에 놀란 눈빛이었다. 그 후 필리핀 항공사의 반대로 필리핀과의 항공 자유화는 무산되었지만, 더 이상 좌석제로 바꾸자고 요구하지 않았다. 내가 항공기획관을 떠난 후 양국은 좌석제를 근간으로 한 항공 협정에 합의했다. 주당 2만 7000석의 좌석을 허용했으니 사실상 항공 자유화 협상을 한 것이나 마찬가지였다.

홍콩은 우리나라 항공사들의 경쟁력 때문에 항공 자유화 협정으로 자신들의 항공 시장을 빼앗길까 우려하여 항공 자유화에 미온적이었고, 홍콩과는 더 이상의 진전이 없었다. 그러던 중 2013년 홍콩과의 항공 자유화 협정이 성사되었다. 우리나라에 취항하는 대부분의 나라들이 항공 자유화를 했으니 홍콩으로서도 더 이상 과거만 주장하기는 어려웠을 것이다.

일본과의 항공 자유화 논의 2006년 항공기획관으로 온 후 일본 항공 관계자들과 비공식 채널로 우리의 항공 자유화 의사를 전달했다. 일본과는 항공 교통량이 많은 만큼 일본과의 항공 자유화는 중요했다. 그러나 일본은 자국 항공사들의 시장을 보호하기 위해 미온적인 태도로 일관했다. 많은 나라들과 항공 자유화 협정을 체결한 이후 2006년 연말쯤 일본에서 전화가 왔다. 양국 간 항공 협력 회의를 하자는 것이었다.

그 배경은 충분히 짐작할 만했다. 당시 아베 일본 총리가 중국과 전략적 동반자로서의 상징적 의미로 하네다-홍차우 간의 항공편을 개설하겠다고 선언했다. 그러나 홍차우 공항은 국내선만으로도 포화 상태여서 새로운 국제선을 띄우기가 어려운 상황이었다. 일본 총리까지 전면에 나서는 외교적 노력에도 불구하고 하네다-홍차우 노선 취항에 대한 중국 정부의 반응은 냉담했다. 일본 정부는 쉽게 성사될 것으로 여겼던 하네다-홍차우 간의 항공 노선 개설이 난관에 봉착하자 매우 당황했다. 중국이 일본의 제의를 무시한 것이 아니라, 중국으로서도 일본 측 제의를 쉽게 받아들이기 어려운 상황이었다. 일본은 한국과 함께 김포-홍차우, 하네다-홍차우 노선을 이끌어 내기 위해 중국을 함께 설득하자는 생각을 갖고 있었던 것 같았다.

특히 한국이 중국과 항공 자유화 합의를 이끌어 냈기 때문에 상하이 홍차우 공항을 여는 데 도움이 되리라 판단한 듯싶다. 우리는 이미 중국과 항공 회담을 하면서 김포와 상하이 국내 공항 간 직항로 개설 문제는 다음 회담에서 논의하기로 한다는 명시적인 문구를 남겼다. 포화 상태인 홍차우 공항을 활용하지 못하고 상하이 지역의 다른 공항을 이용하게 될 때를 대비한 것이다.

2006년 12월 한·일 항공 협력 회의는 일본 측 주선으로 일본의 지방 도시인 오카야마에서 열렸다. 항공 협력 회의는 정식 항공 회담과 달리 양국의 공동 관심 사항에 대해 허심탄회하게 의견을 나누는 자리다. 그 자리에서 나는 한국과 일본의 항공 자유화의 필요성에 대해 설명했다. "중국과의 항공 자유화를 통해 일본과 중국보다 더 많은 항공편이 한국과 중국을 오가고 있으며 인적 교류도 대폭 늘어났다. 그리고 유럽의 항공 자유화 블록, 미국의 북미 자유화 블록처럼 한·중·일과 아세안 국가들이 힘을 합쳐 '대동부권 자유화 블록'을 만들어 아시아의 이익을 지키자"라고 역설했다. 나의 설명이 끝나자 잠시 정적과 같은 침묵이 흘렀다. 일본 입장에서는 예기치 않은 나의 이야기가 불편했을지도 모른다.

오전 공식 행사가 끝난 후 오찬 자리에서 우리 측의 항공 자유화 제의에 대해 일본 항공심의관은 나리타와 하네다는 공항이 혼잡해서 항공 자유화가 현실적으로 어렵다는 설명을 했다. 나는 "그렇다면 가능한 지방 공항부터 항공 자유화를 하면 되지 않느냐?"고 설득했다. 그리고 틈나는 대로 항공 자유화 이야기에 많은 시간을 할애했다. 시간이 갈수록 일본 대표단은 더 이상의 거부감을 드러내지 않았다. 한국과 일본 사이에 항공 자유화가 논의되기 시작했으므로 머지않아 실현되리라는 생각을 하며 오카야마를 떠났다. 그리고 생활교통본부장으로 자리를 옮긴 지 8개월 만에 후임 항공기획관에 의해 한·일 항공 자유화 협정이 체결되었다. 한국과 일본은 도쿄를 제외한 모든 지역에서 항공 자유화에 합의했고, 도쿄 노선도 대폭 확대되었다.

2년 뒤 태국에서 개최된 유엔아태지역협력회의(ESCAP) 한국 대표로 참석했다. 회의에서 일본 대표는 어느 나라든 원할 경우 자국의 항공 시장을 개방하겠다고 공언했다. 나는 여태까지 항공 시장 개방에 보수적인 태도로 일관하던 일본 정부가 국제회의에 와서까지 항공 시장 개방을 공개적으로 선언하는 모습을 보고 깜짝 놀랐다. 일본 대표와 오찬을 하면서 항공 시장 개방과 관련하여 태도가 변한 이유를 물었다. 일본 대표는 농담 반 진담 반으로 답변했다. 일본 항공사들의 재정 상황이 어려워져 일본 국민들을 해외로 실어 나를 항공편이 없다는 것이었다. 그래서 외국 항공사에 시장을 개방하여 일본인들을 해외로 날라야 한다는 것이었다. 농담 반 진담 반이었지만 씁쓸한 느낌을 지울 수 없었다.

그동안 일본 정부는 국익을 지킨다는 명분으로 자국의 항공사들과 함께 항공 시장을 폐쇄적으로 운영해 왔다. 그 결과, 독과점 시장 속에 안주해 온 일본 항공사들의 방만 경영이 도를 넘어섰다. 일본 항공사들은 경쟁력을 잃고 스스로 무너져 버렸다. 국익 차원에서 한 행동이 국익과 반하는 결과를 불러온 것이다. 그로 인해 일본항공(JAL)은 법정 관리에 들어갔고, 다른 항공사들도 비슷한 상황이 되어 갔다.

일본은 자국 항공 시장을 폐쇄적으로 운영한 결과, 국영 항공사인 일본항공은 방만한 경영으로 법정 관리에 들어갔다.

　일본 정부는 이러한 악순환의 고리를 끊기 위해 항공 자유화라는 카드를 꺼내 들었다. 그리고 한국과 항공 자유화 협정을 맺은 이후 미국과 싱가포르 등과도 항공 자유화 협정을 체결했다. 싱가포르는 도시 국가로 자체 항공 수요가 적어 싱가포르에어라인은 다른 나라의 항공 수요를 끌어다 비즈니스를 하는 항공사로 정평이 나 있었다. 그래서 대부분의 나라들이 싱가포르와 항공 자유화 협정을 체결하는 것을 가급적 피했다. 싱가포르와의 항공 자유화 협정 체결은 일본 정부의 급박했던 상황을 말해 주는 것이었다. 그리고 누구라도 원하는 나라는 항공 자유화 협상을 하겠다고 공개 선언을 해야 하는 처지가 되었다. 우리도 우리 항공사들이 원하는 대로 항공사 이익만 보고 보호주의적인 항공 협상을 해 왔다면 똑같은 상황이 되었을 것이다.

유럽 국가들과의 항공 협정 2006년 항공기획관으로 온 지 3주 만에 유럽 중심부인 독일과의 항공 회담(3. 16~3. 17)이 잡혀 있었다. 독일은 지리적으로 유럽 중간에 위치해 있고, 인구도 8600만 명에 달하는 유럽 항공 시장의 전략적 요충지다. 그동안 많은 국제 협력 회의 등을 치른 경험으로 일반 회담에 대해서는 자신 있었지만, 항공 회담은 처음 하는 것이라 신경을 쓸 수밖에 없었다. 항공 회담을 앞두고 사전에 나름대로 준비했지만 부족한 것이 많았다. 프랑크푸르트를 거쳐 회담 장소인 통일 이전의 서독 수도 본(Bonn)까지 가는 동안 기내를 오가며 우리 직원과 항공사 직원들에게 세부 사항까지 묻고 쟁점 사항과 대응 전략을 확인했다.

항공 회담에서 독일은 우리에게 제5자유 항공운수권 교환을 제의했다. 그러나 독일의 제의에 대한 우리 항공사의 입장은 제각각이었다. 한 항공사는 제5자유 항공운수권 교환에 찬성했지만 다른 항공사는 반대 입장이었다. 모두 국익을 그 이유로 내세웠다. 항공기획관으로 오자마자 처음 하는 항공 회담에서 서로 의견이 다르니 난감했다. 제5자유 항공운수권 문제는 시간을 갖고 협상하는 것이 좋겠다는 생각이 들었다. 협상을 6개월 뒤로 늦추면서 독일과 다음번 항공 회담에서 제5자유 항공운수권을 교환하는 대가로 제3, 4자유 항공운수권 6회를 증회하는 것을 논의하기로 하는 내용을 항공 협정으로 문서화했다.

나중에 안 일이지만, 양 항공사는 이번 항공 회담에서 주 1회 항공운수권을 늘릴 것으로 예상하고 있었다. 당시 독일에 취항 가능한 항공운수권은 주 11회로 주 5회에서 주 6회를 추가하는 데 10년 세월을 보냈으니 당연히 그렇게 생각했을 것이다. 주 1회의 항공운수권을 얻어 낼 경우 항공 운수권 배분 원칙상 특정 항공사가 가져가도록 되어 있었다. 그래서 독일의 제의에 한 항공사는 무조건 찬성하고 다른 항공사는 무조건 반대한 것이었다. 항공사의 구미에 맞추어 항공 회담을 하다가는 국익이 손상될 수 있다는 사실을 확인한 셈이었다. 나의 첫 항공 회담은 비록 결실을 맺지 못했지만 우리나라 양 항공사에 우리 정부 대표단의 협상 능력을 각인시키는 기회가 되었다.

9개월 후에 열린 한·독 항공 회담(11. 27~11. 29)에서 독일 교통건설부 항공국 부교섭관 문도르프(Mundorf)와의 협상을 통해 한국과 독일 양국이 주 7회 제5자유 항공운수권을 설정하고 10회의 추가 항공운수권을 확보했다. 주 21회, 매일 3회 항공편이 운항 가능하게 된 것이다. 이 협상으로 대한항공은 기존의 프랑크푸르트 외에 뮌헨 또는 베를린 등 다른 도시로의 운항이 가능하게 되었고, 아시아나항공은 프랑크푸르트에 주 4회에서 주 7회로 매일 운항이 가능해졌다. 이로써 우리 항공사들이 유럽 시장에서의 영업 기반을 구축하는 기반이 마련되었다. 대한항공과 아시아나항공 모두에게 매우 만족스러운 협상 결과였다.

가장 어려웠던 항공 회담 중 하나가 독일과의 회담에 이어 열린 프랑스와의 회담(3. 22~23)이었다. 프랑스 항공 회담은 파리 노선을 취항하고 있는 대한항공 외에 아시아나항공이 복수로 취항할 수 있도록 항공 협정을 체결하는 것이다. 대한항공 입장에서는 항공운수권을 늘릴 경우 아시아나항공과 파리 노선에서 경쟁해야 하기 때문에 내심 반대하는 분위기가 역력했다. 그러나 국익 차원에서 명분상 대놓고 반대하지는 못했다. 이에 반해 복수 취항을 통해 파리 노선을 신규로 취항하려는 아시아나항공은 공세적인 입장을 취했다. 국내 두 대형 항공사의 자존심 싸움과도 같은 협상이었다. 엎친 데 덮친 격으로 프랑스 국적 항공사인 에어프랑스는 서울—파리를 양국 간 합의된 항공운수권보다 적은 주 7회 운수권 중 4회만 사용하고 있어 복수 취항을 위해 항공운수권을 늘리는 것을 탐탁지 않게 생각했다.

　이런저런 이유로 프랑스 복수 항공사 취항 문제는 국내 언론에서 초미의 관심 사항이었다. 우리나라 항공 당국은 프랑스 항공 당국에 수년 동안 복수 취항의 필요성을 제기했지만 번번이 거절당했다. 그런 가운데 2년 만에 열리는 항공 회담인 데다 우리 정부의 해묵은 숙제를 풀어야 했다. 협상에는 양측 모두 베테랑 통역이 붙었고 모든 외교 채널이 동원되었다. 양국 간의 이해가 상반된 가운데 우리나라 국가 이익만 강조하며 복수 항공사 취항 협상을 해야 하는 어려운 상황이었다. 이 협상에서 많은 외로움을 느꼈다. 프랑스와 치열한 협상을 벌여야 하는데 함께 참석한 우리 항공사와 외교부 직원들은 나의 일거수일투족에 민감하게 반응했다. 협상이 잘 이루어지지 않을 확률이 높은 데다 협상 결과가 나쁘면 모든 비난이 나에게 돌아올 게 뻔했다. 스스로 책임지고 최선을 다하는 수밖에 없었다. 프랑스와의 항공 회담은 파리의 고풍스러운 정부 청사 건물에서 파리 노선 복수 항공사 취항을 위한 프랑스 항공 당국과의 논의로 시작되었다. 회담이 시작되자마자 프랑스 대표는 나에게 EU 조항을 받아들이겠느냐고 물으면서 공세적 입장을 취했다. EU 조항은 불평등 조항으로 수용할 수 없다고 하자, 프랑스 대표는 "지난번 한국 대표가 EU 조항을 수용하겠다고 약속해서 회담이 이루어졌는데 새로 부임해서 잘 모르시는가 보다"라는 말을 하며 협상 초기 기선 잡기에 나섰다. 좌중은 침묵하며 나의 입만 바라보는 형국이 되었다.

　나는 차분하게 말을 받았다. 프랑스 대표에게 "유머 감각이 매우 뛰어나다"라는 이야기로 말문을 열었다. "지난해 한국 정부는 EU 조항을 협상 국가 간 불평등한 조항으로 여겨 저희 쪽에서 수용할 수 없다고 누차 말씀드린 걸로 알고 있다. 그걸 잘 아시면서도 이렇게 말씀하시는 걸 보니 유머 감각이 넘치신다"라고 응수했다. 내 답변을 들은 프랑스 대표는 천장을 물끄러미 쳐다보았다. 프랑스 대표의 선제공격에 잔뜩 긴장하고 나의 입만 바라보던 우리 대표단은 안도의 숨을 내쉬었다. 회담 전에 완벽하게 준비했기 때문에 항공 회담과 관련된 어떤 논쟁에도 자신이 있었다. 논쟁거리가 생길 때마다 우리 측 통역은 나의 한마디 한마디를 빠뜨리지 않고 거침없이 프랑스어로 통역해 나갔다. 신이 났던 모양이다.

　나는 복수 취항이 이루어지지 않을 경우 양국 국민들의 이익 문제, 국제 관례 문제, 공정 거래 문제 등을 자세히 열거했다. 이 문제를 해결하기 위해 복수 항공사 취항을 전제로 항공운수권을 늘리자고 집요하게 설득했다. 그러나 프랑스 대표는 난처해하면서도 복수 취항 문제에 대해서는 조금도 양보하지 않았다. 아마 재량권이 없는 것 같아 보였다. 협상 내내 한국 대표라는 중압감 때문에 밤잠을 설쳤다. 협상 상대가 협상 여지를 가지고 있지 않으면 내가 할 수 있는 일이 없었다. 그러나 협상 결렬 책임을 면하기 위해 협상 내용을 근사하게 포장하겠다는 생각은 애초부터 없었다. 협상 결렬도 국익 차원에서 이롭다면 어떤 비난을 감수하더라도 선언해야 했다. 나는 회담 결렬을 의미하는 간단한 문구를 만들어 프랑스 측에 전달했다. 외교라면 정평이 나 있는 프랑스 측은 우리의 단호한 입장에 크게 당황한 눈치였다. 프랑스 측은 다음번 항공 회담을 6개월 후에 다시 개최하자고 정정 제의를 했다.

　한국이 요구하는 복수 항공사 취항 문제를 받아들이기 위해서는 프랑스 쪽에서 시간이 좀 더 필요한 것 같았다. 우리는 프랑스 측의 제의를 받아들였다. 회담이 끝나자 프랑스 대표는 미안해하며 "내게 협상의 여지가 없어 어쩔 수 없었다. 어려운 자리임에도 불구하고 훌륭하게 회담을 이끄셨다"라며 작별 인사를 했다. 우리는 6개월 후 항공 회담을 다시 열기로 하고 헤어졌다. 항공기획관에 임명된 지 3주 만에 열린 항공 회담에서 과거 수년 동안 끌어온 쟁점을 한 번에 해소하기는 어려웠다. 그러나 이번 회담은 프랑스 정부로 하여금 에어프랑스의 이익만 지키기 위해 파리 노선 복수 취항 문제를 미루고만 있어서는 안 된다는 사실을 인식시키는 계기가 되었다. 다음 회담에서는 복수 취항 문제를 꼭 해결하겠다고 다짐하며 파리를 떠났다.

한국으로 돌아와 협상 성사에 필요한 외교적 노력 등 많은 준비를 했다. 그리고 9개월 뒤 독일과의 항공 회담을 마치고 파리 노선 복수 취항 문제를 실무적으로 논의하기 위해 다시 파리를 찾았다. 이 실무 논의에서 프랑스 정부는 복수 항공사 취항을 전제로 여러 가지 방안을 제시했다. 수년간 끌어온 파리 노선 복수 항공사 취항 문제가 해결될 기미를 보였다. 파리에서 복수 취항 문제를 놓고 실무 협의를 하는 동안 이용섭 장관이 신임 건설교통부 장관으로 부임했다. 세부 논의는 실무진에 맡기고 귀국하는 비행기 시간을 맞추기 위해 일찍 자리를 떴다. 샤를드골 공항에서 휴대전화로 실무 협의 내용을 들었다. 우리 실무진은 프랑스 정부의 긍정적인 태도에 복수 취항의 기대감으로 한껏 고무되어 있었다. 마침내 큰 산 하나를 넘어가는 느낌이었다.

이용섭 장관은 취임 이후 첫 간부 인사에서 나를 생활교통본부장으로 임명했다. 직급 승진은 아니지만 보직상으로는 본부장 직위를 받았으니 승진한 것과 같은 인사였다. 내가 생활교통본부장으로 자리를 옮기고 나서 3주 뒤에 후임 정일영 항공기획관을 한국 대표로 하는 한국과 프랑스 간 항공 회담이 한국에서 열렸다. 이 회담에서 정일영 후임 항공기획관의 탁월한 협상 능력으로 수년 동안 끌어오던 파리 노선 복수 항공사 취항 문제가 해결되었다.

러시아는 러시아 자체는 물론 북극 항로, 시베리아 항로 등 우리나라가 하늘의 허브가 되는 데 꼭 필요한 나라다. 그만큼 어려운 협상 상대였다. 싱가포르, 홍콩 등 미주 시장과 멀리 떨어진 두 나라들은 러시아의 북극 항로를 이용하며 미주 직항로를 개척했다. 북극 항로를 개설하기 위해서는 러시아와 항공 회담을 해야 하는데 기회가 주어지지 않았다. 한데 어찌 된 일인지 러시아가 먼저 서울에서 항공 회담을 하자는 연락이 왔다. 왜 갑자기 연락이 왔는지 궁금하여 여러 외교 채널을 통해 수소문했다.

당시 러시아는 교통부 소속이던 항공 관제 기관을 공군의 관제와 통합하면서 총리 산하에 배속시켰다. 항공 협정 당사자인 교통부과 항공 관제 기관의 조직이 이원화되면서 문제가 생겼던 것이다. 러시아 교통부와 항공 관제 기관이 우리 항공사들의 영공 통과 수수료를 서로 자기 기관의 수입이라고 주장했다. 그러면서 우리 정부에 이를 항공 협정문에 명문화시킬 것을 요구했다.

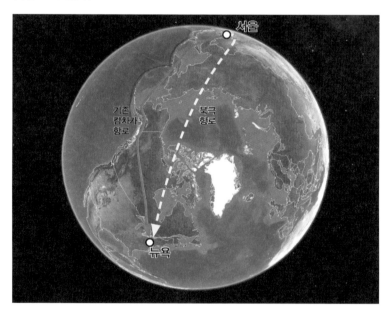

우리 항공사들이 북극 항로를 이용하게 되어 미주 노선에서 비행 시간이 30분 줄고 연간 60억 원 규모의 유류비가 절약된다.

우리로서는 러시아 정부 내부 문제로 누구의 편을 들기가 매우 어려웠다. 두 기관 중 하나라도 시베리아 영공 통과를 승인해 주지 않을 경우 우리 항공기의 유럽 취항이 어려워질 수 있기 때문이었다. 매우 조심스럽고 민감한 문제였다. 추후 이 문제는 우리 정부의 인내심 있는 설득과 러시아 고위급의 업무 조정으로 원만하게 해결됐다. 그러나 우리는 이 과정에서 러시아와 두 번의 어려운 항공 회담을 해야 했다.

러시아 양 기관의 우리 항공 당국에 관한 압박이 강해지는 와중에도 우리는 성공적인 협상 결과를 만들어 냈다. 한국과 러시아는 항공기 운항 횟수를 주 40회에서 주 60회로 늘리는 데 합의했고, 우리 항공기들은 북극 항로 이용권을 보장받았다. 최대 주 30회까지 우리 항공사들이 미주 지역 운항 시 이용하는 캄차카 항로(Kamtchatka Route)보다 30분가량 단축 가능한 북극 항로(Cross Polar Route)를 이용할 수 있게 된 것이다.

항공기획관이었던 필자와 러시아의 로세노프(Loschenov) 교통부 항공부국장 간에 북극 항로 이용에 관한 협정을 체결했다.

이어 우크라이나, 아제르바이잔과도 항공 자유화 협정을 체결했다. 유럽 항공 시장이 조금씩 자신의 속살을 드러내기 시작한 것이다.

항공 자유화 시대 도래 항공기획관으로 부임하여 최초로 베트남과 항공 자유화 협정을 체결한 지 1년 6개월 만에 항공 수요가 많은 대부분의 나라와 항공 자유화 협정을 맺었다. 수십 년 걸릴지도 모르는 일이 단기간에 실현된 것이다. 항공 자유화는 카투사 출신으로 영어에 능숙한 오양진 과장을 비롯하여 이경선 자문관, 김규철 서기관, 정진훈 사무관, 홍윤태 사무관, 김수정 주무관 등 국제항공과와 항공정책과 직원들의 헌신적인 노력이 있었기 때문에 가능했다. 이들은 국제 항공 업무에 전문성을 갖추었고, 국가와 민족을 위해 어떠한 일도 해낼 수 있는 자신감으로 가득 차 있었다.

특히 중국과의 항공 회담에서 항공 자유화를 성사시키기 위해 우리 대표들은 눈물 겨운 희생정신을 보여 주었다. 우리 대표들은 남녀 구분하지 않고 중국 협상 대표들이 쉴 새 없이 돌리는 술잔을 마다하지 않았다. 그러고는 밤늦게 호텔 방으로 돌아와 다음 날 항공 회담 전략을 짜느라 밤을 꼬박 새웠다. 우리에게 비전이 있고 가치가 있는 일이라면 스스로를 던지며 최선을 다하는 모습이었다. 그런 직원들의 모습은 안쓰러우면서도 순수하기까지 했다. 그런 젊은이들이 살아 숨 쉬는 우리 대한민국은 살 만한 가치가 있는 나라라는 생각이 절로 들었다.

사회주의 국가의 맹주인 중국과 체결한 항공 자유화 협정은 동남아 사회주의 국가들에 우리와의 항공 자유화 협정을 자연스레 받아들이도록 하는 촉매제 역할을 했다. 항공 자유화의 열기는 같은 사회주의 국가인 베트남에 이어 캄보디아, 미얀마까지 이어졌고 이후 말레이시아, 일본 등 대부분의 아시아 국가로 이어졌다.

어떤 일을 할 때 꼭 많은 시간이 걸려야 하는 것은 아니다. 누구라도 미리 준비하고, 경험하고, 열정을 더하면 짧은 기간에도 많은 일을 할 수 있다. 2006년부터 1년 반 동안 봇물 터지듯 체결한 항공 자유화 협정은 우리 항공 시장의 분위기를 180도로 바꾸어 놓았다. 2006년 4월 베트남과의 항공 자유화 협정 체결 이전 우리와 항공 자유화 협정을 체결한 나라의 항공 시장 점유율은 미국, 칠레 등 4개국 9퍼센트에 불과했다. 이후 1년 반 사이 이 점유율이 중국, 일본, 태국 등 15개국 90퍼센트 이상으로 늘었다. 항공 수요가 많은 대부분의 나라들과 항공기의 자유로운 왕래가 가능해진 것이다. 한번 봇물이 터진 항공 자유화 협정 체결 기조는 이후에도 계속 이어졌다.

몰디브(1986. 10. 22)	미국(1998. 4. 23)
칠레(2001. 5. 11)	페루(2002. 7. 2)
베트남(2006. 4. 13)	**태국(2006. 5. 23)**
중국(2006. 6. 16)	**캄보디아(2006. 9. 4)**
미얀마(2006. 9. 8)	**우크라이나(2006. 11. 22)**
아제르바이잔(2006. 12. 22)	**말레이시아(2007. 1. 12)**
일본(2007. 8. 2)	스리랑카(2007. 7. 25)
케냐(2007. 4. 27)	멕시코(2008. 6. 27)
캐나다(2008. 11 .19)	튀니지(2009. 5. 12)
벨라루스(2009. 5. 27)	브라질(2009. 7. 4)
독일 운수권 2배 증대	**프랑스 복수 항공사 취항**

2006년 베트남과의 항공 자유화 협정 체결 이후 1년 반 만에 우리와 항공 수요가 많은 중국, 태국, 일본, 말레이시아 등 대부분의 국가와 항공 자유화 협정을 체결했다. 2014년 10월, 현재 우리나라와 항공 자유화 협정을 체결한 나라는 여객 27개국, 화물 39개국에 이르고 있다.(13)

우리 항공사들은 더 이상 항공 운수권 문제에 집착하지 않고 세계를 향해 공격적인 경영을 하기 시작했다. 글로벌 항공사들이 모인 항공 동맹체(global airline network)에서는 세계 항공 시장을 주도하기 위해 우리 항공사들을 꼭 필요한 비즈니스 파트너로 보았다. 세계 3대 항공 동맹체 중 하나인 스카이팀(Sky Team)에는 대한항공이, 스타얼라이언스(Star Alliance)에는 아시아나항공이 각각 가입했다. 항공 자유화로 항공 시장이 넓어지자 제주항공, 티웨이항공, 이스타항공, 진에어, 부산항공 등 저가 항공사가 연이어 설립되었다. 그리고 세계 항공 시장에 뛰어들었다. 늘어나는 항공편 때문에 인천공항 2단계 확장 사업에 대한 충분한 수요를 확보함으로써 인천공항은 세계적인 허브 공항으로서의 기반을 공고히 했다. 그리고 풍부한 항공 수요를 기반으로 독창적인 서비스를 더하여 세계의 공항으로 발돋움했다. 인천공항은 세계공항협회(ACI)가 주관하는 서비스 평가에서 2006년부터 연이어 세계 1위를 했다. 아울러 수요 부족으로 어려움을 겪고 있던 지방 공항들에도 중국, 일본, 동남아 등지에서 많은 항공기가 몰려들었다.

우리 항공사들은 개방된 항공 시장만큼이나 자신들의 역량을 마음껏 발휘하며 세계 곳곳을 누비고 있다. 정부의 항공운수권 배분에 의존해 왔던 우리나라 항공사들은 경쟁을 통해 자신의 운명을 결정하는 시장 경쟁 체제 속으로 빨려 들어갔다. 지난 반세기 동안 우리 국민들과 기업은 자신들에게 주어진 자유를 세계로 뻗어 나가는 원동력으로 썼다. 이번에도 그럴 것이다. 많은 항공사들이 경쟁을 통해 새로운 상품을 선보이며 국민들에게 저렴하고 다양한 항공 서비스를 제공하고 있다. 항공 자유화에 따른 국민들의 이익은 항공사의 독과점 이익보다 훨씬 컸다. 항공기 운항 편수가 늘어나면서 항공 요금이 대폭 떨어졌다. 덕분에 관광, 비즈니스 등을 위해 해외로 나가는 국민들이 늘고 있다.

또한 관광, 비즈니스를 위해 우리나라를 찾는 외국인 또한 급격히 늘고 있다. 유커遊客들이 만들어 내는 중국 특수, 겨울 스포츠를 즐기기 위해 찾아오는 태국인의 태국 특수, 석유 및 가스를 생산하는 러시아 신흥 부호들의 러시아 특수 등 나라를 돌아가며 연중 내내 특수가 이어지고 있다. 이 모든 것이 우리의 거대한 자산이다. 그 가치는 수십조, 수백조 원이 될 것이다. 하늘의 허브, 그 힘은 정말 대단하다.

연이은 항공 회담 성사 비결 짧은 기간 동안 많은 항공 회담을 했고, 여러 국가들과의 항공 자유화 협정 체결 등 나름대로 성과를 냈다. 그러면서 협상 성공 비결을 조금씩 터득하게 되었다.

첫 번째 비결은 회담에 임했을 때 당면한 협상 쟁점보다 서로 공감할 수 있는 미래 항공 시장에 대한 방향성에 대해 상호 공감하는 것이다. 이러한 방향성은 국가 또는 기업의 이해관계를 뛰어넘어 우리 인류의 궁극적 이익을 살펴야 나올 수 있다. 우리 측은 항공 회담 때마다 항공사 이익을 우선하는 전통적인 협상 방식에서 탈피하여 국익을 우선하는 협상을 해야 한다고 상대를 설득했다. 그리고 대동부권 항공 자유화 블록 등 미래 지향적인 목표를 제시했다. 대부분의 상대국 대표들은 우리 이야기에 귀를 기울이며 동감을 표했다. 공감이 된 만큼 회담 성과는 컸다.

두 번째 비결은 철저한 준비와 확인이다. 회담 때마다 항공 시장 및 항공사 동향, 상대 국가 및 상대 항공사 현안과 쟁점 사항, 쟁점 사항별 대처 방안, 그리고 우리가 협상에서 얻어야 할 사항 등을 치밀하게 검토하고 준비했다. 그리고 협상 전날이나 당일 아침 그 내용들을 메모지에 빼곡히 적어 나갔다. 이 메모지를 양복 바깥 주머니에 넣고 회담 기간 내내 꺼내 보며 빠진 사항이 없는지를 확인했다. 회담 중간이라도 애매한 사항은 함께 참석한 우리 대표의 지혜를 빌렸다. 이 같은 몇 번의 준비와 확인은 회담에서 상대방을 설득하거나 상대방의 요구에 대해 논의를 주도해 나가는 데 큰 도움이 되었다.

세 번째 비결은 상대방의 이익을 최대한 보장해 주어야 상대방으로부터 많은 것을 얻어 낼 수 있다는 사실이다. 처음부터 상대방에게 아무것도 주지 않고 얻어 내기만 하는 협상은 없다. 회담을 하다 보면 상대방의 요구 사항의 많은 부분이 우리에게도 유리한 경우가 많았다. 적어도 불리하지 않은 것이 대부분이었다. 그래서 회담을 할 때마다 상대방 국가들이 원하는 것을 들어주려 노력했고, 이를 통해 우리에게 더 절실히 필요한 것을 얻어 내려 했다. 덕분에 수십 년 동안 서로의 이해관계 충돌로 교착 상태에 빠졌던 항공 자유화 협상에 새로운 물꼬를 트게 된 것이었다.

국내 행정 업무는 온갖 민원에 시달리다가 되는 일도 없이 흐지부지 끝나는 경우가 많다. 나는 많은 긴장감과 중압감을 주는, 그리고 승부가 명확한 국제 협상 업무를 좋아했다. 진검 승부의 항공 회담이 끝나면 우리 항공편이 상대 국가에 몇 편이나 들어갈 수 있을지 결과가 바로 나온다. 그리고 그동안 마음을 무겁게 짓누르던 중압감도 흔적 없이 사라진다. 나에게 국제 협상 업무는 정말 매력적이었다.

1등이 되기 위해 태어난 공항

2006년 항공기획관 때의 일이다. 인천공항이 세계공항협회에서 주관하는 공항 서비스 평가에서 처음으로 세계 1위의 서비스 공항에 선정되었다. 그 과정을 동영상에 담아 청와대 국무 회의 때 보고했다. 당시 노무현 대통령과 국무 위원들은 박수로 축하를 대신했다. 이후 인천공항은 한 번도 세계 1위 서비스 공항의 영예를 빼앗기지 않았다. 나는 인천공항이 세계 1위의 서비스 공항이 되는 데 직접 기여하지는 못했다. 그러나 공직 생활 내내 인천공항에 많은 관심을 갖고 지켜보았다. 인천공항이 우리나라를 먹여 살리는 허브 공항이 될 것이라는 기대감 때문이었다. 내가 볼 때 인천공항이 세계적인 허브 공항이 된 것은 충분한 이유가 있었다.

첫 번째는 선견지명을 갖고 인천공항 입지를 제대로 선정한 데 있다. 당시 정부는 국토 중심부에 있는 청주공항을 우리나라 허브 공항으로 만들겠다는 계획을 발표했다. 하지만 얼마 뒤 그 계획을 취소했다. 그리고 인천시 영종도와 용유도 사이에 매립지를 조성하여 대규모 공항을 건설한다는 계획을 발표했다. 더 큰 안목으로 청주공항을 허브 공항으로 만들겠다는 계획을 취소하면서까지 인천공항 건설 계획을 발표한 것이다. 그런 인천공항은 건설 당시부터 동북아 허브 공항으로의 기본적인 조건을 갖춘 것이다.

① 인천공항 인근에 2000만 명의 주민이 살고 있는 수도권과 3시간 30분 이내 비행 거리에 인구 100만 명 이상 살고 있는 50여 개 도시가 위치해 풍부한 항공 수요가 있었다.

② 연간 1억 명까지 항공기 승객을 처리할 수 있도록 영종도와 용유도 사이 매립지 5620만 제곱미터(1700만 평)의 땅을 저렴하게 조성할 수 있다.

③ 바다 중간의 광활한 매립지에 공항을 건설함으로써 소음 민원 없이 24시간 운영이 가능했다.

④ 특히 인천공항은 유럽과 미주 노선의 경제적인 직항 운항이 가능하여 글로벌 항공사들이 취항하기 좋은 지리적 위치에 입지해 있었다.

두 번째는 우리 항공사들의 세계적인 경쟁력이다. 우리 항공사들은 외국 항공사들보다 빠른 시기에 민영화의 길을 걸었다. 1962년 6월 최초의 항공사인 대한항공공사가 정부 공기업 형태로 발족되었다. 대한항공공사는 여느 공기업처럼 적자로 경영이 어려웠다. 1969년 3월 한진그룹이 대한항공공사를 인수하여 대한항공으로 상호를 변경했다. 최초의 민영 항공사가 태어난 것이다. 1988년 2월에는 아시아나항공의 전신인 서울항공이 설립되었고, 이어 그해 8월 아시아나항공으로 상호를 변경하며 두 번째 민영 항공사가 탄생했다. 이렇듯 빠르게 민영화 길을 걸어온 우리나라 항공사들은 세계 항공업계의 강자로 부상했다.

대부분의 항공 협상은 양국 간에 서로의 국적 항공기 운항을 허용하는 협상이다. 다른 나라 항공기가 우리나라 인천공항으로 와서 제3국으로 비행하려면 우리나라와 제3국 모두로부터 제5자유에 해당하는 항공운수권을 확보해야 한다. 각국은 자국의 항공사를 보호하기 위해 제5자유에 해당하는 항공운수권 교환에 인색하다. 이 같은 협상 구조상 인천공항을 중심으로 세계로 뻗어 나갈 항공 노선을 만들어 낼 수 있는 항공사는 우리나라 국적國籍 항공사들뿐이다. 즉 인천공항을 허브 공항으로 만들 수 있는 항공사들은 우리 항공사뿐이다. 그런 이유로 세계 각국은 자국의 공항을 허브 공항으로 만들기 위해 공항은 물론 경쟁력 있는 항공사 육성에도 심혈을 기울였다. 아랍에미리트 두바이 공항에는 에미레이트항공이 있고, 싱가포르 공항에는 싱가포르에어라인이 있다. 그리고 프랑스 파리 공항에는 에어프랑스, 독일 프랑크푸르트 공항에는 루프트한자, 런던의 히스로 공항에는 브리티시에어웨이가 자신들의 공항을 허브 공항으로 만들기 위해 고군분투하고 있다. 그리고 세계 각국의 항공 당국은 자국 항공사들에 공항 시설을 우선적으로 배정하여 자국 항공사를 지원하고 있다. 이는 각국의 허브 공항 전략과 무관하지 않다.

인천공항이 허브 공항이 되는 데는 우리 항공사들의 경쟁력도 크게 한몫했다. 대한항공과 아시아나항공은 세계적인 경쟁력을 갖고 세계 도처의 승객을 인천공항으로 끌어모았다. 그리고 우리 항공사들은 자신들이 구축해 놓은 항공 노선을 이용해 세계 도처로 승객들을 실어 날랐다. 우리나라 항공기에 탄 미주 노선과 유럽 노선 승객의 세 명 중 한 명이 중국 사람과 일본 사람이다.

인천공항을 허브 공항으로서의 입지를 공고히 한다는 명분으로 외국 항공사에 '일방적一方的 항공 자유화'를 허용하자고 주장하는 사람들이 있었다. 그들은 인천공항에 무조건 항공기가 많이 들어오면 인천공항이 허브가 되는 것으로 잘못 알고 있었다. 일방적 항공 자유화란 우리 항공사가 상대방 국가에 취항할 수 없는 경우에도 상대방 국가의 항공사들은 우리나라

공항을 마음대로 이용할 수 있도록 하는 것이다. 일방적 항공 자유화는 우리 항공사의 입장에서는 역차별인 셈이다. 일반적 항공 자유화를 선언할 경우 우리 항공사들은 외국 항공사에 비해 노선 경쟁력이 현저히 떨어질 수밖에 없다.

그렇게 되면 대한항공과 아시아나항공도 우리나라에서의 항공 사업을 접고 외국에서 항공사를 설립하는 편이 더 나을 것이다. 우리나라를 자유롭게 들락거릴 수 있는 외국 항공사들은 우리 승객과 화물을 자신들의 나라로 실어 날라 자신들의 공항을 허브 공항으로 만들고자 할 것이다. 인천공항 역시 인천공항에서 허브 전략을 펼치는 항공사를 잃게 되어 허브 공항의 꿈을 접어야 한다. 일방적 항공 자유화의 더 치명적인 점은 상대방 국가의 항공 시장을 열 수 있는 레버리지를 포기하는 것이다. 상대방에게는 열려 있지만 우리에겐 닫혀 있는 세계 항공 시장으로는 하늘의 허브가 될 수가 없다. 일방적 항공 자유화를 주장하던 분들은 그 높은 자리에 상응한 전문 지식을 갖추지 못했다. 우리나라는 그로부터 얼마 지나지 않아 호혜적 항공 자유화로 대부분의 나라와 항공 협정을 체결했다. 만약 우리나라가 그분들의 말씀대로 일방적 항공 자유화를 선언하였다면 지금과 같이 우리나라가 하늘의 허브가 되는 기회는 영영 사라졌을 것이다. 그런 의미에서 세계 항공 시장에서 꿋꿋하게 경쟁해 온 우리 항공사들은 우리 하늘을 허브로 만들기 위해 없어서는 안 될 존재다.

세 번째로 인천공항은 미래 항공 수요에 대응할 수 있도록 확장이 용이하다. 그만큼 장기적 안목에서 기획되고 설계가 이루어진 것이다. 인천공항은 기획과 설계 단계부터 벡텔사에 맡겼다. 세계적으로 공항 기획 및 설계 경험이 많은 벡텔은 가장 혁신적인 공항의 모델을 인천공항 기획과 설계 단계에 반영했다. 즉 인천공항은 활주로를 양옆에 두고 가운데 여객 터미널을 배치했다. 공항 수요가 늘어나면 양옆 활주로 사이로 여객 터미널을 계속 건설해 나갈 수 있다. 또한 활주로와 활주로 사이에 여객 터미널 건설로 활주로 간의 이격離隔 거리를 충분히 확보함으로써 두 개의 활주로에서 동시 이착륙이 가능하다. 이러한 혁신적인 공항 설계는 미국의 연간 여객 1억 명을 처리하는 애틀랜타 공항과 미국에서 가장 나중에 건설된 미국 중부의 덴버 공항과 유사하다. 예술적인 감각보다는 공항의 효율적 기능을 우선시했다.

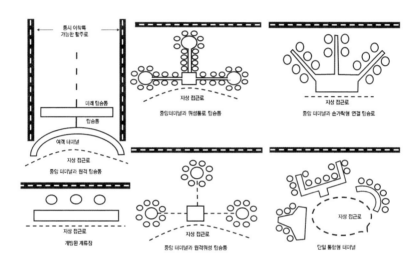

전형적인 공항 터미널 배치도다. 인천공항은 활주로 사이에 터미널을 배치하는 혁신적 개념의 터미널 디자인(왼쪽 그림)을 채택했다.(14)

그동안 유럽 공항들은 늘어나는 항공 수요에 맞게 그때그때 시설을 확장해 왔다. 우리와 같이 혁신적인 공항 설계를 적용하기에는 너무 늦었다. 프랑스 파리의 샤를드골 공항은 기능보다는 예술성이 우선 고려되어 설계된 면이 있다. 때문에 확장성 또한 좋지 않다. 샤를드골 공항은 항공기 운항 편수가 늘어나자 기존 공항 시설에 덧붙이듯 새로운 여객 터미널을 건설해 나갔다. 그래서 공항에 착륙한 항공기는 꼬불꼬불한 유도로誘導路를 거쳐 여객 터미널이 있는 계류장까지 가는 데 많은 시간이 걸린다. 이러다 보니 수화물 처리도 쉽지 않다. 샤를드골 공항의 수화물 분실률은 세계 최고 수준인 2퍼센트대에 육박한다. 공항 시설이 복잡한 만큼 수화물 처리 시스템도 복잡해지기 때문이다. 이에 반해 미국 주요 공항들의 수화물 분실률은 0.5~0.9퍼센트에 불과하다. 미국 공항들은 기능 중심으로 설계되어 공항 내 항공기와 여객 처리가 단순하기 때문이다. 우리나라 인천공항은 기능성을 중시한 미국 공항의 설계 구조를 따랐다. 그만큼 서비스가 좋아 승객들의 만족도가 높다.

인천공항은 미국 애틀랜타 공항과 같은 디자인이다. 위 그림은 하늘에서 본 인천공항 모습이고, 아래 그림은 미국 애틀랜타 공항 모습이다.

프랑스 파리의 샤를드골 공항은 예술성이 강조되었기 때문에 시설 확장 시 공항을 효율적으로 운영하기 위한 시설 배치에 많은 어려움이 있다.

네 번째로 인천공항공사는 설립 당시부터 적극적인 아웃소싱 전략을 펼쳤다. 인천공항공사 직원은 1000명으로, 아웃소싱 비율이 87퍼센트에 달한다. 인천공항공사는 기존 한국공항공사의 직영 경영 방식과 달리 인천공항 개항 때부터 공항 운영 전 분야에 걸쳐 과감하게 아웃소싱을 했다. 이러한 아웃소싱은 그때그때 상황에 맞게 탄력적인 서비스를 제공할 수 있도록 했다. 아웃소싱으로 성공한 인천공항을 보며 김포공항 등 나머지 15개 공항을 관장하는 한국공항공사도 과감하게 자신들의 업무를 아웃소싱하기 시작했다. 한국공항공사의 아웃소싱 비율은 64퍼센트다. 그리고 인천공항에 파견된 정부 기관들이 인천공항의 서비스 개선에 많은 힘을 보탰다. 입출국 승객 수에 맞춘 입출국 수속, 검역, 세관 심사 등 승객들의 서비스에 만전을 기했다. 두 공사 모두 세계 최고의 서비스 공항으로 거듭났다. 그리고 그들은 공항 운영에서 엄청난 이익을 남겼다. 경쟁이란 그만큼 무서운 것이다.

다섯 번째는 인천공항 건설 사업에 대한 열정이다. 당시 신공항건설공단

강동석 이사장은 인천공항 건설부터 개항까지 8년 동안 모든 것을 도맡아 지휘했다. 강동석 이사장이 지닌 특유의 친화력과 오랜 행정 경험에서 오는 치밀함은 신공항 건설 과정에서 생길 수 있는 많은 어려움들을 슬기롭게 극복할 수 있도록 했다. 신공항 건설 기간 동안 솔선해서 현장에 설치된 컨테이너 박스에 기거하며 현장 위주로 업무를 처리했다. 인천공항에 많은 언론사 기자, 정보기관, 감독 기관, 감사 기관이 단골로 드나들면서 많은 문제점을 제기할 때마다 강동석 이사장은 특유의 성실성과 기지를 발휘하여 논리적 설명과 겸손함으로 많은 이들을 감동시키고 설득시켰다. 강동석 이사장은 인천공항 개항 이후 한국전력공사 사장, 건설교통부 장관, 여수 엑스포 조직위원장 등 국가가 필요할 때마다 그 임무를 충실히 수행했다. 정말 국가를 위해 꼭 필요한 분이다.

건설교통부 신공항건설기획단 직원들은 야근을 밥 먹듯이 했다. 인천공항 건설은 물론이고 신공항 고속도로 건설, 주변 도시와 공항버스 투입, 인천공항 철도 건설, 주변 지역 개발 등 모든 분야에 걸쳐 지원을 아끼지 않았다. 특히 인천공항 개항 당시 건설교통부 신공항건설기획단을 맡은 김세호 단장의 역할이 컸다. 김세호 단장은 인천공항 개항에 즈음하여 현장 사무실에서 숙식을 해 가며 개항 준비를 도왔다. 인천공항 개항 직전에 개항한 홍콩 첵랍콕 공항의 냉동 화물 터미널 고장, 미국 덴버 공항의 수화물 처리 시스템 오작동 등 많은 문제점이 언론에 부각되었다. 청와대, 국정원, 감사원, 언론 등에서 인천공항의 수화물 처리 시스템, 전산 시스템 오류 가능성을 제기하며 개항 일정을 연기하는 방안을 조심스럽게 언급하기 시작했다. 김세호 단장은 유관 기관을 다니며 당초 계획대로 개항할 수 있도록 도와 달라고 부탁했다. 인천공항 개항이 잘못되면 자신이 책임지겠다고 나섰다. 정말 결연하고 아름다운 공직자의 모습이었다. 김세호 단장 말대로 인천공항은 2001년 3월 29일 일정에 맞추어 완벽하게 개항했다.

인천공항 개항에 또 하나의 숨은 공로자는 여형구 신공항기획과장이다. 항상 겸손하고 공부하는 자세로 인천공항 건설에 따른 많은 업무와 민원들을 밤낮없이 처리했다. 예산 당국이 민간 투자 사업으로 떠넘긴 최초의 민간 사업인 신공항 고속도로 건설 협상에서도 탁월한 능력을 발휘했다. 기술 고시 출신인 여형구 과장은 민간 투자자들과의 협상에서 필요한 경제성·재무성 분석 방법, 실질 이자율, 투자 수익률 등 협상에 필요한 지식을 습득하기 위해 동분서주했다. 그리고 사회 주요 인사를 찾아다니며 명쾌한 논리로 인천공항의 건설 당위성을 이해시키려고 노력했다. 그리고 많은 분들이 십시일반 힘을 보탰다.

개항에 임박해서 인천공항공사 임직원들은 매일매일 새롭게 제기되는 문제점들을 해결하느라 밤을 새웠다. 그 와중에도 밤늦게까지 세계 최고의 허브 공항이 되기 위한 전략 과정을 만들어 전 임직원들이 함께 일하고 공부했다. 개항 일정에 맞추어 성공적으로 개항하기 위해 눈물 겨운 사투를 벌인 것이다. 덕분에 많은 이들의 우려에도 불구하고 인천공항은 완벽하게 개항할 수 있었다.

여섯 번째로 인천공항이 개항 이후 꾸준히 많은 승객을 확보할 수 있었던 것은 우리 항공 시장의 자유화 때문이다. 2006년 4월부터 1년 6개월에 걸쳐 진행된 항공 자유화 바람은 인천공항이 허브 공항으로서의 입지를 굳히는 데 큰 보탬이 되었다. 항공 자유화가 본격적으로 시작되면서 하루 평균 440편(2005) 운항하던 항공편이 2년 만에 하루 580편(2007)으로 항공편이 대폭 늘었다. 그 당시는 인천공항 2단계 공사가 마무리 단계에 있어 확장된 시설의 유휴화 문제가 수면 위로 올라오던 시기였다. 항공 자유화로 항공편이 대폭 늘어나면서 그 같은 걱정거리는 한순간에 사라졌다.

이렇듯 인천공항이 허브 공항으로 자리를 잡게 된 데는 나름대로 이유가 있었다. 처음부터 잘 짜인 인천공항에 대한 기획과 설계, 전문성을 가진 우수한 인재들과 그들의 열정, 봇물 터지듯 체결된 항공 자유화 협정 등이 인천공항을 명품 공항으로 만들었다. 누구 한 사람의 힘으로 허브가 되는 일은 없다. 모든 사람들이 마음을 모으고 힘을 합쳐 허브 공항이 된 것이다.

세계 최고의 항공 안전 국가

잦은 항공 사고의 원인 항공기는 자동차, 철도, 해운 등 어떤 교통수단보다 운송 거리 대비 사망 사고가 가장 낮다. 하지만 사고가 나면 수백 명이 일시에 사망하는 대형 사고로 이어진다. 국제선 항공기 사고의 경우는 항공 사고 처리, 보상 문제 등이 국제 문제로 비화한다. 국제민간항공기구(ICAO)의 감시 아래 각 나라들은 항공 안전에 관한 엄격한 규정을 갖고 있으며, 자국의 규정에 따라 항공사와 공항을 감독하고 있다.

우리 항공사들은 1990년대 크고 작은 사고가 많이 발생했다. 아시아나항공의 목포공항 추락 사고(1993년 7월), 대한항공의 미국령 괌 공항 추락 사고(1997년 8월), 중국 상하이 공항 화물기 추락 사고(1999년 4월), 영국 스탠스테드 공항 화물기 추락 사고(1999년 12월) 등 연이은 7건의 항공 사고로 총 307명의 사망자가 발생했다. 우리나라 항공 안전에 대한 신뢰도가 바닥을 쳤다. 국제적인 보험사들은 정부의 보증 없이는 우리나라 항공사에 보험을 들어 줄 수 없다고 으름장을 났다. 결국 국회의 승인을 받아 정부가 보증하여 우리 항공사들은 보험에 들 수 있었다. 이렇듯 정부에서는 잦은 항공 사고로 골머리를 앓았다.

내가 항공정책과장으로 온 시기는 1999년 8월이다. 상하이 공항 화물기 추락 사고가 난 지 4개월 만이었다. 나는 큰 항공 사고를 연달아 겪었으므로 더 이상 사고가 나지 않으리라 생각했다. 하지만 나의 막연한 기대는 몇 달 지나지 않아 산산조각 났다. 그해 11월에 우리 화물기 한 대가 베트남 공항에 착륙하는 과정에서 동체 일부가 떨어져 나갔다. 이어 1개월 후인 12월

22일 영국 스탠스테드 공항에 우리 화물기가 추락했다. 모두 20년 이상 된 보잉 747 대형 기종이었다.

당시 항공 안전은 항공안전과와 운항기술과 등 기술 부서에서 담당하고 있었다. 이런 상황이 계속되자 항공 안전을 담당한 부서들은 당황하여 어찌할 바를 몰라 했다. 항공정책과장이었던 내게 항공 안전 대책을 조속히 수립하라는 지시가 떨어졌다. 상황이 워낙 급박해서 업무 소관을 따질 겨를이 없었다. 긴급 항공 안전 대책을 수립하는 데 주어진 시간은 일주일 정도에 불과했다. 우선 항공 안전과 관련된 사람들의 이야기를 듣고 그동안의 사고 일지 등을 면밀히 분석했다. 분석 결과, 계속되는 항공 사고 원인은 관행화된 잘못된 조종 습관과 노후 비행기의 정비 불량 때문이라는 결론에 이르렀다.

이러한 원인 분석을 토대로 사고 항공사에 대한 긴급 항공 안전 대책을 마련했다. 그중 하나로 18년 이상 된 노후 기종인 보잉 747기 여덟 대에 C급 정비를 받도록 했다. 사고기 대부분이 20년 이상 된 노후 기종으로, 정비에 심각한 문제가 있다고 본 것이다. C급 정비는 항공기 동체를 제외한 모든 부품을 다시 조립하여 마치 항공기를 새로 만드는 것과 같다. 많은 기술 인력이 소요되고 기간도 오래 걸렸다. C급 정비로 발생되는 매출 손실은 800억 원에 달했다. 당시 항공사는 주저했지만 계속되는 항공 사고를 막을 다른 대안이 없어 정부 방침을 받아들일 수밖에 없었다. 대한항공은 C급 정비에 들어가는 비용보다 가치가 적은 노후 항공기들은 국제 매각을 통해 처분했다. 그리고 나머지 항공기에 대해서는 C급 정비를 통해 새 비행기와 다름없이 만들었다. 항공기 노후화와 정비 부실로 인한 위험 잠재 요소를 없애 버린 것이다.

다음 단계로 항공기 항행 기록을 분석하여 잘못된 조종 습관을 찾아냈다. 항공사에서는 블랙박스와 별도로 수십억 원의 돈을 들여 항공기에 항행 기록 장비(AIMS)를 설치하여 운영하고 있다. 우리가 사고 조사 때 항행 기록을 분석하는 블랙박스에는 일부 제한된 장비의 작동 상황을 24시간 동안만 저장하고 있다. 그에 비해 항공사가 자체 구축한 AIMS에는 항공기 내 각종 장비들의 시간대별 작동 상황이 상세히 기록되어 있다. 이 기록을 제출하도록 항공사에 요구했다. 그러나 정부에서 수십억 원씩 들여 가며 항행 기록을 판독하는 장비를 구입하는 것은 현실적으로 불가능했다.

많은 비용을 들이지 않고 항행 기록을 판독할 수 있는 특단의 대책을 마련해야 했다. 우선 항공 전문가들로 구성된 항공 안전 감독 특별 태스크포스 팀을 꾸렸다. 그리고 한국공항공사로부터 한 명의 전산 프로그래머를 지원받았다. 그리고 항공사에 1일 2~3회씩 항행 기록을 국제 표준 코드인 아스키(ASCII) 코드로 변환시켜 제출해 줄 것을 요청했다. 공사에서 파견된 프로그래머가 항공기별 AIMS 데이터베이스 매뉴얼을 읽어 가며 데이터 배열 구조를 알아냈다. 그리고 항공 감독관들의 도움을 받아 잘못된 조종 습관을 찾아내는 프로그램을 만들기 시작했다. 6개월 뒤에 항행 기록을 분석하는 프로그램이 만들어졌다. 이 프로그램을 통해 조종사들의 부적절한 조종 관행이 하나둘씩 발견되었고, 조종사들의 이런 부적절한 관행이 계속 이어져 잦은 대형 항공 사고가 난 것으로 파악되었다. 대한항공도 자체적으로 비행 기록을 분석하여 잘못된 조종사 관행을 찾아냈다.

그리고 대한항공은 이러한 잘못된 조종 관행을 고쳐 나가기 시작했다. 뿐만 아니라 좀 더 엄격한 운항 관리를 위해 미국 델타항공으로부터 체계적인 항공 안전 컨설팅을 받았다. 이어 대한항공은 아예 델타항공 출신의 미국인 안전 담당 부사장과 항공안전감독관을 채용했다. 조종사들 사이에 퍼져 있는 공군 및 연수원 기수期數에 의한 서열 문화를 차단하고 원칙을 바로 세우기 위한 포석이었다. 항공사는 국제 관행에 맞게 항공 안전 규정, 절차의 통일화 및 표준화, 비행 감시 시스템 등을 강화했다. 이러한 일련의 조치들은 조종사들의 잘못된 조종 관행을 하나하나 바꾸게 했다. 상당 기간이 흐르자 부적절한 조종 관행은 항행 기록에서 모두 사라지게 되었다. 그리고 대한항공은 세계에서 가장 안전한 항공사 중 하나로 거듭 태어났다.

조종사의 우연한 실수로 발생하는 항공 사고는 없다. 항공 사고는 크든 작든 수백 명의 생명과 관련된다. 항공사들은 조그마한 실수도 용납하지 않는 강도 높은 운항 절차와 교육 훈련 과정, 각종 첨단 비행 장비를 갖고 있다. 수천 번의 잘못된 관행이 하나의 항공 사고를 만들어 낸다. 그리고 사고 전에 수백 번의 예고가 있다. 최근에 없던 우리 항공기 사고가 미국 샌프란시스코에서 일어났다. 항공 사고가 났다는 것은 이미 항공 안전 시스템에 문제가 생겼다는 의미다. 미봉책으로 얼버무리면 더 큰 대형 항공 사고를 맞는다. 때문에 사고의 근본 원인을 찾아 근절하지 않으면 안 된다.

미국, 한국을 항공 안전 2등급 국가로 지정 미국 연방항공청은 2001년 8월 17일 우리나라를 항공 안전 2등급 국가로 지정한다고 발표했다. 2등급이면 높은 등급처럼 보이지만 항공 안전 꼴찌 국가라는 이야기다. 당시 미국이 지정한 항공 안전 2등급 국가들은 온두라스, 미얀마 등 후진국 몇 나라뿐이다. 우리나라가 미국으로부터 항공 안전 2등급으로 지정된 직접적인 배경은 1990년대 계속된 대형 항공 사고였다. 그리고 2001년 ICAO 항공 안전 평가에서 북한보다 낮은 79.8점을 받은 것이 그 빌미를 제공했다. 2등급 지정 이후 미국은 자국의 공무원과 그 가족, 군인 등은 우리나라 항공사를 이용하지 못하도록 했다. 그리고 우리나라 항공기의 미국 내 추가 운항을 제한했다.

당시 경제 규모 세계 11위를 자랑하는 대한민국이 항공 안전 2등급으로 지정됐다는 사실은 우리나라 사람들의 자존심에 큰 상처를 입혔다. 언론에선 항공 안전 2등급으로 지정된 날을 항공 국치일航空國恥日이라고 불렀다. 언론은 연일 이 사실을 대서특필하면서 정부의 항공 안전 불감증을 맹렬히 비난했다. 당시 건설교통부 장관이 도의적 책임을 지고 물러났으며, 담당 1급 공무원이 불명예 퇴직을 했다. 그리고 감사원의 특별 감사가 시작되었고, 오랜 기간의 감사를 거쳐 관련 국장과 과장들이 징계를 받았다. 이런 홍역을 치른 후 건설교통부에서 서자庶子 취급을 받던 항공 조직과 업무 처리 방식이 세계 기준에 맞게 체계적으로 정비되기 시작했다.

혼연일체가 된 ICAO 항공 안전 평가 준비 항공안전본부장 때인 2008년 5월 중순 ICAO의 항공 안전 평가가 예정되어 있었다. 수년간 많은 준비를 했지만 수시로 교체되는 담당자 때문에 체계적인 대비가 어려웠다. 이명박 정부가 들어오면서 나는 항공안전본부장으로 임명받았다. ICAO 항공 안전 평가 2개월 전이었다. 당시 직원들은 ICAO 항공 안전 평가를 위해 많은 준비를 해 왔다. 그러나 7년 전, 항공 안전 2등급 국가로 떨어졌던 악몽 때문에 항공 안전 평가에는 자신이 없었다. 이래서는 항공 안전 평가를 잘 받기 어렵다고 생각했다. 완벽한 준비로 우리 직원들의 자신감부터 회복하는 것이 중요했다.

나는 간부들과 직원들에게 976개에 달하는 전 평가 항목에 대한 준비 상황을 분야별로 주기적으로 보고하도록 했다. 직원들과 함께 평가 점검 항목들을 읽어 가며 그에 맞게 제대로 준비하고 있는지를 점검했다. 그동안 영어로 된 모든 평가 점검 항목을 우리말로 번역하여 직원들의 평가 준비를 도왔다. 우리말 번역 과정에서 영어의 뉘앙스 차이를 몰라 잘못 번역한 경우도 비일비재했다. 또 평가 점검 항목을 잘못 이해하여 엉뚱한 이행 사항을 만드는 경우도 있었다. 이렇게 잘못 이해한 부분은 발견하는 즉시 수정하여 정비하도록 했다. 또한 쟁점이 있는 점검 항목들은 각종 자료를 조사하여 정확한 의미를 파악하는 데 집중했다. 필요한 경우에는 국내외 전문가의 자문도 다시 받았다. 그리고 정확히 파악한 의미에 따라 이행 사항을 다시 정비해 나갔다. 평가 현장에서 잘못된 영어 통역은 바로 지적 사항으로 이어졌다. 외국에서 오는 여섯 명의 평가 담당관들의 질문과 답변을 통역할 직원들에게도 통역은 물론 평가에 관련된 분야별 전문 지식도 함께 습득하도록 했다.

한국공항공사 운항기술원에서 국토해양부 항공안전본부 직원들은 항공 안전 평가 준비를 위해 주말 워크숍을 가졌다.(2008. 3. 29~30)

항공안전본부장으로 취임하고 2주쯤 지날 무렵이다. 직원들 간에 평가 준비 방식에 대한 논란이 많았다. 논란이 많으면 준비해야 할 것도 많아진다. 논란을 종식시키기 위해 직접 ICAO에 가서 이야기를 들어 보는 것이 좋겠다고 생각했다. 평가 준비를 위해 국내에서도 할 일이 많았지만, 선거 공휴일과 주말 휴일을 연결하여 ICAO 본부가 있는 캐나다 몬트리올로 가서 ICAO 평가 팀장을 만났다. 팀장은 내가 궁금하게 생각하는 평가 준비에 대한 모든 궁금증에 대해 차분하게 설명해 주었다. 덕분에 평가 준비에 필요한 애매한 부분이 대부분 해소됐다. 나는 팀장에게 마지막으로 한 가지 부탁을 했다. "한국인들은 평소에 영어를 사용하지 않습니다. 우리 직원들이 평가 담당관의 질문을 잘못 알아듣고 답변을 잘못할 수 있습니다. 우리 직원들이 질문을 정확히 이해하고 답변할 때까지 인내력을 갖고 직원들의 답변을 들어주시기 바랍니다." 팀장은 그러겠다고 약속했다. 귀국길에 ICAO 의장과 사무총장을 만났다. 그분들에게 한국이 ICAO 운영에 많은 기여를 하고 있음을 상기시키며 ICAO 정식 직원으로 한국 사람을 채용해 줄 것을 부탁했다.

우리나라로 돌아와 그동안 논란이 되던 사항에 대해 명확한 방침을 주고 준비시켰다. 논란이 사라지자 직원들은 일관성 있게 준비할 수 있었다. 여섯 명의 ICAO 평가 담당관별로 대응 팀을 꾸렸다. 그러나 회의실이 두 개밖에 없어 팀별로 차례를 정해 회의실에 모여 평가 준비를 했다. 이러다 보니 집중적이고 체계적인 준비가 어려웠다. 그래서 대응 팀별로 별도의 방을 마련해 주는 것이 필요하다는 생각을 하게 되었다. 당시 항공안전본부는 김포공항 내 한국공항공사 건물을 함께 쓰고 있었는데 더 이상 여유 공간이 없었다. 어쩔 수 없이 한국공항공사 사무실을 잠시 빌려 달라고 요청했다. 한국공항공사의 성시철 사장 등 임직원들은 어려운 가운데서도 임원실과 대회의실까지 내주며 평가 준비를 도왔다. 한 건물에 들어 있는 항공진흥협회도 회의실과 자료실을 제공했다. 평가받을 때와 똑같이 여섯 개평가 대응 팀별로 각기 마련된 방에서 함께 모여 평가 준비를 하는 기회가 잦아졌다. 이렇게 되자 간부들과 직원들은 평가받는 상황에 익숙해지기 시작했다. 팀별 간 집중적인 논의를 통해 976개에 이르는 점검 항목에 대해 정확한 답을 찾아 나갔다. 그리고 그에 따른 완벽한 제도적 이행 체제를 구축해 나갔다.

모든 설명 자료를 파워포인트로 만들었다. 그러나 몇몇 직원들은 자료를 만들지 못했다. 그런 직원들에게는 파워포인트 대신 실물 영사기를 이용하여 자신들의 자료를 화면에 올리도록 했다. 이렇게 항공안전본부 간부와 직원들은 혼연일체가 되어 밤낮없이 항공 안전 평가 준비에 몰두했다. 그러면서 간부들과 직원들은 점차 자신감을 찾았다. 이 과정을 통해 국제 항공 안전 기준이 무엇을 위해 만들어졌으며, 그 기준에 따라 우리가 무엇을 해야 하는지를 배웠다. 오랜 기간의 항공 안전 평가 준비 훈련장이 항공 안전을 위한 학습장으로 바뀐 느낌이다.

항공 안전 평가 분야별로 사무실을 별도 배정한 뒤 회의실에서 분야별 담당자들이 모여 평가 준비를 하고 있다.

평가 대상 또한 매우 광범위했다. 항공안전본부를 비롯해 지방항공청, 소방방재청, 해양경찰청, 항공우주연구원, 한국공항공사, 인천공항공사, 한국교통안전공단, 대한항공, 아시아나항공 등도 평가 대상 기관이다. 직원들을 해당 기관에 보내 평가와 관련된 관계 기관의 이행 사항을 하나하나 챙겨야 했다. 유관 기관들은 자신들의 일인 양 도움을 아끼지 않았다. 나중에라도 평가 점검 항목에 대한 이행 사항을 잘못 준비한 것을 알아내면 그 이후가 더 큰 문제였다. 이를 바로잡으려면 법령 개정, 지침 개정, 시설 개선, 관계 부처 협조 등 해야 할 일들이 태산이었다. 남아 있는 시간을 분, 초 단위로 쪼개 쓸 수밖에 없었다. 직원들은 평가단이 오기 전까지 그동안 잘못 준비한 이행 사항을 수정하기 위해 동분서주했다.

평가에 임하는 간부들과 직원들 사이에는 두 번 다시 항공 안전 2등급의 불명예를 경험하지 않겠다는 굳은 의지가 엿보였다. 그리고 7년 전 미국으로부터 2등급으로 지정된 불명예를 설욕해야 한다는 생각으로 가득 찼다. 간부와 직원들은 하나같이 아침 8시 이전에 출근하여 밤 11시까지 휴일도 없이 준비했다. 당시 항공안전본부에 근무하는 강혜정 주무관의 남편은 부인의 퇴근이 매일 늦어지자 항의차 사무실을 방문했다가 직원들이 밤늦게까지 사무실을 훤히 밝힌 채 함께 일하는 모습을 보고 감명을 받아 돌아갔다. 오히려 자신의 직장에서 퇴근한 후 야식거리를 사 오는 등 준비를 도왔다. 큰 시합을 앞두고 국가 명예를 위해 밤낮없이 땀을 흘리는 선수들로 가득 찬 태릉 선수촌에 와 있는 기분이었다.

ICAO 평가 시작 전날, 나는 비장한 마음으로 직원들에게 이야기했다. "우리는 최선을 다했다. 우리는 이미 세계 최고다. 자신감을 갖고 평가받자. 그럼에도 불구하고 결과가 나쁘게 나오면 그것은 간부나 직원들 잘못이 아니다. 모두 여러분을 잘못 인도한 내 책임이다." 간부와 직원들은 이미 세계 최고라는 나의 말을 반신반의했다. 그러면서도 세계 최고가 되고야 말겠다는 비장한 각오로 눈시울을 붉혔다. 우리들은 오랜 기간 최선을 다했기에 이 자리에서 쓰러져도 후회는 없었다. 이번 평가를 계기로 모든 간부와 직원, 관계 기관들이 혼연일체가 된 것만 해도 충분히 가치 있고 감명받을 만했다.

세계 1위 98.89점, 우리에게 기적이 세계 각처에서 여섯 명의 평가 담당관이 인천공항을 통해 들어왔다. 그리고 예정대로 2008년 5월 13일부터 22일까지 10일간 ICAO 항공 안전 평가가 시작되었다. 우리나라는 이번 평가에서 법규, 운항, 항행, 공항, 사고 조사 등 6개 분야 9608개의 국제 기준(976개 평가 항목) 이행 여부에 대해 점검을 받게 되는 것이다. ICAO 항공 안전 평가는 그동안 많은 준비를 한 직원들과 통역관들에 의해 순조롭게 진행되었다. 우리는 첫날 법령, 조직, 제도에 대한 종합 평가에서 만점을 받았다. 우리 직원들은 첫날부터 만점을 받자 분야별 평가에 자신감을 갖게 되었다. 담당 직원들은 자신들의 소관 분야 평가에 대해 당당하게 대처했다. ICAO 평가 담당관들의 치밀한 현장 평가와 불시 현장 점검에도 특별히 지적할 사항은 발견되지 않았다.

첫날 항공 안전 조직, 법령, 제도 분야에 대해 종합적인 평가를 받는 모습이다.

시간이 지나자 평가 담당관들 사이에서 무엇인가를 지적해야 하는 것이 아닌가 하는 움직임이 보였다. 그리고 ICAO 항공 안전 평가가 끝날 무렵 예기치 않게 여러 분야에서 문제를 삼는 분위기가 역력했다. 그러면 그럴수록 직원들은 평가 담당관들에게 자기 분야에 대해 준비한 사항을 진지하게 설명하고 이해를 구했다. 그동안 혹독하리만큼 어려운 준비를 통해 모두 최고 전문가가 되었고, 그 분야에 대한 자신감이 충만해 있었다.

항공 안전 평가는 6개 분야로 나뉘어 진행되었다. 공항 시설 분야에 대해 평가받는 모습이다.

　나는 각 분야별 담당 직원들이 항공 안전 평가를 받으면서 자기 일처럼 애쓰는 모습을 보며 큰 감동을 받았다. 이같은 우리 직원들의 헌신적인 노력 덕분에 ICAO 평가는 거의 완벽할 정도로 끝났다. 평가 결과는 100점 만점에 98.89점, 회원국 191개국 중 세계 최고였다. 당시 최고 점수를 받았던 캐나다의 95.38를 훨씬 상회하는 점수였다. 우리에게 항공 안전 2등급을 매겼던 미국은 91.13점을 받았다. 그리고 중국 86.64, 뉴질랜드 85.59, 독일 84.20, 오스트레일리아 83.38 등의 평가 점수를 받았다. 한국에 이어 우리의 항공 안전 평가 준비를 벤치마킹하여 마지막으로 평가받은 싱가포르가 98.85로 2위 자리에 올랐다. 7년 전 미국으로부터 받은 '항공 안전 2등급 국가'라는 오명에서 당당하게 벗어났다. 한국이 ICAO 항공 안전 평가에서 완승한 것이다. 이로써 세계에 우리의 항공 안전 수준을 널리 알리는 계기가 되었다. 그리고 우리 항공사들은 세계의 하늘을 안전하고 자유롭게 날아다닐 수 있게 되었다. 그 평가 점수 하나하나에는 우리 항공안전본부 직원들의 땀과 눈물이 배어 있었기 때문에 더욱 의미가 깊었다.

ICAO 평가 마지막 날, 나는 ICAO 평가 팀장에게 물었다 "한국에 최고의 점수를 주고 돌아가면 당신에게 부담이 되는 것 아니냐?" 팀장의 답은 간결하면서도 단호했다. "나는 모든 나라에 동일한 기준을 갖고 평가합니다. 한국도 예외는 아니며 동일한 기준을 엄격하게 적용하여 평가한 것입니다. 나는 한국이 이렇게 잘하고 있는 것에 대해 매우 자랑스럽게 생각하고 있습니다. ICAO로 돌아가 한국이 잘하고 있다는 점을 널리 알릴 것입니다. 세계의 항공 안전을 위해 한국에서 하고 있는 항공 안전에 대한 모범 사례를 다른 나라가 배워야 한다고 생각합니다."

평소 정종환 국토해양부 장관은 ICAO 항공 안전 평가에서 90점만 넘겨줄 것을 당부했다. 우리는 평가 기간 도중 예상치 못한 결과가 나올지도 모른다는 불안감에 그냥 평가를 잘 받고 있다고만 보고해 왔다. 잠정 평가 결과가 나온 뒤 밤늦게 정종환 장관에게 전화했다. "한국의 잠정 평가 점수가 98.89점으로 세계 최고 점수를 받은 것 같다"는 보고를 했다. 정종환 장관은 갑작스러운 나의 보고에 자기 귀를 의심하는 듯 되물었다. 나는 "우리나라가 세계 최고의 항공 안전 평가를 받았다"는 사실을 다시 한 번 확인해 주었다. 평가 결과는 다음 날 국무 회의에서 대통령에게 보고되었다. ICAO 항공 안전 평가 1위는 쇠고기 협상 파동 후유증으로 피곤해 있던 이명박 정부에 한 가닥 위로가 되었다.

ICAO 항공 안전 평가 후 ICAO 평가 담당관과 직원들은 항공 안전을 기원하는 마음으로 기념 촬영을 했다.

ICAO 항공 안전 평가는 성공적으로 끝났다. 2008년 12월 미국 워싱턴의 미 연방항공청에서 항공안전포럼이 열렸다. 우리 직원들은 그곳에서 직접 토론하는 모습을 보기를 간절히 원했다. 그동안 토론자로 참석한 일이 없었기 때문이다. 여러 사람들 앞에서 장시간 영어로 토론하는 것이 내겐 큰 부담이 되었지만 우리나라의 항공 강국의 위상을 제고하는 일이기도 해서 토론자로서의 참석을 수락했다. 미국에서 열리는 항공안전포럼 진행자는 나를 소개하는 자리에서 한국이 최근 ICAO 항공 안전 평가에서 세계 1위의 평가를 받았다는 사실을 발표했다. 관중석에서 박수가 쏟아졌다. 우리나라의 항공 안전이 세계 최고라는 사실을 전 세계 항공 전문가들이 모인 자리에서 널리 알린 것이다. 그 자리에서 우리나라는 7년 전 미국으로부터 받았던 '항공 안전 2등급 국가'라는 오명을 완전히 벗었다. 그리고 세계 항공인들 앞에 최고의 자리에 우뚝 섰다. 한국전쟁의 큰 시련을 극복하고 '한강의

기적'을 만들어 낸 국민의 저력을 미국 수도인 워싱턴에서 다시 한 번 보여
준 것이다.

3개월 후 한국의 항공 안전 평가 결과가 ICAO 홈페이지에 공개되었고,
ICAO 191개 회원국들이 이 사실을 알게 되었다. 세계 각국의 항공 관계자
들이 우리의 성공 신화를 벤치마킹하기 위해 방문했다. 홍콩에서는 항공청
장이 직접 직원들을 이끌고 한국을 방문했다. 자존심 강한 일본도 상당수
공무원을 우리나라로 보내 자신들의 평가 준비 상황을 점검하게 했다. 항
공안전본부 직원들은 라오스, 필리핀 등 항공 안전 취약국의 자문관으로
초청되어 그 나라의 평가 과정을 도왔다.

2008년 12월 미 연방항공청에서 개최한 항공안전포럼에 토론자로 참가했다.

한국의 평가 준비 과정은 전 세계 표준이 되었다. 이번 항공 안전 평가를
통해 우리 직원들은 물론 항공사, 공항 등 관련 기관들은 항공 안전을 위한
각자의 역할을 깨달았다. 또한 그만큼 우리 하늘과 국민들은 항공 사고로
부터 안전해졌다.

항공 안전 평가 준비를 위해 야근을 밥 먹듯 하는 바람에 남편이 사무실까지 쳐들어온 강혜정 주무관은 항공 안전 평가 후 아들을 낳고 행복한 직장 생활을 하고 있다. 당시 관제사이면서 통역을 맡아 눈부신 활약을 보여준 김구슬 주무관은 우리나라 최초로 ICAO 직원이 되었다. 그리고 얼마 되지 않아 승진해서 캐나다의 야당 당수 보좌관인 세바스티엥 보데와 결혼하여 캐나다 정계와 인연을 맺었다. 평가 대응 팀을 이끌던 김유인 사무관은 평가 당시 태어난 아들의 이름을 항공 안전 평가의 영문 약자인 유섭(USOAP)이라고 지었다. 그리고 지금은 고인이 된 김광재 운항기획관, 장만석 공항시설기획관, 임주빈 항공교통실장이 특유의 리더십을 발휘해 직원들을 이끌었다. 박현철, 유병설, 박형택, 이광희, 이성용, 박향규, 박원철, 윤성오 과장, 장만희 ICAO 항행 위원, 이근영, 정의헌, 유경수, 김근수, 장동철, 하태옥, 정은영, 문우춘, 최승연, 이상욱, 이영대, 문길주, 김유인, 김상수, 민풍식 사무관, 그리고 김율, 강혜정, 손경아, 정상모, 김정남 주무관 등 항공안전본부의 모든 사람들이 몸을 아끼지 않았다. 통역을 맡은 이경선, 김구슬, 김규희 주무관, 제주항공 유경인 여사 등 많은 분들이 도왔다. 그리고 관제탑에서 능숙한 영어로 브리핑을 한 젊은 남녀 관제사들의 역할도 컸다. 한국공항공사 성시철 사장, 인천공항공사 이재희 사장 등 임직원들은 항공 안전 평가를 위해 모든 지원을 아끼지 않았다. 그리고 국방부, 해양경찰청, 교통안전공단, 항공우주연구원, 대한항공, 아시아나항공, 제주항공 등 유관 기관들의 도움도 컸다. ICAO 항공 안전 평가를 통해 우리 모두 항공 안전에 관해 많은 것을 배우는 계기가 되었다.

미완의 하늘 허브
허브 공항이 되려면 국제 항공편이 많아야 한다. 왜냐하면 환승객이 몰리기 때문이다. 인천공항의 환승객 비율이 낮은 이유는 국제 항공 편수가 충분하지 않기 때문이다. 그런 관점에서 볼 때 김포공항에 홍차우, 베이징, 하네다 등 셔틀 항공편을 운항시킨 것은 인천공항 입장에서는 마이너스다. 인천공항 건설 초기에 인천공항과 김포공항의 역할 분담이 논의된 적이 있다. 처음에는 단거리 국제선과 국내선은 김포공항, 장거리 국제선은 인천공항에서 처리하는 것으로 역할 분담 계획이 논의되었다. 하지만 그럴 경우 국제선 환승객들은 환승을 위해 별도의 출입국 절차를 밟은 뒤 자신들의 짐을 들고 인천공항과 김포공항을 오가야 한다. 또 정부와 항공사들은 인천공항과 김포공항 양쪽에 통관과 출입국, 검역 기능에 필요한 직원들을 이중으로 분산시켜야 한다. 더 치명적인 것은 이러한 역할 분담 계획이 인천공항 허브 전략과 정면으로 배치된다는 점이었다. 항공사들 역시 부담이 늘어난다는 점을 들어 역할 분담 계획을 수정해 줄 것을 요구했다. 많은 토의를 거쳐 인천공항은 국제선, 김포공항은 국내선 전용 공항으로 역할 분담을 하는 방향으로 수정되었다. 우리와 마찬가지로 두 개의 공항을 가진 일본 도쿄, 중국 상하이도 하나의 공항은 국제선, 다른 한 공항은 국내선 전용으로 나누어 운영하는 것과 맥을 같이한다.

당시 도쿄에선 하네다 공항은 국내선, 나리타 공항은 국제선 공항으로 나누어 운영했다. 나리타 공항은 급격히 늘어나는 도쿄의 국제선 항공편을 모두 수용하기 어려웠다. 일본은 나리타 공항의 시설 부족 문제를 해결하기 위해 하네다 공항을 일부 확장하여 국제선 항공편을 취항시키는 방안을 검토했다. 그러나 국제 항공편을 하네다와 나리타에 분산 취항하게 하려는 계획은 항공사 간의 이해관계가 걸려 있어 쉽지 않았다. 이 문제는 국가 간 분쟁으로 비화될 수도 있었다. 그러다가 일본 정부는 한·중·일 간의 국내선 공항끼리 연결하면 하네다 공항에도 제한적으로 국제선 항공편을 운항할 수 있다는 생각을 하게 되었다. 이는 자신들이 하네다 공항을 국내선 공항이라고 한 취지와도 부합되었다.

우리는 일본과 상황이 달랐다. 인천공항은 확장 가능성이 무궁무진해 굳이 국제선 항공편을 김포공항에 운항시킬 이유가 없었다. 그럼에도 불구하고 일본에 추가 운항을 위해서는 일본의 요구대로 김포-하네다 노선을 신설할 수밖에 없었다. 김포-하네다 노선 개설은 일본의 두 개의 국제공항 개념을 우리나라에도 이식시키는 결과를 가져왔다. 또한 인천공항을 허브 공항으로 만들려는 계획에도 차질이 생기게 되었다. 그러나 많은 국민들이 김포-하네다 노선 개설은 적절한 조치라고 환영했다. 심지어 수도권과 거리가 가까운 김포공항에 더 많은 국제 항공편을 넣어 줄 것을 요구하기도 했다. 그러나 김포-하네다 노선을 신설함으로써 인천공항의 국제선 항공편은 상대적으로 줄어든 것이나 마찬가지였다. 그리고 김포공항에도 인천공항 개항 후 철수했던 통관과 출입국, 검역 기능을 추가로 배치해야 했다. 항공사도 김포공항에 국제 항공편 운항을 위해 별도의 직원들을 배치해야 했다. 우리나라 항공사 입장에서 보면 추가 부담이 발생했고, 인천공항 허브 전략에도 차질이 생겼다.

이명박 대통령은 정권 초기에 김포공항 시설이 유휴 시설로 남는 것을 걱정하면서 김포공항에 더 많은 국제선 항공편을 넣도록 지시했다. 서울시장 시절에 국제선 모두를 인천공항으로 옮겨 간 데 대한 섭섭함 때문이었을 것이다. 그런데 관련 부서들은 대통령을 설득시키는 게 아니라 대통령 지시 사항이라는 이유로 김포공항에 더 많은 국제 항공편을 넣으려고 노심초사했다. 김포공항에 국제 항공편을 더 넣기 위해 중국 정부에 인천-베이징 노선을 김포-베이징 노선으로 돌려 달라고 사정하는 웃지 못할 일도 벌어졌다. 일본이 제안한 하네다-홍차우, 하네다-베이징 노선이 신설되면서 우리나라에는 김포-홍차우, 김포-베이징 항공 노선이 새로 생겼다. 이러한 일련의 조치들은 오히려 베이징 공항의 허브 전략을 도운 셈이 되었다.

아울러 일본의 두 개의 국제공항 개념을 우리에게 더 깊이 옮겨 심은 결과를 가져왔다. 이러한 두 개의 국제공항 정책은 수도권 주민들의 공항 이용 편의를 높인 면이 있었지만, 인천공항의 허브 전략에는 되돌릴 수 없는 상처를 입혔다. 미래 우리나라 하늘의 허브가 되기 위해서는 이러한 상처를 치유하는 것이 급선무다.

인천공항을 이 같은 미완의 허브로 이끈 상처를 치유할 방법을 찾아내야 한다. 즉 지금 수도권에 있는 두 개의 공항(인천·김포)을 하나의 공항(수도권 공항), 두 개의 터미널(인천·김포) 개념으로 전환하는 것이다. 인천공항과 김포공항의 국제선 여객 터미널 간 국제선 환승객을 위한 직통 전용 열차, 즉 '블라인드 블록 트레인(Blind Block Train)'을 도입하여 두 개의 국제선 터미널을 묶는 방법이다. 환승객들은 이 전용 열차를 이용하여 별도의 출입국 및 통관 절차 없이 두 공항을 취항하는 비행기를 갈아탈 수 있다. 인천공항 허브 전략이 수도권(인천+김포) 공항 허브 전략으로 바뀌는 것이다. 수도권 공항에 더 많은 국제선이 취항하게 되면 많은 국제선 환승객들이 우리 공항으로 몰려들 것이다. 한 번쯤 고민해 볼 만한 새로운 허브 공항 정책이다.

다국적 항공사, 에어아시아

세계적으로 저가 항공사는 기존의 글로벌 항공사들의 시장을 위협하며 빠르게 성장하고 있다. 영국의 이지젯, 아일랜드의 라이언에어, 말레이시아의 에어아시아, 일본의 JAL 익스프레스, 피치 등 그 수를 셀 수 없을 정도로 많은 저가 항공사들이 있다. 우리나라에도 제주에어, 티웨이, 이스터항공, 진에어, 부산항공 등 저가 항공사들이 우후죽순 생겨났다. 이렇게 저가 항공사들이 생긴 데는 그만한 이유가 있었다. 오래전부터 항공기 운항은 국가 간의 협정이 있어야만 가능했다. 그러다 보니 항공기 운항 업무는 민간의 업무가 아니라 국가 업무를 민간이 대행하는 형태로 발전해왔다. 이 때문에 30년 전만 해도 미국을 제외한 대부분 나라들의 항공사는 국영이었다. 다행히 국영이던 대한항공공사는 1969년 대한항공으로 민영화되었다. 그리고 또 제2민항인 아시아나항공이 1988년 새로 출범했다.

그러나 국가를 대표하는 항공사인 만큼 제약도 많았다. 항공기 운항은 국가 간 협정을 통해 받은 항공운수권 범위 내에서 운항할 수밖에 없었다. 신규 항공사를 설립하더라도 항공운수권 확보가 쉽지 않아 적정 규모의 항공 시장을 확보할 수 없었다. 마치 항공사의 신규 진입이 억제된 것이나 마찬가지다. 항공사 운영은 독점 또는 과점 체제를 장기간 유지했다. 항공 시장이 독과점되면서 항공사 운영은 방만해지기 시작했다.

그런 가운데 세계의 항공 시장은 유럽과 미주 지역을 중심으로 항공 자유화 블록이 형성되었다. 항공 자유화 열기가 세계 각국으로 전파되면서 저가 항공사들이 우후죽순 생겨나기 시작했다. 저가 항공사들은 경영의 효율성을 통해 낮은 항공 요금으로 방만하게 운영되던 글로벌 항공사들의 시장을 공략했다. 우리나라의 경우에는 저가 항공사의 국내선 점유율이 글로벌 항공사인 대한항공과 아시아나항공의 국내선 점유율을 뛰어넘었다.

최근에는 저가 항공사인 에어아시아의 돌풍을 눈여겨볼 필요가 있다. 한 나라를 대표하는 국적 항공사가 되기 위해서는 그 나라에서 실질적 소유와 실효적 통제(substantial ownership and effective control)를 할 수 있어야 한다. 따라서 국가를 대표하는 국적 항공사는 그 나라 국민들이 50퍼센트 이상의 소유권 또는 주식을 소유해야 한다. 그리고 한 나라의 국적 항공사는 그 나라에서 배분한 항공운수권 범위 내에서 운항해야 한다. 그런데 그런 룰을 깨고 태어난 항공사가 에어아시아다. 에어아시아는 저가 항공사의 완화된 설립 규제를 교묘하게 이용하여 다국적 항공사로 성장하고 있다. 에어아시아는 말레이시아에 처음 설립된 후 태국, 필리핀 등 여러 나라에 현지 법인을 만들었다. 이를 통해 한 나라의 실질적 소유와 실효적 통제라는 국적 항공사의 요건을 지켜 가며 여러 나라에서 다국적 경영을 하고 있는 것이다. 에어아시아는 여러 나라의 국적 항공사가 되어 그 나라의 항공운수권을 그때그때 활용하며 자유롭게 항공기를 취항시키고 있다. 에어아시아의 항공운수권을 자유롭게 행사할 수 있는 만큼 다른 나라 항공사들에 비해 남다른 경쟁력을 갖는다. 이렇듯 저가 항공사들은 기존의 글로벌 항공사들의 비효율적인 운영과 국적주의인 국제민간항공협약의 허점을 이용해 성장하고 있다. 2014년 에어아시아는 세계 1위의 저가 항공사로 평가받았다.

최근 에어아시아에서 한국에 법인 설립을 시도한 적이 있다. 한국이 가지고 있는 수많은 항공 자유화 협정과 항공운수권을 자신들의 비즈니스에 활용하기 위해서다. 에어아시아의 이러한 시도는 우리 국적 항공사들의 반발로 무산되었다. 그러나 언젠가는 한국에 법인을 설립하기 위해 또다시 우리나라를 올 것이다. 그때가 되면 지금보다 훨씬 탄탄한 외국계 변호사들과 한국의 최고 법무 법인을 대동할 것이다. 우리나라 항공사들도 에어아시아의 공격적인 경영에 맞서 스스로의 살길을 찾아야 한다. 자기 항공사의 운명을 나라에만 맡겨 놓기에는 세계의 하늘은 너무 넓고 혹독하다. 하늘의 허브 전쟁은 끝난 것이 아니다. 지금도 하늘의 허브로 가는 길에 수많은 가시밭이 도사리고 있다.

물류의 허브

물류는 말이 없다

과거 화물 연대의 파업 시위가 있었다. 그들의 구호는 "물류를 멈춰 나라를 망하게 하자"였다. 섬뜩한 구호다. 그러나 사실이다. 물류는 말이 없지만 물류의 흐름이 멈추면 나라가 망한다. 그것이 우리가 말 없는 물류에 관심을 가져야 하는 이유다. 처음 물류와 인연을 맺은 1983년 사무관 초임 시절이다. 컨테이너 수송 체제 개편 방안을 만들기 위해 직접 항만, 화물 터미널 등을 다니며 담당자들의 애로 사항을 들었다. 이후 세계은행의 권유를 받아들여 우리나라 정부는 화물 수송 체제 개선을 위한 연구 프로젝트를 시작했다. 그 당시 세계은행에서는 우리나라에 철도·도로·항만을 상호 연계시키는 복합 운송 시스템 구축 사업을 제안했다. 그 제안에 따라 우리나라는 세계은행 차관 사업으로 25만 9000달러를 들여 복합 운송 시스템에 대한 연구에 착수했다. 나는 교통부 수송조정국 사무관으로 발령받자마자 그 일을 맡았다. 나에게는 물류 문제를 갖고 세계은행 전문가들과 허심탄회하게 논의할 수 있는 소중한 기회였다.

복합 운송 시스템 구축은 화물 수송을 위해 철도, 도로, 해운 등 교통수단을 연결해 가며 많은 국경을 통과해야만 하는 유럽 국가들이 항상 직면하고 있는 뜨거운 연구 과제였다. 유럽 각국의 교통 장관들이 골머리를 앓던 문제가 연구 과제로 떨어졌으니 내겐 행운과도 같았다. 세계은행의 주선으로 미국 시카고의 철도 화물 터미널, 롱비치 항만 시설 및 내륙 화물 기지 등 선진 물류 시설을 견학할 기회가 있었다. 그리고 프로젝트를 수행하면서 물류에 많은 관심을 갖게 되었고 물류를 개혁하지 않고는 우리나라 산업이 발전할 수 없다는 사실을 알게 되었다. 제대로 된 거점 중심 수송 체계(HUB & Spoke)를 가진 물류 시스템을 구축하는 것이 시급했다. 우리 항만과 공항이 허브가 되지 못하고 지선(feeder) 항만과 공항으로 밀릴 경우 우리나라 산업의 경쟁력은 떨어질 수밖에 없다. 우리 업체들이 제품 수출을 위해 허브 항만까지 추가 수송 비용을 부담해야 하기 때문이다.

미래 물류 전략

유통정책과장 때였다. 1992년 화물유통촉진법 제정으로 화물 수송 체제 기본 계획 수립이 의무화되었다. 이 법령에 따라 1994년 5월, 최초의 종합적인 물류 대책이 만들어졌다. 기본 계획을 만드는 데 6개월의 시간이 걸렸다. 그동안 물류에 관한 거의 모든 보고서와 전문 서적을 읽었다. 그리고 현장을 일일이 돌아다니며 확인했다. 심야 시간대 화물 자동차를 타고 서울에서 부산까지 내려가며 화물의 이동 경로를 하나하나 살폈다. 그 과정에서 화물 자동차 운전기사의 열악한 근무 환경도 직접 체험했다.

이 화물 유통 체제 기본 계획안에는 ①지역 거점 물류 시설 확충, ②지역 간 화물 수송망 구축, ③수송 구조의 합리적 개편, ④물류 시설 운영의 효율화, ⑤창고 시설의 확충, ⑥물류 표준화 추진, ⑦종합 물류 정보망 구축, ⑧물류 관련 제도 및 절차의 개선, ⑨국제 물류 중심지 역할 강화, ⑩물류 기술 혁신 ,⑪물류 전문 인력 양성 및 행정 지원 강화 등 물류 개선을 위한 종합적인 처방을 담았다. 그 시스템의 핵심에는 허브 앤드 스포크 전략이 있다.

대한상공회의소에서는 조찬 간담회 자리를 마련하여 정부에서 만든 물류 대책을 발표할 기회를 주었다. 그동안 갈 길을 못 찾던 물류업계는 정부의 종합 물류 대책에 지지 의사를 표했다. 이 계획에 맞추어 경기도 군포·의왕과 부산 양산에 복합 터미널이 건설되었다. 그로부터 20년가량 지났다. 현대 물류는 상품의 물리적 흐름(physical distribution)만을 이야기하지 않는다. 이제 물류는 전통적인 수송, 보관, 하역(logistics)에 더해 제조, 유통, 가공까지 포함하는 공급 사슬 관리(supply chain management)로 그 개념이 확장되었다. 그리고 판매, 마케팅, 금융, 정보까지 물류와 연관 지으려 한다. 물류를 살아 있는 유기적인 생명체처럼 보는 것이다. 따라서 종전의 물류 개념에 구속받지 말고 물류를 생태계의 한 구성 요소로 인식하고, 전체 물류 생태계를 잘 조성하기 위해 어떻게 해야 할지를 고민해야 할 때다. 아예 '인간의 삶을 지원하기 위해 물자를 공급하는 역동적인 시스템(supply system for living)'이라는 새로운 개념을 만드는 것이 좋을지도 모른다.

물류 거점, 복합 화물 터미널

물류에는 거점이 필요하다. 물류를 한곳으로 모아 대량 수송을 해야만 물류비를 낮출 수 있기 때문이다. 그중에서 중요한 거점이 항만과 공항이고, 그다음이 내륙 화물 기지인 복합 화물 터미널이다. 복합 화물 터미널의 복합複合은 두 가지 의미를 가지고 있다. 첫 번째 의미는 수송, 보관, 하역, 가공의 복합적인 기능을 가진 화물 터미널이다. 두 번째 의미는 화물 터미널에 도로와 철도가 연결되어 있다는 의미다. 즉 장거리 대량 화물은 철도로, 단거리 소량 화물은 도로로 갈 수 있도록 도로, 철도 등 여러 교통수단이 연결된 화물 터미널이라는 것이다.

복합 화물 터미널 구축 사업은 교통부 사무관 초기에 세계은행의 연구 용역 결과로 제안된 사업이다. 그 계획에 따라 추진한 수도권과 부산권 복합 화물 터미널 건설 구상은 행정 절차가 계속 늦어져 오랜 기간 착공조차 하지 못하고 있었다. 건설 계획을 마련하는 데에만 5년이 걸렸고, 건설에 착수한 지 3년 동안 개발 제한 구역, 즉 그린벨트 내 사업 승인이 나오지 않아 지지부진했다.

1995년 유통정책과장으로 오자마자 복합 화물 터미널 구축 업무를 다시 맡았다. 우선 개발 제한 구역 내 사업 승인을 받는 것이 급선무였다. 당시 건설부 그린벨트 담당 과장을 만나 복합 화물 터미널에 대한 그린벨트 내 사업 승인을 조속히 내줄 것을 부탁했다. 그리고 중앙도시계획위원회에 직접 참석하여 이 사업은 국가 물류 체계 개편을 위한 중요한 사업이라는 점을 이야기하며 협조를 구했다. 많은 분들이 나의 제안에 동조해 주었다. 유통정책과장으로 온 지 2개월 뒤에 몇 년간 고대하던 복합 화물 터미널 건설을 위한 개발 제한 구역 내 사업 승인이 나왔다. 당시 나의 상관이나 직원들은 오랫동안 해결되지 않은 문제가 단기간에 해결되자 모두 기뻐했다.

막상 행정 절차를 마치고 복합 화물 터미널을 건설하려 하니 이번엔 자금 조달이 쉽지 않았다. 민간 투자자들은 자금 사정이 어렵다는 이유로 추가 투자를 주저했다. 민간 기업에서 투자를 받아 내는 것이 이렇듯 힘든 일인 줄 몰랐다. 돈을 벌기가 어려우니 투자하기도 쉽지 않았을 것이다. 일일이 민간 투자자들을 만나 추가로 출자해 줄 것을 요청했다. 추가 투자할 돈이 없으면 투자 여력이 있는 다른 사업자들에게 지분을 매각해 줄 것을 권고했다. 우여곡절 끝에 민간 투자자들의 30억 원에 불과하던 자본금이 100억 원으로 늘었다. 그러나 3000억 원 규모의 복합 화물 터미널 건설비 조달은 아직 요원해 보였다. 안타깝게도 그 당시 가장 큰 화물 운송업체인 대한통운은 견제가 심해 이 사업에 참여하지 못하고 있었다. 일부 지분을 팔겠다는 업체가 있어 대한통운에 지분 참여를 권했지만 대한통운은 지분이 너무 작아 사업 주도권을 행사할 수 없다는 이유로 지분 매입에 부정적이었다. 기존 민간 투자자들도 대한통운의 사업 참여로 주도권을 뺏길 것을 우려하여 탐탁지 않아 하는 분위기였다. 그로부터 몇 달이 지나 대한통운에서 10퍼센트가량의 지분을 확보했다. 의사 결정의 주도권을 잡기에는 턱없이 부족한 지분이었다.

대한통운에서는 지분 확보의 열세를 만회하기 위해 30년분의 임대료를 선투자하여 터미널 시설과 창고 시설을 대대적으로 사들이기 시작했다. 그러자 터미널 사업에 참여한 다른 기업들은 당황했다. 그들은 자신들이 주식 지분만 확보하면 추가 투자 없이 터미널 시설을 좌지우지할 것으로 생각했다. 그러나 대한통운이 임대료 선투자로 사업에 본격적으로 뛰어들면서 상황은 달라졌다. 다른 민간 투자자들도 이에 질세라 30년 임대 조건으로 터미널 창고 시설에 선투자를 시작했다. 공사 착수도 하기 전에 건설비 3000억 원의 상당 부분이 사업 시행자인 한국복합화물터미널(주)의 통장으로 들어왔다. 건설에 필요한 돈이 모였고, 이후 사업은 순조롭게 진행되었다.

1985년 세계은행의 제의로 추진되던 복합 화물 터미널 건설 계획은 그로부터 9년 후인 1994년 말, 수도권과 부산권 복합 화물 터미널 착공식을 할 수 있었다. 이로써 우리나라 최초로 제대로 된 내륙 화물 기지를 갖게 된 것이다. 이후 3년간의 공사 끝에 군포와 의왕 그리고 부산권의 양산에 복합 화물 터미널이 개장되어 있다. 그리고 이어 중부권, 영남권, 호남권 복합 화물 터미널이 건립되었다. 이 복합 화물 터미널들은 일반 화물 터미널과 달리 철도 선로가 연결되었다. 이들 복합 화물 터미널이 활성화되기 위해서는 철도의 화물 수송이 활력을 찾아야 한다. 이제 경부고속철도, 호남고속철도 등 새로운 철도 노선들이 속속 생기고 있다. 이들 복합 화물 터미널을 이용하여 고속철도 개통 등으로 이용이 줄어들 기존 철도 노선을 활용하여 우리 물류 시스템을 획기적으로 변화시킬 수 있다.

대량 화물 수송 시스템

화물 연대 파업에서 지입 차주들이 내세운 "물류를 멈춰 나라를 망하게 하자"는 구호는 새마을운동을 시작으로 나라를 일구어 온 사람들에게는 섬뜩한 느낌을 주었다. 이러한 구호는 대기업 화주들이 물류비를 줄이려는 노력 때문에 생겨난 컨테이너 지입 차주들의 막다른 절규였다. 또한 화물 연대 파업은 현재의 노동 집약적 물류 구조로는 더 이상 물류 비용을 줄이는 데 한계가 있음을 보여 준 의미 있는 사건이었다. 우리 대기업들은 자신들 회사 내 노조가 강력해지자 인건비를 줄이는 데 한계가 있었다. 이같은 한계를 극복하고 제조 원가를 낮추기 위해 대기업들은 아웃소싱으로 처리하는 물류비 절감에 중점을 두었다. 대기업인 화주업체는 우월적인 지위로 화물 운송 사업자 간 경쟁을 시켜 가며 운임을 계속 낮추어 왔다. 때문에 지입 차주들은 생계비 이하의 운송 수입을 감수하며 무리한 운행을 해야 했다. 마치 대기업의 가맹 편의점 점주와도 같은 신세가 된 것이다. 그런 누적된 불만이 화물 연대 파업이라는 전대미문의 사건으로 이어졌다.

우리나라 화물 수송의 대부분은 트럭에 의존했다. 트럭 운전기사들은 통상 통행료가 할인되는 심야 시간대인 밤 10시 이후 고속도로를 통해 화물을 나른다. 숙박비를 아끼려고 고속도로 중간에 화물차를 세우고 잠을 청한다. 그리고 새벽에 아침 식사를 하고 화물 터미널이 열리는 시간을 기다려 짐을 내리고 싣는다. 이렇게 일주일에 두 번씩 서울과 부산을 오르내린다. 잠자리가 불안하니 가정이 안정될 수가 없다. 이러다 보니 화물차 운전기사의 개인 생활은 엉망이 된다.

장거리 트럭 운전기사의 복지 향상을 위해서는 수입을 늘리는 것보다 근무 패턴을 바꾸어 주는 것이 더 중요하다. 일본은 고속도로 중간에 화물차 전용 휴게소를 만들고 중간 지점에서 트레일러를 교환한다. 트럭 운전기사의 근무 조건을 생각해서다. 장거리 대량 수송은 철도가 맡고, 단거리 배송은 트럭이 맡는다면 트럭 운전기사의 근로 조건이 더 좋아질 것이다. 이렇게 되면 트럭 운전기사들은 도로 위나 여관방에서 밤잠을 청하는 일도 없이 매일 가족의 품으로 돌아가 행복한 시간을 보낼 수 있다.

미국, 캐나다, 중국, 인도 등의 나라에서는 컨테이너 이단 적재 열차를 운행하고 있다. 네 개 이상의 디젤 기관차와 200량 가까운 이단 적재 컨테이너 화차를 한 열차로 편성해서 한꺼번에 최대 800개(TEU)의 컨테이너를 실어 나른다. 이는 중형급 컨테이너 선박과도 같은 용량이다. 이단적二段積 열차를 운행하면 수송 효율이 두 배 가까이 올라갈 수 있다. 미국의 철도 운송 사업은 고속도로, 항공 교통의 발달로 사양 산업화되고 있었다. 이에 철도 회사들은 이단적 컨테이너 열차와 장대 화물열차를 운행하면서 화물 운송비를 대대적으로 낮추었다. 화물 상당수가 철도로 몰렸고 철도 운송 사업은 이익이 나는 사업으로 바뀌었다. 철도 운송 회사마다 수송 효율이 좋은 이단적 컨테이너 열차를 운행하기 위해 터널을 개조하고 교량을 보강했다.

이단적 컨테이너 열차는 이단二段으로 컨테이너를 실을 수 있으니 한 개의 열차에 두 배가량의 화물을 실어 나를 수 있다. 이단적 컨테이너 열차 운영으로 기관사 인건비, 에너지 비용 등 운영비를 반으로 줄일 수 있어 컨테이너 하나당 수송 원가를 대폭 낮출 수 있다.

이단적 열차는 숨어 있는 공간을 찾아 운송 효율을 두 배 가까이 높이는 기술이다. 이단적 열차는 지상에서 110센티미터 높이인 평판 화차 밑을 1미터가량 판 뒤 지상에서 30센티미터 정도의 높이에 컨테이너를 싣는다. 때문에 이단적으로 컨테이너를 쌓아도 기존 열차보다 높이가 그리 높아 지지 않는다.

통상 일반 컨테이너 열차를 운행할 경우, 20톤의 컨테이너를 수송하기 위해 20톤의 화차를 이용해야 한다. 결국 기관차는 20톤의 화물 수송을 위해 화차 무게를 포함하여 40톤을 끌고 가야 하는 것이다. 기관차 힘의 50퍼센트 정도만 컨테이너를 수송하는 데 쓰고 있는 셈이다. 이단적 컨테이너 열차의 경우, 16톤의 경량화된 화차에 컨테이너 두 개, 즉 40톤의 화물을 싣는다. 기관차는 40톤의 화물 수송을 위해 56톤을 끌고 간다. 기관차 힘의 71퍼센트를 컨테이너 화물을 수송하는 데 쓴다. 그만큼 효율적으로 에너지를 쓰는 것이다.

미국의 교통수단별 노동 생산성

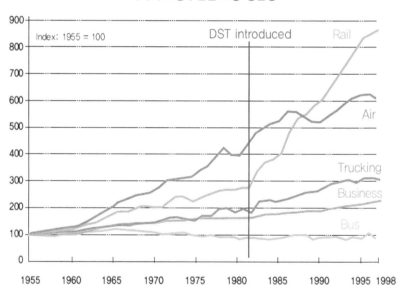

미국은 1982년경에 이단적 컨테이너 열차를 운행하기 시작했다. 철도의 노동생산성은 다른 교통수단의 노동생산성을 추월하기 시작했다.(15)

이단적 컨테이너 열차와 장대 화물열차가 도입되면서 미국의 컨테이너 운송 시장은 대변혁을 가져왔다. 파나마 운하를 이용하지 않고 미국 서해안과 동해안의 항구 간을 열차로 수송하여 선박에 옮겨 싣는 랜드 브리지 (land bridge), 그리고 항구와 철도를 연계 수송하여 내륙 지방으로 화물을 수송하는 미니 브리지(mini bridge) 등 새로운 개념의 운송 방법을 탄생시 켰다. 미국은 물론 중국, 인도, 캐나다 등도 수송 효율성 증대를 위해 이단 적 컨테이너 열차를 운행하고 있다. 유럽 국가들은 대부분 전철화되어 있 고 국가 간 철도 건설 기준이 각기 달라서 이단적 컨테이너를 운행하기 위 해 전차선을 일시에 높이기 어려웠다. 대신 트럭 또는 차량 대차 자체를 화 차에 올려놓아 상하역 시간을 줄이는 피기백(Piggy-back) 방식으로 효율성을 높였다.

이단적 컨테이너 열차 모습이다. 이단적 열차는 많게는 100량의 화차를 끌어 400TEU의 컨테이 너를 한 번에 수송한다.

일본은 기존 철도 선로를 협궤라고 불리는 좁은 궤간을 사용했다. 일본 이 표준궤를 도입한 것은 고속열차 신칸센을 도입하면서부터다. 일본의 기 존 협궤인 철도 노선에서는 컨테이너 이단적 열차를 운영하는 것이 곤란하 다. 때문에 일본은 자신들의 협궤에 맞는 소형 컨테이너를 자체 개발해서 운영하고 있다. 물류 수송 측면에서는 우리 철도에 비해 운송 효율성이 낮다. 그런 일본의 소형 컨테이너 시스템을 선진 시스템이라고 하여 우리나라에 도입하려 한 적이 있다. 그러나 대량 수송이 장점인 철도 수송에는 맞지 않은 방식이다. 대신 일본은 연안 해운 선박을 이용해 대량으로 화물을 수송하고 있다.

이단적 화차는 화차를 저상화하여 컨테이너를 이단으로 실어도 기존 컨테이너 화차보다 높이가 그리 높지 않다.

우리나라는 표준 넓이의 궤도를 쓰고 있으므로 터널 높이를 조금만 높일 수 있다면 이단적 컨테이너 열차의 운행이 가능하다. 더구나 우리나라는 고속철도 건설로 기존 경부선과 호남선의 용량이 많이 남는다. 그리고 새로 건설하는 경전선, 서해선, 중앙선 등은 여객 수요가 많지 않아 여유 용량이 충분하다. 이러한 노선들을 효율적으로 사용하는 특단의 대책이 필요하다. 이를 위해서는 대량 수송 수단인 철도의 강점을 최대한 이용해야 한다. 이단적 컨테이너 열차, 즉 대량 수송으로 철도 화물 운송 비용을 대폭 낮출 수 있고, 이 낮은 가격 때문에 더 많은 물류들이 철도로 몰려들게 된다. 그렇게 되면 물류비 절감으로 우리 기업들의 경쟁력도 높아질 수 있다.

또한 도로 파괴의 주범인 중량 화물을 고속도로에서 철도로 옮기면 연간 수조 원에 해당하는 도로 유지 보수비는 물론이고, 출퇴근 시 발생하는 교통 혼잡 비용도 크게 줄어들 것이다.

| 미국 | 중국 | 인도 |

미국, 중국, 인도에서 운행되는 이단적 컨테이너 열차 모습이다. 컨테이너를 2단으로 적재해 효율이 높다.

우리 철도가 경쟁력이 없다고 하면 그 이유는 둘 중 하나다. ①철도 운송 거리가 짧아 상하차上下車에 많은 비용이 들어 철도 수송에서 이익이 나지 않는 경우와, ②철도가 수익성 높은 여객열차 위주로 운영되면서 원하는 시간에 철도 화물을 수송할 수 없다는 점이다. 두 번째 문제는 고속철도가 신설되면서 기존 선로 용량에 여유가 생기거나 현재 건설되고 있는 새 철도 노선이 완공되면 쉽게 해결될 문제다. 첫 번째 문제는 우리나라와 같이 짧은 구간에서 철도가 화물 수송에서 경쟁력을 갖추기 위해서는 지금보다 더 많은 대량 수송으로 단위당 수송비를 낮추어야 한다. 그리고 철도 운송 비용을 낮추어 수요를 창출하는 선순환 구조로 가는 수밖에 없다. 열차를 장대화하고 이단적 컨테이너 열차를 운행하여 대량으로 수송한다면 짧은 거리에서도 화물 수송의 경쟁력을 가질 수 있다.

철도 운영 기관들은 철도의 화물 운송은 원가에 훨씬 못 미치는 요금을 받고 있어 철도로 화물 수송을 할수록 손해라는 이야기를 한다. 맞는 이야기 같지만 그렇지 않다. 철도 수송 원가는 대규모 시설 투자가 들어가기 때문에 대부분의 운송 원가는 고정비로 구성되어 있다. 즉 원가의 대부분을 차지하는 선로 유지 보수비, 역사 운영비, 감가상각비 등은 열차가 운행되든 안 되든 발생하는 고정비다. 가변 비용은 연료비, 기관사 임금, 상하차 비용 등으로 고정 비용에 비하면 미미한 수준이다. 화물 철도 운임 수입이 가변 비용만 넘어서면 화물열차를 운행하는 것이 이익이다. 남는 돈을 가지고 어차피 발생할 고정비의 일부라도 보전할 수 있기 때문이다.

신新장보고 프로젝트

노무현 대통령은 노무현 정부 초기에 우리나라를 동북아 물류 허브 국가로 만들겠다고 선언했다. 그리고 대통령이 되기 전 해양수산부 장관으로 재임했다. 그 당시 해양수산부에서 함께 근무하던 사람들이 참여 정부의 실세가 되었다. 그리고 해양수산부에서 추진하던 '동북아 물류 허브 국가'라는 정책 목표는 범국가적 목표가 되었다. 하지만 그 계획은 목표만 있었지 그것을 뒷받침할 만한 철학과 아이디어, 이를 실천할 의지와 용기가 부족했다고 볼 수 있다. 오히려 우리나라가 동북아 물류 허브 국가가 되는 데 걸림돌이 되는 세 가지 사건이 진행되고 있었다.

첫 번째가 우리나라 컨테이너 허브 항만을 부산항과 광양항, 두 개의 항만으로 이원화시킨 사건이다. 허브 항만은 하나가 되어야 환적이 용이한데 지역 균형 개발 차원에서 부산항에서 150킬로미터가량 떨어진 지점에 또 다른 허브 항만으로 광양항을 개발한 것이다. 이 같은 복수 허브 항만 개발 정책은 당시 두 개의 허브 항만(two—port system) 시스템으로 일컬어졌다. 이 정책은 외국 항만 전문가들의 조롱거리가 되었다. 그 당시 해운 정책 업무를 주도하던 해운항만청은 부산항 확장의 어려움을 토로하며 광양 컨테이너 항만 건설을 계속 추진했다. 그리고 일본의 도쿄 항, 요코하마 항, 나고야 항, 오사카 항, 고베 항으로 이어지는 5개 허브 항만 시스템을 벤치마킹했다고 자신들의 행동을 합리화시켰다. 당시 일본은 세계 최대 무역국으로 일본 자체 물량을 처리하기 위해서도 많은 항만 시설이 필요했다. 그리고 실제로 일본의 항만들은 넘쳐 나는 물동량으로 호황을 누렸다.

외국 항만 전문가들의 예측대로 광양 컨테이너 항은 건설하자마자 물동량이 없어 골머리를 앓고 있다. 대형 해운 선사들은 광양항에서는 선사 간 환적 화물을 처리할 수 없다는 이유로 광양항 이용을 기피하고 있다. 광양항은 항비를 면제해 주는 인센티브에도 불구하고 항만 시설의 30퍼센트만 사용하고 있다. 1조 2000억 원을 들인 컨테이너 부두 시설이 30퍼센트인 4000억 원어치의 시설만 쓰고 8000억 원 가까운 돈이 사장되고 있는 셈이다. 더구나 광양항 이용을 지원하기 위해 선사들에 지불하고 있는 하역료 및 항만 시설 사용료, 운송 지원금 등을 감안하면 수조 원의 국고가 사라지고 있다. 물론 우리가 항만 개발의 모델로 삼았던 일본의 도쿄 만과 오사카 만을 중심으로 한 5대 컨테이너 허브 항만 정책도 실패했다. 도쿄와 인근 요코하마 항구를 제외하고 고베 항, 오사카 항 등은 물량 부족으로 많은 어려움을 겪고 있다. 세계 10대 컨테이너 항만에 일본 항만은 하나도 들어 있지 않다.

두 번째 사건은 우리나라가 두 개의 허브 항만 문제로 우왕좌왕하는 동안 중국에 상하이의 양산(洋山) 항이 건설된 것이다. 당시 상하이 중심 항이던 와이가오차오(外高橋港) 항은 양쯔 강에서 흘러나오는 퇴적물 때문에 대형 컨테이너 선박이 드나들 만한 수심 확보가 어려웠다. 급기야 상하이 정부는 오랜 기간의 공사를 거쳐 본토에서 바다 쪽으로 32킬로미터 떨어진 바위섬을 대규모 컨테이너 항만으로 개발한 것이다. 이 항만은 양산 항이란 이름으로 2005년 12월 10일 개항했다. 이로써 상하이는 양쯔 강 퇴적물로부터 자유로운, 수심이 깊은 항만을 갖게 되었다. 그리고 양산 항은 블랙홀처럼 우리나라로 오가는 컨테이너 물동량을 상하이 항으로 빨아들였다.

상하이는 수심이 깊은 양산 항을 개발하여 세계 1위의 컨테이너 처리 물량을 자랑하는 항만이 되었다.

중국으로서는 이 양산 항이 과거 러시아가 극동 지역에 블라디보스토크라는 부동항不凍港을 얻은 것과 마찬가지였다. 이에 더해 상하이 정부는 '삼항삼구三港三區' 정책을 실시하여 와이가오차오 항, 양산 항, 푸둥 공항과 와이가오차오 보세 지구, 양산 보세 지구, 푸둥 종합 보세 지구를 일괄 관리했다. 우리나라가 부산항과 광양항을 부산항만공사와 여수광양항만공사로 나누어 관리하는 것과 다른 모습이다. 1년 뒤인 2011년 상하이 항은 세계 컨테이너 처리 물량 1위 자리를 싱가포르로부터 넘겨받아 4년 넘게 그 자리를 차지하고 있다. 상하이에 양산 항이 건설되면서 우리나라의 부산항과 광양항을 중심으로 한 동북아 허브 항만의 꿈은 사라져 버린 느낌이다. 부산항은 허브 항만 경쟁에서 뒤졌고, 광양항은 컨테이너 물량이 없어 고전 중이다. 2013년 5위이던 부산항은 2014년 6위로 처졌고 곧 10위까지 내려앉을 추세다. 세계 물류 시장에서 벌어지는 국가의 위기 속에 자기 합리화에 몰입되어 누구 하나 안타까워하는 사람이 없다. 이를 두고 총체적 난국이라고 일컫는 것이다.

세 번째 사건은 국내 컨테이너 물량 수송에 차질을 가져온 화물 연대 사태다. "물류를 망하게 해서 국가를 망하게 하자"는 화물 연대의 파업 사태는 외국 선사들로 하여금 우리나라의 물류 수송 시스템 전반에 대한 의문을 갖게 했다. 화물 연대 사태는 외국 선사나 화주 유치를 위해 마케팅을 해도 시원찮을 시점에 찬물을 끼얹는 것과 같았다.

그렇다고 우리나라의 물류 허브화의 꿈을 포기할 수는 없다. 물류 허브의 꿈은 우리 경제를 살리는 데 필요한 선택 요건이 아니라 필수 요건이기 때문이다. 우리나라에 허브 항만이 없으면 수출입에 의존하는 우리나라 기업들에는 치명적이다. 우리 기업들이 만든 제품들은 수출을 위해 다른 나라에 위치한 허브 항만을 이용해야 하기 때문이다. 그 과정에서 막대한 추가 비용과 시간이 든다. 때문에 어떤 일이 있어도 동북아 물류 허브 국가의 꿈을 실현시켜야 한다.

"중국은 자체 물동량이 많다"라든가, "중국은 컨테이너 항만 시설의 규모가 크다"라는 이유를 들어 우리나라가 물류 허브 국가가 될 수 없다고 지레 겁먹는 것은 곤란하다. 이와 비슷한 인천공항은 우리나라 공항이면서도 중국, 일본 등지에서 많은 외국인 승객을 유치하고 있다. 이를 기반으로 세계의 허브 공항 지위를 굳건히 지키고 있다. 나라의 크기는 인구수나 면적의 크기가 아니라 생각의 크기로 결정되는 것이다.

부산항과 광양항을 하나로 광양항 문제를 해결하기 위해서는 초심으로 돌아가야 한다. 글로벌 대형 선사들의 구미에 맞는 항만을 건설하고, 특유의 서비스를 통해 그들을 우리 항만으로 끌어들여야 한다. 그러려면 우선 글로벌 대형 선사들이 우리 항만을 기피하는 이유부터 살펴야 한다. 상하이 항은 2014년에 컨테이너 3529만 개(TEU)를 처리함으로써 세계 1위 컨테이너 처리 항만으로 자리매김을 하고 있다. 하지만 그 내용을 자세히 살펴보면 상하이 구항인 와이가오차오 항에서 50퍼센트가량의 물동량을 처리하고, 그로부터 148킬로미터 떨어진 양산 항에서 30퍼센트가량의 물량을 처리하고 있다. 우리 부산항과 광양항은 거의 비슷한 거리에 위치해 있다. 그럼에도 불구하고 상하이 와이가오차오 항과 양산 항 모두 컨테이너들로 꽉 들어차 있다.

상하이 항은 자체 물동량이 많아 떨어져 있는 두 항만 모두를 자국 내 컨테이너 물동량으로 채울 수 있는 반면, 우리 부산항은 자체 물동량이 많지 않아 글로벌 선사들의 환적 화물에 의존하고 있다. 부산항의 환적 물동량 비율이 50퍼센트를 넘나드는 것도 이 때문이다. 환적 화물의 경우 특성상 단일 허브 항만을 선호한다. 환적 화물이 많은 글로벌 선사의 선박들이 선박 출입이 많은 부산항에 몰리고 광양항 취항을 기피하는 것은 당연하다. 만약 상하이 항도 환적 물량에 의존했다면 두 항만 중 하나의 항만은 물동량이 없어 고전을 면치 못했을 것이다.

이런 상황에서 부산항과 광양항이 떨어져 있다는 사실만 가지고 허브 항만이 되기를 포기해서는 안 된다. 우리 나름대로의 창의적인 전략을 세워 우리 항만을 허브 항만으로 키워야 한다. 환적 화물에 의존하고 있는 부산항과 광양항을 지금과 같이 투포트(two—port) 시스템 또는 멀티포트(multi—port) 시스템으로 각기 키우면 지금과 같이 항만 간 물동량 불균형 문제는 계속될 수밖에 없다.

그러나 두 항만을 상호 연계시켜 하나의 항만처럼 운영한다면 허브 항만으로 도약할 수 있는 실마리를 찾을 수 있다. 즉 두 개의 항만을 하나로 묶어 하나의 항만처럼 관리, 운영해야 한다. 그러니까 부산항과 광양항을 두 개의 독립된 항만(two port system)으로 볼 것이 아니라, 두 개의 부두를 가진 하나의 항만(one port with two terminals) 개념으로 항만 운용 전략을 재정립할 필요가 있다. 허브 항만의 기본으로 돌아가는 것이다. 이미 상하이 항만은 그렇게 하고 있다.

이단적 셔틀 열차 부산항은 컨테이너 처리 물량이 2013년 세계 5위에서 2014년 세계 6위로 한 단계 떨어졌다. 6위에서 10위까지 물동량의 차이가 별로 없으니 10위로 떨어지는 것도 시간문제다. 그러나 부산항과 광양항이 힘을 합치면 이러한 위기에서 탈출할 수 있다. 부산항과 광양항, 두 항만을 합친 컨테이너 물량은 상하이, 선전, 홍콩에 이어 세계 4위 수준이다.

세계 1위 컨테이너 항만인 상하이 항의 주요 항만인 와이가오차오 항과 양산 항은 148킬로미터나 떨어져 있다. 그 거리는 우리 부산항과 광양항 간의 거리와 비슷하다. 싱가포르 역시 시내 주변을 둘러싸고 있는 여러 개의 항만을 합쳐 하나의 허브 항만으로 엮었다. 즉 허브 항만의 경쟁력은 무조건 큰 항만을 건설하는 것이 아니라 지역적으로 분산된 컨테이너 항만들을 어떻게 유기적으로 묶어 내느냐에 달려 있다.

우리도 부산항과 광양항을 통합 운영하고, 두 항만을 고속 대량 수송 수단으로 연결시키면 마치 하나의 허브 항만처럼 운영할 수 있다. 두 항만을 선박으로 오가고 상하역하는 데는 열한 시간이 걸린다. 지금의 경전선 철도를 이용하면 다섯 시간쯤 걸린다. 그러나 진행 중인 경전선 복선 전철화 사업이 모두 끝나 광양항까지 개통되면 부산 신항과 광양항을 두 시간 이내로 묶을 수 있다. 더구나 이 구간을 이단적 컨테이너 열차로 대량 수송한다면 운송 비용 또한 크게 낮출 수 있다.

지금 부산항 내에서도 많은 컨테이너 화물들이 환적을 위해 부두와 부두를 오가고 있다. 우리나라 전체 컨테이너 물동량의 4분의 1, 환적 물량의 2분의 1이 타 부두를 오가는 컨테이너 환적 물동량이다. 그중 부산 신항과 부산 북항을 오가는 환적 컨테이너 물량은 2010년 41만 개(TEU)에 달한다. 부산 신항과 북항을 오가는 환적 화물에 대해서는 부산항만공사에서 1TEU당 1만 1000원(2010년 기준)을 지원하고 있다. 광양항에 대해서는 더 많은 지원을 하고 있다. 부산항과 광양항을 모두 기항하는 선박(투콜링)에 항비, 하역료 일부와 선사 지원금을 주고 있다. 그리고 수입 컨테이너에 대해서는 1만 5000원의 인센티브를 주고 있다. 시장 경제 원리보다는 정부 지원으로 광양항을 겨우 유지하고 있는 것이다.

부산 북항에서 부산 신항까지의 거리는 최대 31킬로미터로, 트럭으로는 한 시간에서 한 시간 반가량 걸린다. 큰 컨테이너(40ft, 2TEU) 하나당 트럭 운송비(15만 원)와 상하역비(18만 원) 등 총 33만 원의 비용이 든다. 부산 신항에서 광양항까지는 화물 자동차 운송비(30만 원)가 들어가 총 48만 원의 비용이 든다. 부산항에서 광양항까지 컨테이너를 싸고 빠르게 이동시킬 수 있다면 광양항은 얼마든지 부산항의 일부가 된다. 만약 컨테이너를 부산 북항에서 부산 신항까지의 트럭 운송 시간과 비용으로 부산 신항에서 광양항까지 운송할 수 있다면 일단 두 항만은 하나의 항만 시스템으로 묶을 수 있다. 이는 불가능한 이야기가 아니다. 부산항에서 광양항까지 이단적 컨테이너 열차를 운행하면 가능하다. 그리고 시장 경제 원리에 입각해 광양항을 살릴 수 있다. 나는 오래전부터 이 문제를 고민해 왔다.

최근 신설되는 철도 선로들은 2003년 2월 18일 대구 지하철 화재 사고 이후 안전도를 높이려고 터널들의 크기를 늘렸다. 새로 복선 전철로 건설되고 있는 경전선도 마찬가지다. 돈이 많이 드는 터널 확장 공사를 하지 않아도 이단적 컨테이너 열차 운행이 가능하다. 터널 속에서 전차선 연결 구조만 조금 바꾸면 된다.

2009년 8월 조직 개편으로 철도 업무를 맡게 되었다. 삼랑진–진주까지의 경전선 철도 완공까지는 1년 6개월 정도 남았다. 다행히 궤도 공사를 진행 중이었고, 전차선 공사는 착수 전이었다. 철도 업무를 담당하자마자 경전선에 이단적 컨테이너 열차를 운영하는 방안을 논의했다. 이단적 열차 운행을 위해 전차선을 위로 올릴 경우 설계 변경, 예산 승인, 계약 변경 등 많은 행정 절차를 거쳐야 했다. 공사를 담당하는 철도시설공단에서는 추가 행정 절차 등 번거로움 때문에 전차선 높이기를 주저했다. 개통까지 시간이 많지 않은 만큼 빠른 행정 절차를 밟도록 했다. 그리고 설계 변경과 이에 대한 예산을 반영했다. 그 과정에서 반대 목소리를 높이는 사람들이 생겼다. 그들의 논리는 선사의 입장에서 부산항의 환적 컨테이너를 별도 수송비를 들여 가며 다른 선박으로 환적하기 위해 광양항으로 이동시키지 않는다는 이야기다. 따라서 컨테이너 이단적 열차를 운행해도 이용할 컨테이너가 없다는 논리였다. 하지만 그것은 현재 항만 운영 시스템을 그대로 둔 채 하는 이야기다.

우리의 항만 운영 시스템 전체를 바꾸면 다른 이야기가 된다. 이에 대해 좀 더 구체적으로 이야기해 보자. 우선 부산항과 광양항, 두 개의 항만공사를 통합하여 하나의 항만처럼 관리하고 철도 선로를 항만 구역까지 끌어들여 일관 수송 체제를 구축한다. 선진국에서 늘 이야기가 나오는 교통수단 간 연계(inter—modal) 문제다. 그리고 항만 간 환적 컨테이너 이송을 위한 이단적 컨테이너 셔틀 열차(Block Train)를 운영하는 것이다. 이 열차는 부산 신항과 광양항 간을 200개(TEU)의 컨테이너를 싣고 두 시간이면 오갈 수 있다. 일반 컨테이너 열차보다 이단 적재로 두 배가량 화물을 싣게 되니 기존 철도 운송비를 2분의 1로 낮출 수 있다. 통합 항만공사에서 현재 광양항에서 선사에 인센티브로 지원하고 있는 항만 시설 사용료, 하역료, 선사 지원금, 인센티브 등을 활용하여 충당한다. 그러면 어느 누구도 손해 보는 사람이 없을 것이다.

그렇게 되면 선사 입장에서는 부산항을 이용하든 광양항을 이용하든 마찬가지가 된다. 오히려 선사 입장에서는 부산항이 혼잡할 경우 광양항에서 상하역을 하는 편이 더 유리할 것이다. 이렇게 된다면 광양항에 충분한 물량 확보가 가능하다. 아마도 반대하는 사람들은 항만 운영 시스템을 개혁하는 한 단계 한 단계가 어렵다는 주장을 할 것이다. 이제까지 그래 왔으니 그렇게 생각할 수 있을 것이다. 그러나 우리나라가 살아남기 위해서는, 그리고 많은 사람들에게 일자리를 찾아주기 위해서는 어렵더라도 우리의 할 일을 해야 한다.

새로운 일은 항상 감사원 감사를 받았다. 굳이 공직을 마무리하는 시점에서 꼭 이 일을 해야 하는가 하고 스스로에게 물었다. 내가 떠난 뒤 후배들이 감사를 받느라 고생할지 모른다는 생각에 밤잠을 설쳤다. 그러나 경전선 복선 전철화 사업의 선로 공사가 마무리되고 전차선 공사를 막 착수하는 지금이 아니면 그 기회가 영원히 오지 않을 수도 있었다. 이단적 컨테이너 열차 운행이 유휴화로 걱정거리인 광양항과 개통 후 수요가 부족할 경전선 철도를 모두 살릴 수 있는 마지막 대안이라고 보았다. 나는 이단적 컨테이너 열차 운행이 30년간 몸담은 정부에 마지막 할 도리라고 생각했다.

주변의 숱한 반대와 어려움에도 불구하고 직원들을 설득하여 복선 전철로 신설되는 경전선의 이단적 열차 운행을 위한 기술 검토를 시작했다. 다행히 신설되는 경전선은 기존보다 터널이 크게 건설되어 문제가 없었다. 터널에 전차선을 거는 구조만 바꾸면 컨테이너 이단적 열차 운행이 가능하다고 보았다. 터널을 건드리지 않는다면 대규모 시설 투자는 피할 수 있었다. 철도기술연구원이 이단적 열차가 운행 가능하도록 짧게 전차선 거는 구조를 개발했다. 그리고 오랜 시간 시험해 안전성을 검증했다. 이후 기재부의 설계 변경 등 행정 절차를 빠르게 진행했다.

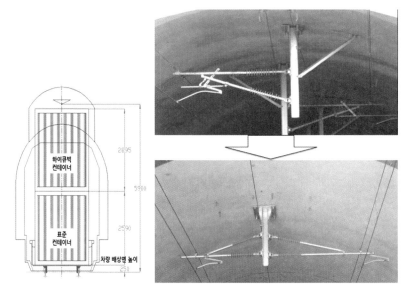

경전선 삼랑진에서 진주까지 컨테이너 이단적 열차가 운행할 수 있을 만큼 전차선을 높였다. 이 구간은 한정된 터널 높이에 전차선을 올리기 위해 특수 걸개를 만들어 시공했다.(19)

경전선 삼랑진에서 진주까지 전차선을 올리는 비용은 150억 원이 들었다. 경전선 복선 전철 건설비 1조 3000억 원에 비하면 미미한 금액이다. 앞으로 진주에서 광양항까지 전차선을 높이는 금액은 모두 합해 봐야 500억 원 정도였다. 당시 경전선 철도를 이용하여 다섯 시간씩 걸려 연간 5만 개(TEU)의 컨테이너가 영호남 지역을 오가고 있었다. 그 물량만으로도 경제성이 나올 수 있는 투자 규모였다. 많은 돈은 아니지만 우리나라 물류 시스템의 혁신을 일으킬 의미 있는 투자라고 생각했다. 이단적 컨테이너 열차 운행을 위해 경전선에 전차선을 높이는 공사를 착수했다. 새로 개발한 전차선 걸개를 터널 안에 설치하여 전차선 높이를 높였다. 그 와중에 후배들의 길을 열어 주느라 공직을 떠났다.

내가 공직을 떠난 후, 평소에 나와 생각을 달리하던 사람들이 컨테이너 이단적 열차 사업에 대해 비난했고, 감사원에서는 이 사업에 대한 집중 감사를 시작했다. 나와 함께 일해 온 많은 후배 공직자들이 감사를 받느라 크게 고생했다. 적은 금액으로 광양항과 경전선 모두를 살리고자 한 일인데 실망스러운 일이 일어난 것이다. 나를 대신해 감사를 받느라 고생한 후배 공직자들에게 미안한 마음으로 몸 둘 바를 몰랐다. 1년여에 걸친 감사원의 감사는 신중한 사업 추진을 당부한 채 불문으로 종결되었다. 그러나 후배 공직자들에게는 마음의 상처를 안겨 준 프로젝트가 되었다. 참 안타까운 일이다. 당시 감사를 받은 이승호 철도기획관, 백승근 과장 등은 그 어려운 환경에서도 명확한 논리를 갖고 당당하게 대처했다. 이들은 나라가 어려울 때 꼭 필요한 공직자들이다. 더 안타까운 일은 부산 신항과 광양항 간에 이단적 컨테이너 열차 운행을 위한 사업이 중단되었다는 사실이다. 이제 마지막 보루였던 선사들이 광양항을 떠나고 있다. 다시 불러들일 방법도, 계획도 딱히 없다.

지난 2014년 1월 철도기술연구원과 CJ대한통운은 컨테이너 이단적 화차 개발과 관련한 양해 각서를 체결했다. 현재의 전차선을 그대로 두고라도 작은 항공기 컨테이너를 화차에 이단 적재하여 실어 나르기 위해서다. 이처럼 화물 수송 효율성을 올리려 하는 우리 기업들의 몸부림은 처절하다. 다시금 부산항과 광양항 간에 이단적 컨테이너 셔틀 열차 운행에 대한 빠른 논의가 필요하다. 그것도 일부 선사가 광양항에 남아 있을 때 하는 것이 좋다.

항만 벨트 우리나라 부산항과 광양항은 중국의 톈진, 칭다오, 상하이, 닝보-저우산, 광저우, 선전, 홍콩, 타이완의 가오슝 등 세계 10대 항만 중 8개 대형 항만에 둘러싸여 있다. 그러나 부산항은 이들 항만 중에서 북미로 진출입하는 미주 항로와 유럽으로 진출입하는 최단 경로상에 위치해 있다.

최근 부산항에 늘어나고 있는 환적 물량도 이러한 점이 반영된 것이다.

최근에는 지구 온난화로 인해 북극 항로를 2개월가량 이용할 수 있다. 부산을 기점으로 네덜란드의 로테르담까지 북극 항로를 이용할 경우 1만 2700킬로미터 거리다. 수에즈 운하를 통과하는 기존 항로는 2만 100킬로미터의 거리로, 북극 항로를 이용할 경우 7400킬로미터 수송 기간을 절반으로 줄일 수 있다. 중국 상하이에서는 네덜란드의 로테르담까지 거리가 각각 1만 5060킬로미터, 1만 9277킬로미터로 북극 항로를 이용했을 때 4200킬로미터가 단축된다. (16),(17) 북극 항로는 부산항이 상하이 항에 비해 더 경쟁력이 있음을 보여 준다. 지구 온난화에 따른 북극 항로 개설은 우리에게 또 다른 축복이다. 이러한 지정학적인 장점을 활용하면 부산항은 언제든 세계 1위의 허브 항만으로 자리 잡을 수 있다.

장기적으로는 중국 항만끼리의 경쟁으로 중국 내 물동량도 중국의 여러 항만으로 분산될 수밖에 없다. 특히 자체 물동량에 의존하는 중국 항만은 허브 항만으로서의 한계를 곧 드러낼 것이다. 글로벌 선사 입장에서는 운송비 절감, 선박 관리의 효율성 측면에서 새로운 허브 기능을 하는 항만을 찾을 수밖에 없다. 이런 상황이 되면 글로벌 대형 선사들은 북미 항로와 북극 항로 그리고 지구 온난화로 인해 새롭게 떠오르는 북극 항로의 최단 거리에 있는 우리나라 항만을 눈여겨보지 않을 수 없다. 부산항에 환적 물량이 꾸준히 늘어나는 것도 그런 추세를 반영한 것이다. 그런 의미에서는 우리 부산항과 광양항은 세계 10대 항만 중 중국 동해에 위치한 8개의 항만과 일본 항만의 환적 항만으로 손색이 없다. 이때를 대비하여 보다 강력한 허브 전략을 구사할 수 있는 준비를 해야 한다. 그리고 세계 최고의 허브 항만이 되려면 한 해 5000만 개의 컨테이너를 처리할 수 있는 시설 용량을 갖추어야 한다. 이는 부산항과 광양항의 컨테이너 처리 능력을 다 합쳐도 안되는 숫자다. 특단의 대책이 필요하다.

세계 10대 항만 컨테이너 처리실적

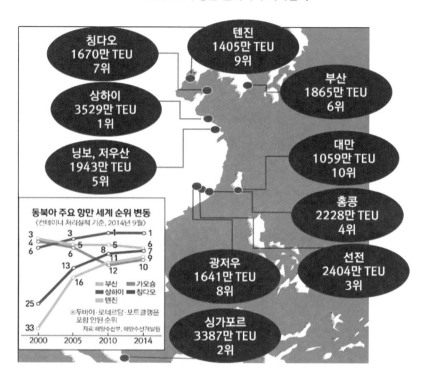

부산항은 중국, 타이완, 일본의 대형 항만들로 둘러싸여 있다. 이 대형 항만들은 우리의 경쟁 상대이기도 하고, 우리를 세계적인 허브로 만들어 줄 수 있는 항만이기도 하다.

글로벌 선사들에 마음껏 허브 앤드 스포크 전략을 수행할 수 있도록 맞춤형 서비스를 하기 위해서는 창의적 아이디어와 투자가 필요하다. 글로벌 선사들을 우리 항만에 붙잡아 놓기 위해서는 광양항과 부산항으로 이어지는 하나의 컨테이너 항만 벨트를 구축할 필요가 있다. 글로벌 해운 선사들의 구미에 맞는 맞춤형 항만 하역 서비스를 한다면 우리나라는 당장에라도 물류의 허브가 될 수 있다.

영국령이었던 홍콩은 당시 해외 교역량이 세계에서 손꼽을 정도로 많았지만 면적이 작은 홍콩의 항만 규모를 크게 키울 수가 없었다. 홍콩은 이 많은 물동량을 처리하기 위해 항만에 창고형 고층 건물을 짓고 그 안에 컨테이너를 쌓았다. 그리고 부족한 항만 시설을 대체하기 위해 총 12곳에 선박과 선박 간에 상하역하는 미드스트림(midstream) 단지를 조성했다. 홍콩 앞바다에는 선박끼리 상하역하는 광경을 쉽게 목격할 수 있다. 홍콩 항 전체 처리 물동량의 20퍼센트 정도를 이 미드스트림 방식으로 처리한다. 홍콩 항 앞바다에서 상하역을 끝낸 소형 선박들은 주장(珠江) 강 삼각주를 통과하여 시장(西江)·베이장(北江)·둥장(東江) 강의 세 하천과 해변을 따라 광둥 성 전역에 물자를 운반하고 있다.

선박과 선박 간 미드스트림 방식으로 컨테이너를 상하역하고 있다. 홍콩 항 주변에서 쉽게 볼 수 있다.(18)

우리도 부산항과 광양항 사이에 미드스트림 항만 하역 단지를 만든다면 중국 각처에서 오는 상당량의 물량을 처리할 수 있을 것이다. 부산항과 광양항 그리고 미드스트림 단지를 하나로 묶어 남해안 허브 항만 단지를 조성할 수 있다. 그렇게 되면 남해안 전체가 세계적인 허브 항만의 역할을 할 수 있다. 문제는 남해안의 물결이 홍콩 앞바다보다 세다는 것이다. 그러나 최근에 카이스트에서 개발한 모바일 하버 기술을 접목시킨다면 물결이 세더라도 훌륭한 미드스트림 단지를 만들 수 있을 것이다.

관세 자유 구역 우리나라는 수출입 화물에 대해 보세 운송 절차를 거쳐 수송한다. 그러다 보니 수출 화물과 수입 화물을 각기 다른 물류 시설에서 처리하여 통관 절차를 밟아야 한다. 때문에 물류 시설도 두 배로 필요하다. 항공정책과장 시절, 홍콩에 항공 화물 터미널 시설을 둘러볼 기회가 있었다. 자유 무역 지대인 홍콩은 수출 화물과 수입 화물이 동일한 공간에서 처리된다. 그만큼 같은 공간에서 우리보다 두 배 이상의 수출입 화물을 처리할 수 있다.

최근 들어 교역량이 많은 중국, 미국, 유럽 등 여러 나라와 무역 자유 협정이 체결되었다. 이 나라들의 수출입 화물을 처리할 때만이라도 지금의 보세 운송 절차를 생략하여 수송할 수 있다면 물류 시설 활용도가 높아질 것이다. 이렇게 되면 우리나라의 수출입 화물의 통관 속도 역시 두 배로 빨라지고, 우리 수출입 기업들의 경쟁력도 그만큼 커질 것이다. 어쩌면 빠르고 효율적인 물류 시스템 때문에 해외로 나간 공장들이 우리나라로 되돌아올 수도 있을 것이다. 그리고 Fedex, UPS, DHL 등 세계적인 물류 기업들이 우리나라를 아시아 지역의 허브 기지로 사용할 것이다. 그리고 글로비스, 대한통운, 한진, 금호, 현대 등 굴지의 회사들이 세계적인 물류 회사로 성장할 기회를 갖게 될 것이다.

시베리아 대륙횡단철도 대륙횡단철도에 대한 기대감이 크다. 중국 대륙횡단철도는 중국 자체 여객과 물량만으로도 얼마 안 있으면 포화 상태에 이를 수 있기 때문이다. 따라서 우리에게 가장 관심 있는 대륙횡단철도는 시베리아 횡단철도다. 교통연구원에서는 시베리아 횡단철도의 용량이 유럽 수출입 화물의 5~6퍼센트를 넘기 어렵다는 분석을 내놓았다.[20] 따라서 시베리아 대륙횡단철도를 해운으로 대체하여 유럽으로 향하는 수출입 화물 통로로 본격 활용하는 것은 물리적 한계가 있어 보인다. 그러나 우리나라에서 시베리아 횡단철도를 이용하면 선박에 비해 유럽을 오가는 자원과 수출입 화물 운송 기간이 절반(33일→18일)으로 단축된다. 서유럽이 아닌 동구권의 경우는 운송 시간이 그보다 더 단축될 수 있다. 그런 의미에서 시베리아 횡단철도는 시베리아 지역 및 동구권으로부터 천연자원을 확보하고, 동구권의 신규 시장에 진출하는 데 안성맞춤인 철도 물류 네트워크다.

러시아는 아시아와 유럽을 잇는 9806킬로미터에 이르는 시베리아 횡단철도를 하루에 1400킬로미터(현재 1200킬로미터)씩 달려 극동 지역인 나홋카(Nahodka)에서 상트페테르부르크 인근 크라스노예(Krasnoye) 간을 하루 15개 정기 열차를 7일 만에 운행하는 계획을 추진 중이다. 이렇게 되면 1개월 이상 걸리는 선박과의 수송 시간 격차를 더 벌리게 된다. 이 시베리아 횡단철도의 궤간 규격은 세계에서 일반적으로 사용하는 표준궤(궤간 간격이 1435밀리미터)가 아닌 광궤(1520밀리미터)다. 광궤가 85밀리미터 정도 궤도 폭이 더 크다. 때문에 시베리아 횡단철도를 이용하여 물자를 수송하기 위해서는 화차를 광궤용으로 바꾸어 화물을 옮겨 실을 수밖에 없다. 철도기술연구원에서는 최근에 표준궤나 광궤에서 모두 달릴 수 있는 바퀴가 달린 대차 시스템을 선보였다. 이러한 대차를 객차나 화차 밑에 달면 열차는 표준궤나 광궤 할 것 없이 모든 선로에서 달릴 수 있다. 일단은 선로 개량없이 열차 개조만으로 표준궤나 광궤 모두를 달릴 수 있게 되었으니 엄청난 발전이다.

왼쪽 그림은 철도기술연구원에서 개발한 열차가 표준궤와 광궤를 모두 달릴 수 있도록 만든 대차 기술이다. 오른쪽 그림은 표준궤 열차나 광궤열차 모두 달리도록 세 가닥의 궤도를 깔아 놓은 모습이다.(21)

그러나 궤도의 넓이에 따라 바퀴 폭이 바뀌는 가변 대차를 단 화차의 화물 운송 능력은 광궤용 화차보다 줄어들 수밖에 없다. 러시아는 최근 북한 두만강 하구에서 나진항까지 철도를 연결시키는, 시베리아 횡단철도에 대한 마케팅에 들어갔다. 표준궤나 광궤를 모두 사용할 수 있도록 세 가닥의 철도 궤도를 깔았다. 광궤 화차는 표준궤 화차보다 훨씬 많은 양의 화물을 실을 수 있다. 이러한 광궤의 효율성을 얻기 위해서는 아예 부산에서부터 출발하여 나진항까지 연결하는 철도 노선을 두 가닥이 아닌 세 가닥으로 깔아 모든 열차가 달릴 수 있도록 하는 것도 하나의 방법이다. 철도 인프라에 들어가는 대부분의 돈은 토목 공사다. 궤도를 하나 정도 더 깐다 해도 추가 공사 금액은 5퍼센트 내외다. 그 정도의 돈(부산-나진 간 4000억 원)으로 9806킬로미터의 시베리아 횡단철도와 중국의 대륙횡단철도 모두를 자유자재로 쓸 수 있다는 점을 감안하면 경제성은 천문학적인 금액이 될 것이다. 호환성이 높은 만큼 우리나라가 대륙 철도의 허브가 되는 것은 시간 문제다. 이를 계기로 부산항은 세계의 허브 항만으로 그 웅장한 모습을 드러낼 것이다.

바다와 하늘의 연결 인천공항은 국제 항공 화물 처리 세계 3위를 기록하고 있다. 인천공항의 환적 화물 비율은 40~50퍼센트에 달한다. 즉 인천공항에서 취급하는 화물량의 절반은 외국에서 들어온 것이다. 우리 수출입 화물의 30~40퍼센트에 해당하는 물량을 항공으로 취급하고 있는데, 이들 화물의 대부분은 인천공항에서 처리하고 있다. 인천공항은 세계적인 항공 물류 허브가 될 가능성이 열려 있는 셈이다. 그럼에도 불구하고 미국의 글로벌 항공 운송업체 페덱스(Fedex)는 광저우에 항공 화물 허브를 만들어 시드니, 서울, 도쿄 등 아시아 전역에 물류 서비스를 하고 있다. 글로벌 항공 운송업체 입장에서는 인천공항이 아시아 지역의 허브가 되기에는 1퍼센트 부족하다고 생각하는 것이다. 우리 인천공항이 이러한 글로벌 항공 배송업체의 허브가 되는 방법은 없을까?

다행히 인천공항과 접한 중국의 동쪽 바다에는 크고 작은 항구들이 넓게 분포되어 있다. 특히 우리 인천공항은 상하이, 닝보-저우산, 칭다오, 톈진 등 세계 10대 항만들과 함께 바다를 접하고 있다. 또 인천공항 주변에는 인천항, 평택항 등이 있다. 그러한 항만 중심에 인천공항이 있다. 하늘과 바다(sea and air)를 잘 연계시킨다면 인천공항이 세계 최대의 항공 물류 허브가 되는 것은 시간문제다. 그러기 위해서는 인천공항 구역 내에 수심이 깊은 항구를 만들고 항공기로 곧장 실어 나를 수 있는 화물 처리 시설을 구비해야 한다. 즉 항공 화물에 걸맞게 화물 처리 단계를 줄여 화물 운송 시간과 비용을 줄이자는 이야기다. 그리고 중국의 항만에서 항공 화물을 적기에 빠른 속도로 실어 나를 수 있는 쾌속선을 운항해야 한다. 빠른 물류 처리를 위해서는 로로(Roll-on/Roll-off) 운송 방식도 고려해야 한다. 국내 굴지 기업인 포스코는 로로 선박을 이용한 철강재 수송으로 많은 운송 시간과 물류비를 줄였다. 하지만 해운과 항공 업무가 국토교통부와 해양수산부로 나뉜 상황에서 이러한 일들을 얼마나 효율적으로 할 수 있는지 의문이다.

이제 우리는 과거야 어떻든 물류 허브의 꿈을 다시 이루어야 한다. 상하이 항에 비교해 우리 항만은 자체 물동량이 턱없이 부족하다. 그런 점에서 우리나라가 물류 허브가 되는 것은 영원히 불가능한 일처럼 보일지도 모른다. 그러나 물류 허브 프로젝트는 나라와 기업 그리고 국민들을 살려 내기 위해 조금도 양보할 수 없는 목표다. 궁하면 궁한 대로 방법이 있을 것이다. 허브 공항으로서의 힘찬 날갯짓을 하는 인천공항의 성공은 그 시대를 거쳐온 대통령들은 물론 교통부, 건설교통부, 국토해양부, 국토교통부를 거치면서 임명된 장관과 차관들의 확고한 리더십 덕분에 가능했다. 그리고 강동석 인천공항공사 사장과 임직원, 김세호 신공항기획단장, 여형구 신공항기획과장 등 담당자들의 오랜 헌신적 노력이 있었기 때문에 가능했다. 우리는 한번 꿈을 꾸게 되면 이를 실현시키기 위해 수많은 뒤척임을 해야 한다. 그래서 꿈은 희망이 되기도 하고 고통이 되기도 하다.

이기고 지는 것은 그 위세威勢에 의해 결정되는 것이 아니라 전략에 달려 있다. 마오쩌둥(毛澤東)은 막강한 장제스(蔣介石) 군대와 16자 전법으로 싸워 열세였던 전세를 뒤집고 중국 대륙을 거머쥐었다. 그 유명한 16자 게릴라 전법은 적이 공격하면 후퇴하고(敵進我退), 적이 멈추면 교란하고(敵駐我擾), 적이 피로하면 공격하고(敵疲我打), 적이 후퇴하면 추격하는(敵退我追) 것이다. 권투 경기에서 리치(reach)가 짧은 선수는 리치가 긴 선수와 싸울 때 자신의 열세를 극복하기 위해 상대방 선수의 가슴팍으로 파고든다. 그리고 기회를 엿보다가 결정타를 날려 상대를 쓰러뜨린다. 현재로서는 위세가 취약한 우리나라가 물류 허브가 되기 위한 전략은 무엇인가?

허브 네트워크

신新문명의 발상지, 대한민국 거대 지역권

온 나라가 지역 갈등으로 심하게 앓고 있다. 오래전 삼국 시대부터 고구려, 백제, 신라로 나뉘어 싸웠으니 그 한恨이 지금까지 이어져 오는 것은 당연한 일인지도 모른다. 이러한 지역 갈등의 골은 지난 반세기 동안 많은 선거를 치르면서 더욱 심해졌다. 어느 지역 출신의 대통령이 집권하느냐에 따라 그 지역 인사들이 대거 등용되었다. 국가 예산도 그 지역에 집중되었다. 일부 정치인들은 지역 갈등을 부추기며 큰 힘 들이지 않고 선거에서 이겼다. 지역 갈등으로 반목의 정치가 심화되고 있다. 이 때문에 국가를 일으킬 인재를 적재적소에 쓰지 못하고 있다. 그리고 지역별 백화점식 투자가 만연하여 국가 시스템 전체의 효율을 잃어 가고 있다.

지역 갈등의 폐해는 고스란히 국민들에게 돌아갔다. 지역마다 균형 발전이라는 명분으로 인구의 많고 적음, 입지의 유불리를 불문하고 산업 단지, 공항, 항만, 철도, 도로 건설을 요구했다. 무리하게 건설한 인프라 시설들은 이용하는 사람이 별로 없어 흉물스러운 모습을 그대로 드러내고 있다. 우리가 지금처럼 지역 갈등에 발목을 잡혀 허브가 되기 위한 국가 전략을 추진할 수 없다면 지극히 불행한 일이다. 아예 지역 개념을 없애고 하나의 도시와 같은 나라가 된다면 지역 갈등 이야기도 없을 것이다. 즉 우리나라를 지역 구분 없는 하나의 큰 도시권, 대한민국 거대 지역권으로 만든다면 가능한 이야기다.

고대 문명의 발상지는 주변의 강을 중심으로 한 메소포타미아 문명, 이집트 문명, 인도 인더스 문명, 중국 황허 문명 등이 있다. 과거 문명의 발상지가 강을 따라 형성되었다면 새로운 문명의 발상지는 이제 인구가 많은 대도시를 끼고 있다. 파리, 뉴욕, 도쿄, 서울, 홍콩, 베이징, 상하이 등이 새로운 세계 문명의 발상지 역할을 하고 있다. 미래에는 그 문명의 발상지 규모가 점차 커질 것이다.

한국의 수도권, 일본의 도쿄권, 미국의 뉴욕권, 프랑스의 파리권과 같은 대도시와 인근 도시를 묶어 메트로폴리탄(metropolitan)이라는 대도시권이 만들어졌다. 또 주변 몇 개의 메트로폴리탄이 모여 메가시티로, 그리고 몇 개의 메가시티가 모여 몇 배 크기의 거대 지역권(mega—region)으로 확장되어 가고 있다. 이 거대 지역권의 규모는 인구 2000만 명에서 1억 명 규모까지 커지고 있다. 지구촌 10대 거대 지역권의 인구는 전 세계 인구의 6.5퍼센트에 불과하지만 생산의 43퍼센트, 특허권의 57퍼센트를 차지하고 있다. 40대 거대 지역권은 전 세계 인구의 18퍼센트, 생산의 66퍼센트, 특허권의 86퍼센트를 차지하고 있다.(22) 마치 거대 지역권이 고대 문명의 발상지 같은 역할을 하는 것이다.

도시 규모가 커질수록 사람들의 활동과 물자의 이동은 빈번하고 다양하게 일어난다. 그리고 도시의 생산성을 높인다. 거대 지역권은 도시 규모의 경제(Urban Economy of Scale) 원칙에 따라 탄생한다. 그리고 그 규모를 키우는 것은 빠른 대중 대량 교통수단이다. 마차, 버스, 지하철, 고속열차 등 빠른 대중 대량 교통수단의 출현이 그 도시의 규모를 지속적으로 키워 왔다. 이는 거리의 종말에 가까워질수록 도시의 규모는 무한대로 커질 수 있음을 의미한다. 이미 거리의 종말을 실현한 정보, 통신, 금융은 지구촌이라는 거대 지역권을 만들었다. 이제 사람들은 어디에 살든 차별받지 않는다. 그러나 사람과 물자의 물리적 이동이 필요한 교통 물류 분야는 아직도 거대 지역권의 규모가 반경 수백 킬로미터에서 최대 1000킬로미터 내외다.

거대 지역권	도쿄권	보스턴 워싱턴	암스테르담 안트베르펜	오사카, 나고야 + 고베, 교토	서울 부산	홍콩, 선전 + 광저우	상하이
인구 (100만)	55	54	59	36 → 60	46	45 → 95	45
총생산 (1000억 달러)	25 (1위)	22 (2위)	15 (4위)	14 (5위)	5.0 (13위)	2.2 (23위)	1.3 (31위)
면적 (1000제곱킬로미터)	90	170	120	50 → 60	70	30 → 170	50

거대 지역권이 점차 그 규모를 키우고 있다. 몇 개의 거대 지역권은 이미 우리나라에 맞먹는 인구와 면적을 갖고 있다.(23)

거대 지역권의 강점은 스스로 자급자족 기능을 갖추고 있다는 데 있다. 하나의 거대 지역권에서 신상품을 개발하고, 제조하고 이를 소비할 수 있다. 그리고 거대 지역권 내에서 검증된 제품을 세계 시장에 내보낸다. 이 같은 자급자족 기능을 가진 거대 지역권이 경쟁력을 갖게 되면서 세계 경제를 이끌어 갈 것이다. 마치 문명의 발상지와 같은 역할을 할 것이다. 이제는 국가 경쟁력보다 거대 지역권의 경쟁력이 더 중시되는 시대가 도래하고 있다.

과거 고대 문명의 발상지들은 강과 바다 그리고 비옥한 토지 주변에 형성되었다. 그에 비해 현재의 거대 지역권은 빠른 속도로 움직이는 고속도로와 고속철도를 따라 형성되고 있다. 특히 최근의 거대 지역권 확대는 고속도로보다 세 배나 빠른 고속철도가 주도하고 있다. 고속철도망이 뻗어

나가면서 거대 지역권은 그 규모를 계속 키울 것이다.

아래 사진은 미 항공우주국(NASA)에서 인공위성으로 야간에 지구를 찍은 것인데, 많은 불빛들이 군집을 이루며 하나의 거대 지역권을 형성하고 있는 모습이다. 이 클러스터들은 점차 커져 규모가 더 큰 거대 지역권을 형성할 것이다.

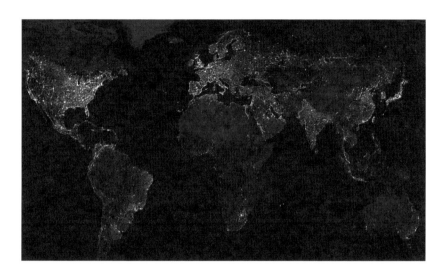

미 항공우주국이 밤에 찍은 지구촌 사진이다. 대도시들이 모여 만든 거대 지역권이 지구촌 곳곳에 생겨나고 있다.

거대 지역권 간에는 먹느냐 먹히느냐의 싸움이 한창 진행 중이다. 그리고 최근 중국 전체가 하나의 초超거대 지역권(Super China)으로 빠르게 부상하고 있다. 이는 중국의 급격한 고속철도망 건설과 무관하지 않다. 중국은 5년 만에 1만 2000킬로미터의 고속철도망을 개통하고, 2020년까지 4000킬로미터의 고속철도망을 추가로 건설할 계획이다. 14억 명이 사는 중국 대륙 전체를 하나의 거대 지역권으로 묶는 작업이 진행되고 있는 것이다. 그리고 이 거대 지역권은 우리나라를 단숨에 삼켜 버릴 것 같은 기세로 다가오고 있다. 중국의 고속철도는 사상 최대 면적을 정복한 칭기즈 칸의 빠른 말을 현대 버전으로 복원한 거나 마찬가지의 위력을 갖고 있다.

중국의 거대 지역권에 휩쓸리지 않으려면 우리 나름대로 경쟁력 있는 거대 지역권을 만들어야 한다. 이는 우리의 생존을 위한 선택 사항이 아니라 필수 사항이다. 즉 한반도 전체를 하나의 경쟁력 있는 도시로 만드는 것이다. 이를 위해 전국을 고속철도로 1시간 30분 이내에 출퇴근이 가능한 지역으로 묶는다. 이렇게 되면 전국에 산재해 있는 공단, 항만, 공항 등은 언제든 활용 가능한 하나의 시스템으로 묶이게 된다. 그리고 국민 개개인은 전국 어디서 살든 경제 활동을 하는 데 큰 지장을 느끼지 못할 것이다. 모든 국민들과 기업들은 전국 어디서나 자유롭게 경제 활동에 참여할 수 있게 된다. 이로써 명실상부한 지역 균형 발전의 길을 걸을 수 있다. 이렇게 되면 대한민국은 다른 나라의 거대 지역권보다 경쟁력 있는 거대 지역권이 될 것이다. 그리고 대한민국 거대 지역권은 세계 신문명의 발상지로서의 역할도 제대로 해낼 것이다. 이보다 더 절실한 프로젝트가 어디 있겠는가? 주변 국가들은 거리의 한계를 극복하고 우리의 바로 턱밑까지 와 있다. 그럼에도 불구하고 고속철도 이야기만 나오면 한가하게 빨대 현상, 수요 문제 등 지난 수십 년간 해 온 것과 똑같은 이야기를 반복하는 사람들이 있다. 미래 우리나라를 지구촌의 허브로 만들기 위해서는 이제까지와는 다른 이야기를 해야 한다.

빠른 네트워크

고속도로의 탄생 1968년의 경인고속도로에 이어 1970년 경부고속도로가 개통되었다. 이 두 고속도로가 우리나라 경제 개발의 기폭제가 된 것은 사실이다. 연이은 고속도로 개통으로, 도로는 철도보다 빠른 교통수단으로 자리 잡았다. 가장 빠른 열차의 평균 속도는 시속으로 경부선 92킬로미터, 전라선 78킬로미터, 중앙선 60킬로미터, 장항선 57킬로미터, 동해선 48킬로미터에 불과했다. 정차 시간까지 합치면 출발지에서 도착지까지 이보다 훨씬 적은 속도를 기록했다. 더구나 철도역에 도착해서 목적지까지 또 다른 대중교통수단을 이용하니 고속도로보다 2~3배 많은 시간이 걸렸다. 급기야 사람들은 도로 이용을 선호하고, 철도 이용을 외면하기 시작했다.

정부는 철도 운영으로 생긴 적자를 일시적으로 보전해 주며 정작 중요한 철도 건설은 철도청에서 수익을 내어 건설하라며 발을 뺐다. 철도청의 인력 대부분은 영업 인력이었다. 때문에 철도청 내에서조차 철도를 건설하자는 목소리는 잦아들었다. 이런 상황에선 철도를 건설해야 한다고 아무리 이야기해도 설득력이 없었다. 반면에 정부와 국민들은 고속도로 건설로 인한 경제 발전에 도취되어 도로 건설에는 막대한 국고를 지원했다. 철도 연장은 제자리걸음이었지만, 새로운 고속도로는 1년이 멀다 하고 생겨났다.

1945년 광복 이후 2004년 4월 경부 고속철도를 개통하기 전까지 철도는 유지 보수 성격을 가진 선형 개량 이외에는 이루어진 것이 없었다. 오히려 수익성 없는 노선을 철거하면서 철도 연장이 줄었다. 2010년을 기준으로 지난 20년간 지역 간 도로는 3884킬로미터 증가하고, 철도는 경부·호남고속철도 개통으로 신설분에 해당하는 554킬로미터만 늘어나는 데 그쳤다. 그나마도 철도청이 아니라 한국고속철도시설공단이라는 조직을 별도로 만들어 건설한 것이다.

도로 위주의 교통 문제 해결 방식이 수십 년 동안 지속되어 왔다. 도로 위주의 투자는 교통 문제를 해결하기도 하지만 동시에 교통 체증 등 새로운 문제를 만들기도 했다. 승용차 구매, 교통 체증, 도로 건설 등 악순환이 되풀이되고 있다. 지난 수십 년 동안 철도는 교통부에서 관장하고 있었지만 대부분의 철도 건설 및 운영 업무는 철도청이 담당했다. 교통부에서 철도 업무를 담당하는 조직은 한 과課 정도가 있었을 뿐이다. 어떤 경우엔 하나의 계係에서 업무를 담당했다. 도로를 건설하는 건설부 도로국에 비하면 보잘것없는 조직에서 철도 정책 업무를 관장한 것이다. 때문에 상당 기간 동안 정부 내에서 제대로 된 철도 정책은 찾아보기 힘들었다.

우리나라가 고속도로 건설에 박차를 가하는 동안 일본, 유럽, 중국은 막대한 양의 고속철도망을 건설했다. 그리고 자동차보다 세 배나 빠른 고속열차로 대륙을 하나로 묶었다. 그리고 이들은 우리가 과거에 철거한 전차를 개조하여 트램을 운행하고, 기존 버스를 굴절버스로 대체하여 도로 용량을 키웠다. 경량 전철, 모노레일 등 다양한 도시 철도 시스템도 선보였다. 지금의 선진국들은 환경과 인간 그리고 지속 가능한 발전을 위해 대중교통 위주, 특히 철도 위주의 교통 체제 구축에 온 힘을 쏟고 있다.

고속철도의 등장 2004년 4월 1일, 경부고속철도가 개통되었다. 자동차보다 세 배나 빠른 시속 300킬로미터급 고속열차가 개통되자 국민들은 그 속도에 열광했다. 고속철도는 속도 혁명으로 전국을 반나절권으로 바꾸면서 거리의 종말을 앞당겼다. 그리고 우리들의 활동 공간을 전 국토 공간으로 늘렸다. 과거의 고속철도 건설을 둘러싼 논쟁들은 고속철도 속도의 위력 앞에 그 모습을 감췄다. 국토의 균형 발전을 위해 2009년 7월 24일 호남고속철도 건설 사업의 첫 삽을 떴다. 그로부터 5년 10개월 만인 2015년 4월 1일 호남고속철도가 개통되었다. 경부고속철도가 개통된 지 11년 만이다. 호남고속철도 개통으로 서울에서 익산까지 한 시간, 그리고 광주까지 한 시간 반 만에 도달할 수 있게 되었다. 수도권과 호남권이 영남권에 이어 고속철도망으로 묶이게 된 것이다. 이제 고속철도 서비스를 받지 않는 영호남 이외 지역은 상대적으로 박탈감을 느낄 것이다. 이미 전국 각지에서 고속열차를 자기 지역까지 운행해 줄 것을 요구하고 있다. 자신의 지역구에 고속철도를 놓아 달라는 국회의원 수가 늘고 있다. 빠르게 가고 싶은, 즉 거리의 종말에 대한 국민들의 욕구가 계속되는 한 고속철도망은 늘어날 수밖에 없다.

정부 청사 세종시 이전과 공공 기관 지방 이전으로 많은 공직자, 민원인, 공공 기관 직원들이 전국으로 흩어졌다. 그들은 업무를 보거나, 출퇴근을 위해 길거리에서 많은 시간을 보내고 있다. 우선 전국 고속철도망을 효과적으로 구축하여 이들이 길에서 낭비하는 시간을 줄여야 한다. 이것이 막무가내식 지역 균형 개발 정책으로 눈덩이처럼 늘어난 사회·경제 비용을 줄이는 길이다. 일반적으로는 고속철도를 비싼 교통수단으로 알고 있다. 재정 당국은 "고속철도가 비싸니 일반 철도로 건설해야 한다"는 이야기를 쉽게 한다. 건설비 측면에선 맞는 이야기다. 그러나 비즈니스 측면에선 틀렸다. 그리고 미래 지향적이지도 않다. 일반 철도가 고속열차보다 비싼 교통수단이라고 하면 고개를 갸우뚱할 것이다. 하지만 정말 그렇다.

고속철도는 일반 철도보다 건설비가 20~30퍼센트 더 든다. 고속철도 노선은 고속으로 달리기 위해 직선화하여 설계할 수밖에 없다. 우리나라 고속철이 시속 200~350킬로미터일 경우 고속철도의 최소 곡선 반경은 2~5킬로미터다. 거의 직선이나 마찬가지다. 우리 국토는 60퍼센트 이상이 산악 지형으로 이루어져 있다. 고속철도를 건설하려면 선로의 70퍼센트 이상을 터널과 교량으로 건설해야 한다. 이왕에 건설비가 크게 늘지 않을 바에야 터널, 교량, 토공 구간과 상관없이 완전 직선화하여 철도를 건설하면 철도 건설 연장도 줄어들어 건설비 일부라도 줄일 수 있다. 그리고 시속 400킬로미터 이상의 초고속 열차가 나왔을 때도 그 선로에서 운행이 가능하다.

속도가 낮은 일반 철도는 공사비가 많이 드는 터널과 교량을 가급적 피하고, 평야와 계곡을 따라 꾸불꾸불하게 노선을 설계함으로써 건설비를 낮춘다. 그럴 경우 철도 연장 거리가 늘어 건설비가 생각만큼 크게 줄지 않는다. 최근 들어 일반 철도는 안전 및 유지 보수 등의 문제로 터널 크기, 하중 조건들이 더욱 강화되어 왔다. 반면에 고속철도는 차량의 성능을 높여 터널 단면을 줄이는 기술이 개발되고 있다. 실제로 경부고속철도는 터널 단면을 107제곱미터, 호남고속철도는 94제곱미터로 대폭 낮추었다. 차량의 성능을 보강해서 더 줄일 여지는 얼마든지 있다. 그럴 경우 고속철도를 건설하든 일반 철도를 건설하든 건설비 차이는 10~20퍼센트 이내로 더 줄어들 전망이다. 최근 들어 우리나라의 터널 기술이 발달하고 터널 굴착 장비들이 좋아짐에 따라 터널을 토공보다 더 싼 가격에 입찰하는 업체가 늘고 있다. 그렇게 되면 고속철도와 일반 철도의 건설비 차이는 거의 없어진다. 따라서 일반 철도가 고속철도보다 싸기 때문에 일반 철도를 건설해야 한다는 것은 탁상공론에 불과하다.

더구나 고속철도를 건설하면 노선 대부분이 터널과 교량이기 때문에 일반 철도에 비해 가용 토지를 점유하거나 훼손하는 정도가 작다. 따라서 환경도 보전하고, 경관도 보전할 수 있다. 일반 철도 건설에 들어가는 많은 가용 토지의 땅들을 대체하기 위해 바다를 간척해서 메운다면 수조 원이 들어갈 것이다. 이런 점을 감안하면 고속철도가 일반 철도보다 건설비가 훨씬 적게 드는 셈이다. 게다가 고속철도는 운영 단계에서 더 큰 이익이 있다. 일반 철도는 자동차 속도보다 별 차이가 없어 승객 수요가 적기 때문에 일반 철도가 건설된 이후 운영 단계에서의 국고 지원은 필수다. 반면 고속철도는 자동차에 비해 세 배나 빠른 속도 때문에 일반 철도와 비교할 수 없을 만큼 많은 승객을 확보할 수 있다. 빨라진 속도만큼 많은 승객을 철도로 끌어들일 수 있고 요금도 더 많이 받을 수 있다. 때문에 일단 운영 단계에서 국고 지원은 걱정하지 않아도 된다. 일석이조인 셈이다.

이미 오래전에 고속철도를 건설한 일본이나 프랑스 모두 우리와 비슷한 경험을 하고 있다. 다음 그림에서 보듯 프랑스와 한국은 고속철도 개통으로 일시에 철도 이용 승객이 두 배 가까이 늘었다. 이는 기존의 교통 수요의 개념을 송두리째 바꾸어 놓았는데, 과거의 트렌드적인 생각으로는 상상할 수 없는 일이다.

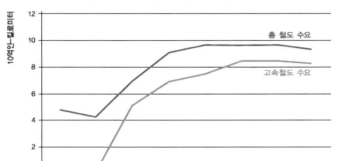

우리나라 고속철도 정차역 이용 수요 변화

고속철도 개통으로 고속철도 정차역 철도 이용 수요(인-킬로미터 기준)가 두 배가량 늘었다.(24)

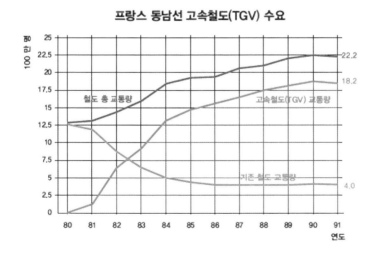

프랑스 동남선 고속철도(TGV) 수요

프랑스 TGV 동남선 개통 후 철도 이용 수요는 두 배로 뛰었다.(25)

허브로 가는 길   173

중앙선 복선 전철화 사업을 고속철도로 건설하면 수도권에서 울산, 포항, 부산 등을 경부고속철도보다 빠르게 연결할 수 있다. 중앙선 복선 전철화 사업도 설계 속도를 150킬로미터에서 300킬로미터까지 올리는 데 드는 돈은 2000억~3000억 원에 불과하다. 경부고속철도의 서울에서 오송역까지의 병목 현상도 크게 줄일 수 있다. 그러나 경부선과 호남선을 제외한 대부분의 철도 건설 사업들이 몇 푼의 예산을 줄이기 위해 일반 철도로 건설되고 있다. 아직도 우리는 트렌드형 생각에 빠져 고속철도보다 훨씬 비싼 일반 철도 건설에 열을 올리고 있다. 우리의 미래는 수십 년 전의 과학 기술이 아니라 미래 최첨단 과학 기술로 풀어나가야 한다.

전국 고속철도망 우리나라 전 국토가 1시간 30분 이내의 통근권으로 바뀐다면 경쟁력 있는 거대 지역권이 될 것이다. 이제 우리나라도 고속철도 시대가 되었으니 꿈같은 이야기는 아니다. 2009년 교통정책실장 시절, 이같은 경쟁력 있는 대한민국 거대 지역권 구상을 실현하기 위해 전국 고속철도망 계획에 착수했다. 이 작업을 위해 교통연구원, 철도기술연구원, 철도시설공단, 철도공사 등 전문가들로 팀을 구성하여 수시로 모였다. 철도 노선망, 노선별 공사 기간 및 사업비, 편익 등의 항목들을 꼼꼼히 살펴 가며 계획을 하나하나 완성해 나갔다. 오랜 토론과 연구 끝에 전국을 출퇴근 시간대인 1시간 30분 이내로 묶는 고속철도망 구축 계획을 마련했다. 이 계획은 2010년 초에 처음으로 이명박 대통령에게 청와대 회의실에서 보고되었다. 이명박 대통령은 전국을 하나로 만드는 고속철도망 계획에 흥분을 감추지 못했다.

그러나 이를 실천에 옮기기에는 국내 여건이 좋지 않았다. 당시 이명박 정부는 행정 비효율을 문제 삼아 정부 대신 기업과 대학을 세종시로 내려보내는 소위 '세종시 수정안'을 국회에 제출해 놓고 있었다. 이런 마당에 전국을 하나의 도시처럼 만드는 고속철도망 구축 계획은 '세종시 수정안'의 입법 취지와 상반된 것으로 비쳤다. 일단 전국 고속철도망 구축 계획은 '세종시 수정안'의 국회 논의가 끝날 때까지 물밑 작업만 하는 것으로 결론을 냈다. 그 후 '세종시 수정안'은 여야의 합의하에 국회에서 부결되었다. 고속철도망 계획은 다시 이명박 대통령에게 보고되었다. 청와대와의 몇 차례 논의 끝에 이명박 대통령과 최중경 경제수석, 신종호 비서관의 도움으로 이 계획은 세상 밖으로 나올 수 있게 되었다. 2009년 9월 1일 철도기술연구원에서 대통령 주재로 청와대 수석과 4개 위원회 위원장 등이 참석한 가운데 전국을 하나로 만드는 고속철도망 계획이 발표되었다. 대통령이 중점적으로 추진하던 4대강 사업을 빼고는 4개 위원회가 모두 참여하여 정책을 발표한 사례가 없었다. 그만큼 이례적이었다. 그날은 내 인생에 가장 의미 있는 날이 되었다. 대한민국 거대 지역권의 구상과, 이를 구체화시키는 고속철도망 구축 계획이 세상에 나왔기 때문이다.

발표는 빠른 고속철도망으로 전국을 통근 시간대인 1시간 30분 이내로 묶는다는 내용이 주종을 이루었다. 고속철도의 빠른 속도를 이용하여 신규 수요를 창출하고, 기술 개발을 통해 사업비를 절감하여 사업성을 제고한다는 사업 추진 전략도 동시에 제시했다. 이렇게 되면 민간 자본도 유치할 수 있어 국가 예산이 절감되는 등 선순환 구조로 사업을 추진할 수 있다. 이 계획 발표를 마지막으로 인생의 대부분을 보냈던 27년간의 공직을 마무리했다. 이 계획이 만들어지기까지 이승호 철도정책관, 김선태, 권용복 철도정책과장, 박문수 사무관, 교통연구원의 이장호 박사 등 많은 분들이 함께 수고해 주었다. 발표를 하고 나오는 순간, 이승호 철도정책관이 나를 꼭 껴안았다. 많은 일들을 남기고 공직을 떠나는 나의 모습을 보고 안쓰럽게 여긴 것 같았다. 이승호 국장이 나머지 일들을 잘 처리해 주길 바라며 공직을 떠났다.

국가 철도망 구축계획안

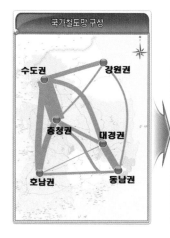

국토해양부에서 발표한 전국을 1시간 30분대로 잇는 KTX 고속철도망 구
상안과 세부 구축 방안이다.(26)

우리 언론은 전국 KTX 고속철도망 구축 계획을 대서특필했다.

KTX 고속 철도망 구축 시 접근 시간 단축

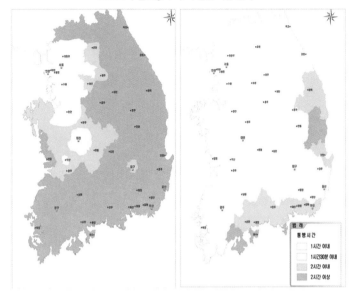

수도권에서의 접근 시간을 표시한 그림이다. 전국 고속철도망이 완성되면 전국 어디서나 1시간 30분 이내로 갈 수 있다.(26)

전국 KTX망 구축 이후 교통 시간 분포

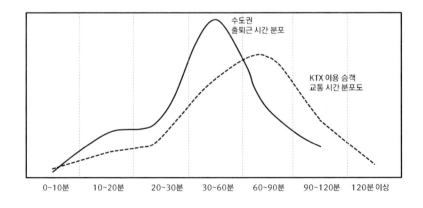

전국 고속철도망이 완성되면 수도권 출퇴근 시간과 KTX 승객의 교통 시간이 비슷해진다.(27)

이러한 전국 고속철도망을 주축으로 국가 전체를 하나의 경쟁력 있는 거대 지역권으로 만들 수 있다. 고속철도 역세권 주위에 산업 단지가 들어서고 역세권끼리 빈번하게 교류하면 전국적인 협업 체계가 구축된다. 역세권 주변의 토지 이용 밀도를 높여 이러한 시너지 효과를 극대화시킬 수 있다. 이를 지원하기 위해 2010년 '역세권의 개발 및 이용에 관한 법률'이 제정되었다.

이러한 일련의 조치들을 통해 우리 대한민국은 거대 지역권으로 다시 탄생하게 된다. 전국이 하나의 도시로 바뀌는 것이다. 이렇게 되면 정치권의 요구에 따른 지역별 백화점식 공항, 항만, 산업 단지 등 인프라 건설로 인한 유휴 시설을 건설하기 위해 더 이상 큰돈을 쓰지 않아도 된다. 그리고 가장 경쟁력 있는 장소에 인프라를 건설하면 된다. 우리의 발목을 잡아 왔던 지역 갈등도 사라지게 될 것이다. 인재도 자원도 두루 쓸 수 있다. 그리고 세계 경제가 대한민국 거대 지역권을 중심으로 도약하게 될 것이다. 땅도 부족하지 않고, 물도 부족하지 않은, 거대 지역권이 대한민국에서 창출된다. 땅값이 싼 시골에 전원도시를 만들어 국제기구를 유치하고, 한적한 시골에 환경 친화적인 도시를 만들어 세계적인 인재를 모은다. 우리나라에서 발원한 경제, 사회, 문화 활동이 세계의 표준이 된다. 이것이 우리가 그려 나갈 미래의 우리 대한민국이다.

해무열차(HEMU-430X) 최초의 고속철도가 등장한 것은 지금부터 반세기 전인 1964년이었다. 당시 일본은 세계인의 축제인 도쿄 올림픽 개최에 맞추어 신칸센을 개통했다. 그 당시 신칸센의 속도는 최대 시속 200킬로미터였다. 그리고 프랑스가 1981년에 파리-리옹 간 동남선 고속철도 노선(TGV)을 개통했다. 그 당시 TGV의 속도는 시속 300킬로미터였다. 상당 기간 동안 세계는 철도 안전 문제와 경제적인 면에서 시속 300킬로미터의 운영 속도를 최적 속도라고 이야기해 왔다. 어찌 보면 지금의 고속철도는 50년 전 기술이고 시속 300킬로미터대 고속철도는 30년 전 기술인 셈이다.

속도 경쟁에는 고속철도 기술 개발의 선두 주자건 후발 주자건 할 것 없이 경쟁이 치열하다. 지금 세계는 시속 300킬로미터보다 더 높은 운영 속도 대역을 찾고 있다. 프랑스의 알스톰은 최대 영업 속도 360킬로미터급 고속 열차를 선보였다. 일본은 일부 구간에서 최대 시속 320킬로미터로 정하여 운행하고 있으며, 앞으로 최대 360킬로미터로 증속을 목표로 연구 개발을 진행 중이다. 스페인은 시속 330킬로미터를 계획하고 있고, 중국은 2년 동안 시속 350킬로미터로 운행했던 경험을 이미 가지고 있다. 그리고 최근 들어 지금보다 모터 용량을 두 배로 늘려 최대 시속 500킬로미터급 고속열차 시제 차량을 선보였다.

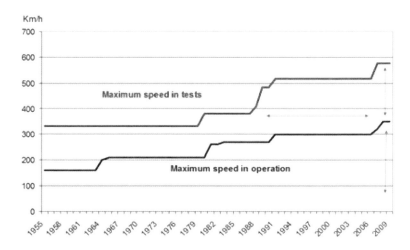

고속열차의 최고 시험 속도가 올라가면 올라갈수록 운영 속도도 함께 올라가는 추세를 보이고 있다.(28)

이러한 추세라면 10년 내에 시속 400킬로미터를 운행하는 상용화된 고속열차가 나올 것이다. 독일에서 개최된 세계 최대 규모의 철도 박람회인 '이노트란스(InnoTrans) 2012'에서 우리는 최고 시속 430킬로미터급 해무열차를 선보였다. 우리나라는 해무열차를 내놓으며 세계인의 관심을 끌었다. 만일 이 열차를 조금만 늦게 개발했다면 우리는 치열한 속도 경쟁에서 살아남을 수 없었을 것이다. 이제 시속 500킬로미터 초고속 열차는 꿈이 아닌 현실로 다가오고 있다.

고속철도 속도를 높이기 위한 일본의 노력은 처절하다. 신칸센의 경우 오래전에 시속 200킬로미터의 속도로 설계되었기 때문에 터널 크기(최소 단면적 64제곱미터)가 매우 작다. 이렇게 작은 터널에서 빠른 속도로 달리면 터널 맞은편 터널 출구에서 '펑' 하는 소리가 난다. 갑자기 많은 공기를 작은 터널에 밀어 넣을 때 생기는 일종의 충격파(shock wave)다. 즉 작은 주파수 대역의 미기압파(micro pressure wave)가 방사되는 것이다. 충격파인 미기압파는 선로 옆 방음벽도 그냥 통과하여 선로 주변 농가의 가축을 유산시키는 등 부작용도 적지 않다. 이러한 미기압파 방사를 줄이기 위해 일본은 고속열차의 전두부를 오리 주둥이처럼 길게 늘어뜨렸다. 그리고 터널 입구에 후드를 붙여 터널에서 공기의 압축 속도를 지연시켰다.

일본은 이렇듯 작은 터널 단면 등 열악한 인프라의 한계를 극복해 가며 최대 시속 360킬로미터를 달릴 수 있도록 기술 개발을 하고 있다. 우리의 경우 고속철도는 최대 시속 350킬로미터를 기준으로 설계했다. 때문에 터널 단면(94~107제곱미터)이 일본(최소 단면적 64제곱미터)보다 훨씬 크다. 반면에 우리나라 고속열차의 단면적은 일본보다 작다. 즉 우리나라의 열차 단면적 대비 터널 단면적이 일본보다 훨씬 크다. 지금도 우리의 고속철도 선로에서 시속 350킬로미터까지 달리는 데는 열차의 추진력만 충분하면 큰 문제가 없다. 일본에서 지금의 열악한 인프라로 고속철도 속도를 시속 360

킬로미터까지 올릴 수 있다면 우리는 지금의 인프라로 시속 400킬로미터까지 올릴 수 있다.

일본은 고속으로 달릴 때 방사되는 미기압파를 방지하기 위해 열차 전두부를 길게 늘였다.

　세계에서 1등이 아니면 살아남기 어렵다. 이러한 속도 경쟁에서 살아남지 못한다면 우리는 세계 철도 시장에서 영원히 도태될지도 모른다. 우리가 개발한 고속철도 차량은 물론 지하철의 전동차도 팔기 어려워질 것이다. 과거 영국은 철도에 대한 기술 개발을 포기하고 경쟁력 있는 기업들을 다른 나라 기업들에 팔아넘겼다. 영국은 철도가 운행된 최초의 국가였지만 한번 놓쳐버린 고속철도 기술을 다시 따라잡기는 어려울 것이다. 지금 세계 철도 개발은 우리나라의 영향을 받아 영국과 독일도 시속 400킬로미터급 고속열차 개발에 대한 검토에 들어갔다.
　고속열차는 동력 방식에 따라 동력 집중식(push pull type)과 동력 분산식(electrical multiple unit) 두 종류로 나뉜다. 동력 집중식 열차는 열차 양단에 동력 기관차를 달고 중간에는 동력 없이 끌려다니는 객실 차량으로 편성되어 있다. 우리나라에서 운행하는 KTX 고속열차는 모두 동력 집중식이다. 반면에 동력 분산식 열차는 차량마다 동력 모터가 장착되어 있다. 이번에 개발된 해무열차는 동력 분산식 고속열차다. 철도 운영 기관들은 빠른 가·감속 능력을 갖춘 동력 분산식 열차를 선호하고 있다. 특히 우리처럼 국토 면적이 작아 운행 거리가 짧고 정거장이 많은 경우는 동력 분산식 열차가 유리하다. 그리고 레일의 마찰 부담도 적다. 세계적으로도 동력 분산식 고속열차가 대세다. 동력 분산식 고속열차를 만들지 않으면 해외 수출도 곤란하다.

우리나라는 5년 전부터 해무열차(HEMU-430X)를 개발하기 시작했다. 이왕에 동력 분산식 열차를 개발해야 한다면 이참에 최고 속도 기록을 경신하는 것도 의미가 있었다. 세계적으로 고속열차의 최고 속도는 그 나라의 철도 기술력을 가늠하는 잣대가 되기 때문이다. 고속열차의 최고 속도가 높을수록 향후 해외 철도 차량 수출에도 유리하다. 또한 속도를 높이는 과정에서 고속열차에 설치된 부품을 테스트할 수 있다. 우리나라는 해무열차를 최고 시속 430킬로미터로 설정하고 차량을 설계했다.

해무열차를 개발하는 데 많은 어려움이 있었다. 국산화된 KTX 산천山川의 시제 차량인 G7 열차는 기술 이전을 받은 프랑스 알스톰의 설계를 참고해 만들었다. 이번에 개발된 동력 분산식 해무열차는 처음부터 우리 기술진이 직접 설계하고 각종 구조 해석과 시뮬레이션을 거쳐 제작했다. 해무열차 개발에는 철도기술연구원과 현대로템, 대학, 중소기업 등 첨단 철도 기술이 있는 국내의 모든 기관들이 참여했다. 우리 연구진은 숱한 고민과 연구 끝에 2012년 5월 17일 해무열차 출고식을 갖고 시험 운행을 하고 있다. 그리고 우리 손으로 실용화한 KTX 산천보다 시속 300킬로미터 도달 시 2분이 단축되는 등 가·감속 성능이 향상되었고, 좌석 수도 16퍼센트가량 증가했으며, 주행 저항도 10퍼센트 감소하고, 차량 중량도 5퍼센트 정도 가볍게 제작되었다.

열차 제작 비용도 초기 G7 열차 제작 때의 3000억 원 규모에서 해무열차 개발에는 3분의 1인 1100억 원이 들었다. 그동안 시속 350킬로미터의 G7 시제 열차와 KTX 산천 열차를 만들면서 쌓인 노하우가 큰 도움이 되었다. 그러나 해무열차가 탄생하기까지는 여러 가지 이유로 제작 과정과 시운전 과정이 순탄치 않았다.

① 철도 차량 제작사 입장에서는 철도 운영 회사로부터 주문받은 차량들의 제작이 늦어지면 지체 비용을 내야 한다. 자연히 연구 개발 차량인 해무열차는 제작 우선순위가 밀렸다. 그냥 놔두면 한없이 늦어져서 매주 공정을 체크하고 현대로템에도 제작을 서둘러 줄 것을 부탁해야 했다.

② 시제 차량이다 보니 한번 고장이 나면 여유 부품이 없어 부품 조달에 상당 시간을 보내야 했다. 이리저리 수소문해서 부품을 구해 왔고, 부품을 구할 수 없으면 수리해서 썼다.

③ 철도공사는 해무열차가 최고 속도 시험 과정에서 영업 선로에 문제를 일으키지 않을까 노심초사한 나머지 해무열차의 최고 속도 시험 운행에 따른 많은 검증과 안전 조치를 요구했다. 자연히 연구가 지연될 수밖에 없었다. 연구 개발자 입장에서는 연구가 지연될 때마다 속을 쓸어내릴 수밖에 없었다.

최고 속도 시운전은 열차가 없는 추운 겨울 심야 시간대에 시행되었다. 많은 연구원과 참여 업체 직원들이 차량 안과 밖에서 겨울밤을 지새웠다. 추운 날씨를 마다하지 않고 우리 연구원들과 로템 직원, 철도공사 직원들은 교량 변위를 측정하고, 소음을 측정하고, 분기기分岐器를 움직이지 않도록 붙들어 매 놓느라 선로 주변에서 떠나질 못했다. 열차에 탄 연구원들은 차량 내부의 각종 계기판을 보며 모터, 모터 블록, 팬터그래프, 차량 중력 변화 정도를 관찰하며 차량 주행 상태를 체크했다. 그리고 다음번 최고 속도 시험 운행에서 좀 더 속도를 높이기 위해 해야 할 일을 정리하고 실행에 옮겼다. 2012년 7월경부터 시작한 최고 속도 시험 운행은 단계적으로 속도를 높여 그해 연말에 시속 400킬로미터를 거뜬히 넘어섰다. 하지만 그 이후로 속도 증속은 쉽지 않았다. 시험 구간인 울산–대구 구간은 연속되는 터널과 급경사 언덕으로 이루어져 있었다. 공기 저항도 심해 우리 뜻대로 풀리지 않았다. 우리가 처음 예측한 것보다 많은 공기 저항, 기울기 및 터널 저항 등이 최고 속도 경신에 큰 장애가 된 것이다.

영업 선로에서 테스트를 하기 때문에 일주일에 두 번밖에는 최고 속도 시험 운행을 할 수 없었다. 많은 시행착오도 허용되지 않았다. 문제 해결을 위해 숱한 회의를 했다. 차량 의자를 떼어 중량을 낮추어 보기도 하고, 압축 공기를 이용하거나 KTX 차량과 함께 주행시켜 공기 저항을 줄여 보는 등 가능한 모든 방법이 동원되었다. 이 과정에서 우리 연구원들은 살아 있는 현장 경험을 많이 했다. 그것은 우리에게 큰 자산이 되었다. 2013년 3월 31일 우여곡절 끝에 최고 시속 421.4킬로미터 주행에 성공했다. 최고 속도 시험 운행을 한 번 남겨 놓은 시점이었다.

우리가 개발한 동력 분산식 고속열차 해무는 2013년 3월 28일 새벽, 시속 421.4킬로미터의 최고 속도를 기록했다.(29)

마지막 시험 운행은 모터의 파워를 최대 출력까지 높이기로 했다. 그리고 최고 속도 경신에 큰 기대를 걸었다. 그러나 마지막 시운전을 막 시작하려는데 보슬비가 내리기 시작했다. 빗물이 철도 레일 면을 미끄럽게 만들어 열차 바퀴를 헛돌게 했다. 비만 내리지 않았다면 최고 시속 425킬로미터를 기록할 수 있었을 것이다. 이날 최고 속도 기록 경신에는 실패했다. 다시 한 번 해 보고 싶었지만 모두 장기간 시험 운행에 지쳐 있어, 더 이상의 최고 속도 시험은 무리라는 생각을 했다. 할 수 없이 최고 기록은 지난번 달성한 421.4킬로미터로 만족해야 했다. 이 속도는 프랑스, 중국, 일본 다음으로 빠른 속도다.

2015년 4월에 개통된 호남 고속철도 구간에서 다시 최고 속도 시운전을 할 것이다. 호남고속철 구간은 대부분 평지이고 터널 길이도 짧다. 운행 조건이 경부고속철도 노선보다 훨씬 좋다. 호남고속철 시험 구간에는 고속 주행을 할 수 있도록 아예 전차선의 굵기를 크게 하고 장력을 높였다. 해무열차의 파워도 종전보다 높였다. 우리가 만든 해무열차는 설계 최고 속도인 430킬로미터를 거뜬히 넘기고 세계 고속철도 역사를 다시 쓰게 될 날을 기대하고 있다. 그렇게 된다면 세계인의 관심을 다시 한국으로 끌어모을 것이다.

고속철도에 대한 논란들

고속철도와 관련하여 많은 질문들이 있다. 그 가운데 중요한 것이 고속철도 수요는 충분한가? 고속철도는 에너지를 너무 많이 쓰지 않을까? 그리고 고속철도 건설로 인한 빨대 현상으로 수도권 인구 집중을 가속화시키는 것은 아닌가? 등등이다. 물론 이러한 질문들에 대해서는 좀 더 명확하게 정리하고 지나갈 필요가 있다.

고속철도 수요 우리나라의 1일 교통 수요는 7300만 통행이다. 그중 8퍼센트인 600만 통행은 지역 간 교통 수요이고, 나머지 6700만 통행이 도시 교통 수요다. 더구나 600만 통행에 불과한 지역 간 교통 수요를 처리하기 위해 우리는 수많은 고속도로와 고속철도를 건설해 왔다. 한국교통연구원에서는 어떤 교통 시설에 대한 교통 수요 추정을 할 때 아예 지역 교통 수요와 도시 교통 수요를 나누어 분석하고 있다. 즉 고속도로와 고속철도에 대한 교통 수요를 예측할 때 지역 교통 수요 600만 통행 중에서 몇 퍼센트인지를 따진다. 그러나 고속열차가 나온 이후로는 도시 교통과 지역 교통의 차이가 애매한 영역이 생기기 마련이다.

만약 전국을 고속철도를 이용하는 통근권으로 묶을 수 있다면 지역 교통과 도시 교통의 차이는 더욱 애매해질 것이다. 그동안 도시 교통 수요에 머물러 있던 열배 이상의 교통 수요(600만 명→7300만 명)가 고속철도 수요 대역으로 들어오게 되면 실제 고속철도 수요는 지역 교통 수요를 분리해서 수요 예측을 하는 기존 방법으로 산출한 고속철도 예측 수요보다 훨씬 많아질 것이다. 실제로 나는 전국 고속철도망 구축 계획을 마련할 때 전체 수요를 놓고 고속철도 수요를 예측한 적이 있다. 그리고 지금의 예측 수요보다 1.7배가량의 수요가 있다는 분석 결과를 도출해 냈다. KTX 요금을 낮추면 그 수요는 더욱 폭발적으로 늘어난다. 그러나 이 미래 지향적인 철도 수요는 과다 수요 예측이라는 논쟁에 휘말릴지 몰라 이용되지 않았다.

더구나 5년 전 500만 명에 불과하던 외국인 관광객이 1400만 명에 육박하고, 이들 대부분은 고속열차를 이용하고 있다. 그리고 2020년경에는 2000만 명을 넘어설 것이다. 이들은 한국에서 짧은 여행 기간 동안 보다 많은 한국을 경험하기 위해 고속열차를 이용하고자 할 것이다. 점차 고속철도 표를 구하기가 더 어려울 것이다. 이에 대한 대비가 필요하다. 고속철도의 수요가 많으면 고속철도 건설비 일부를 민간에서 조달할 수 있다. 트렌드형 사고에서 벗어날 때 우리에게는 훨씬 가능성이 많은 미래가 기다리고 있다.

에너지 사용 고속열차는 속도가 빠르므로 에너지를 많이 쓴다고 말하는 것은 자연스러워 보인다. 그러나 시속 300킬로미터로 달리는 고속열차가 에너지를 가장 적게 쓰고 있다고 말하면 믿기 어려울 것이다. 우리나라는 다양한 종류의 열차가 전국을 돌아다니고 있다. KTX를 비롯해서 무궁화호, 새마을호, 관광열차 등이 운행되고 있다. 과학적으로는 가장 빠른 KTX가 에너지를 가장 많이 사용해야 맞다. KTX는 속도가 빨라질수록 공기 저항이 기하급수적으로 늘어나기 때문이다. 그러나 결과는 정반대다. 그중에 좌석·거리당 에너지가 가장 적게 드는 것이 역설적으로 KTX다. KTX는 무궁화·새마을에 비해 30퍼센트가량의 에너지를 적게 사용한다. 그 이유는 우선 고속철도 노선이 직선화되어 있고, 일반 철도는 곡선이 많아서 같은 목적지로 가는 데 새마을호나 무궁화호가 KTX보다 달리는 거리가 길다.

열차종별	차종별	열차 편성	좌석 수	1킬로미터 주행 시 소비 전력(Kwh)	좌석당 에너지 소비 지수
KTX	고속열차	20량	935명	35.85	100
새마을 무궁화	전기 기관차	8량	428명	21.21	129

KTX 고속열차는 무궁화호 열차보다 좌석당 적은 전기 에너지를 사용한다.(30)

또한 KTX는 빠르게 달리기 위해 열차 무게를 줄이고 공기 저항을 줄일 수 있도록 유선형으로 설계했다. 그리고 단위 면적당 좌석 수도 늘렸다. 모든 첨단 과학 기술을 적용한 것이다. 반면에 새마을·무궁화 열차는 속도가 상대적으로 느려 공기 저항을 줄이거나 차량을 경량화시키는 데 큰 관심을 기울이지 않았다. 속도가 느린 여객열차에 첨단 과학 기술을 도입할 필요가 없었던 것이다.

결과적으로 KTX 고속열차가 새마을호나 무궁화호보다 에너지를 적게 사용하고 있는 것으로 나타났다. 우리의 일반 상식을 뛰어넘는 반대 결과가 나온 것이다. 이와 같이 첨단 과학 기술은 우리에게 예기치 않은 편익을 안겨 준다. 때문에 우리는 첨단 과학 기술에서 희망을 찾는 데 익숙해졌는지도 모른다.

KTX는 승용차와 비교할 때 에너지 비용이 미미한 수준이다. 서울에서 부산까지 935명의 좌석을 가지고 있는 KTX는 1회 운행에 130만 원 정도의 전기를 사용한다. 공급 좌석당 1300원어치 전기료가 드는 셈이다. 서울부터 부산까지 5인승 2000cc 승용차로 달리면 35리터가량의 휘발유를 쓴다. 리터당 1500원 정도로 계산할 때 6만 원가량 든다. 좌석당 1만 2000원의 유류비가 드는 셈이다. 따라서 승용차를 이용할 경우 고속열차의 열 배 이상의 에너지 비용을 쓰고 시간도 두 배 이상 든다. 고속철도에 비해 차량 가격과 건설비 몇 푼이 싸다고 일반 철도를 건설하고 있는 우리의 모습이 부끄럽다는 생각까지 드는 것은 무슨 이유일까? 이는 후손들에게 남겨 줄 미래 비전이 보이지 않기 때문이다.

빨대 현상 KTX 개통 초기에 일부 지방 사람들이 서울 유명 백화점과 명문 학원에 몰리는 현상이 두드러지게 나타났다. 이를 보고 일부 학자들은 KTX 개통으로 수도권 집중을 가속시킨다는 빨대 현상을 우려했다. 언론에서도 그들의 주장을 여과 없이 받아들여 KTX 개통이 마치 수도권 집중을 가속화시키는 것처럼 보도했다. 하지만 그러한 논리는 비약이다. 만약 그런 논리대로라면 지역 간 접근성을 높일수록 지역 간 격차가 벌어진다는 모순된 논리를 받아들여야 한다. 이러한 논리에는 누구도 동의하기 쉽지 않을 것이다. 아래 그림은 연도별 수도권 순 유입 인구 통계를 그래프로 그린 것이다. KTX가 개통된 2004년 이후 수도권 집중 현상은 둔화되는 모습을 보이고 있다. 2011년에는 수도권에서 처음으로 인구 순 유출이 발생했다. 어디에서도 KTX 개통으로 인해 빨대 현상이 일어난 흔적은 보이지 않는다.

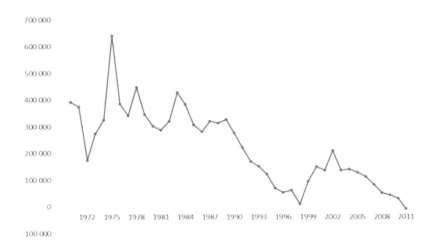

2004년 KTX 개통 후 수도권 유입 인구는 대폭 줄어들었다. 빨대 현상은 어느 곳에도 보이지 않는다. 오히려 고속철도 개통 이후 수도권 인구는 줄어들기 시작했다.(31)

지난 50년간 정부와 정치권에서는 지역 균형 개발에 막대한 투자를 했다. 그러나 이러한 지역 균형 개발 정책에도 불구하고 수도권 집중 현상은 계속되어 왔다. 그리고 지역 균형 개발이라는 명목으로 막대한 돈을 들인 인프라 시설들이 볼썽사나운 모습으로 전국에 방치되어 있다. 그동안 많은 지역 균형 개발 정책이 만들어졌고, 그에 따라 많은 투자를 했으나 큰 성과를 볼 수 없었다.

특히 노무현 대통령 시절 지역 균형 발전이라는 명분으로 행정 중심 복합 도시, 혁신 도시와 기업 도시 프로젝트를 전국에 걸쳐 벌였다. 그러나 대부분 새로 개발된 도시들에 입주할 기업이 없어 나대지 상태로 남았고, 사업을 주도한 주택토지공사는 빚더미에 앉았다. 수도권 인구 집중 문제는 계속 문제가 되어 왔다. 그때마다 일부 학자들은 수도권 집중은 규모의 불경제가 키운 것이라는 주장을 하며 이러한 규모의 불경제를 막기 위해선 지역 균형 발전이 필요하다는 논리를 내세웠다. 규모의 불경제가 나타났다면 별도의 지역 균형 발전 정책도 필요 없이 시장 원리에 따라 저절로 지역 균형 개발이 되었을 것이다. 그러나 규모의 불경제를 논하며 지역 균형 개발을 외쳤던 학자들이 무색할 정도로 수도권 집중 현상은 오히려 심화되었다. 입주 기업이 없어 미분양 산업 단지가 많았던 목포 대불 공단을 전국적으로 확대한 꼴이 되었다. 과거의 실패 사례를 보면서도 반성과 개선하고자 하는 노력이 없었다. 고집스레 계속 똑같은 주장을 되풀이하며 똑같은 실패를 재연한 것이다.

여태까지 없었던 과학 기술로 만들어 가는 전국적인 KTX 네트워크는 지역 균형 발전을 이루는 데 많은 기여를 할 것이다. 지역 간 이동에 필요한 시간을 대폭 단축하여 지역 간 격차를 줄일 수 있기 때문이다. 기업들은 지방에서는 제품 설계, 개발, 자금 조달 등에 필요한 인재를 구하기 어렵다는 이유로 지방에 공장 짓는 것을 기피한다. 지역 균형 개발을 위해서는 산업 단지를 조성하는 것도 중요하지만 수도권에 집중된 전문 인력을 지역으로 내려보낼 수 있는 방안을 우선적으로 찾아야 한다. 그 방안 중 하나가 지역 간의 교통을 KTX 고속철도망으로 연결하여 전국을 출퇴근이 가능한 통근권으로 만드는 것이다. 이렇게 된다면 지방에서도 우수한 인재를 쉽게 구할 수 있을 것이다.

오히려 KTX 개통 이후 수도권에 와서 쇼핑하는 사람들이 제법 많았다. 언론은 이를 두고 KTX가 수도권이 블랙홀처럼 모든 것을 빨아들이는 빨대 현상이 나타났다고 했다. 그러나 지방에서 KTX를 타고 쇼핑하는 승객 비율은 전체 이용객의 2퍼센트에 불과했고 그 비율도 점차 줄어 미미해졌다. 빨대 현상은 전국이 하나가 되기 위한 과도기적인 일시 현상이다. KTX를 이용하는 사람들은 통근·통학, 업무, 출장, 관광 목적이 대부분이다. 우리가 우려할 정도의 빨대 현상은 일어나지 않았다.

조사 시점	쇼 핑	통근·통학	업 무	레저·관광	개인 용무
평 균	1.1	2.9	35.9	8.3	51.2
2004. 4	2.0	4.4	27.5	8.5	57.6
2004.11	1.1	2.8	38.4	6.4	50.9
2005. 1	0.6	3.2	33.7	8.9	53.6
2005. 7	0.8	3.2	38.2	13.2	44.4
2006. 4	0.8	0.9	42.0	4.0	50.0

KTX 이용 승객의 목적별 이용 현황이다. KTX 개통 이후 2퍼센트까지 달하던 쇼핑 승객은 시간이 지나자 1퍼센트 이내로 떨어졌다.(32)

KTX 개통 초기에 서울의 명문 학원들과 대형 백화점들은 지방에 있는 학생들이나 쇼핑객들이 서울까지 찾아온다는 사실에 깜짝 놀랐다. 그리고 지방에는 수요가 많지 않을 것으로 여겼던 자신들의 생각을 바꾸어 지방 학생들과 쇼핑객들을 잡기 위해 서둘러 지방에도 분점들을 세우기 시작했다. KTX 개통으로 전국은 지역 균형 발전의 온기가 돌기 시작했다. 우리나라 최대 백화점 쇼핑몰인 센텀시티는 부산에 자리를 잡았다. 이제는 수도권 사람들이 KTX를 타고 부산 센텀시티로 쇼핑을 하러 간다. 또 많은 일본, 중국, 동남아 관광객들도 사정은 마찬가지다. KTX가 새로 정차하는 역 주변 도시들은 경제가 활성화됐다. 접근성이 좋아진 만큼 KTX 역세권 지역은 수도권과 비슷한 땅값을 형성했다.

KTX 개통에 따른 빨대 현상은 전국이 하나가 되기 위한, 과도기적으로 넘어야 할 작은 언덕이다. 오히려 KTX의 빠른 교통 서비스는 지역 간 접근성을 높여 수도권에 집중된 모든 것들을 지방에 고르게 나눌 것이다. 그리고 대한민국은 수도권과 지방이 어우러져 하나의 거대 지역권으로 거듭 태어나게 될 것이다. 그리고 세계 경제를 선도해 나갈 것이다. 빨대 현상이라는 조그마한 기침 소리에 놀라 우리나라가 하나가 되는 큰일을 포기하는 일이 없었으면 좋겠다. 중국 거대 지역권이라는 쓰나미가 우리나라를 덮을 기세로 몰려오고 있기 때문이다.

휴게소에서 갈아타는 고속버스

승용차를 타고 고속도로에 들어서면 한 번쯤 고속도로 휴게소를 만난다. 이 휴게소에 들어서면 옥수수, 떡볶이, 어묵, 커피, 순대 등 입맛 당기는 군것질거리가 즐비하게 펼쳐진다. 초등학교 등굣길에 부모님을 졸라 사 먹던 군것질거리를 어른이 되어 고속도로 휴게소에서 만날 수 있다. 고속도로 휴게소에 정차한 고속버스와 시외버스 앞 유리창에는 경주(불국사), 단양(팔경), 순천(순천만 생태 공원, 순천만 정원), 여수(오동도, 엑스포 공원), 양산(통도사), 구례(화엄사), 대천(해수욕장), 속초(설악산), 강릉(경포대), 평창(메밀밭, 스키장) 등의 행선지들이 붙어 있다.

여행은 우리들 마음을 언제나 설레게 한다. 그리고 여행에서 돌아온 지 얼마 안 되어 설레는 마음으로 다시 여행을 떠난다. 골치 아프고 반복되는 무미건조한 일상생활에 빠질수록 나만의 추억이 있는 여행을 그리게 된다. 갑자기 떠오른 추억으로 당장이라도 행선지 팻말을 보고 버스에 오르고 싶은 충동을 느낀 적이 한두 번이 아니었을 것이다. 이제 그 휴게소에서 자신의 추억을 찾아 가고픈 곳으로 고속버스를 탈 수 있게 되었다.

고속버스 업계는 자신보다 세 배나 빠른 고속철도의 개통으로 많은 승객들을 고속철도에 빼앗기면서 생존의 기로에 몰려 자구책 마련에 부심했다.

그때 평소 고속버스에도 글로벌 항공사와 선사에 적용하던 허브 전략을 적용하면 탈출구가 있을지도 모른다는 생각을 했다. 그렇게 된다면 현재 고속버스 대수로 더 많은 노선을 새롭게 만드는 것과 같은 효과가 있다. 노선 수가 많아진 만큼 더 많은 승객들이 몰려들 것이다. 특히 노선이 많지 않은 중소 도시의 시민들도 대도시 시민들처럼 전국적이고 많은 운행 빈도의 고속 교통 서비스를 받을 수 있다.

생활교통본부장 시절, 고속버스에도 항공사나 선사들과 같은 허브 전략을 구사하기 위해 관계 기관이 모여 몇 차례 회의를 했다. 그러기 위해서는 고속버스를 방향별로 고속도로 휴게소에 모아야 했다. 고속버스 업체와 고속도로를 관장하는 도로 담당 부서의 협조가 필요했다. 하지만 결과는 긍정적이지 않았다. 고속버스 업체들은 고속철도 개통으로 경영이 악화되고 있어 현상 유지를 하는 데 급급해 보였다. 새로운 비즈니스는 돈이 들어가니 썩 달가워하지 않는 눈치였다. 또 도로 담당 부서는 고속버스 환승 시스템을 도입할 경우 잡상인 등 보안 및 치안 문제 등의 이유를 들어 반대했다. 참으로 안타까운 일이었지만 모두 부정적이어서 한발 물러설 수밖에 없었다.

1년 뒤인 2009년, 교통정책실장으로 오면서 자연스레 고속버스 업무와 도로 업무가 내게 넘어왔다. 다시 한 번 고속도로 휴게소에서 승객들이 고속버스를 갈아탈 수 있게 환승 시스템을 구축하도록 지시했다. 여전히 도로 담당 부서의 많은 반대가 있었다. 고칠진 대중교통과장을 비롯한 대중교통과 직원들은 도로 업무 담당 부서와 고속버스 업체들을 찾아다니며 고속버스 환승 시스템 구축을 설득했다. 오랜 설득과 준비 과정을 거쳐 천안−논산 고속도로 정안 휴게소와 영동고속도로 횡성 휴게소에서 고속버스를 갈아탈 수 있도록 고속버스 환승 시스템을 구축했다. 그리고 고속버스 승차권 예매 전산 시스템도 그에 맞게 고쳤다. 승객들은 호남 방면과 영동

방면의 고속버스들을 서로 갈아탈 수 있게 된 것이다.

고속버스 휴게소 환승 시스템을 구축하는 데는 많은 돈이 들지 않았다. 단지 고속버스만 같은 방향으로 모으고 매표소 설치와 전산망만 연결하면 되었다. 그럼에도 불구하고 그런 생각을 한 지 3년 만에 결실을 보았으니 우리 생각을 바꾸기가 그렇게 어렵다는 생각을 했다. 아마 큰돈이 들었다면 예산 확보에만도 2~3년 걸리고 내가 공직에 있는 동안 이 일을 마치기는 불가능했을 것이다. 2009년 11월 2일, 고속버스 고속도로 휴게소 환승 시스템은 첫 시범 운영을 했다. 그리고 6개월간의 시범 운영 기간을 거쳐 2010년 3월 2일 본격적으로 시행되었다. 첫 시범 운행에서 하루 150명의 승객이 고속도로 휴게소에서 고속버스를 환승했다. 많은 수는 아니지만 고속버스 환승 시스템의 위력을 가늠하게 하는 수임에는 틀림이 없었다.

휴게소 수도 점차 늘려 경부 축 선산, 중부 축 인삼 휴게소, 호남 축 정안, 영동 축 횡성 휴게소 등 총 4개 휴게소에서 고속버스를 갈아탈 수 있게 되었다. 고속버스를 이용하는 승객들로서는 환승을 통해 많은 교통 시간과 비용을 절감할 수 있게 된 것이다. 이로써 기존 92개의 고속버스 노선을 446개 노선으로 확장시킨 것과 같은 효과가 나타났다. 매일 900여 명의 승객들이 이 4개 휴게소에서 고속버스를 갈아타고 있다. 하나의 조그만 아이디어가 많은 사람들의 고속버스 이용 패턴을 바꾸어 놓았다. 언론의 반응은 매우 좋았다. 돈도 크게 들이지 않고 국민 눈높이에 맞춘 정책에 대해 높이 평가하는 분위기였다.

나는 고속도로 휴게소에서 고속버스 환승 시스템을 이용하여 쉽게 고향을 찾거나 명승지를 찾아가는 승객들을 보기 위해 가끔씩 이곳 휴게소를 찾는다. 큰돈 들이지 않고도 국민들에게 편안한 교통 서비스를 제공하는 길은 얼마든지 있다. 그것은 얼마나 애정을 갖고 일을 추진하는가에 달려 있다.

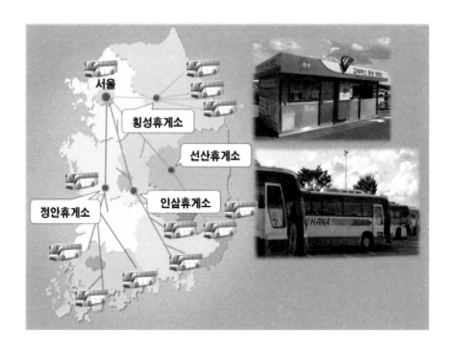

고속버스를 이용하는 승객들은 횡성·정안·선산·인삼 고속도로 휴게소에서 방향별로 고속버스를 갈아탈 수 있다.

 이제 고속버스 휴게소는 단순한 휴게소가 아니라 주변에 숙박 시설, 음식점, 관광 시설 등 소규모 도시를 만들 수 있는 가능성을 보여 주고 있다. 고속버스 환승 시스템은 고속도로 안에 또 하나의 고속버스 터미널로서의 역할을 하게 될 것이다. 적자 위기에 몰린 도로공사의 재정 위기 탈출을 위한 부대사업 개발 등의 돌파구로 활용될 수 있을 것이다.

 건설부와 교통부가 합쳐지게 된 것은 도로와 철도가 융합하여 국민들에게 서비스를 제공하라는 취지에서였다. 그러나 현실은 달랐다. 건설교통부로 통합된 이후 도로와 철도 그리고 대중교통 업무를 한군데에서 제대로 맡아 본 적이 없다. 도로, 철도, 대중교통을 이용하는 사람들은 모두 같은 사람이지만 국토해양부 내 조직은 두세 군데로 나뉘어 있었다. 경쟁적인 조직 간의 협조는 어려웠다. 이 때문에 아무리 좋은 아이디어도 정책으로 발전시키기가 어려웠다.

내가 교통정책실장으로 오면서 도로, 철도, 대중교통 업무 모두 내 소관이 되었다. 이렇듯 조직이 뒷받침되지 않았다면 고속버스 고속도로 휴게소 환승 시스템도 아직 내 머릿속의 구상으로만 남아 있었을 것이다. 이제 우리 공직 사회도 국민들과 국가 이익 앞에 조직 이기주의의 무거운 짐을 내려놓을 때가 되었다.

고속버스와 고속철도 연결

고속버스와 KTX 열차를 특정 지점에서 갈아탈 수 있다면 고속철도가 운행되지 않는 중소 도시도 고속철도 수혜 지역이 된다. 국민들은 도로와 철도를 가리지 않고 자신이 가고자 하는 출발지에서 도착지까지 빠르고 편하게 갈 수 있으면 좋다. 그러나 현실은 그렇지 않다. 과거 장기간 도로 부서와 철도 부서가 떨어져 있다 보니 도로는 도로대로, 철도는 철도대로 각각 노선을 정하고 건설했다. 도로와 철도를 함께 건설하면 사업비를 대폭 줄일 수 있는데 그러질 못했다. 오히려 서로 간의 업무를 간섭받지 않게 도로와 철도를 각자 떨어뜨려 설치했다. 이것이 훗날 도로와 철도 간에 환승 시스템을 개발하는 데 장애 요인으로 작용하고 있다.

어떻게 하면 고속도로 휴게소와 고속철도역을 연계하여 고속버스와 고속열차 승객들을 환승하게 할 수 있을까를 고민했다. 그래야만 빠른 대중교통 수단끼리의 환승을 통해 대도시 어느 곳이든 승용차보다 빠르게 다닐 수 있기 때문이다. 여태까지 고속도로와 고속철도가 서로 분리된 채 사업이 추진되어 두 노선이 만나는 지점에 환승 시설을 설치하려면 상당한 투자가 필요했다. 투자 재원 마련을 위해 환승 시설 설계, 타당성 분석, 예산 확보 등 지난한 과정을 거쳐야 한다. 그렇더라도 국민들의 교통 편의를 위해 꼭 필요한 투자는 해야 한다. 그러나 나의 공직 생활 동안 모든 것을 이룰 수는 없었다. 그러나 좋은 생각은 언젠가 누군가에 의해 반드시 실현될 것이다.

이 그림은 금정 전철역에서 수도권 외곽 순환 고속도로를 다니는 광역급행버스와 고속철도 및 전철을 연결시키는 구상도다.(33)

우리 고속철도 해외 진출

현대자동차 울산 공장에 가면 조립 공정 이외에는 사람 보기가 힘들다. 중국의 현대자동차 공장은 조립 공정에도 사람을 거의 볼 수가 없다. 자동차 제작 과정의 자동화 비율을 대폭 높였기 때문이다. 그런데 철도 차량을 제작하는 현대로템 공장은 상황이 다르다. 많은 사람들이 공장 안에서 구슬땀을 흘리며 철도 차량을 조립하고 있다. 철도 차량은 수십 편성씩 발주를 받는 주문자 제작 상품이기 때문이다. 게다가 주문 사양이 주문자별로 달라 공정을 자동화시키기가 쉽지 않다. 문자 그대로 철도 차량 제작 산업은 노동 집약적 산업이다. 고속철도 차량과 같이 항공기에 버금가는 기술이 없으면 수출을 할 수 없으니 '첨단 기술이 한데 모인 노동 집약적인 산업'이라는 표현이 맞을 것이다. 우리 조선 산업은 중국의 공세로 위기에 처해 있다. 이제 일자리 창출을 위해 우리에게 필요한 산업은 철도 산업이다. 현대로템은 최근 많은 해외 물량을 수주했다. 몇 년 전 1조 원대에 달하던 해외 수주 물량도 많이 늘었다. 그만큼 일자리가 늘어난 것이다. 이제 이 전략 산업을 어떻게 키우느냐가 우리 정부에 남겨진 과제다.

브라질 브라질은 월드컵과 올림픽을 모두 유치하는 행운을 잡았다. 우리나라가 88올림픽을 계기로 경제 상황이 좋아졌듯이 브라질의 경제도 그럴 것이다. 한양대학교 교통공학과 서선덕 교수를 단장으로 우리 업체와 공공 기관들이 함께 브라질 고속철도건설지원단을 구성했다. 우리 고속철도를 브라질에 수출하기 위해서다. 브라질 정부는 기업이 아닌 대학교수가 고속철도 건설을 제의하자 브라질 고속철도 사업을 국가 계획으로 순수하게 받아들였다. 그리고 브라질 고속철도 사업이 본격적으로 추진되기 시작했다. 일본의 한 고위 관료는 "고속철도를 개통한 역사도 짧고, 고속철도 노선 연장도 200여킬로미터밖에 되지 않는 한국에서 브라질에 진출하려고 노력하는 것을 보니 대단하다"라고 말했다. 정말 그랬다.

브라질 고속철도건설지원단 단장은 철저히 브라질 정부 편에 서서 사업을 검토했다. 그리고 브라질 정부는 단장을 믿고 사업을 추진했다. 우리 기업들은 "고속철도 건설비가 낮게 책정되어 있는 데다 사업 추진 방식이 민간 주도인 만큼 브라질의 국가 리스크가 크다"며 정면 돌파를 피했다. 그만큼 우리 기업의 도전 의지가 약했던 것이다. 과거와 같은 도전 정신은 우리 기업에서 사라져 버린 지 오래다. 아랍에미리트에 원전을 팔 때도 최고 통치권자까지 나서는 국가의 적극적인 지원 의지가 없었다면 수주는 거의 불가능했을 것이다.

나는 바쁜 일정에도 불구하고 우리 건설업체와 두 차례에 걸쳐 24시간의 긴 비행을 통해 브라질로 갔다. 출장 일정이 공식적인 면담 일정으로 꽉 짜여 있어 숙소에서 브라질 정부 청사로 가서 담당자들을 만난 뒤 차를 타고 공항으로 달려가 다음 비행기 타기에 급급했다. 나의 첫 번째 방문은 정종환 장관이 정부 대표로 직접 브라질로 가면서 이루어졌다. 정종환 장관은 국내에서 많은 점검 회의를 하고 갔으나 현지에서도 기업체들과 밤 10시까지 대책 회의를 했다. 나는 대책 회의 결과를 저녁 내내 정리해서 새벽에 새로운 협상 전략을 만들어 보고했다. 정종환 장관은 당시 정무 부총리였던 브라질 대통령 지우마 바나 호세프(Dilma Vana Rousseff)를 만났다. 그 자리에는 우리 차량 제작업체인 로템, 건설업체 그리고 나를 비롯한 수행원들이 배석했다. 한국의 고속철도에 대해 많은 이야기를 나누었다. 브라질은 한국의 고속철도 건설을 위한 적극적인 노력을 높이 평가하는 분위기였고, 한국 업체들도 매우 고무적이었다.

두 번째 브라질을 방문했을 때는 교통부 차관을 만났다. 그리고 한국 기업의 브라질 고속철도 사업 참여를 당부했다. 이어 만난 브라질 육상교통청장은 면담을 통해 한국 측의 설명과 접근 방식에 만족했다. 그는 이틀 뒤 블룸버그 통신과의 인터뷰에서 지금까지 한국이 브라질 고속철도 수주에 가장 근접해 있다고 했다. 전 세계 언론은 이를 긴급 타전했다. 우리나라에서는 이를 두고 다른 나라들이 한국을 견제하기 위해 역정보를 흘린 것이 아닌가 하고 경계하는 눈빛이 역력했다. 나는 정종환 장관에게 브라질 정부가 진정성을 갖고 인터뷰한 것이라고 말한 뒤, 잘만 하면 우리가 수주할 가능성도 있다고 했다.

많은 사람들이 수주를 위한 구체적인 노력보다는 수익성이 있느니 없느니 하며 자신의 입지를 알리는 데 급급했다. 우리 대기업들은 자신들의 몸집을 키우면서 재무 담당자들이 경영권을 장악했다. 과거의 패기는 사라지고 안정을 추구하는 분위기로 가득 차 있다. 앞으로 불확실한 미래에 어떻게 그 거대한 기업이 살아남을까 하는 의구심이 생겼다. 기업체 임직원들은 아무리 유망한 비즈니스가 나와도 우선은 반대하고 본다. 왜냐하면 신규 사업을 추진했다가 실패하여 오너의 눈 밖에 나면 옷을 벗어야 하기 때문이다. 반대로 오너가 의사 결정을 해 주면 그때는 죽기 살기로 뛴다. 그만큼 오너의 판단력은 매우 중요하다. 하지만 2세, 3세로 넘어오면서 그러한 판단력을 가진 오너를 찾기 어려운 현실이 되었다. 이 같은 세습의 피해는 고스란히 국민들에게 돌아갈 것이다.

　나는 브라질 고속철도 사업 입찰 공고(Request for Proposal)가 나올 무렵, 이제는 실제 브라질에 진출할 업체가 비즈니스 관점에서 입찰의 모든 과정을 지휘해야 한다고 생각했다. 그러나 어떤 업체도 선뜻 나서는 곳이 없었다. 처음부터 우리가 먹기 좋게 밥상이 차려지지는 않는다. 사업 조건은 우리가 바꾸어 가면 되는 것이다. 하지만 그전에 일단 사업은 진행되어야 한다. 우리가 먹기 좋게 밥상이 차려지면 경쟁이 치열해져서 먹을 것이 별로 없다. 먹을 것이 없어 보이는 밥상을 사업 추진 방식 개선, 기술 혁신 등을 통해 극복할 수 있다면 혼자만의 상을 받게 되는 것이다. 여태까지 그렇게 해서 일본의 식민 지배와 한국전쟁으로 불모지와 같았던 우리나라를 세계 일류 국가로 만들 수 있었다.

　나는 브라질 고속철도건설지원단에서 작성한 건설 단가를 검증하기 위해 브라질 현장에 건설업체를 파견하여 정확한 건설 비용을 파악하도록 했다. 개략적인 공사비가 산출됐고, 브라질 정부가 여러 가지 제도적 개선을 해 준다면 공사비도 줄일 방안이 있다고 했다. 이제부턴 사업에 경험이 없는 교수 출신 단장이 나서기보다는 기업이 직접 나서서 자기 책임 아래 해외 고속철도 사업 수주를 해야 한다고 보았다.

　정종환 장관에게 현대로템이 소속된 현대자동차그룹 정몽구 회장을 만나 이 문제를 상의하도록 부탁했다. 브라질 고속철도는 국가와 기업의 운명을 좌우하는 대규모 프로젝트로 재벌 총수의 결단이 절대적으로 필요했기 때문이다. 면담은 내가 공직을 은퇴하기 4일 전에야 이루어졌다. 정종환 장관은 정몽구 회장에게 현대자동차그룹에서 브라질 고속철도 사업 진출 문제를 주도해 줄 것을 부탁했고, 정몽구 회장은 노력하겠다는 화답을 했다. 철도 차량을 제작하는 현대로템은 현대자동차그룹사 중 규모가 작아 그룹 내 입지가 좁았다. 현대로템의 주요 간부들은 현대자동차 출신으로 채워졌다. 현대로템 자체에서는 차량을 판매하는 것 외에는 의사 결정을 할 수 있는 게 별로 없었다. 현대자동차그룹에서는 현대자동차가 불티나게 팔리는데 굳이 현대로템이 많은 재원 리스크를 부담해야 하는 브라질 고속철도 건설 사업에 대해 탐탁하지 않게 생각했을 것이다.

내가 공직을 떠난 후 1년 뒤 우리나라 컨소시엄은 "브라질 정부의 사업 제안 요청에 대해 수익성이 없어 사업 제안을 하지 않았다"는 짧은 성명만 남기고 브라질 고속철도 사업을 포기했다. 나는 기업체의 주장대로 수익성이 없다면, 수익성이 있도록 조건부 사업 제안서를 넣어서라도 브라질 정부의 관심을 지속적으로 붙들어 놓는 것이 필요하다고 생각했다. 그동안 온갖 노력에도 불구하고 우리는 얻은 것 없이 물러나고 말았다. 우리에게 또다시 이런 기회가 올 것인가 자문했다.

지난 2013년 8월, 프랑스 컨소시엄은 브라질 고속철도 사업에 입찰 제안서를 냈다. 브라질 정부는 1개 업체만 입찰에 참여했다는 이유로 유찰시켰다. 우리가 수익성이 없어 입찰에 참가하지 않은 사업을 프랑스는 어떻게 참여할 수 있었을까? 수익성이 없었다기보다 브라질 고속철도 사업에 대해 수익성 확보를 위한 아이디어와 관심이 없었다는 표현이 맞을는지 모른다.

세계적인 프로젝트는 우리에게만 밥상을 차려 주지 않는다. 대형 사업일수록 사업을 해 나가면서 사업 조건이나 사업비가 바뀌기 마련이다. 프랑스 정부는 자신들의 고속철도를 한국에 팔기 위해 8년여의 공을 들였다. 우리나라의 경부고속철도 사업비는 처음에는 4조 원 하던 것이 8조 원으로 늘었고, 마지막에는 22조 원으로 마무리됐다. 처음부터 22조 원이 든다고 했으면 사업 추진조차 되지 않았을 것이다. 브라질 고속철도 사업도 우리들만의 사업 추진 전략을 갖고 아이디어를 짜내면 수익성을 맞출 수 있을 것이라는 생각을 했다. 여러 가지 가능성을 갖고 사업을 추진한다면 한국이 불모지와 같은 중남미에 한국의 고속철도를 놓게 되고 그 여세를 몰아 중남미 전역을 우리의 고속철도 시장으로 만들 수 있었다. 이러한 천재일우의 기회를 그냥 놓아 버린 것이 매우 안타까웠다.

미국 미국은 오바마 행정부가 들어서면서 고속철도 사업에 관심이 많았다. 미국은 단거리를 움직일 때는 자가용, 장거리는 항공기 위주로 이용했다. 미국의 교통 구조는 저탄소 녹색 성장 시대에 맞지 않는 고비용의 교통 구조여서 이에 대한 개선이 필요했다. 그리고 오바마 행정부의 강력한 의지로 미국 전역에 22개 고속철도 사업이 추진되고 있었다. 많은 민원에도 불구하고 캘리포니아와 플로리다에서 고속철도 사업이 가시화되었다. 나는 미국을 방문하여 연방철도청장과 플로리다 교통부 장관을 만났다. 그 자리에서 한국을 방문해 줄 것을 당부했다. 연방항공청장은 약속한 대로 일본을 거쳐 5일간 한국을 방문했다. 이 기간 동안 한국의 철도 시설을 둘러보고 한국 고속철도에 깊은 관심을 가지게 되었다.

그리고 3년 뒤 나는 철도기술연구원장으로 와서 미국 워싱턴에서 철도청장을 다시 만났다. 그 자리에서 미국 고속철도 사업에 한국 기업이 참여할 수 있는 기회를 줄 것을 부탁했다. 한국을 방문하여 우리나라 고속철도를 둘러본 그는 매우 긍정적인 답변을 했다. 이제 미국의 캘리포니아 고속철도 사업 추진이 빠르게 진전되고 있다. 미국에서도 시험 노선이지만 고속철도 사업이 추진되는 셈이다. 캘리포니아 고속철도공단은 1단계 일부 테스트 46킬로미터 구간에 대해 발주를 했다. 그리고 한국철도시설공단이 컨소시엄 내 기술 자문을 맡았다. 이제부터 시작이다. 미국의 고속철도 시장에 대한 과감한 도전이 필요하다.

중동 2010년 교통정책실장 때 일이다. 최중경 경제수석은 UAE를 방문하여 UAE의 철도망 계획에 대한 자문을 당부했다. 우리나라 철도를 UAE에 진출시키기 위한 장기적인 포석이었다. 시간이 얼마 없어 작업 팀을 꾸리고 며칠 밤을 새워 가며 자료를 만들었다. UAE 방문은 UAE 원자력 발전소 수주 바로 직후에 이루어졌다. 나는 UAE 아부다비의 알 스웨이디 개발부 장관 겸 철도공사 회장의 저택에서 향후 UAE 고속철도의 개발 방향에 대해 브리핑을 했다. 그리고 우리나라에서 건설 중인 화려한 역사驛舍 디자인을 패널로 만들어 접견실에 전시했다. 브리핑, 질문과 답변은 영어로 통역 없이 진행되었다. 함께 참석한 우리 대기업 참석자들은 예고 없는 브리핑에 의아하게 생각했다. 나를 컨설팅 업체 임원 정도로 생각한 것 같았다. 브리핑은 대체로 성공적이었다. 알 스웨이디 장관은 나에게 다음 날 영국인 출신의 UAE 철도공사 사장과 간부들을 상대로 브리핑 내용을 다시 설명해 줄 것을 부탁했다. 나는 UAE 아부다비 철도공사 사무실을 방문하여 공사 사장과 간부들과 한 시간이 넘는 토론을 했다. 영국인 사장은 많은 질문을 했고, 나는 그의 질문에 대해 소상히 답변했다. 한국 고위 공무원이 직접 파워포인트로 발표하고, 철도 관련 질문에 답변하는 것을 보고 의아하게 생각했을 것이다.

나는 이들과의 토론에서 많은 것을 배웠다. 그리고 우리 철도 산업이 중동 지역에 들어오기 위해서는 좀 더 체계적인 노력이 필요하다는 것을 알았다. 우리의 고속철도 기술을 팔려면 UAE뿐 아니라 카타르, 쿠웨이트, 사우디, 바레인, 오만 등 걸프 만灣 국가들의 공감대 형성이 필요하다는 사실을 알게 되었다.

공직을 은퇴한 후 카이스트를 거쳐 7개월 만에 한국철도기술연구원 원장에 부임했다. 카타르에서 한 통의 이메일이 날아왔다. 카타르에서 열리는 걸프 만 6개국이 함께 여는 걸프협력기구(GCC, Gulf Cooperation Council) 철도교통포럼에 발표자로 참석해 달라는 부탁이었다. 나는 우리 철도 산업의 우수성을 알릴 기회라는 생각에 흔쾌히 승낙했다. 내가 발표한 포럼 세션은 주로 독일 철도공사 회장, 프랑스 알스톰의 전문가 등 유럽 굴지의 회사 사람들이 참석했다. 마치 중동 국가에 철도 건설 수주 전쟁을 치르러 온 기분이었다. 나를 제외한 발표자들은 모두 유럽에서 온 사람들이었다. 아시아에선 유일하게 참석한 셈이다. 그 자리에 참석한 현지 우리 건설업체들은 한국인이 유럽인들 사이에 끼여 고속철도에 대해 발표한다는 사실에 매우 큰 자부심을 느꼈다. 우리보다 40년 먼저 고속철도를 건설한 일본, 최근 1만 킬로미터의 고속철도를 가진 중국도 그 자리에는 없었다.

카타르에서 열리는 걸프협력기구 주최 철도교통포럼에서 우리의 고속철도 건설 경험과 걸프 만 국가의 고속철도망 건설 방안을 제안했다.

포럼의 마지막 발표자로 나선 나는 한국의 고속철도 운영 경험과 오만-카타르-UAE-쿠웨이트-사우디-바레인을 연결하는 GCC 국가의 고속철도망 건설 구상에 대해 발표했다. 나는 그 자리에서 "고속철도 기술은 이미 낙후된 기술(old technology)이다. 기존 방식의 철도를 놓는 일은 아주 오래된 기술(old-old technology)을 도입하는 것이나 마찬가지로 매우 어리석은 일이다"라고 했다. 특히 이들 국가들은 지형상 평지 사막으로, 토질이 단단하여 노반 건설비가 크게 들지 않고 터널과 교량도 많이 필요하지 않아 고속철도든 일반 철도든 건설비 차이가 별로 나지 않는다는 점을 강조했다. 그리고 고속철도 연결을 통해 카타르-두바이-아부다비 공항을 연결함으로써 대형 허브 공항군을 만들 수 있고, 강렬한 태양열을 이용해 전기를 회수하여 고속열차 동력으로 활용하면 운영비를 낮출 수 있다는 점도 덧붙였다.

독일 철도공사 회장과 프랑스 알스톰 관계자들은 자신들의 고속철도 기술이 새로운 기술이라며 자부심을 갖고 있었는데 나의 발언에 매우 당황하는 모습을 보였다. 방청석에서 내가 제안한 GCC 고속철도 구상에 대한 질문이 이어졌다. 방청석 맨 앞줄에 앉아 있던 사우디 철도청장은 한국을 방문해 현대로템 창원 공장을 둘러본 경험을 말하면서 한국의 철도 기술이 매우 훌륭하다는 말을 했다. 예기치 못한 한국 철도 기술에 대한 호의적인 평가에 다른 나라에서 온 참석자들은 당황하는 듯 보였다.

다음 날 독일로 가기 위해 카타르 공항 대합실에서 비행기를 기다리고 있었다. 바로 옆에 앉은 독일 철도 전문가가 어제 포럼에 참석했다면서 말을 붙였다. 그러고는 한국인의 발표에 프랑스 철도 전문가들이 당황했을 것이라고 말했다. 프랑스는 자신들의 고속철도 기술이 세계 최고임을 선전하고 다니면서 마케팅 전략을 펼쳤다. 그러한 프랑스의 자부심이 담긴 고속철도 기술을 오래된 기술이라고 했으니 자존심이 상할 만했을 것이다.

한국의 철도 기술이 획기적으로 발전하고 해외 진출이 늘면서 유럽 국가들로부터 많은 견제가 있을 것이다. 이제는 그들의 환심을 사기 위해 비굴한 웃음을 지으며 곁불 쬐기를 할 것이 아니라 우리 나름대로의 과학 기술을 갖고 당당하게 세계 철도 시장에 나가야 한다. 그러기 위해서는 우리들이 그동안 빠른 경제 발전 과정에서 생겨난 선진국 모방이라는 긴 잠에서 깨어나야 한다. 우리들의 생각과 아이디어로 세계 시장에 나서야 한다. 이를 위해서는 우리 스스로 고정관념의 벽을 깨고 앞으로 나가는 용기 있고 뼈를 깎는 노력이 필요하다.

태국 아시아 국가 중에 고속열차를 가장 빠르게 건설할 수 있는 나라는 태국이다. 다른 나라들은 돈이 없어 사업 진척이 제대로 되지 않을 것이다. 태국은 인구 밀도, 소득 그리고 국민들의 교육 수준 등을 감안할 때 동남아시아 국가들 중에서 고속철도 건설이 가장 가능한 국가다. 나는 태국을 방문하여 우리 고속철도의 기술을 알리는 한편, 우리나라에서 열리는 국제 세미나에 태국 공무원을 초청하여 친분을 다졌다. 그리고 차분하게 태국에 필요한 고속열차의 모습을 그리고 있다. 태국을 둘러싼 말레이시아, 베트남, 네팔 등도 고속철도 도입을 타진하고 있다. 그러나 이들 나라에서는 기존의 철도 개량 사업에 더 관심이 많다. 이곳에도 우리의 기술로 더 빠른 열차를 집어넣을 수 없을까 고민하고 있다.

중국 중국은 2009년 12월 26일, 후베이 성(湖北省) 우한(武漢)과 광둥 성(廣東省) 광저우(廣州)를 연결하는 시속 350킬로미터급 고속열차를 영업 노선에 투입했다. 세계는 놀라움을 금치 못했다. 에너지와 유지 관리비 최적화 차원에서 고속철도는 시속 300킬로미터를 넘지 않아야 한다는 것이 무언의 진리처럼 여겨 왔기 때문이다. 시속 350킬로미터로 개통한 지 2년이 채 못 되어 2011년 7월 1일부터 시속 350킬로미터에서 시속 300킬로미터로 속도를 낮추었다. 그리고 중국은 2011년 7월 23일 일반 열차 구간에서 열차 추돌 사고로 많은 인명 피해를 냈다. 이때부터 우리나라 철도 담당자들은 중국의 고속철도 기술 수준을 폄하하기 시작했다. 나는 중국 출장길에 베이징에서 상하이까지 고속철도를 타 보기로 했다. 운행 속도는 평균 시속 308킬로미터로 매우 안정적이고 느낌도 괜찮았다. 이미 중국은 시속 350킬로미터까지 영업 운전이 가능한 기술을 확보하고 있다고 보았다. 몇 가지 기술적 문제만 푼다면 언제든 다시 영업 속도를 시속 350킬로미터까지 올릴 수 있다고 생각했다.

내가 한국철도기술연구원 원장으로 재직하던 시기에 철도기술연구원 김기환 부원장이 중국을 다녀왔다. 그는 한국형 고속열차를 탄생시킨 주인공이다. 그는 중국의 고속철도 기술이 가지고 있는 우수성에 대해 자세히 설명했다. 중국의 고속열차는 차량 사이의 간격이 작아 공기 저항도 적게 받도록 설계되어 있고, 열차가 출발할 때의 가속 능력과 정차할 때의 감속 능력이 뛰어나다는 이야기다. 상대방의 실패를 통해 우리가 자만하고 있는 건 아닌지 스스로에게 물었다. 이미 중국은 많은 도전과 실패를 통해 성공하는 법을 터득하고 있을지도 모른다는 생각을 했다. 남의 실수로 위안을 찾는 사람은 스스로를 수렁 속에 빠뜨린다. 남이 잘못되어 자기가 잘되는 일은 없다. 우리가 살 길은 우리 스스로 찾아야 한다.

대중교통 혁명

허브 도시들

파리, 방콕, 홍콩, 서울, 도쿄, 시드니, 뉴욕, LA, 상파울루 등 이름만 들어도 가슴 설레는 도시들이 있다. 그것이 바로 허브 도시다. 이들 도시에는 저상버스, 굴절버스, 트램, 지하철 등 다양한 형태의 대중교통이 도시 구석구석을 다니고 있다. 사람들은 이 대중교통을 이용해 도시 이곳저곳을 다니며 경제, 사회, 문화 활동에 참여하고 있다. 이들로 인해 도시는 활력이 넘치고 세계 곳곳에서 많은 사람들이 몰려들고 있다. 이들의 발이 되는 것은 버스, 트램, 지하철 등 대중교통 시스템이다. 잘 갖추어진 대중교통 시스템은 이 도시들의 경쟁력을 높인다. 보다 빠르고 편리하고 안전한 대중교통 시스템을 만들기 위해 수많은 도시들이 노력하고 있는 이유다.

미국에서는 20세기 초반 도시 외곽에 신도시 개발 붐이 일었다. 도시 개발 사업자는 신도시의 부동산 가치를 높이기 위해 도심에서 신도시까지 전차를 운행했다. 이 전차는 도시 개발 사업자들에게 막대한 수익을 안겨 주었다. 이들의 필요에 의해 대중교통망이 형성되기 시작했다. 그러나 1930년대 불어닥친 자동차 시대는 이러한 대중교통망을 무용지물로 만들어 버렸다. 교통의 대부분은 승용차가 담당했고, 이를 위해 많은 도로들이 건설되었다. 그리고 대중교통은 자동차 교통을 지원하는 보조 역할만 담당했다. 즉 주차장에서 주거지, 직장 또는 간선철도역까지 연결하는 역할을 버스가 담당했다. 우리가 흔히 이야기하는 환승 주차장(park and ride) 및 환승 정차장(kiss and ride) 개념은 이때 나온 것이다.

도시들은 늘어나는 승용차들로 인해 매일매일 지옥 같은 교통 체증을 경험하기 시작했다. 사람들은 승용차 위주의 교통 시스템이 지속 가능(sustainable)한가에 대해 회의를 품기 시작했다. 이런 가운데 도시들은 접근성(accessability)과 이동성(mobility)을 확보하기 위해 교통 체증으로부터 자유로운 지하철, 경전철, 트램 등 대중교통 수단들을 도입했다. 그리고 정거장 주위에 대규모 쇼핑센터, 호텔, 아파트를 건설하여 접근성을 높였다. 도시 개발 사업자들은 지하철이나 버스 정거장 주위의 부동산을 고밀도로 개발하여 많은 돈을 벌어들였다. 사업자들은 아예 대중교통을 이용하기 쉽게 도시를 개발하면 도시의 가치를 훨씬 더 높일 수 있을 것이라는 생각을 하기 시작했다. 이러한 도시 개발 방식이 대중교통 중심 도시 개발 방식(transit oriented development)이다. 그리고 도시 전체를 대중교통 시스템을 중심으로 재탄생시킨 도시들을 대중교통 도시(metropolis)라고 했다.

이들은 철도역, 버스 정거장 주변에 상가, 아파트, 사무실 등을 집중 배치하여 고밀도로 개발하고 역이나 정거장에서 멀리 떨어진 지역은 저밀도로 개발했다. 이러한 개발 방식은 그동안 승용차에 과도하게 제공되었던 도로, 주차장 등의 공간을 광장, 공원, 녹지 등 오픈 스페이스(open space)로 바꿀 수 있게 해 주었다.

대중교통 중심 개발은 도시를 이용하는 시민이나, 도시를 개발하는 사업자 모두 만족스러운 개발 방식이다. 도시 개발자 입장에선 역사 주변, 정거장 주변을 밀도 높게 개발함으로써 도시 개발에 필요한 비용을 줄이는 대신 부동산 가치를 높여 막대한 이익을 챙길 수 있다. 또 시민들 입장에서는 대중교통을 보다 쉽게 이용하고 넓은 녹지 공간을 즐길 수 있다. 이처럼 대중교통을 잘 활용하면 아스팔트에 둘러싸인 삭막한 도시들도 사람 냄새가 물씬 풍기는 활력적인 도시로 바꿀 수 있다.

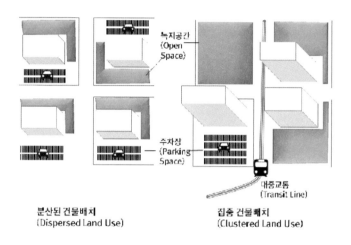

승용차 위주 도시 개발(좌측 그림)과 대중교통 위주 도시 개발(우측 그림) 사례를 보여 주고 있다. 대중교통 위주 도시 개발은 역을 중심으로 고밀도 개발을 하여 보다 많은 녹지 공간을 제공할 수 있다.(34)

세계 곳곳에서 다양한 대중교통 도시들이 태어나고 있다. 목걸이에 진주를 품은 것과 같은 스톡홀름의 도시 개발 계획(pearls on the necklace), 코펜하겐의 손가락 모양을 한 도시 개발 계획(finger plan), 싱가포르의 성운星雲처럼 퍼져 나가는 도시 개발 계획(constellation plan) 등이 그것이다.

유럽 도시들의 도심에는 많은 유적과 고풍스러운 건물들로 가득 채워져 도로나 주차장으로 내줄 공간이 충분하지 않다. 인구가 늘어나자 과거 마차가 다니던 도로에 트램, 굴절버스 등을 운행하여 늘어나는 교통 수요를 처리하고 있다. 아울러 도시 주변 곳곳에 쾌적한 보행로를 만들어 짧은 거리는 보행을 유도하고 있다. 덕분에 유럽 도시들은 수천 년 동안 보존해 온 많은 유적, 광장 그리고 녹지를 그대로 보전할 수 있게 되었다. 이는 기존 도시들도 대중교통을 활용하면 얼마든지 새롭게 태어날 수 있는 가능성을 보여 준 것이다.

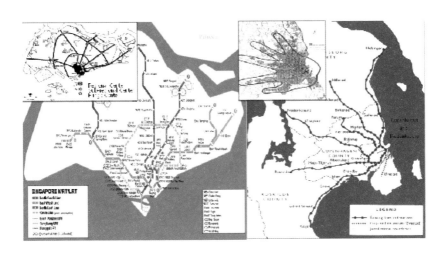

좌측 그림은 성운 모양의 싱가포르 도시 개발에 맞게 설계된 반원형 거미줄망(half cobweb) 도시 철도 네트워크다. 우측 그림은 코펜하겐 전역을 아우르는 손가락 모양의 방사형＋순환형 대중교통 네트워크의 모습이다.(35)

얼마 전 오스트레일리아 시드니에서 열린 세계철도학회에 참석했다. 시드니 거리에는 유럽풍 건물 배치로 폭이 넓지 않은 도로에 대형 버스, 굴절 버스, 이층형 도시 열차, 전차(트램) 등 형형색색의 대중교통으로 가득 차 있다. 도심에서 해변으로 나오는 길은 쾌적한 보행로로 연결시켰다. 택시를 타고 해변으로 나오려면 먼 거리를 돌고 돌아야 했다. 해변으로 가려면 걷는 것이 더 편리하게 느껴질 정도였다.

걷는 길을 따라 푸른빛을 띠는 바다와 멀리 보이는 오페라 하우스는 물론 영화에서나 볼 법한 고풍스러운 건물들, 예술성이 가미된 다리들, 길거리를 점령한 카페들이 눈앞에 펼쳐진다. 사람들은 승용차라는 갑옷을 집어 던지고 거리로 뛰어나와 자신들의 심장 소리에 박자를 맞추어 걷고 있다. 여기저기서 쏟아져 나오는 사람들의 밝은 얼굴 표정과 활기찬 발걸음은 이곳에서 영원히 살고 싶은 생각이 들게 한다. 사람 내음이 흠씬 묻어나는 도시는 우리가 모여 사는 의미를 다시 한 번 느끼게 해 준다.

우리나라는 개발 초기 미국의 영향을 받아 승용차 중심의 교통 시스템을 도입했다. 때문에 많은 도로를 건설했고, 또 건설하고 있다. 시원하게 뻗어 있는 넓은 도로는 이웃들을 분리시키고 이웃 간의 자유로운 왕래를 차단시켰다. 또 많은 이산화탄소 배출로 지구 생태계를 위협하고 있다. 그리고 도시들은 무리한 인프라 건설로 인해 도시 재정이 어려워지고 있다. 허브 도시가 되려면 보행과 대중 교통을 활성화시켜 도시의 활력을 찾아야 한다.

출퇴근 고생길

우리는 매일 아침 꽉 막힌 도로 위 승용차나 콩나물시루 같은 버스, 지하철 속에서 출근 시간에 늦을까봐 안절부절못한다. 우리나라에서 하루에 발생하는 교통 수요는 7300만 통행에 이른다. 이 중 90퍼센트 이상이 도시에서 발생하는 교통 수요다. 우리나라 평균 출퇴근 시간은 55분으로, OECD 국가 평균보다 17분 더 길다. 출퇴근 시간이 길기로는 OECD 국가들 중 두 번째다.

서울 집값이 천정부지로 올라 집을 구하기 힘든 서민들은 용인, 수원, 파주, 일산 등 수도권 외곽으로 이주하고 있다. 수도권 아파트에 살고 있는 많은 사람들이 하루 세 시간씩 걸리는 출퇴근 때문에 새벽에 나가고 밤늦게 집에 들어오니 가족 간에 대화할 시간조차 없다. 이런 상황에서 가정이 행복하고 편안할 리가 없다. 정치권에서 이야기하는 구호성 복지보다 얼마간이든 출퇴근 시간을 줄여 주는 것이 이들에게 조금이라도 희망을 주는 것이다.

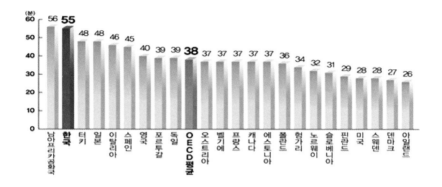

우리나라 출퇴근 평균 시간은 55분으로, OECD 국가들 중 최상위권이다.(36)

승용차 과다 이용

경제 개발 시기에는 미국이 우리의 경제 발전 모델이 되었다. 그리고 많은 교통 전문가들이 미국 대학에서 배출되었다. 그런 이유로 우리나라 교통 시스템은 구축 단계에서부터 미국의 승용차 위주 교통 시스템의 영향을 받았다. 더구나 1970~1980년대 눈부신 경제 발전과 함께 온 마이카 시대는 승용차 위주의 교통 시스템을 가속화시키는 작용을 했다. 승용차를 갖는 것은 마치 우리나라가 선진국이 되기 위한 필수 과정이며, 개인들에게는 신분 상승의 상징처럼 인식되었다. 많은 사람들이 필요에 의해, 자존심을 위해 승용차를 구매하기 시작했다. 정치인, 고위 공직자, 언론인, 고소득 직장인 등 여론 주도층이 승용차를 가지게 되면서 문제는 더욱 심각해졌다. 그들은 교통 체증이 없도록 도로를 더 건설해 달라는 주장을 했고, 그로 인해 많은 도로들이 우후죽순처럼 생겨났다. 승용차 위주의 도로 교통 시스템은 날이 갈수록 더욱 견고하게 구축됐다.

도로에 집중된 투자로 인해 대중교통의 경쟁력은 더욱 떨어졌다. 승용차로는 접근 가능하지만 대중교통과 보행으로 접근할 수 없는 곳들이 늘었다. 민간이 운영하는 버스는 수요가 있는 곳에만 운행되었고, 지하철은 막대한 투자비 때문에 건설이 더디게 진행되었다. 국민들은 승용차 없이는 자신들의 경제 활동을 할 수 없게 되었다. 도로 위주의 교통 투자는 국민들에게 승용차 구매를 촉진시키는 결과를 초래했다. 미국처럼 한 집에 한 대가 아니라 한 사람당 한 대를 소유하지 않으면 안 되는 시대가 오고 만 것이다.

승용차를 이용하면 자신들이 번 돈의 상당 부분이 차량 구입비, 유류비, 보험료 등으로 들어간다. 승용차 위주의 교통은 겉보기에는 멋져 보이지만 이를 이용하는 사람들은 죽을 맛이다. 막대한 투자를 한 도로는 늘어나는 승용차들로 포화 상태가 되어 교통 체증으로 나타났다. 교통 체증을 줄이기 위해 도로 투자를 늘렸는데 그만큼 승용차도 늘어나 다시 교통 체증을 만들어 낸 것이다. 승용차 중심 교통 시스템을 가진 대부분의 도시들은 도로, 주차장 등으로 3분의 2가량의 가용 토지 공간을 자동차에 할애하고 있다. 그리고 출퇴근 때는 심한 교통 체증으로 고생하고 있다. 사람들이 조금 편하고 싶은 욕구를 채우기 위해 자신들 삶의 공간 대부분을 승용차에 넘겨주었다. 이렇듯 승용차 과다 이용은 많은 문제점을 야기하고 있다.

도로 교통 체증 우리나라 도시들은 세계 여느 도시들과 마찬가지로 주요 간선도로들이 극심한 교통 체증으로 몸살을 앓고 있다. 이러한 교통 체증으로 길에서 허비하는 돈, 즉 교통 혼잡 비용은 2015년에 33조 원 규모로 매년 천문학적인 비용을 길바닥에 버리고 있다. 그런데도 이런 교통 혼잡 비용을 줄이겠다고 엄청난 투자비를 들여 도시 고속도로와 도시 순환도로를 건설했다. 새로 건설된 도로는 승용차 이용을 촉진시켰다. 이 때문에 도로를 건설하면 할수록 오히려 교통 체증 구간이 늘어나는 기현상이 생겨났다. 악순환이 되풀이되고 있는 셈이다.

석유 자원 고갈　중국, 인도, 브라질, 멕시코 등 개발도상국들의 유류 소비가 급격히 늘고 있다. 유류 소비 중 많은 부분이 승용차의 과다한 이용으로 소비되고 있다. 새로 늘어나는 유류 소비는 새로 개발하는 유전의 세 배를 넘었다. 지금은 셰일가스 발견 등 일시적으로 유가가 하락하고 있으나 어느 시점에서는 유류 소비가 유류 생산을 초과하여 유류 가격이 대폭 오를 수밖에 없다. 그렇게 되면 경제적 압박이 심해질 것이고, 서민들은 승용차 운영비를 감당할 수 없어 자신들의 직장을 포기할 수밖에 없을지도 모른다.

지구 온난화　자동차에서 뿜어 대는 이산화탄소는 지구 온난화의 주범이다. 늘어나는 자동차들로 인해 지구 온난화가 가속화되고, 지구 생태계는 위협받고 있다. 교통 부문의 이산화탄소 배출량은 전체 배출량의 20퍼센트에 달한다. 그리고 그 증가율 또한 계속 높아지고 있다. 이에 대한 세계 각국의 고민이 깊어지고 있다. 우리 사회가 지속 가능한 사회가 되기 위해서는 이제부터라도 대중교통 시스템을 정비하여 승용차 이용을 줄이고 배출가스를 감축시켜야 한다. 그래야 지구를 구하고 인류를 구할 수 있다.

주거 공간 단절　승용차 천국인 미국의 텍사스 주 휴스턴의 경우 주차장, 도로 등 승용차를 위한 공간이 도시의 3분의 2 이상을 차지하고 있다. 사람들이 승용차의 편리함을 추구하면서 자신들 삶의 공간 대부분을 승용차에 내주었다. 도심을 가로지르는 넓은 도로와 주차장 때문에 사람들의 주거 공간은 단절되고 있다. 이로 인해 사람들이 모여 살 수 있는 기회도 점차 줄어들고 있다. 우리들 삶의 공간을 더 이상 승용차에 빼앗겨서는 안 된다.

효율적인 대중교통 시스템을 구축하여 도시 전체를 우리 삶의 공간으로 만들어야 한다.

하늘에서 바라본 미국 휴스턴 시의 모습이다. 대부분이 자동차를 위한 공간이다.

소외 계층 증가 미국 대부분의 도시들은 승용차가 없으면 등교도 출퇴근도 쇼핑도 할 수 없다. 미국에서는 한 사람당 한 대의 자가용을 유지하기 위해 승용차 할부금, 보험료, 유류비 등 1년 동안 들어가는 돈이 수천 달러에 달한다. 운전을 못하거나 소득이 낮은 사람들은 교통 서비스를 받지 못해 경제·사회 활동 참여에 제약을 받는다. 때문에 도시 전체의 경제 활동이 위축되고 소외 계층이 늘어난다. 이런 도시에서는 빈익빈 부익부의 악순환이 되풀이될 수밖에 없다.

승용차 과다 이용에는 많은 문제가 따를뿐더러 지속 가능하지도 않다. 우리가 교통 시스템을 대중교통 위주로 바꾸는 방법 외에는 달리 방도가 없다. 잘 갖추어진 대중교통 시스템은 미래 허브 도시를 만드는 데 필수적이다.

대중교통이 답

대중교통은 승용차에 비해 공간을 매우 작게 차지한다. 경부고속도로 일부 구간에서는 버스 전용 차로제를 실시하고 있다. 4차선 중 한 개의 차선을 출퇴근 시간이 되면 버스 전용 차로로 제공하고 있다. 이 버스 전용 차로에 고속도로를 통과하는 승객의 80퍼센트가 이용하고, 나머지 세 개 차로가 20퍼센트의 통과 승객을 처리하고 있다. 만약 버스 전용 차로 없이 승용차만으로 이 많은 승객들을 처리하려면 어림잡아도 16개의 차로가 필요하다.

미국의 저명한 대중교통 학자인 펜실베이니아 대학의 부칸 부칙(Vukan Vuchic) 교수는 『도시 대중교통 시스템(Urban Transit System)』에서 한 시간에 1만 5000명의 승객을 처리하려면 승용차로는 도시 안에서 34개 차선(도로 폭 115미터)이 필요하고, 고속도로에서는 14개 차선(도로 폭 51미터)이 필요하다는 연구 결과를 내놓았다. 이에 반해 대중교통인 버스의 경우 4개 차선(도로 폭 14미터), 도시 철도는 두 개의 선로(선로 폭 8미터)가 필요한 것으로 나타났다. 대중교통의 도로 점유는 도시 철도를 기준으로 승용차에 비해 15분의 1에 불과하다.[37]

또 다른 예를 들어 보면, 만약 4차선 고속도로에 승용차가 도로를 가득 메우고 시속 20킬로미터의 속도로 달린다고 가정하자. 그 고속도로 1킬로미터에 몇 대의 승용차가 있고, 얼마나 많은 사람들이 그 승용차에 타고 있을까? 답은 간단하다. 차량과 차량 사이의 간격을 20미터로 생각하면 1차선당 50대에 4차선이면 200대 정도다. 그리고 승용차 한 대에 1.4명(평균 승차 인원)으로, 280명의 승객이 타고 있다.

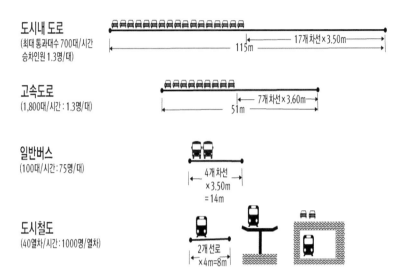

도시내 도로
(최대 통과대수 700대/시간
승차인원 1.3명/대)

115m ← 17개 차선×3.50m →

고속도로
(1,800대/시간 : 1.3명/대)

51m ← 7개 차선×3.60m →

일반버스
(100대/시간 : 75명/대)

4개 차선
×3.50m
=14m

도시철도
(40열차/시간 : 1000명/열차)

2개 선로
×4m=8m

교통수단별 시간당 1만 5000명을 처리할 수 있는 교통 시설의 폭이다.(37)

　우리나라는 인구 밀도가 세계에서 3위(방글라데시 1위, 타이완 2위)다. 우리나라처럼 인구 밀도가 높은 나라들은 승용차만으로 교통 문제를 풀 수가 없다. 수도권 인구가 2000만 명을 넘고, 우리나라 전체 인구는 5000만 명에 이르고 있다. 아침저녁으로 같은 시간대에 출퇴근하는 인구는 학생들을 포함해 수도권 1000만 명 그리고 전국적으로 2500만 명이 넘는다. 이 많은 사람들이 모두 승용차를 가지고 나온다면 전국 곳곳이 교통 체증으로 아비규환이 될 것이다. 지금 우리에게는 교통 문제를 해결하려면 대중교통을 활성화하는 방법밖에 없다. 버스, 도시 철도 등 대중교통을 이용하면 도로 등 교통 시설이 차지하는 공간을 열 배 이상 줄일 수 있다. 이 공간을 시민들의 휴식 공간으로 활용할 수도 있고, 더 많은 사람들을 살게 할 수도 있다. 그리고 환경을 보전할 수 있다.

시내버스 부활

세계은행 권고　우리나라는 과거 부산 지하철 건설비의 일부를 세계은행 차관으로 들여왔다. 세계은행 사업평가단이 차관 사업 평가를 위해 교통부를 방문했다. 당시 나는 미국에서 교통공학 박사 학위를 받고 교통부로 돌아와 도시교통정책과에서 사무관으로 근무하고 있었다. 영어를 할 줄 아는 사람이 많지 않아 자연스레 세계은행 평가단과의 면담은 내 차지가 되었다.

평가단 단장이 "한국은 왜 비용이 저렴한 버스나 경전철은 제쳐 놓고 건설비가 가장 많이 드는 지하철부터 건설하는가?" 하고 물었다. 그들의 논리는 비용이 가장 적게 드는 버스→경전철→지하철 순으로 대중교통 시스템을 구축해야 한다는 것이었다. 그동안 두서없이 시행해 온 우리나라 교통 정책의 후진성을 신랄하게 꼬집는 지적이었다. 우리나라는 대도시 교통 문제를 해결한다는 명분으로 투자비가 많이 드는 지하철 건설에 모든 힘을 쓰면서도 정작 기존의 버스는 방치해 온 것이 사실이었다. 오히려 버스는 승용차 통행에 방해되니 버스 운행을 줄여야 한다는 사람들도 종종 나타났다. 경찰청에서 버스 전용 차로를 만들어도 지키는 사람이 없었다.

나는 세계은행 사업평가단을 상대로 우리나라 도시 교통의 현실을 차분하게 설명했다. "선진국 도시들은 인구 밀도가 낮아 많은 도시들이 버스로 교통 문제를 해결한다. 그리고 지하철을 건설할 때도 몇 차례의 타당성 평가를 통해 건설 여부를 결정한다. 그러나 우리나라는 그들 도시와 비교할 때 인구 밀도가 훨씬 높다. 버스만으로는 우리나라 대도시 교통 문제를 풀기에 역부족이다. 특히 부산시는 배산임해背山臨海형 도시로, 개발 가능 면적이 작아 제한된 지역에 많은 인구가 살고 있다. 버스만 가지고 이 교통 수요를 모두 처리하기에는 한계가 있다. 돈만 있다면 지하철 건설이 최적의 대안이다. 부산에 직접 가 보면 내 말을 이해할 것이다."

며칠 후 사업평가단은 부산시 교통 상황을 둘러보고 나의 사무실로 다시 왔다. 단장은 "부산에 가 보니 좁은 도시 면적에 그렇게 많은 사람이 사는 걸 본 적이 없다"라고 하며 부산에서는 지하철이 최적의 교통수단이라는 나의 이야기에 공감을 표했다. 하지만 나는 비용이 가장 적게 드는 버스를 중시하는 세계은행 사업평가단의 이야기에 귀를 기울여야 한다고 생각했다.

굴곡 노선, 난폭 운전　버스는 서울시가 준공영제를 실시하기 전까지 80여 개 업체에서 8000여 대의 버스가 400여 개 노선을 갖고 운행하고 있었다. 당시 우리나라의 버스 시스템은 공영제를 하는 외국과 달리 민간이 운영하여 효율성 자체는 매우 높았다. 세계에서 이처럼 많은 버스 업체, 버스 대수, 버스 노선을 가진 도시를 찾아보기 힘들 정도였다. 세계은행은 우리나라의 효율적인 버스 시스템에 찬사를 보냈다. 그러나 민간에서 운영하다 보니 많은 폐해가 생겼다. 버스 업체는 수익성 확보 차원에서 보다 많은 승객을 태우기 위해 이리저리 돌아가는 굴곡 노선을 운영했다. 경쟁 노선에서는 다른 업체에 손님을 빼앗기지 않으려고 운전기사들은 과속과 난폭 운전을 일삼았다. 버스 문이 채 닫히기도 전에 출발하여 다치는 사람들이 속속 나왔다. 독점 노선에서는 콩나물 버스로 승객들을 짐짝처럼 실어 날랐다. 당시 시내버스 안내양들은 많은 승객들을 버스 안에 밀어 넣기 위해 안간힘을 썼다. 시민들은 시내버스 업자들의 수익 창출 도구 그 이상도 그 이하도 아니었다.

시민 편의에 맞게 버스 노선을 고치려 들면 버스 업체들은 수익이 줄어든다고 반발했다. 일부 불이익을 염려한 업체들은 담당 공무원을 회유했다. 이도 저도 통하지 않으면 사정 당국에 담당 공무원에 대한 투서를 넣었다. 버스 노선을 정비할 때가 되면 담당 공무원들은 검찰청을 제 집같이 드나들었다. 이런 상황이 지속되면서 버스 노선 하나 바꾸기도 어려운 상황이 되었다. 만원버스에 실려 아침저녁으로 짐짝 취급을 받으며 출퇴근하는 시민들은 하루하루가 고달팠다.

버스라는 공공 서비스를 민간에 맡겨 효율은 높았으나 시민들 입장에서는 제대로 된 버스 운송 서비스를 받아 볼 수 없었다. 그 결과 승용차를 갖는 것이 시민들의 꿈이 되었고, 많은 시민들이 승용차를 구매하기 시작했다. 이 같은 승용차의 폭발적인 증가는 상습적인 교통 체증, 환경 오염, 막대한 도로 투자 수요 등 또 다른 문제를 야기했다.

이런 가운데 지금의 버스 시스템을 잘 정비한다면 큰 비용 들이지 않고 도시 교통 문제를 해결할 수 있을 것이라 생각했다. 2002년 도시 교통 정책 업무를 다루는 육상교통기획과장 자리를 맡자마자 버스를 이용해 지금의 교통 문제를 해결하는 방안을 집중적으로 연구했다. 인터넷을 뒤져 외국의 사례를 정리하고, 이와 관련된 연구 프로젝트를 시켰다. 당시 브라질 쿠리치바, 콜롬비아의 보고타에서는 버스만으로 효율적인 대중교통 시스템을 구축했다. 이러한 효율적인 시스템을 간선급행버스(BRT, Bus Rapid Transit) 시스템이라고 불렀다. 이 시스템은 ①간선버스와 지선버스로 버스 노선을 단순화하여 승객들이 쉽게 버스를 이용할 수 있도록 하고, ②간선에는 버스 전용 차로를 설치하여 간선버스의 속도를 대폭 높였다. ③아울러 늘어나는 간선 교통 수요를 처리할 수 있도록 대용량 굴절버스를 도입했다. ④그리고 버스 바닥 면과 정거장 높이를 맞추어 평면 승하차가 가능하도록 했다. ⑤정거장을 설치해 사전 요금 지불로 버스의 정거장 정차 시간을 줄였다. 즉 간선급행버스 시스템은 버스로 지하철과 같은 서비스를 하는 것이 핵심 개념이었다. 이러한 친환경 버스 시스템을 최초로 도입한 쿠리치바는 세계적인 환경 도시로 명성을 날렸다. 콜롬비아 보고타 시에서도 이를 벤치마킹하여 자신만의 간선급행버스 시스템을 선보였다.

오스트레일리아의 브리즈번은 고속도로에 버스 전용 진출입로를 설치해 대학 단지, 주거 단지 등과 바로 연결시켰다. 그리고 단지 내에는 지하철과 같은 정거장을 만들어 사람들의 버스 접근성을 높였다. 홍콩에서는 대형 건물 안을 관통하여 버스 노선을 만들고 대형 건물 1층에 정거장을 만들어 버스와의 접근성을 높였다. 그 외에도 여러 나라에서 다양한 버스 서비스를 통해 그들만의 교통 문제를 해결하려는 시도들이 있었다. 이러한 외국의 사례들을 차곡차곡 모았다. 그리고 이에 관한 조사 용역도 착수했다. 세계 각국의 버스 개혁에 대한 동향과 아이디어를 모아 보고서로 만들었다. 그리고 누군가는 이러한 시스템을 도입하기를 기대하면서 정성스레 만든 보고서를 배포했다.

버스 개혁 2002년 7월 이명박 서울시장이 취임했다. 국토연구원에서 교통 분야를 오랫동안 연구해 온 음성직 박사가 서울시 교통정책실장으로 합류했다. 어느 날 임인택 건설교통부 장관이 도시 교통 문제 해결을 위한 토론회를 갖자고 제안했다. 이날 회의는 장관 주재 회의였던 만큼 서울시 교통정책실장, 경찰청 교통국장 등 우리나라 도시 교통을 책임지는 사람들이 모두 한자리에 모였다. 나는 그 자리에서 버스 중앙 차로를 중심으로 한 간선급행버스(BRT) 시스템에 대해 파워포인트를 이용해 자세히 설명했다. 세계 여러 나라의 BRT 시스템 구축 사례를 자료 사진들과 함께 편집하여 현장감 있게 설명했다. 그 당시는 브라질의 쿠리치바가 BRT 시스템을 핵심으로 녹색 도시를 만들어 세계인들의 찬사를 받고 있던 시절이었다. 토론회에 참석한 임인택 건설교통부 장관과 서울시 교통정책실장, 경찰청 교통국장은 버스를 중심으로 도시 교통 문제를 해결해야 한다는 데 공감하는 분위기였다.

그때 임인택 장관이 지하철 투자는 늘고 있는데 왜 지하철 수송 분담률은 떨어지는지를 물었다. 일부 도로 교통 전문가들이 이러한 역설적인 상황을 빗대어 가며 지하철보다 도로를 건설해야 한다는 논리를 폈다. 나는 임인택 장관의 질문에 이렇게 답했다. "그것은 상대적입니다. 지하철 건설 투자는 지난해보다 늘었지만 도로 투자는 훨씬 더 늘었습니다. 특히 수도권 외곽에 신도시들을 조성하면서 승용차 위주의 교통 대책을 만들어 대중교통 사각지대가 점차 늘고 있습니다. 때문에 지하철 투자를 늘려도 지하철 승객은 늘어나지만 지하철 수송 분담률이 떨어지는 것입니다." 좌중은 한동안 잠잠했다. 그제야 이해가 된 듯싶었다.

며칠 후 서울시 음성직 교통정책실장으로부터 전화가 왔다. "이명박 시장과 함께 외국의 교통 전문가들을 만나기 위해 미국으로 출장을 가게 되었다. 비행기 안에서 이명박 시장께 보고할 수 있도록 그날 발표한 자료를 보내 줄 수 있느냐?"라고 물었다. 나는 그러겠다고 했다. 그리고 그동안 정성스레 만든 자료를 보내 주었다. 그러면서 내가 구상한 버스 위주의 대중교통 시스템을 이명박 시장이 실현시켜 주기를 간절히 바랐다. 이명박 시장은 미국 방문길에 교통 전문가들로부터 버스 중심의 도시 교통 문제 해결이 필요하다는 조언을 듣고 귀국했다. 이후 버스 시스템 개혁에 대한 확신을 갖고 업무를 추진하기 시작했다.

버스 개혁의 핵심은 버스도 지하철과 같이 빠르고 편리하게 만들자는 것이다. 이를 위해 간선망幹線網은 버스 중앙 차로제를 중심으로 하는 BRT 시스템을 구축하고, 지선망支線網은 일반 시내버스 및 마을버스로 구축하는 것이 핵심이었다. 이러한 버스 시스템은 시스템 자체의 운영 비용을 낮추면서 시민들의 통행 시간은 획기적으로 줄이는 효과가 있었다. 그러나 이를 이용하는 시민들 입장에선 환승 횟수가 늘어나는 것이 결정적인 흠이었다. 시민들이 과거처럼 대중교통 이용 횟수에 따라 요금을 낼 경우 시민들의 요금 부담은 크게 늘어날 수밖에 없다. 이러한 문제점을 해소하기 위해 출발지에서 목적지까지 거리에 따라 한 번만 요금을 부담하는 환승 요금 할인 제도가 도입되었다.

혼잡한 도로에서 버스들이 중앙 버스 전용 차로로 신나게 달리고 있다. 서울시 버스 개혁을 통해 대중교통 중심의 교통 체계가 전환되었다.

당시 버스 노선은 꾸불꾸불한 장거리 노선이 많았다. 노선의 굴곡만큼이나 버스 업계, 노조, 시민, 적자 구조 등이 복잡하게 얽혀 있어 버스 노선을 재정비한다는 것은 엄두를 내지 못했다. 서울시에서는 버스 개혁을 하려면 쉽지 않은 전쟁을 한바탕 치러야만 할 상황이었다. 이명박 시장은 버스 개혁을 위해 우선 공무원들과 사업자 간의 연결 고리를 차단하는 것이 중요하다고 생각했다. 그래서 당시 버스 개혁 업무를 담당하는 교통정책실 직원을 교통 업무를 처리한 전력이 없는 직원들로 모두 교체했다. 그리고 이명박 시장 스스로 많은 사람들의 이해관계를 조정하며 버스 시스템 개혁에 앞장섰다. 마치 서울시 전체가 하나의 기업과 같은 모습이었다.

당시 이명박 시장을 중심으로 서울시 음성직 교통정책실장, 김기춘 과장, 김경철 단장 등이 대중교통의 성공 신화를 쓰는 데 힘을 보탰다. 김기춘 교통정책과장은 버스 개혁 초기에 당시 건설교통부 육상교통과장이었던 나를 자신들의 회의에 초청했다. 나는 회의에 참석하여 버스 개혁에 대한 지지 입장과 버스 개혁 시행 방법 등에 대한 의견을 제시했다. 서울시 버스 업계와 자동차 노조는 서울시의 버스 개혁 정책에 불안감을 느낀 나머지 중앙 정부인 건설교통부에 우회적으로 도움을 청해 왔다. 나는 이들에게 이번 버스 개혁이 버스를 살리는 마지막 기회라고 설득하면서 서울시 버스 개혁에 동참해 줄 것을 권하며 안심시켰다.

당시 이명박 시장과 서울시 교통 관련 공무원 및 서울연구원의 박사들, 그리고 버스 운송 사업자, 운전기사들의 노력으로 서울시 버스 개혁은 성공적으로 마무리됐다. 버스를 대중교통의 중심축으로 내세운 서울시의 대중교통 시스템은 세계적인 부러움을 샀다. 그리고 대중교통 시스템의 모범 사례가 되었다. 시민들은 편리해진 대중교통 시스템을 이용해 각종 경제·사회 활동과 문화 활동에 참여하고 있다. 이후 서울시 버스 개혁은 우리 삶 속에 아주 중요한 것으로 자리 잡았다.

이명박 시장의 버스 개혁이 성공한 이유는 ①국내외 전문가들과 많은 토의를 거쳐 최적의 솔루션을 찾았다. ②그리고 이명박 시장 스스로 이러한 도시 교통 문제 해결 방안에 대한 확신을 갖고 추진했다. 즉 인사권과 예산 편성권을 가진 시장이 직접 진두지휘하며 직원들에게 업무에 몰두할 수 있도록 했고 직원들 하나하나에 자신감을 심어 주었다. ③그리고 이를 실행할 수 있는 강력한 추진 조직을 갖추었다. 과거 버스 업체와 유착 관계를 의심받을 만한 직원들은 전원 교체했다. 그로 인해 부족한 전문성은 서울시정개발원의 교통을 전공한 박사 등을 주축으로 버스개혁추진단을 구성하여 보강했다. ④버스 구조 개혁에는 시민들의 교통 편의를 증진시킨다는, 누구도 거스를 수 없는 명분을 가장 앞세웠다. 이를 토대로 버스 업계, 노조 등 이해관계자들을 집요하게 설득했다. 이러한 대의명분을 위해 필요한 경우에는 예산 지원도 아끼지 않았다. ⑤이명박 시장은 당시 야당 출신으로 정부나 여당에서 항상 문제 삼을 여지가 있었다. 이명박 시장은 부시장들을 관계 장관들에게 보내 자신들이 하고자 하는 바를 설득시켰다. 여당인 중앙 부처와 야당인 지방 자치 단체 간의 버스 개혁에 대해서는 한목소리를 냈다. 이것이 버스 구조 개혁이 성공한 이유다. 작은 일 하나에도 정성을 바쳐 전략적으로 추진해야 성과를 볼 수 있다.

굴절버스 서울 시내에 버스 전용 차로(BRT)가 생기면서 굴절버스가 운행되었다. 그러나 몇 년 되지 않아 우리의 시야에서 모습을 감췄다. 당시 언론은 교통 전문가의 의견을 들어 굴절버스 운행을 이렇게 비판했다. "굴절버스는 회전 반경이 크기 때문에 종점에서 회차回車할 때 다른 차량에 방해를 준다. 그리고 혼잡 시간 이외 시간대는 텅텅 비어 오히려 에너지 낭비가 많다." 하지만 그것은 굴절버스가 없어진 직접적인 이유가 아니었다.

우선 선진국과 후진국을 불문하고 많은 도시에서 굴절버스가 운행되고 있는 이유부터 알아보자. 선진국 도시들은 대중교통을 공영제로 운영하고 있다. 도시들은 시내버스에 많은 예산을 지원하고 있으며, 그 금액도 점차 늘고 있다. 하나의 커다란 골칫거리인 셈이다. 이런 상황에서 굴절버스가 정부 지원 금액을 줄일 수 있는 대안으로 각광받고 있다.

버스 운영비 중에서 인건비가 차지하는 비중은 40~60퍼센트에 이르고 있는데, 굴절버스를 도입하면 한 사람이 두 대의 버스를 운영하는 것과 마찬가지여서 용량 대비 인건비는 반으로 줄어든다. 연료비도 두 대의 버스를 운행할 때보다 20~30퍼센트가량 줄어든다. 굴절버스를 도입했을 때 전체적으로 버스 운영비는 20~30퍼센트가량 줄어들 것으로 예상하고 있다. 따라서 굴절버스의 값이 일반 버스보다 비싸도 장기적으로는 굴절버스를 도입하는 것이 경제적으로 유리하다.

자동차가 달릴 때 차간 거리는 대체로 속도와 관련 있다. 시속 60킬로미터이면 60미터, 100킬로미터이면 100미터가 된다. 굴절버스는 두 대의 버스를 묶어 놓아 용량은 일반 버스의 두 배가 되면서 차간 거리를 없앨 수 있어 도로를 점유하는 공간이 작다. 굴절버스를 투입하면 같은 도로에 더 많은 버스를 투입하는 것과 같은 효과가 있다. 특히 혼잡 시간대에 굴절버스를 투입하면 버스 전용 차로의 혼잡을 줄이고 승객을 보다 많이 처리할 수 있어 매우 효과적이다.

서울에서 굴절버스가 사라진 이유에 대해 당시 김기춘 서울시 교통정책과장은 이렇게 말했다. "①서울시에서 들여온 굴절버스는 프랑스에서 만든 제품으로, 선선한 프랑스 날씨에 맞게 제작되어 에어컨 성능이 약했다. 에어컨의 성능은 엔진 성능과 관계가 있어 차량 자체를 바꾸지 않으면 해결할 방법이 없었다. 여름철만 되면 찜통이 되었고 시민들의 불만이 컸다. ②굴절버스를 국산화하려 했으나 우리 자동차 메이커들은 물량이 얼마 되지 않는다는 이유로 기피했다. 때문에 모든 부품 조달과 정비는 외국에 의존해야 했고, 유지 보수비가 많이 들었다. ③선진국들은 굴절버스를 튼튼하게 만들어 내용 연수耐用年數를 40년까지 본다. 이렇게 될 경우 굴절버스 가격은 비싸지만 전체 라이프 사이클 측면에서 보면 오히려 싸다. 우리 시내버스의 내용 연수는 9년이다. 정부는 굴절버스의 내용 연수를 시내버스와 동일하게 9년으로 못 박아 굴절버스의 경제성을 맞추기가 어려웠다. ④버스나 지하철과 같이 굴절버스 특성에 맞는 정부 지원이 있어야 하는데 그렇지 못했다. 따라서 우리나라도 굴절버스를 도입할 수 있도록 제도적 보완을 하고, 이에 따른 정부 지원 시스템이 마련되어야 한다."

서울시의 굴절버스 운행 실패 사례가 우리의 트라우마가 되었다. 그리고 그것이 우리의 고정관념이 되었다. 이 고정관념 때문에 선진국에서는 쉽게 볼 수 있는 굴절버스가 재운행될 기미는 보이지 않는다. 초심으로 돌아가 굴절버스가 우리에게 어떤 의미를 갖는지 다시 한 번 살펴야 한다. 굴절버스가 다닐 수 있는 노선에 많은 돈을 들여 경량 전철을 건설하고 있지는 않은지도 살펴보아야 한다. 만약 그렇다면 우리의 고정관념 때문에 막대한 돈을 낭비하고 있을지도 모른다.

광역급행버스(M버스) 시내버스는 중간중간 서는 정거장이 많고 승객을 많이 태우기 위해 노선이 꾸불꾸불하다. 승객들은 시내버스를 타고 목적지까지 가는 데 많은 시간을 소요한다. 출퇴근 등 혼잡 시간대엔 버스 안이 승객으로 가득 차 숨 쉬기조차 어려울 정도다. 그러다 보니 승용차를 이용하는 사람이 늘고 있다. 그리고 도로는 승용차들 때문에 교통 체증으로 몸살을 앓는다. 어떻게 하면 이러한 악순환의 고리를 끊어 낼 수 있을까? 답은 승용차보다 빠르고 편안한 대중교통 수단을 만드는 것이다.

2009년 교통정책실장 때 일이다. 승용차보다 빠르고 편안한 광역급행버스(M버스)를 도입하기로 했다. 버스 이름은 속도가 빠르다는 의미에서 'Speed'의 첫 자를 딴 'S버스'와 광역을 의미하는 'Metropolitan'의 'M버스'라는 명칭을 검토했다. 그러나 S버스는 Seoul의 S와 중복된다고 해서 최종적으로 M버스로 명명하기로 했다. 광역급행버스는 중간 정차지 없이 출발지와 도착지 주변에 각각 네 개의 정거장만 세울 수 있다. 그리고 노선도 가급적 도시 고속도로를 이용하여 수도권 외곽에서 서울 도심을 빠르게 진입할 수 있도록 했다. 일부 도시 고속도로는 버스 전용 차로가 있어 승용차보다 빠르게 운행할 수 있었다. 그리고 입석은 허용하지 않고 엄격하게 좌석제로 운영했다.

요금을 2000원으로 정하고 노선별 수요 조사 및 사업자 모집 공고를 낸 뒤 노선별 사업자를 정했다. 그런데 사업자를 모집하고 나서 문제가 생겼다. 서울시와 경기도에서 당시 버스 최고 상한 요금인 1800원 이상을 받으려면 물가 대책 회의에 상정하여 통과시켜야 하는데 만만치 않았다. 난감했다. 몇 달 동안 요금 문제로 옥신각신했다. 할 수 없이 일단 1800원을 받고 운행하는 방안을 추진했다. 그러자 이번에는 버스 사업자들이 수지가 맞지 않는다며 버텼다. 대중교통과장인 고칠진 과장이 업체를 찾아다니며 일단은 현재 좌석 급행버스 요금인 1800원에 다니되 곧 2000원으로 올려 주겠다고 설득했다. 광역급행버스는 우여곡절 끝에 잠정 요금 1800원에 운행을 시작했다.

운행을 시작한 지 얼마 되지 않아 민원이 생기기 시작했다. 광역급행버스의 인기가 좋아 많은 사람들이 몰리게 된 것이다. 광역급행버스가 출발하는 첫 번째 정거장부터 사람이 몰려들어 좌석은 이미 승객으로 가득 차게 되었다. 두 번째 정거장 이후에는 승객을 태울 수가 없었다. 버스 사업자들은 입석을 허용해 줄 것을 요구했다. 하지만 그럴 경우 광역급행버스를 도입한 취지와 맞지 않아 버스 사업자들의 요구를 거절했다.

이러한 문제를 해결하기 위해 두 번째 이후 정거장에서 출발하는 광역급행버스를 운행시키고 버스 운행 대수도 늘렸다. 그리고 나서 한참 뒤에야 당초 설정 요금인 2000원을 받을 수 있었다. M버스는 이제 대중교통이 승용차보다 빠르고 편리해질 수 있다는 가능성을 보여 주었다. 이제 많은 사람들이 승용차를 집에 놓고 보다 빠른 대중교통을 타기 위해 집을 나설 것이다. 그리고 우리가 우려하는 교통대란도 일어나지 않을 것이다.

도시 철도도 2층 열차로 만들어 1층은 입석, 2층은 좌석 위주로 설계한다면 많은 사람들이 빠르고 편안하게 열차를 이용할 것이다. 이미 오스트레일리아 시드니에서는 2층 광역 철도가 운행되고 있다. 버스도 2층 굴절버스를 만들어 운행하면 지금의 네 배 용량으로 사람을 태울 수 있다. 이렇듯 우리 대중교통은 아직도 많은 가능성이 있다. 우리의 미래에 상상력을 동원하면 풀리지 않을 문제가 없을 것이다.

현재 서울시와 경기도를 오가는 광역급행버스다.

맞춤형 도시 교통

인구 밀도가 높은 우리나라 대도시에서는 과거 수십 년간 지하철과 경전철을 건설해야만 도시 교통 문제를 해결할 수 있는 것으로 보았다. 하지만 지하철을 건설한 많은 대도시들이 그로 인한 부채 때문에 재정의 어려움을 겪고 있다. 그리고 이러한 문제를 해결하기 위해 버스 중심의 대중교통 시스템도 구축해 왔다. 대규모 도시 교통 수요가 있는 주요 간선 교통 축은 지하철 또는 경전철을 건설하는 것이 좋다. 그러나 수요가 많지 않은 구간에서는 다양한 교통수단을 고려해 볼 필요가 있다.

지난 10여 년 동안 철도기술연구원, 기계연구원, 카이스트에서는 바이모달 트램, 무가선無架線 트램, 무선 급전給電 버스, 도시형 자기부상열차, 저심도 철도 등 여러 종류의 대중교통 수단을 개발해 왔다. 교통 거리와 용량별로 다양한 대중교통 수단이 생겨난 것이다. 이제 도시 교통 문제 해결을 위해 무조건 지하철, 경전철을 건설할 것이 아니라, 지방 자치 단체의 재정 상황 및 수요에 따라 대중교통 수단을 선택하는 대중교통 시스템을 설계할 수 있다. 바야흐로 맞춤형 도시 교통 시대가 온 것이다.

맞춤형 도시교통 시스템

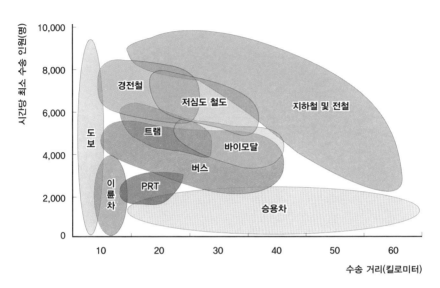

도시 내 수송 능력 및 수송 거리에 따라 다양한 교통수단이 있다. 이러한 교통수단의 특성을 잘 이용하면 교통 수요와 재정 상황에 맞는 맞춤형 대중교통 시스템을 구축할 수 있다.(38)

지방 자치 단체들이 자신들의 재정 능력과 수요에 맞는 대중교통 수단을 선택할 수 있도록 철도기술연구원에서는 각 도시를 돌며 현재 활용 가능한 대중교통 수단들의 특성 및 건설 비용을 알리기 시작했다. 사업의 일환으로 경기도, 충북도, 청주시, 창원시, 수원시, 남원시 등에서 녹색 교통 설명회를 가졌다. 덕분에 많은 도시들이 경제적이고 환경 친화적인 교통수단으로 바이모달 트램, 무가선 트램, 무선 급전 버스 등을 지하철 건설 대안으로 검토하고 있다.

바이모달 트램 지하철, 경량 전철의 대안으로 도로를 그대로 달릴 수 있는 굴절버스와 모습이 비슷한 바이모달 트램(Bi-modal Tram)이 있다. 싱가포르, 스위스 제네바, 프랑스 파리 등 선진 도시를 갈 기회가 있었다면 열차 모양을 한 굴절버스가 많은 승객을 태우고 도시 곳곳을 누비는 모습을 종종 보았을 것이다. 철도기술연구원에서는 국가 연구 개발 사업의 일환으로 굴절버스보다 훨씬 성능이 좋고 경전철에 가까운 바이모달 트램을 개발했다. 바이모달 트램은 굴절버스가 가지고 있던 여러 문제들을 과학 기술로 풀었다. 운전자가 운전하는 굴절버스는 정거장에 정밀 정차가 불가능했다. 장애인이나 노인들이 평면 승하차가 되지 않아 타고 내리는 데 많은 불편을 겪었다. 말레이시아처럼 정거장 바닥 면과 차량 승하차 바닥 면을 교량과 같은 평판을 이용해 타고 내리는 방안이 있지만 시간이 많이 소요되고 실제 운영하는 데 문제가 있다.

바이모달 트램은 첨단 센서를 장착하여 정거장 측벽에 정밀 정차가 가능하다. 지하철역과 같은 스크린 도어로 평면 승하차가 가능하다. 정거장은 사전에 요금을 지불할 수 있도록 설계되어 타고 내릴 때 요금을 지불하는 시간을 절약한다. 마치 도로에서 지하철을 만나는 것과 같다.

그리고 굴절버스는 차량 길이가 길어 커브를 돌거나 주행할 때 도로를 점유하는 면적이 넓다. 당연히 함께 주행하는 차량의 차선을 침범할 수 있다. 그러나 바이모달 트램은 앞뒤 바퀴 모두 조향 장치를 붙이고 컴퓨터로 조정하여 도로의 차선을 그대로 따라갈 수 있게 설계되어 차량 길이가 길어도 승용차와 같은 움직임을 갖는다. 우리의 좁은 도로에서도 위력을 발휘할 것이다. 바이모달 트램 연구 개발 시제 차량은 여수 엑스포와 세종시에서 시범 운행을 했다. 이제 인천 청라 지구에서 최초로 상업 운행을 준비 중이다.

철도기술연구원에서 개발한 바이모달 트램의 모습이다.(39)

무가선 트램 유럽, 미국, 아시아 등 세계 400여 개의 도시에서 트램이 운행되고 있다. 우리는 파리, 샌프란시스코, 취리히 여행에서 쉽게 트램을 만날 수 있다. 우리나라도 과거 일제 강점기에 서울 사대문에 전차를 운행한 적이 있다. 우리나라는 자동차가 들어오면서 전차의 기능을 버스, 승용차, 지하철 등에 넘기고 도로 위의 레일과 전차선을 걷어 냈다. 유럽, 미국의 주요 도시들은 우리나라와 달리 전차를 트램이란 교통수단으로 한 단계 발전시켰다. 트램은 버스보다 용량이 크고 경량 철도에 비해 건설비가 저렴해 중소 도시나 대도시의 간선 교통으로 안성맞춤이다.

프랑스 파리 스위스 취리히 미국 샌프란시스코

유럽과 미국 여러 도시에서 운행하고 있는 트램의 모습이다.

그러나 하늘을 가로세로로 나누는 트램 선로 위의 현란한 전차선들이 아름다운 도시 미관을 해치고 있다. 이를 극복하기 위해 만든 것이 전차선이 없는 무가선 저상 트램이다. 무가선 트램은 차량 내부에 대용량 배터리를 장착하여 배터리에서 전기를 공급받아 달린다. 무가선 트램의 배터리는 도시 외곽을 달릴 때 전차선이나 궤도에 설치된 무선 급전 시스템으로 전력을 공급받아 충전한다. 우리의 세계적인 배터리 기술이 접목된 무가선 트램은 재충전 없이 25킬로미터를 달릴 수 있다. 그리고 카이스트에서 개발한 무선 충전 시스템을 트램에 적용하면 배터리의 용량도 줄일 수 있다. 이 무가선 트램은 대전시, 창원시 등에서 도입을 검토 중이다.

이렇게 새로운 교통수단이 나오면 새로운 제도가 뒷받침되어야 한다. 정부의 지원도 있어야 하고, 새로운 시스템을 둘러싼 인증 문제도 해결해야 한다. 이를 늦출 경우 막대한 돈을 들여 개발한 신제품은 단기간에 실용화하기가 어렵다. 이는 국가적으로 볼 때 큰 손실이다.

무가선 트램 운행 가상도다. 하늘에 복잡한 전선이 없어 도시 미관에도 좋다.(40)

광역급행철도

대심도 철도 김문수 전 경기도 지사는 수도권 외곽 지역에서 서울 도심
으로 통근하는 사람들의 교통 편의를 위해 대심도 철도(GTX)를 건설하는
방안을 제안했다. 수도권 외곽에서 서울 도심까지 20~30분이면 들어올 수
있는 150킬로미터 세 개 노선이다. 그러나 지난 6년간 예비 타당성 조사에
만 많은 시간을 쏟아붓고 있었다. 우리 재정 당국은 12조 원이나 들어가는
건설비 때문에 지난 6년간 사업 추진을 망설이고 있다. 그동안 수도권 외곽
에 사는 경기도 주민들은 콩나물시루와 같은 버스, 전철 안에서 매일 한 시
간 이상의 고통스러운 시간을 보내고 있다.

대심도 철도는 땅속 깊이 철도를 건설하여 직선으로 철도 노선을 뚫는
기술이다. 원통형 굴착기로 지하를 뚫고 나가는 공법(TBM)을 이용하면 터
널 깊이에 상관없이 비슷한 사업비가 든다. 또 땅속 40미터 이상 깊이에 철
도 선로를 건설하면 엄청난 비용의 용지 보상도 필요 없고 노선도 직선화
할 수 있다. 직선화된 노선에 시속 200킬로미터의 급행열차를 달리게 한다
면 수도권 외곽에서 서울 도심까지 20~30분이면 들어올 수 있다.

구 분	수도권	도쿄권	파리권	런던권
인구(1만 명)	2,222	3,258	1,103	1,196
연장(킬로미터)	786	3,128	1,602	2,125
인구당 연장 (킬로미터/1만 명)	0.35	0.96	1.45	1.78

우리나라 수도권은 일본의 도쿄권, 프랑스 파리권, 영국의 런던권에 비해 도시 철도와
광역 철도 연장이 턱없이 부족하다.(41)

우리나라 수도권과 비슷한 사정인 선진 국가들의 대도시권 광역·도시

철도 연장이 1600~3000킬로미터에 이르고 있다. 우리 수도권은 800킬로미터의 광역 도시 철도망을 갖고 있다. 이런 점을 감안하면 150킬로미터에 해당하는 광역 철도망은 이미 건설했어야 했다. 우리가 망설이는 가운데 많은 사람들이 승용차를 이용해 출퇴근하며, 교통 체증으로 도로 위에서 많은 시간을 허비하고 있다. 다행히 최근 들어 세 개 사업 중 한 개 사업을 우선 추진하는 것으로 결론짓고, 기본 계획 수립을 위한 용역에 착수했다. 불행 중 다행이다. 일단 사업 추진이 결정된 이상 빠른 진행을 기대한다.

도시 철도 급행화 출퇴근 시 가장 혼잡한 지하철은 얼마 전까지 서울 지하철 2호선 낙성대–사당 구간이었다. 최근 들어서는 서울 지하철 9호선 여의도–노량진 구간의 급행열차가 혼잡도 240퍼센트로 맨 위에 이름을 올렸다. 사람들이 완행보다 급행을 선호하는 것이 증명된 셈이다. 광역 · 도시 철도의 운행 거리가 길어지면 길어질수록 완행보다 급행열차가 더 중요해진다. 지하철 9호선의 경우 급행을 빨리 보내기 위해 완행열차가 대피할 수 있는 여섯 개의 대피 선로를 두고 있다. 급행철도를 이용하면 강남 신논현역에서 김포공항역까지 30분이면 도달한다. 모든 역을 정차하는 완행열차로는 52분 걸리는 거리다. 급행열차 운행으로 40퍼센트가량 시민들의 교통 시간을 단축했다.

다른 지하철도 이런 방식으로 급행열차를 운행할 수 없을까? 그러나 급행열차를 운행하려면 지하철 9호선처럼 완행열차를 추월할 대피 선로가 필요하다. 이 대피 선로를 지하철 건설 당시 건설했더라면 300억 원의 투자비로 만들 수 있었다. 그러나 기존 지하철 구간에 대피 선로 하나 설치하는 데는 1200억 원의 막대한 투자비가 소요된다. 건설 당시 대피 선로 네 개의 비용에 해당한다.

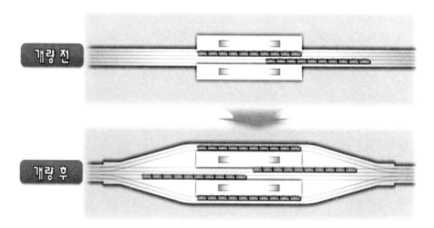

대피 선로를 건설하여 급행열차를 운영하는 방식이다. 이 방식은 막대한 예산이 소요되어 당장 시행하기 어려울 것으로 보인다.(42)

기존 지하철에서 대피 선로를 새로 만들어 급행열차를 운행하기에는 너무 많은 투자비가 든다. 국토해양부 교통정책실장(2009~2010)과 철도기술연구원 원장(2011~2014)으로 재직할 때 기존 도시 철도를 급행철도로 만드는 방법에 대해 많은 연구와 논의를 통해 부족하나마 답을 찾았다.

그중 첫 번째 방법은 열차들이 교차하면서 한 정거장씩 걸러 정차하는 방법(skip and stop)이다. 모든 열차가 급행열차가 되면 운행 시간을 단축할 수 있지만 정차하지 않는 중간 역 승객의 불편 때문에 적용하기 곤란했다. 비용이 많이 들지 않고 시민들이 불편하지 않은 방법을 찾아야 했다. 그리고 몇 가지 아이디어가 도출되었다. 기존 지하철의 플랫폼은 10량 편성의 열차가 정차할 수 있도록 설계되어 있다. 이 플랫폼 중 일부를 떼어 3량 편성의 완행열차가 대피할 수 있는 선로를 건설하는 것이다. 그리고 7량 편성 급행열차를 완행열차가 정차 중에 통과할 수 있도록 하는 것이다. 그러면 많은 투자비를 들이지 않아도 급행열차를 운행할 수 있다. 그러나 이 시스템 도입을 위해서는 단거리 대피 선로로서의 분기分岐를 할 수 있는 다관절多關節 완행열차에 대한 기술 개발이 필요하다. 그리고 교통 수요가 많은 노선에서는 운영하기가 어렵다.

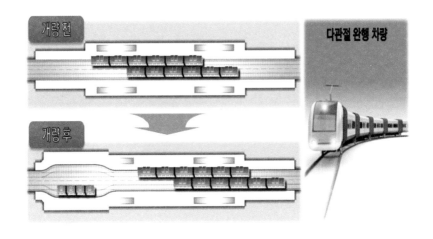

플랫폼의 길이에 여유가 있을 때 단거리 대피 선로를 만들어 다관절 완행열차를 대피시키도록 하는 방식이다.(43)

또 하나의 방법은 고성능 열차를 개발하여 완행열차로 운행하고, 기존 열차는 급행열차로 활용하는 방안이다. 고성능 열차는 가·감속 성능을 높이고 승강장 문의 크기를 키워 정거장에 발착 시간과 승하차 시간을 획기적으로 줄일 수 있도록 설계된 기동력이 뛰어난 열차다. 이 고성능 전동차를 모든 역에 정차하게 하고 성능이 낮은 기존 전동차는 한 정거장씩 건너뛰어 운행하면 두 열차의 운행 시간과 속도는 비슷해진다. 대피 선로 없이도 전반적인 운행 시간 단축이 가능하다. 게다가 급행열차가 서지 않는 중간 역에서 타고 내리는 승객의 불편도 줄일 수 있다. 이렇게 되면 대도시 외곽에서 서울로 출퇴근하는 주민들의 교통 시간을 상당 부분 줄일 수 있다. 우리 지하철 차량의 대체 시기가 다가오고 있다. 새로 들여오는 차량의 성능을 높여 기존 열차를 급행열차로 활용할 방안을 추진해 봄 직하다.

유선형 전두부

광폭 출입문

개별 제어 전동기

직접 구동 차륜

고성능 완행열차는 유선형 전두부, 광폭 출입문, 급감·가속 능력을 가진 모터, 정밀 정차 기술 등으로 기존 열차보다 빠른 운행이 가능하다.(44)

우측 보행

2007년 생활교통본부장으로 있을 때였다. 시민 단체에서 좌측 보행을 우측 보행으로 전환해야 한다는 주장을 했다. 좌측 보행은 일제 강점기에 만들어진 관행으로, 현실과 맞지 않다는 것이었다. 이러한 논란은 황덕수 우측보행국민운동본부장이 촉발시켰다. 그는 교통안전공단 이사로 재직하면서 보행 방법과 관련된 많은 자료를 모았다. 그리고 또 스스로 확신을 갖고 우측 보행 문화를 관철시키려고 노력했다. 다른 사람들이 보이지 않는 곳에서 스스로의 커다란 생각을 키워 오신 분이다. 돌이켜 보면 선견지명이 있는 생각이었다. 그 당시 우측 보행 주장은 과학적인 논리보다는 좌측 보행 관행이 일제 강점기에 만들어졌다는 이유로 민족적 감정에 호소하는 경향이 있었다. 오히려 그 때문에 보행 문화 논란은 뜨거운 감자가 되어 가고 있었다. 교통을 담당하는 건설교통부나 경찰청 등 관련 부처들은 명확한 답이 없는 보행 문화 분쟁에 끼어들기를 꺼렸다.

그러나 국민들 사이에 논란이 있을 때는 정부에서 빨리 결론을 내려 주는 것이 중요했다. 나는 다른 부처들이 보행 문화 업무를 맡기를 꺼린다면 건설교통부로 가져오는 것이 좋겠다는 의견을 우리 직원들에게 전했다. 이후 국무총리실에서 몇 차례의 조정 회의를 거친 끝에 보행 관련 업무는 건설교통부에서 담당하는 것으로 정리되었다. 당시 육상교통기획과장이었던 김정렬 과장이 적극적으로 보행 문화 업무를 맡았다. 나는 좌측 보행 문화가 일제 강점기에 만들어진 것일지라도 과학적이고 합리적인 이유만 있다면 큰 문제가 되지 않는다고 생각했다. 보행 관련 업무가 건설교통부로 이관된 이후 우측 보행 문제를 좀 더 과학적으로 다룰 위원회를 구성했다. 이 위원회에 우측 보행 찬성론자, 반대론자, 일반 전문가들을 모두 포함하도록 했다.

위원회의 초반 분위기는 보행 문화 변경에 매우 부정적이었다. 아무 문제도 없는 좌측 보행 문화를 왜 이제 와서 우측 보행 문화로 바꾸느냐는 푸념 어린 지적들이 오갔다. 돌아가며 의견을 듣던 중 우측 보행에 대해 과학적으로 설명하는 분이 계셨다. 카이스트에서 인간 행태 공학을 전공하는 교수였다. 그분은 "우측 통행이 국제 규범입니다. 국제적인 운항 규정을 보면 선박이나 항공기가 반대편에서 다른 선박이나 항공기를 만났을 때 충돌을 피하기 위해 각기 오른쪽으로 선수 또는 기수를 돌리도록 되어 있습니다. 이는 우측 통행을 전제로 한 것입니다." 좌중은 조용했고 그날 회의는 우측 보행에 대해 심도 있는 분석이 필요하다는 것으로 결론을 맺고 끝났다. 어떤 쟁점 사항이 있을 때 많은 사람들의 의견을 들어 보는 것이 중요하다는 것을 새삼 느꼈다. 곧바로 보행 문화 개선에 대한 전문적인 연구에 착수했다. 그리고 전문 위원회에서 연구 내용을 검토하고 의견을 제시하도록 했다.

건설교통부에서 보행 문화 개선을 위한 연구에 착수한다고 언론에 발표하자 주요 방송 및 일간지가 이 내용을 앞다투어 보도했다. 그만큼 국민들의 관심이 지대하다는 것을 느꼈다. 그 당시 용역은 한국교통연구원이 맡아 진행했다. 보행 문화에 대한 찬반 논쟁을 종식시키려면 어떤 보행 문화가 좋은 것인가를 감성적인 접근보다 과학적으로 입증하는 것이 중요했다. 용역 대부분을 최적 보행 문화에 대한 과학적 논리와 해외 사례를 찾는 데 할애하도록 했다.

이명박 정부가 출범하면서 건설교통부는 국토해양부라는 이름으로 간판을 바꾸어 달았고 나는 생활교통본부장에서 항공안전본부장으로 발령이 났다. 보행 문화 개선을 위한 연구가 한창 진행되고 있을 때였다. 이 문제에 대해 후임자들이 잘해 주기를 기대하며 자리를 떠났다. 그리고 1년 후 교통정책실장으로 다시 돌아왔다. 교통정책실장으로 오자마자 보행 문화 개선을 위한 연구 결과를 챙겼다. 생활교통본부장 때 시작한 보행 문화에 대한 연구를 마치고 또 하나의 연구 용역을 실시하고 있었다. 아마도 88년간의 보행 관행을 바꾼다고 생각하니 충분한 연구가 필요했던 모양이다.

두 차례의 용역 결과 모두 우측 보행이 장점이 많은 것으로 나왔다. 좌측 보행 문화를 우측 보행 문화로 전환시키는 것이 교통사고 감소(20퍼센트), 심리 부담 감소(13~18퍼센트), 보행 속도 증가(1.2~1.7배), 충돌 횟수 감소(7~24퍼센트), 보행 밀도 감소(19~58퍼센트) 등 과학적으로 입증되었다. 특히 대다수인 오른손잡이들은 좌측 보행에 심리적 부담을 갖고 있다는 연구 결과도 나왔다. 또 외국에서 수입하여 설치한 빌딩의 회전문과 지하철의 개찰구들은 오른손잡이에 맞게 설계되어 설치되어 있었다. 보행자들이 시설물들을 이용하려면 좌측 보행보다 우측 보행이 편했다.

연구 용역 결과를 정리하고 보행 문화를 좌측에서 우측으로 바꾸는 정책을 본격적으로 추진했다. 하지만 경찰청에서 우측 보행에 대해 소극적이어서 실제 적용에 걱정이 앞섰다. 그때 국가경쟁력강화위원회가 우측 보행 문화 도입과 교통 신호 체제 개편을 하겠다고 나섰다. 큰 원군을 만난 것이었다. 덕분에 당초 걱정과 달리 경찰청의 협조 아래 우리 보행 문화를 우측 보행으로 쉽게 정착시킬 수 있었다. 당시 국가경쟁력강화위원회 강만수 위원장, 정선태 국장은 우측 보행 문화 확산을 위해 많은 지원을 아끼지 않았다.

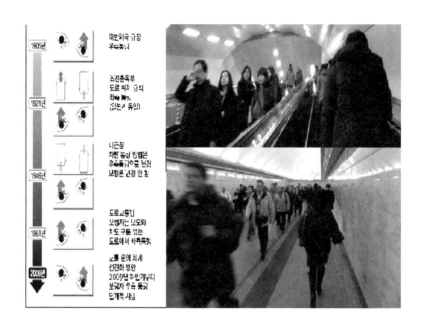

우측 보행 문화는 도입 초기에 혼동이 있었으나 금방 생활의 일부로 자리 잡았다.

우측 보행에 대한 홍보는 우측 보행이 과학적으로 유리하다는 점에 초점을 맞추었다. 이러한 과학적인 설명에 국민들은 큰 거부감 없이 우측 보행 문화를 받아들이기 시작했다. 그리고 현장에서 혼란이 없도록 빠른 시일 내에 시설 개선을 하는 것이 중요했다. 우선 국토해양부 관할의 공항, 철도역, 지하철역, 버스 터미널부터 우측 보행에 맞게 시설 개선을 하도록 독려했다. 해당 기관들은 예산 부족을 들어 우측 보행을 단계적으로 시행하게 해 달라고 요구했다. 그러나 기관들의 요구를 받아들여 단계적으로 시행할 경우 보행 문화에 대한 혼란이 장기화될 것이 뻔했다. 수차례 회의와 설득

끝에 일시에 거의 모든 역사, 공항 등 공공시설 3925개소를 우측 보행에 맞게 시설 개선을 마쳤다. 우측 보행으로 바꾸기 위해 대대적인 개선이 필요하고 기간 내에 우측 보행으로 바꾸지 못하는 곳은 양해를 구하는 안내 문구를 게시하도록 했다. 이어 병원, 백화점, 컨벤션 센터 등 민간 시설 등도 우측 보행에 맞게 시설을 개선함으로써 우측 보행 문화의 조기 정착을 도왔다.

일부 혼란은 있었지만 우측 보행 문화는 시행하자마자 체질에 맞는 음식을 소화하듯 우리 국민들의 일상생활 속으로 빠르게 파고들었다. 88년간 유지해 온 좌측 보행 문화가 우측 통행 문화로 한순간 바뀌었다. 감성적인 접근 방법 대신 과학적인 연구 결과를 앞세운 덕분이다. 얼마 전 러시아 상트페테르부르크의 교통대학을 출장차 다녀왔다. 그곳 지하철 승강장 통로를 가득 메운 사람들이 자연스럽게 우측으로 줄을 이루며 걸어 다니고 있었다. 이들이 이미 오래전부터 자연스럽게 받아들이고 있는 우측 보행 문화를 우리는 불과 수년 전에 받아들였다. 정신 바짝 차리지 않으면 수십 년, 수백 년을 잘못된 관행 속에서 헤매다 죽을지도 모른다.

브랜드 택시

우리는 바쁠 때 택시를 탄다. 택시를 타면 빠르게 가서 좋지만 운전기사들의 불만 섞인 이야기를 듣고 있으면 슬며시 기분이 나빠지기 시작한다. 내 돈 내고 탄 택시에서 운전기사의 불만을 듣고 있어야 하니 말이다. 하지만 그렇게 된 데는 그럴 만한 이유가 있다. 30~40년 전으로 돌아가 보자. 그 당시 택시는 우리 시민들의 발 노릇을 톡톡히 했다. 우리 국민들은 국민소득이 낮아 자가용 승용차를 쉽게 가질 수 없는 데다 대중교통 또한 제대로 갖추어지지 않아 많은 시민들이 선택의 여지 없이 택시를 많이 이용했다. 그러나 택시 수요에 비해 택시 수는 절대적으로 부족했다. 이를 기회로 택시들은 승차 거부, 불법 합승, 난폭 운전 등을 일삼았다. 대도시, 중소 도시 할 것 없이 부족한 택시 문제를 해결하기 위해 택시 면허를 마구잡이로 내주었다. 그리고 많은 택시들이 시내를 누비고 다녔다.

국민소득이 늘면서 사람들은 자가용 승용차를 구입하기 시작했고, 지하철 건설과 버스 전용 차로 운영 등 대중교통도 점차 좋아졌다. 시간이 흐르면서 택시를 타는 사람이 줄어들기 시작하고 택시 공급 과잉으로 빈 차가 손님을 기다리며 승강장에 서 있는 모습이 하나둘 나타났다. 지금은 택시들이 승강장에 줄을 길게 늘어서서 손님 오기만 기다리고 있다. 정권이 바뀔 때마다 택시 공급 과잉 문제 해결, 택시 기사 처우 개선 문제가 단골 공약으로 나왔다. 급기야 정부에서는 택시 공급을 줄이기 위해 감차 보상을 추진 중이다. 그러나 재원 조달 문제로 추진이 쉽지 않을 것 같아 보인다.

1996년 도시교통과장 시절, 택시와 버스가 내 소관 업무였다. 택시 기사와 버스 기사들은 강력한 노조를 구성했다. 택시와 버스에 관련된 정책을 만들 때면 자신들의 의사를 관철시키기 위해 정부를 압박했다. 나는 도시교통과장으로 부임하자마자 노조 사무실을 방문했다. 우리 직원들은 전례가 없다는 이유로 나의 노조 방문을 말렸다. 노조 사무실을 방문함으로써 노조가 큰 기대를 갖게 하거나 무리한 부탁을 하여 업무에 부담이 될 것을 염려했기 때문이다.

나는 택시와 버스 문제를 풀기 위해서는 국민들과 서비스 접점에 있는 운전기사들의 진솔한 이야기를 듣는 것이 중요하다고 생각해 택시와 버스 노조 사무실 방문을 강행했던 것이다. 나의 급작스러운 방문에 노조 간부들은 당황스러워하면서도 반갑게 맞았다. 여태까지 노조 사무실을 방문한 간부급 공무원들이 없었기 때문이다.

그들로부터 많은 진솔한 이야기를 들을 수 있었다. 그리고 서먹서먹하던 노조와의 관계도 사라졌다. 역시 대화야말로 오해를 없애는 데 효과적이라는 생각이 들었다. 택시 노조를 방문해서 운전기사들의 애로 사항을 듣던 중 한 노조 간부가 자신들의 가장 큰 애로 사항을 솔직하게 이야기했다. 그는 자식들이 자기 아버지가 택시 기사라는 사실을 부끄러워하는 모습을 볼 때가 가장 고통스럽다고 했다. 당시 택시 기사들은 합승, 승차 거부, 난폭 운전 등으로 시민들의 손가락질을 받았다. 택시 회사들은 모두 소규모 영세 개인 기업으로 일부 우수 업체를 빼놓고는 노무 관리도 주먹구구식이었다. 그러니 운전기사 자녀들이 아버지에 대해 자부심을 느끼지 못하는 것이 당연했다.

나는 노조 간부들에게 다시 물었다. "그럼 삼성, LG, SK 등 대기업에서 운영하는 택시 회사에 근무하면 자녀들이 아버지 직업에 대해 자부심을 느낄 수 있겠는가?" 노조 간부들은 "그렇다"라고 답했다. 대기업에 대해 비판적인 노조에서 오히려 대기업을 선호하는 것을 보며 의아하게 생각했다. 얼마나 절실했으면 그랬겠느냐는 생각이 들었다. 택시 회사는 많아야 100~200대 정도를 보유하고 있었다. 서울시에는 7만 대의 택시가 운행되고 있으니 어떤 특정 회사가 서비스를 잘한다고 해서 승객들이 그 회사 택시를 골라 타기는 어렵다. 때문에 택시는 서비스를 잘할수록 비용만 많이 들 뿐 수입으로 돌아오는 것이 없다. 잘한 만큼 손해를 보는 구조여서 택시 서비스가 좋아질 기미는 보이지 않았다.

그때 나는 택시 업종을 종합 서비스업으로 발전시켜야 한다는 생각을 했다. 기존 택시 서비스에 여성 귀가 서비스, 외국인 관광 안내, 통역, 심부름, 건물 순회 보안, 쇼핑 대행, 인터넷 설치, 애프터서비스 등 다양한 서비스와 연계시키면 공급 과잉 문제를 해결할 수 있다. 더 나아가 고부가가치 산업으로 발전시켜 택시 기사의 처우 개선도 가능할 것이라는 생각에 이르렀다. 한 번에 두 마리의 토끼를 잡는 것이다.

이를 위해서는 택시를 5000대 정도로 묶어 브랜드화시킨 뒤 승객들이 좋은 서비스를 선택하게 함으로써 서비스 경쟁을 불러일으켜야 한다. 이러한 브랜드 회사를 우리나라 대기업들이 운영하면서 운전기사 교육, 공격적인 마케팅을 한다면 우리 택시 업종은 새로운 부가가치를 창출하는 업종이 될 수 있다. 그리고 유명 브랜드 택시 회사에서 일하는 운전기사 자녀들은 더 이상 부모님의 직업 때문에 부끄러워하지 않아도 될 것이다.

미국에서는 옐로 캡이라는 브랜드 택시를 운영하고 있다.

교통정책실장 시절 이런 구상을 담아 택시도 여러 회사들이 함께 가맹 사업이 가능할 수 있게 여객자동차운수사업법을 개정했다. 그리고 삼성, LG, SK, KT 등 대기업 문을 두드렸다. 그러나 대기업들은 하나같이 택시 사업으로 이미지가 나빠질까 염려하면서 하나같이 고운 시선을 보내지 않았다. 앞으로 선도적인 기업이 나서서 이 문제를 다시 고민할 것이다. 열악한 환경에서 근무하는 택시 기사들을 지원하기 위한 더 이상의 재정 지원도 한계에 봉착할 것이다. 이제 우리는 택시를 위해 무엇을 해야 할 것인가? 택시 요금을 올려 달라는 택시 사업자들이 하자는 대로 할 것인가? 그것이 진정으로 소비자인 승객을 위한 길인가? 심도 있게 고민해야 할 때가 되었다. 귀찮다고 미봉책으로 대응하지 말고 어렵지만 기본에 충실할 필요가 있다.

최근에 인터넷 서비스 업체에서 자가용 승용차를 이용한 우버 택시를 운영하여 시장 질서를 문란하게 하고 있다. 우버 택시는 자가용 영업 행위를 하지 못하게 하는 여객자동차운수사업법상 불법이다. 하지만 택시의 경직된 서비스 형태가 우버 택시를 스스로 불러들인 것이 아닌가 반성해 볼 필요가 있다. 인터넷 서비스 업체들도 불법인 우버 택시를 무작정 도입하기보다 기존 택시에서 해법을 찾았다면 보다 좋은 비즈니스 모델을 만들었을 것이다.

거듭되는 반전들

우리의 인생은 하루하루 고통스러운 날들의 연속이다. 그래서 우리는 인생의 고통을 잠시라도 잊어버릴 통쾌한 반전이 있다면 얼마나 좋을까 기대하며 하루하루 살고 있는지도 모른다. 우리나라는 허브로 가는 길에 절망스러운 고통이 있었고, 진통 끝에 반전이 있었다. 거듭되는 반전은 우리나라가 허브로 가는 길을 이끌어 주는 희망의 연결 고리가 되었다. 이제부터 우리나라가 허브로 가는 길에 어떤 반전이 있었는지를 이야기해 보자.

청주 · 양양 · 울진 공항

1999년 항공정책과장 시절, 청주공항 개항 테이프를 끊고 얼마 되지 않아 모든 국제 정기 항공편이 운항을 멈추었다. 청주공항을 취항하는 항공편은 제주를 오가는 1일 두 편의 항공편과 가끔 오가는 러시아 전세 항공편이 전부였다. 청주공항은 대부분 텅 빈 모습으로 자신의 민낯을 드러냈다. 이를 활성화시킬 뾰족한 대책도 없었다. 언론들은 텅 빈 청주공항을 빗대어 우리나라의 잘못된 인프라 투자 정책에 대한 비난 수위를 높였다. 일부 공직자들은 청주공항이 텅 빈 것을 정치권 탓으로 돌리며 자신들의 책임을 회피하기에 바빴다.

　당초 정부에서는 청주공항을 우리나라의 허브 공항으로 만든다는 청사진을 발표했다. 청주공항에 주둔한 공군 기지를 외곽 지역으로 이전하는 계획도 마련했다. 이러한 청사진에 맞춰 청주공항을 허브 공항으로 만들기 위한 투자를 늘려 나갔다. 그 계획의 일환으로 우선 청주공항의 활주로를 두 개로 늘리고 국제선 청사를 건설했다.

　그런데 청주공항 투자가 본격적으로 시작되기도 전에 또 하나의 신공항 계획이 발표되었다. 수도권인 인천 영종도 부근에 바다를 매립한 5620만 제곱미터(1700만 평)의 땅에 항공기 소음 걱정 없이 24시간 운영 가능한 공항을 건설한다는 계획이었다. 정부에서는 세계적인 기준에 따라 제대로 된 허브 공항을 건설하겠다는 야심 찬 인천공항 건설 계획을 밝혔다. 이후 청주공항에 대한 추가 투자는 중단되었다. 청주공항에 주둔한 공군 기지 이전 계획도 백지화되었다.

　그동안 청주공항에 투자된 금액은 751억 원이었다. 그 돈의 대부분은 청주공항 제2활주로를 건설하는 데 들어갔다. 군 공항은 작전상 두 개의 활주로가 필수다. 우리 전투기가 공항에 착륙하는 동안 적敵 전투기의 공격을 막기 위해 또 다른 전투기가 출격해야 하기 때문이다. 그동안 공군은 예산이 없어 한 개의 활주로만 운영해 왔다. 청주공항에 투자한 제2활주로는 나름대로 공군에서 작전을 원활히 수행하는 데 요긴하게 사용되었다. 문제는 수요가 없어 텅 비어 버린, 100억 원가량 들어간 국제 여객 청사였다. 언론에서는 하루가 멀다 하고 텅 빈 청사 내부를 보도하며 정부 정책 실패를 비난했다. 다른 인프라에 비해 큰돈이 들어간 것은 아니었지만 정부로서는 부담이 되었다. 텅 빈 청주공항 때문에 다른 인프라 사업도 위축될 조짐을 보였다. 어찌 되었든 비어 있는 청주공항을 활성화시켜야 했다.

　1998년 항공정책과장으로 왔을 때 청주공항 업무를 어느 부서에서 담당하는지를 물었다. 직원들의 답변은 의외였다. 국제항공과에서 담당한다고 했다. 청주공항 업무는 국제선 취항이기 때문에 국제항공과에서 담당하고 있다는 이야기였다.

나는 즉시 청주공항 업무를 항공정책과로 가져오게 했다. 청주공항 활성화를 위해서는 국제선은 물론 국내선 추가 취항, 공항 이용에 따른 인센티브 제공 등 마케팅 전략을 포함한 종합적인 처방이 필요했다. 이를 위해서는 건설교통부 항공국 직원 모두가 힘을 합쳐도 모자랄 판이었다. 직원들은 골칫덩어리인 청주공항 업무를 이관받는 것에 난색을 표했다. 그러나 국제항공과에서는 청주공항 업무를 즉시 이관했다. 마치 앓던 이를 빼는 기분이었을 것이다. 청주공항 업무를 이관받자마자 청주공항 활성화를 위한 태스크포스(TF)를 구성했다. 이 TF에는 대한항공과 아시아나항공, 한국공항공사, 충청남도, 충청북도, 청주시는 물론 여행사를 참여시키도록 했다. 청주공항 활성화 대책이 궤도에 오를 때까지 매주 회의를 개최했다. 회의가 개최되는 항공정책과 맞은편의 작은 회의실에는 사람들의 고민만큼이나 담배 연기가 가득 찼다.

이때 뜻하지 않게 홍콩 항공사인 드래곤에어에서 여름 성수기 동안 7편의 전세 항공기가 청주공항으로 취항한다는 사실을 알았다. 이 항공편을 주선한 여행사를 찾아 함께 회의에 참석하도록 했다. 그리고 중국·동남아·일본 여행객을 가장 많이 유치하는 여행사도 수소문하여 회의에 참석시켰다. 나중에 안 일이지만, 대부분 화교들이 운영하는 여행사였다. 드래곤에어 전세 항공편을 주선했던 여행사는 7편의 항공기를 청주공항에 취항시킨 배경을 이렇게 설명했다. "김포공항은 너무 들락거리는 항공편이 많아 원하는 시간에 항공기를 운항하기 어려웠다. 원하는 시간에 항공기를 운항할 수 있도록 부산 김해공항과 청주공항 중에 저울질하다 청주공항을 선택했다. 청주공항이 김해공항을 이용하는 것보다 서울 관광을 포함한 여행 스케줄을 잡기 쉬웠기 때문이다."

여행사의 설명은 회의에 참석한 다른 여행사들에도 청주공항에 대한 흥미를 느끼게 하는 데 충분했다. 회의 중에 충청남도에서는 서해안 지역의 머드 축제를 관광 상품으로 하면 인기 있을 것이라는 제안도 나오는 등 많은 의견이 오갔다. 담당 사무관에게 과거 청주공항을 우리나라 중심 공항으로 키우기 위해 마련했던 전략 보고서를 찾도록 했다. 항공정책과 이문기 사무관이 며칠 만에 문서고文書庫에서 새카맣게 먼지가 앉은 보고서를 찾아냈다. 보고서에는 "청주공항은 전국 어디서나 접근성이 좋아 허브 공항으로 최적의 입지다"라고 적혀 있었다. 초심으로 돌아가 청주공항이 가지고 있는 입지적 장점을 잘 살리면 충분히 활성화시킬 수 있으리라 생각했다.

내가 항공정책과장으로 오기 전, 아시아나항공은 수요가 없다는 이유로 청주와 제주 간 노선을 폐지했다. 가뜩이나 수요가 없는 청주공항에 찬물을 끼얹은 셈이다. 나는 청주공항 활성화 차원에서 아시아나항공에 청주와 제주 간 국내선을 부활시켜 줄 것을 요청했다. 그러나 아시아나항공은 적자를 이유로 청주와 제주 노선의 재취항을 주저했다. 청주공항 활성화 회의 때 청주공항은 충청권뿐 아니라 분당, 평택, 수원 등 수도권 남부 지역에서도 김포공항보다 접근성이 훨씬 좋다는 점을 들어 이용을 권유했다. 한 항공사는 충청 지역, 다른 한 항공사는 수도권 남부 지역의 수요를 흡수하면 두 항공사 모두 수익성이 있는 70퍼센트 이상의 탑승률을 확보할 수 있다고 설득했다. 경영학에서 이야기하는 시장 분할(market segmentation) 전략이다. 거듭되는 설득에 아시아나항공 박삼구 사장(현재 금호그룹 회장)은 제주 노선 재취항의 결단을 내려주었다. 청주공항 활성화를 위해 정말 고마운 결정이었다. 이러한 결정에 따라 아시아나항공의 제주 항공편이 부활했다.

이번에는 기존에 취항하던 대한항공이 반발했다. 대한항공은 철수했던 아시아나항공의 제주 노선 재취항으로 청주–제주 노선 탑승률이 50퍼센트 이하로 떨어질 것이라고 우려했다. 그리고 이를 언론에 흘렸다. 그러나 철수했던 아시아나항공의 제주 노선 취항이 재개된 후 얼마 지나지 않아 두 항공사 모두 80퍼센트대의 탑승률을 기록했다. 그동안 회의에서 논의해 온 시장 분할 전략이 적중한 것이다. 텅 비었던 청주공항에 사람들의 온기가 돌기 시작했다.

러시아 항공사는 군 수송기를 개조하여 '보따리상'들을 싣고 청주공항을 통해 들어왔다. 러시아 보따리상들은 서울로 올라와 동대문과 남대문 시장을 누비며 사들인 물건들을 청주공항까지 배달시켰다. 러시아 보따리상들이 장場을 보고 돌아올 때까지 러시아 항공기는 계류장에서 며칠 밤을 보냈다. 많은 항공기가 취항하지 않았지만 세 개의 계류장으로는 더 이상의 항공기를 취항시킬 수 없었다. 추가 계류장이 필요했다.

막상 계류장 확보를 위한 추가 예산을 반영하려 하니 한국공항공단(현 한국공항공사)가 반대하고 나섰다. 가뜩이나 취항 항공편이 없는 청주공항의 추가 시설 투자로 더 많은 유휴 시설이 생길지 모른다는 걱정 때문이었다. 마치 기름을 지고 불 속으로 들어가는 것이나 마찬가지라고 생각했던 것 같다. 한국공항공단 임직원들은 감사원 감사를 핑계로 추가 투자를 주저했다. 감사원 때문이라면 내가 책임지겠다고 나섰다. 우여곡절 끝에 한국공항공단과 건설교통부 예산 심의 과정에서 청주공항 계류장 확장 예산(30억 원)을 반영했다. 계류장 1면 추가 건설비로 전체 계류장을 조정하여 계류장 수를 세 개에서 다섯 개로 늘렸다. 그리고 청주공항 이용객에게는 주차 요금을 면제하고, 취항 항공사들에는 착륙료 등 공항 시설 이용료도 대폭 할인했다. 당시 정종환 철도청장도 청주공항역을 신설하여 청주공항 활성화에 힘을 보탰다.

청주공항 활성화 대책 수립을 위해 청주공항을 둘러보던 날, 대전 유성 지역 호텔 사장단 회의가 있다는 이야기를 들었다. 즉시 브리핑 자료를 준비해 사장단 회의에 참석했다. 그리고 청주공항 활성화가 유성 지역 호텔의 비즈니스에도 도움이 된다고 설명하며 유성 지역 호텔에서도 청주공항 활성화를 위해 힘을 모아 줄 것을 호소했다.

　청주공항 활성화를 위해 정부에서 노력하는 것을 본 여행사들도 힘을 보태기 시작했다. 대책 회의를 시작한 지 3개월쯤 지날 무렵 기쁜 소식이 들렸다. 매일 2~3편의 전세 항공기가 일본 여행객을 가득 태우고 청주공항을 취항한다는 이야기였다. 일본의 인구가 밀집된 동부 지역에는 갯벌이 없다. 그런 일본인들이 서해안 머드팩을 즐기러 몰려온다는 것이다. 그동안 대책 회의에서 오갔던 한마디 한마디가 중요한 자산이 되어 돌아왔다. 되돌아보면 당시 대책 회의에 여행사를 참여시킨 것이 국제선 승객 증가에 기폭제가 된 것이다. 끝없이 추락하던 청주공항이 활성화되는 기미를 보이기 시작했고, 한번 불이 붙은 청주공항에 취항하는 항공편은 계속 늘어났다.

　활성화 대책 이전에는 연간 522명에 불과하던 국제선 승객이 활성화 대책을 시행한 지 2년 만에 5만 7000명 수준으로 늘었다. 국내선인 청주-제주 노선 승객도 30만 명에서 아시아나항공 재취항 등으로 3년 만에 60만 명으로 두 배가량 늘었다. 그로부터 12년 후인 2011년 청주공항 이용객은 연간 100만 명 이상으로 늘어났으며, 15년 후인 2014년은 170만 명의 승객들이 이용했다. 청주공항은 국민들의 따가운 시선에서 벗어나 이제 세계적인 공항으로 도약하고 있다.

　공항 같은 국가 인프라 사업은 10년 혹은 20년을 내다보고 선제적인 투자를 해야 한다. 청주공항과 같은 국가 인프라 사업은 2~3년의 단기적 성과로 잘잘못을 따지면 안 된다는 것을 보여 준 대표적 사례가 되었다. 어떤 문제가 생기면 이를 피하지 말고 해결해야 한다. 그럴수록 문제의 크기를 줄일 수 있다. 청주 공항을 활성화시킨 경험을 계기로 어떤 일이 불가능해 보일수록 더 큰 호기심을 갖고 도전하는 습관을 가지게 되었다. 이런 의미에서 청주공항은 내게 축복과 같았다. 아니, 이 때문에 공직 생활 내내 고통의 가시밭길을 걸었는지도 모른다.

청주공항 국내선 승객 증가 추이

1999년 청주공항 활성화 대책을 추진한 후 국제선 이용 승객이 많이 늘었다. 2006년 본격적인 항공 자유화로 보다 많은 국제선이 취항했다.(45)

청주공항 국제선 승객 증가 추이

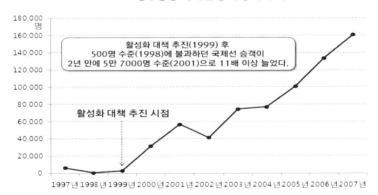

아시아나항공의 제주 노선 재취항에 힘입어 청주공항 국내선 승객은 점차 증가했다. 이후 한성항공, 제주항공이 청주공항 활성화에 크게 기여했다.(46)

4년 후 항공기획관이 되어 항공 업무로 돌아왔다. 그리고 2년 뒤 항공안전본부장이 되었다. 청주공항뿐 아니라 양양·무안·울진 공항 등 항공 수요가 부족하여 많은 유휴 시설이 생기는 일이 속속 일어났다. 그때마다 청주공항의 경험은 이 시설들을 활성화시키는 데 큰 도움이 되었다.

2006년 항공기획관 때다. 양양공항에도 승객이 없었다. 양양공항 활성화를 위해 TF 팀을 꾸렸다. 그리고 청주공항 경험을 살려 여러 가지 활성화 대책을 추진했다. 예를 들어 저비용 항공사들을 설득하여 제주−양양 등 관광지 간의 항공편 개설을 시도하고, 양양공항 인근 골프장과 항공기 이용객들에게 골프장 이용료 할인 프로그램 개발도 추진했다. 현대아산 측과 양양공항을 금강산 관광을 위한 전진 기지로 활용하는 협의도 시작했다. 그리고 2006년 한·중 항공 회담 때 중국 항공사들이 다른 국내 공항을 경유하여 중국에서 싣고 오는 승객들에 한해 양양공항에 취항할 수 있도록 하는 예외 조항을 두는 데 합의했다. 중국 항공사들에 우리 국내 공항 간을 취항할 수 있도록 허용한 것은 국내 운송 금지인 카보티지(carbotage)라는 국제 관례를 깬 파격적인 것이었다. 그러나 항공기획관 1년은 양양공항을 활성화시키기에는 너무 짧았다.

그 후 얼마 되지 않아 양양공항 사용료 협상이 지지부진하자 중국 항공사들은 양양공항 취항 계획을 접었다. 또 경색된 남북 관계로 현대아산은 그동안 공을 들인 금강산 관광 사업을 접었다. 그 틈을 타 양양공항에 취항하던 대한항공의 부산 노선을 비롯한 모든 항공사들이 철수했다. 마치 양양공항이 깊은 정적 속으로 빠져 들어간 느낌이었다. 텅 빈 양양공항은 국민들의 따가운 시선을 받기 시작했다.

그로부터 8년이 지난 2014년 가을, 친구 가족들과 함께 설악산 등산길에 속초에 들렀다. 양양과 속초 사이에 양양공항을 드나드는 고가 교량에 '양양공항 사상 최대의 승객 유치'라는 커다란 플래카드가 눈에 들어왔다. 반

가운 문구였다. 저녁을 먹으러 들른 횟집 주위에서 밤의 정적을 뚫고 중국 말이 여기저기서 들렸다. 속초 해변 횟집들은 중국 관광객으로 만원이었다. 2014년 한 해 동안 25만 명의 승객이 양양공항을 이용했다.

나중에 알고 보니 중국 항공사들이 중국 관광객들을 태우고 양양과 제주 간을 오가기 시작한 것이었다. 2006년 양양공항 활성화를 위해 한·중 항공 협정에서 적어 놓은 한 줄의 협정 문안이 양양공항 재기의 발판이 된 것이다. 천덕꾸러기로만 알았던 양양공항은 이제 우리에게 꼭 필요한 공항이 되어 가고 있다.

2008년 항공안전본부장 때였다. 수도권에서 승용차로 가장 먼 거리에 위치한 고장이 울진이다. 이 울진에 공항이 건설되기 시작했다. 그러나 울진 공항보다 먼저 개항한 청주·양양·무안 공항 등도 한때 승객이 없어 많은 시설이 유휴 시설로 전락한 아픈 경험을 갖고 있었다. 울진공항은 앞서 개항한 공항보다 인근에 큰 도시도 없어 상황이 더 안 좋았다.

당시 대한항공이나 아시아나항공은 조종사를 확보하기 위해 혈안이 되어 있었다. 항공 자유화로 인해 우리나라를 오가는 항공편이 대폭 늘어났기 때문이었다. 그러나 우리나라의 조종사 양성 프로그램은 매우 취약했다. 공군에서 몇 명씩 나오는 조종사들로는 그 많은 항공기를 운항할 수 없었다. 양 항공사는 막대한 돈을 들여 조종사 양성 프로그램을 직접 운영했다. 그것도 항공사에서 양성된 조종사들은 기본 교육만 받고 대부분의 비행 훈련은 공역이 넓은 외국에서 받았다. 그렇게 양성된 조종사들도 부족하여 많은 외국 조종사를 불러 모았다. 이런 점들을 들어 울진공항은 아예 완공되기 전부터 항공기 조종사의 훈련원으로 활용하겠다는 계획을 마련했다. 항공안전본부에 온 지 얼마되지 않은 김희천 사무관이 예산 당국을 설득해 어렵게 조종사 교육 지원 예산(30억 원)을 확보했다. 그리고 최진호 주무관이 이를 도왔다. 이것이 기반이 되어 울진공항은 우리 항공사에 부족한 조종사를 공급하는 조종사 훈련 시설로 다시 태어났다.

지금도 울진공항에선 숙련된 교관들이 세계 하늘을 누비기 위해 구슬땀을 흘리고 있다. 이제 넓어진 하늘만큼이나 기량 있는 우리 젊은 조종사들이 세계 항공 시장으로 퍼져 나갈 것이다. 그리고 그들이 우리의 미래가 될 것이다. 애물단지가 되어 버릴 것 같았던 울진공항은 이번에도 우리에게 꼭 필요한 조종사 양성 시설로 거듭났다.

그러나 아직도 무리하게 투자한 많은 시설들이 주인을 찾지 못해 놀고 있다. 우리 젊은이들이라면 과거 선배들이 잘못 투자한 시설이라도 자신만의 아이디어, 전문성 그리고 열정으로 미래에 힘이 되는 시설로 바꾸어 나갈 것이다. 슬럼화되어 버린 중앙경리단 길, 북촌, 서촌, 홍대 앞길은 우리 젊은이들의 톡톡 튀는 아이디어와 지칠 줄 모르는 열정으로 다양함과 활력이 넘치는 공간으로 변했다. 나는 그런 도전들이 살아 숨 쉬는 길을 걷기를 유독 좋아한다. 문제 해결을 위해 몸부림치는 젊은이들에게서 우리의 미래 희망을 본다. 그러나 기성세대의 기득권 때문에 아직도 많은 젊은이들이 방향을 잡지 못한 채 길거리를 헤매고 있다. 우리 기성세대들은 그들이 힘들 때 어떻게 힘이 되어 줄 것인가? 그것이 우리나라를 살리는 길이다.

고속철도 광명역

원래 경부고속철도 노선은 서울−부산까지 고속철도 선로를 새롭게 까는 것으로 계획했으나 아쉽게도 예산 절감 차원에서 고속철도 광명역을 수도권 중심 역으로 삼으면서 시흥−부산 간만 새로운 고속철도 선로로 깔았다. 그리고 서울−시흥 구간은 기존 선로를 이용하도록 했다. 그러다 보니 서울역에서 시흥역까지의 기존 철도 선로는 고속열차는 물론이고 무궁화, 새마을, 화물열차 등으로 범벅이 되어 추가 열차를 투입할 여유분이 없었다. 또 서울역과 시흥 구간의 기존 철도 선로의 용량 한계 때문에 고속열차는

10~15분 이상의 배차 간격을 유지하며 운행해야 했다. 주말이 되면 KTX 열차 표를 구하기 어려웠다. 그래도 추가 KTX 열차 투입은 곤란했다.

대형 국책 사업들은 커다란 하나의 시스템으로 이루어져 있다. 때문에 어느 한쪽을 바꾸려면 시스템 전체를 바꾸어야 한다. 그렇지 않으면 시스템의 효율이 급격히 떨어진다. 고속철도 광명역 이남부터 부산역까지 고속열차 신선新線 구간은 최소 배차 간격이 3분으로 설계되어 있다. 그러나 서울역에서 광명역까지는 기존 선로를 이용해 KTX는 물론 새마을호, 무궁화호, 화물열차 등이 함께 이용하므로 KTX는 10~15분 단위로 배차할 수밖에 없었다. 그러다 보니 고속철도 광명역 이남의 고속철도 선로 구간은 최대 용량의 3분의 1만 이용할 수밖에 없다. 그때까지 경부고속철도 사업에 20조 원 내외가 들었으니 7조 원에 해당하는 시설만 사용하고 13조 원의 시설을 놀리는 셈이 된 것이다. 예산 절감 차원에서 내린 의사 결정이 지금에 와서는 막대한 유휴 시설을 만든 결과가 되었다.

이 문제는 앞으로 2016년 개통될 수서-평택 간 고속철도 신선이 건설되면 어느 정도 해소되겠지만 그때까지 많은 유휴 시설들이 생길 수밖에 없다. 새로운 고속철도 선로를 광명역에서 서울역까지든 수서역까지든 다시 놓는다 해도 10년 이상의 세월이 지나야 한다. 장기적인 대책만 염두에 두고 아무것도 하지 않기에는 너무 긴 시간이다.

2005년 철도국장 때 일이다. 고속철도 개통 직후 광명역에는 승객이 없어 텅텅 비었다. 1일 이용객이 6000명 정도에 불과한 커다란 광명역은 상가 입주도 제대로 되지 않아 많은 시설들이 유휴 시설로 남았다. 정부의 큰 골칫거리가 되었다. 철도국장으로 온 지 며칠 지나지 않아 설 연휴 기간에 광명역에서 열차 운행이 중단되는 사고가 있었다. KTX가 전력 공급이 안 되는 사구간死區間에 빠져 한쪽 편 선로의 열차 운행이 중단된 것이다. 언론에서는 이 사고를 시시각각 보도했다. 나는 만사 제치고 광명역으로 뛰어갔다. 사고 수습이 끝난 후 광명역 주위를 돌아다니며 어떻게 하면 광명역을 활성화시킬 수 있을까를 놓고 고민했다. 상황은 생각보다 좋지 않았다.

당시 광명 역사에서 4킬로미터 남짓 떨어진 수도권 전철 1호선의 시흥역 이외에는 그 흔한 전철 하나 광명역에 연결되어 있지 않았다. 10년 전에 계획된 광명 경전철, 5년 전에 계획한 광명역을 통과하는 신안산선 계획 추진이 하염없이 늦어지고 있었다. 앞으로 광명역에 전철이 연결되려면 몇 년이 더 걸릴지도 몰랐다. KTX를 타기 위해 광명역까지 버스를 타고 오는 승객들의 불편은 이만저만이 아니었다. 대중교통으론 접근성이 좋지 않아 승용차를 타고 오는 사람들이 많았다. 광명역 앞 도로는 불법 주차 차량 천지였다.

광명역을 활성화시키기 위해 KTX를 자주 투입하려 했지만 광명역과 서울역 구간은 기존 선로를 이용하고 있어 더 이상의 열차 투입이 곤란했다. 따라서 광명역에 더 많은 KTX 정차를 위해 열차를 추가로 투입한다는 것은 현실적으로 한계가 있었다. 그렇다고 과거 잘못된 고속철도 투자를 비판만 하면서 손 놓고 기다릴 수는 없었다. 지금이라도 할 수 있는 방안을 강구하여 광명역을 활성화시켜야 했다. 우선 승객이 부족한 광명역과 놀고 있는 광명역 이남의 고속철도 선로의 이용을 높일 단기적인 대책이 필요했다. 그래서 광명역을 오가는 데 대중교통을 이용하는 승객과 승용차를 이용하는 승객에 대한 각기 다른 처방을 마련했다.

대중교통을 이용하는 사람들 입장에서 볼 때 광명역에는 몇 개의 버스 노선 이외에 전철이 연결되지 않아 광명역을 이용하기가 고역이었다. 대중교통을 이용하는 승객들의 광명역 접근성을 높이는 조치가 필요했다. 승용차 이용 승객 입장에서는 서울역이나 용산역보다 주변 접근 도로가 발달해 있고 주차하기도 쉽다. 그러나 광명역의 주차 공간은 포화 상태여서 광명역 주변 도로는 불법 주차 문제로 골치를 앓고 있었다. 주차 문제를 해결하는 대책도 필요했다. 그리고 광명역에서 정차하는 고속열차가 많지 않아 광명역 이용은 제한적일 수밖에 없었다. 가능하면 많은 KTX를 투입하는 것이 필요하다고 생각했다.

광명역 활성화를 위해 건설교통부, 철도시설공단, 철도공사 직원들로 TF팀을 꾸렸다. 그리고 많은 논의 과정을 거쳐 광명역 활성화 대책을 만들었다. 그 주요 내용은 ①대중교통을 이용하는 사람들이 광명역을 쉽게 이용할 수 있도록 셔틀 전동차와 셔틀버스를 운행하고, ②보다 많은 사람들이 승용차로 광명역을 이용할 수 있도록 주차 빌딩을 건설하며, ③KTX의 회전율을 높이고, 고속철도 광명부터 부산역까지 전용선의 이용률을 높이기 위해 광명역에서 발착發着하는 KTX를 운행하고, ④광명역에서 정차하는 KTX를 늘리는 방안 등을 마련했다. 그리고 할 수 있는 것부터 실행에 옮겼다. 광명역은 상대적으로 도입하기 쉬운 셔틀버스를 고속철도 광명역에서 인근 구로역까지 운행했다. 그리고 고속열차 승객에게는 셔틀버스 운임만큼 고속열차 운임을 할인해 주었다. 하루 500명가량 셔틀버스를 이용했다.

주차 빌딩 건립 문제는 한때 철도공사에서 경제성이 나오지 않는다는 이유로 주저했다. 아마도 경영이 어려운데 새로운 투자가 부담스러웠을 것이다. 주차 시설은 경제성을 따지기 전에 승객을 유치하기 위한 기본 시설이다. 수입 면에서 보아도 1일 주차료 7000원은 철도공사의 쏠쏠한 수입원이다. 더구나 주차 시설 확충으로 광명역을 이용하는 승객이 늘어나면 추가 요금 수입만 해도 주차 빌딩 건설비의 몇 배에 달할 것이다. 철도공사에 대한 지속적인 설득으로 주차 빌딩 설치는 계획대로 진행되어 1000면가량의 주차 공간이 늘어났다. 그리고 광명역을 정차하는 KTX도 늘렸다. 만족할 만한 수준은 아니었지만 광명역 이용 승객도 점차 늘기 시작했다.

그러나 광명역에 전동차를 운행하는 방안은 초기부터 많은 반대에 부딪쳤다. 철도공사 간부들은 고속철도 광명역에서 시흥역까지 별도의 전철 선로 없이 전동차를 운행하는 것은 무리라는 입장을 표했다. 장기적으로 시흥역에서 광명역까지 셔틀 전철 노선을 신설하여 운영하되, 그때까지만이라도 시흥역에서 광명역까지는 고속철도 선로를 그대로 이용하여 전동차를 운행하자고 설득했다. 고속철도 신선은 10~15분의 배차 간격을 갖고 있어 그 사이사이에 전동차를 운행하면 될 것으로 보았기 때문이다.

당시에는 고속철도 전용 선로를 애지중지하던 터라 전동차를 고속철도 전용 선로에 운행시킨다는 것은 말도 꺼낼 수 없는 일로 여겼다. 일부 직원들은 광명역 전동차 운행 방안에 대한 기술적인 어려움을 제기했다. "고속열차와 전동차는 전기 방식이 달라 고속열차 신선에 전동차를 운행하려면 전동차를 특별히 개조해야 한다. 설사 전동차를 운행하더라도 전철 노선에서 고속철도 신선으로 들어올 수 있는 건넘선 설치 장소가 없다"라며 전문가로서의 의견을 내놓았다. 모두 그럴싸해 보였다.

나는 이러한 부정적인 의견에 밀려 상당 기간 전동차를 광명역에 운행시키겠다는 생각을 접었다. 광명역에 전동차를 운행하기 위해서는 그들을 설득시킬 만한 논리가 필요했다. 철도 전문가의 의견을 들어 그들의 논리가 틀리다는 것을 입증해 보여야 했다. 나중에 안 일이지만, 그 당시 반대 논리들 모두가 그때그때 상황을 모면하기 위한 임기응변에 불과했다는 사실이다. 고속열차와 전동차는 모두 2만 5000볼트의 전기를 사용하고 있어 기존 전동차가 고속철도 선로를 운행하는 데 아무런 문제가 없었다. 또한 전동차가 도시 철도 선로에서 고속철도 전용 선로로 넘어가는 건넘선 설치역시 문제가 없었다. 건넘선 후보지를 알아보기 위해 자정 이후 새벽까지커다란 손전등을 켜고 시흥역에서 고속철도 광명역에 연결되어 있는 철도선로의 배선 구조를 일일이 살폈다. 다음 날 휴일 낮 동안 구로역에서 시흥역 구간을 역마다 전동차를 타고 내려가며 건넘선 설치 장소를 눈으로 그려 나갔다.

며칠 후 광명역 활성화 대책 회의가 시작되었다. 나는 철도공사로 하여금 선로 상세 도면을 가져오게 했다. 회의에 참석한 철도공사 직원들은 지난번과 같이 건넘선을 설치할 곳이 없다는 주장을 반복했다. 나는 철도공사 직원들이 가지고 온 선로 도면을 펼치도록 했다. 그리고 건넘선 후보 위치를 도면에 표시했다. 그러자 철도공사 직원들은 당황하는 모습이었다. 자세히 가르쳐 주었으니 언젠가는 할 수 있을 것이다. 그리고 철도국장 자리를 떠났다.

나는 광명역에 전철을 운행하지 못하고 자리를 떠나게 된 것이 내내 아쉬웠다. 그러나 어찌 된 일인지 내가 철도국장 자리를 떠나고 1년 후에 철도공사에서는 시흥역 주변에 건넘선을 설치했다. 이어 2006년 12월 15일 처음 용산역에서 광명역까지 셔틀 전동차를 운행했다. 그러나 셔틀 전동차를 이용하는 사람들이 많지 않았다. 셔틀 전동차의 평균 배차 간격이 한 시간을 훨씬 넘기 때문이다. 당초 이야기한 대로 시흥역에서 광명역까지만 셔틀 전동차를 10분 단위로 운행하면 많은 사람들이 이용했을 것이다. 광명역 셔틀 전동차 운영에 대한 새로운 전략이 필요하다는 생각이다.

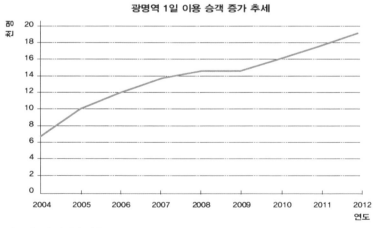

연도별 1일 광명역 이용 KTX 승객 변화 추이다.(47)

광명역에서 발착하는 KTX 운행 계획은 철도공사가 승객이 없다는 이유로 운행하지 않았다. 그로부터 6년 뒤인 2011년 광명역에서 출발하고 도착하는 주말 열차가 생겼다. 늦은 감이 있지만 반가운 일이다. 광명역 활성화 대책을 추진한 지 2년 만에 광명역 KTX 이용객은 1일 6000명 수준에서 1만 4000명으로 두 배 이상 늘었다. 지금은 1일 2만 명 정도의 승객이 광명역을 이용한다. 광명역 이용 승객이 늘어난 덕분에 광명 역사 내 상가도 입주가 정상화되었다. 최근 세종시로 정부 청사가 옮겨 가면서 맞벌이 공무원 가족들이 광명역 인근으로 주거지를 옮기고 있다. 광명역 주변의 아파트 값이 오르고 광명역을 찾는 승객은 늘어 가고 있다. 우리가 그토록 걱정하던 고속철도 광명역은 점차 활력을 찾아 가고 있다.

인천공항 철도

인천공항 건설 시 우리의 경쟁 공항인 홍콩 첵랍콕 공항, 일본의 간사이 공항 등은 안정적인 연계 서비스를 제공하기 위해 공항 개항과 동시에 철도망을 연결시켰다. 그리고 프랑스 파리 샤를드골 공항, 독일 프랑크푸르트 공항은 자신들의 공항을 모두 고속철도망과 연결시켰다. 인천공항 건설 당시 우리나라도 외국처럼 인천공항에 철도를 연결해야 외국 공항과의 허브 경쟁에서 이길 수 있다고 판단하여 공항 철도 건설 계획을 인천공항 마스터플랜에 포함시켰다.

인천공항을 연결하는 공항 철도는 1일 2만 명 정도로 수요가 많지 않아 대부분 빈 차로 다녔다. 민간 자본으로 건설한 공항 철도의 요금 수입도 얼마 되지 않아 재정 지원 규모가 천문학적으로 늘었다. 언론의 비판 강도는 날이 갈수록 거세졌다. 공항 철도는 문자 그대로 애물단지가 되었다. 언론에서는 텅 빈 공항 철도 열차 안을 카메라로 비추어 대며 수요 예측이 잘못되어 국가 예산을 날리고 있다는 비난을 했다. 그러나 사실은 조금 달랐다.

공항 철도의 수요 부족 문제는 수요 예측을 잘못했다기보다 인천공항 주변을 둘러싼 여러 가지 여건이 계획대로 되지 않아서라는 표현이 맞을 것이다. 공항 철도가 운행 초기에 수요가 예측보다 줄어든 가장 큰 이유는 공항 철도가 지연되어 개통됨에 따른 공항버스의 승객 선점, 인천공항 수요 부족, 주변 지역 개발 지연 등의 문제가 복합적으로 발생한 것이다.

그중 공항 철도의 수요가 부족한 가장 큰 이유는 공항 철도가 2002년 인천공항 개항 이후 5년(1단계), 8년(2단계) 만에 지연되어 개통되었기 때문이다.

그러나 재정 당국은 예산 부족을 이유로 4조 원이 투입되는 공항 철도 건설 계획을 개항 뒤로 미루었다. 그마저도 민간 투자 방식으로 사업을 추진해 줄 것을 건설교통부에 요구했다. 문제는 이때부터 생겼다. 공항 철도 건설이 지연되자 인천공항 개항과 동시에 수도권뿐 아니라 전국 55개 도시를 출발하고 도착하는 97개의 많은 버스 노선이 생겼다. 그리고 인천공항 이용객들은 수년 동안 버스 위주의 대중교통 시스템에 길들여졌다. 한번 길들여진 공항버스 이용객들은 개항 후 5년이나 지나 개통된 공항 철도로 옮겨가기를 꺼렸다.

2008년도 당시 인천공항을 오가는 사람들의 61퍼센트가 버스를, 32퍼센트가 승용차를, 나머지 7퍼센트만 공항 철도(1일 2만 명)를 이용했다. 공항 철도 건설 협약 수요의 7퍼센트 수준이다. 우리와 달리 일본 오사카 간사이 공항과 도쿄 나리타 공항은 개항과 동시에 공항 철도를 개통했다. 1999년을 기준으로 공항 철도의 수송 분담률은 각각 47퍼센트, 40퍼센트에 달했다. 우리와 대조적인 모습이다. 인천공항 개항과 동시에 공항 철도가 완공되었다면 상당한 양의 공항 철도 수요가 있었을 것으로 추정된다. 공항 철도는 지연 개통으로 버스에 승객을 빼앗겼고, 회복될 기미를 보이지 않았다. 이 때문에 공항 철도에 대한 정부의 재정 지원금은 천문학적으로 불어났다.

더 큰 문제는 공항 철도에 대한 민간 투자 사업의 협약이 체결된 때가 이

자율이 높은 시기였다는 사실이다. 협약 당시 이자율은 지금보다 세 배가량 높은 14퍼센트였다. 앞으로 30년 동안 과거의 높은 이자율을 기준으로 수요 부족에 따른 재정 부담을 정부가 떠안아야 했다. 공항 철도 2단계 구간인 서울역까지 개통할 경우 정부는 앞으로 30년 동안 매년 4000억~8000억 원씩 총 14조 원에 해당하는 금액을 재정 지원금 명목으로 민간 사업자들에게 지급해야 했다. 천문학적인 지원금으로 인해 공항 철도는 두고두고 화근거리가 될 것이 뻔했다.

건설업체들은 투자 자금을 회수하기 위해 자신들의 지분을 금융 기관에 팔기로 하고 정부에 지분 변경 신청을 했다. 이러한 문제점을 인지한 정부에서는 금융 기관에 지분 양도 신청에 대한 허가를 보류하며 보유 지분을 정부에 되팔아 줄 것을 요청했다. 하지만 건설업체는 이미 자신들의 지분을 정부 승인을 전제로 1조 3800억 원에 팔기로 가계약하고 금융 기관에서 중도금까지 받은 상태였다. 그러나 정부로서는 이때가 아니면 공항 철도를 정상화시킨다는 것은 거의 불가능하다고 판단했다. 국토해양부 철도기획관인 이승호 국장을 비롯해 윤왕로 과장, 고용석 서기관이 공항 철도 지분 매입에 앞장섰다. 이들은 공항 철도에 대한 지분 매입을 위해 기획재정부, 청와대 등 관련 부서들을 쫓아다니며 설득했다. 이러한 행동은 국가에 대한 사명감이 투철하지 않고서는 어려운 일이었다. 아무리 국가를 위해 건설업체 지분을 매입하려 했어도 일단 지분을 매입하고 나면 매입 가격이 어떻든 특혜라고 떠들 사람들이 주변에 있기 때문이다. 그들은 공항 철도 지분 매입이 자신들에게 큰 부담이 되었지만 국가를 위해 한결같은 주장을 하고 다녔다.

2009년 8월 철도 업무가 교통정책실로 이관되면서 당시 교통정책실장이었던 나는 자연스럽게 공항 철도 지분 매입 관련 업무를 맡게 되었다. 당시 금융 기관들은 공항 철도 지분을 매입할 경우 막대한 수익을 올릴 수 있었다. 때문에 금융 기관들은 정부가 건설업체 지분을 매입하는 것에 대해 탐탁하게 생각하지 않았다. 청와대 역시 건설사 지분의 정부 매입으로 특혜 의혹이 생길까 꺼리는 눈치였다. 철도 업무가 내게 넘어오기 전에 이미 두 차례나 보고했지만 시원한 답을 얻지 못했다. 누군가 나서서 강하게 밀어붙이지 않으면 안 될 상황이었다. 우선 청와대를 설득하는 것이 중요했다. 다행히 철도 업무가 내 소관으로 넘어오면서 이명박 대통령에게 다시 보고할 수 있는 일정이 잡혔다.

나는 이명박 대통령에게 국익 차원에서 건설사 지분의 정부 매입이 필요하다는 점을 말씀드렸다. 이번에 지분 매입을 하지 않을 경우 앞으로 30년 동안 매년 4000억~8000억 원 이상의 재정 지원이 불가피하다는 이야기도 했다. 많은 질문이 이어졌다. 여러 가지 질문에 대한 답변에는 과거 회계법인에서 일한 경험이 큰 도움이 되었다. 청와대 보고 전에 상세한 재무 분석을 한 뒤라 자신감을 갖고 대통령을 설득했다. 이어 정종환 국토해양부 장관과 윤진식 청와대 정책실장이 내 말에 힘을 보태 주었다.

이후 공항 철도 지분의 정부 인수 작업은 급물살을 탔다. 철도 업무가 교통정책실로 이관되기 전부터 이미 금융 기관에선 정부 승인을 전제로 건설업체 지분을 1조 3800억 원에 평가하고 중도금을 지불했다. 시장 가격이 1조 3800억 원이라는 이야기다. 정부와 민간 건설업체 간의 지분 양도에 대한 줄다리기 협상 끝에 투자 원금과 협약 이자에 500억 원을 더 지급하는 1조 2500억 원으로 지분 매입가가 잠정 결정됐다. 건설업체에 투자 원금과 이자에 해당하는 1조 2000억 원만 지불할 수 있도록 다시 협상하게 했다. 건설업체가 건설 과정에서 막대한 시공 이윤을 보았다는 이유에서였다. 그리고 내심 지분 매입에 따른 불필요한 특혜 의혹을 불식시키기 위한 생각도 있었다.

장기간 끌고 당기는 협상을 하면서 지분 매입 금액은 1조 2000억 원으로 합의했다. 건설업체에서는 볼멘소리가 나왔다. 철도공사는 차입을 통해 건설업체 지분 매입 금액을 바로 지불했다. 지분을 싸게 구입한 대신 신속하게 자금을 지급한 것이다. 건설업체도 불만은 있었지만 정부의 깔끔한 업무 처리에 다소 만족하게 생각하는 듯했다.

정부를 대신해서 철도공사가 인천공항 철도 지분을 인수했다. 정부는 철도공사와 새로운 협약을 통해 과거 14퍼센트의 이자율을 7퍼센트로 낮추었다. 향후 협약 기간인 30년 동안 지급할 재정 지원 규모도 14조 원에서 7조 원 규모로 낮추었다. 7조 원가량의 재정을 절감한 것이다. 정부로서는 철도공사의 공항 철도 지분 매입으로 막대한 재정 부담 위기로부터 일단 한숨을 돌렸다. 철도공사에 보상해 준 이자율 7퍼센트는 공사채 이자율 5.8퍼센트보다 1.2퍼센트 정도 높으니 철도공사도 불만이 있을 리 없었다. 철도 노조에선 애물단지인 공항 철도를 인수해 철도공사가 피해를 입었다고 연일 성토했다. 하지만 일부 국회의원을 빼놓고 누구도 철도 노조의 주장에 동조하지 않았다. 막상 철도공사에서 공항 철도를 인수하자 철도 노조의 목소리도 잦아들었다. 이 일을 주도적으로 추진해 왔던 이승호 철도기획관, 윤왕로 과장, 고용석 서기관의 의지가 결실을 맺은 것이다.

일단 철도공사의 지분 매입으로 국고의 재정 부담은 반으로 줄었지만 수요가 없어 공항 철도가 빈 차로 다닐 경우 국민들의 비난은 계속될 것으로 보았다. 어떻게든 공항 철도의 수요를 늘려 나머지 7조 원의 재정 부담도 최소화하는 대책이 필요하다는 생각을 하기에 이르렀다. 이를 위해 공항 철도를 활성화시키는 특단의 대책을 만들었다.

대책의 주요 내용은 ①공항 철도의 선로를 이용하여 인천공항과 인천 지역에 KTX 서비스를 제공하고, ②신경의선과 공항 철도를 연결(수색)하여 서울역과 용산역에 각각 공항 열차를 운행하고, ③기존 전동차를 고속 전동차(100→180킬로미터/h급)로 대체 투입하여 서울역–인천공항 간을 54분에서 30분대로 단축(리무진 버스 73분)하는 계획이다. 기존의 전동차들은 최근 건설되고 있는 수도권 내 광역 철도 신설 구간에 대체 투입하는 것으로 방향을 잡았다. 그렇게 되면 지방에 사는 승객이 KTX를 타고 환승 없이 인천공항에 올 수 있다. 그리고 버스와도 속도 경쟁력이 충분해 공항 철도의 수익성도 개선될 것으로 보았다.

프랑스의 샤를드골 공항이나 독일의 프랑크푸르트 공항은 모두 고속열차로 연결되어 있다. 그리고 자신들의 허브 공항과 지방을 빠르게 연결하고 있다. 우리는 인천공항을 건설하면서 수도권 주민들의 교통 편의만 고려하여 도시 철도인 공항 철도를 건설했다. 나는 이전부터 인천공항에 고속열차를 운행하는 것은 국가적으로 꼭 필요하다고 생각해 왔다. 그래야 인천공항이 허브 공항으로서의 입지를 확고히 다질 수 있다고 보았다. 이를 위해 오래전부터 기존 공항 철도 노선을 이용해 KTX를 투입하는 방안을 전문가들과 함께 검토해 왔다. 공항 철도 매입을 계기로 이를 실현시킬 기회를 잡을 수 있었다.

공항 철도 활성화 계획에 대한 기본 골격을 마련한 뒤 공항 철도 선로를 이용해 KTX를 투입하는 방안에 대한 기술 조사와 경제성 검토를 실시했다. 조사 결과, 서울역과 인천공항 간 노선의 3분의 2에 해당하는 지상 구간에서는 시속 200킬로미터까지 달릴 수 있고 나머지 지하 구간은 시속 100킬로미터로 달릴 수 있다는 결과가 나왔다. 경제성도 비교적 양호하게 나왔다.

예상한 대로였다. 그러나 막상 공항 철도 노선에 KTX를 투입한다고 하자 전기 방식, 궤도 규격, 승강장 등 기술적인 문제에 의구심을 갖는 사람들이 많았다. 이러한 의구심을 풀기 위해서는 KTX로 인천공항까지 시험 운행을 하는 것이 좋겠다고 생각했다. 빠른 시일 내에 시험 운행할 수 있도록 준비시켰다. 그리고 첫 시험 운행 때 내가 직접 KTX를 타고 인천공항역으로 들어가겠다고 공언했다.

그런데 막상 시험 운행을 하겠다는 날 새벽에 북한의 천안함 폭침 사건이 일어났다. 나는 아침 일찍 출근하여 천안함 폭침 사건으로 국민들이 불안하게 생각하고 있으니 KTX 시험 운행을 다음으로 미루자고 했다. 당시 간선철도과장이었던 장영수 과장이 나를 바라보고 빙긋 웃으며 말했다. "실장님께서 인천공항까지 KTX를 직접 타고 시험 운행을 하신다고 해서 사전 점검차 우리끼리 오늘 새벽 KTX로 인천공항에 다녀왔습니다." 그러면서 공항 철도 인천공항역에 정차해 있는 KTX 열차 사진을 보여 주었다. 나는 그 사진을 보며 나의 오랜 꿈이 금방 현실로 나타난 것만 같은 착각에 빠져들었다.

2010년 3월 29일 새벽 2시 18분, KTX가 공항 철도 선로를 타고 수색역, 김포공항역을 거쳐 처음으로 인천공항역까지 운행했다.

그날 오후 나는 교통정책실 직원들과 철도공사, 철도시설공단 직원들과 함께 건설이 막 끝난 공항 철도 2단계 일부 구간인 김포공항역에서 수색역까지 시험 운행을 했다. KTX는 김포공항역에서 수색역까지 엉금엉금 기어가듯 달렸다. 우리 직원들은 고속철로만 달리던 KTX가 공항 철도 선로를 달리는 모습을 보며 감격의 기쁨을 나누었다. KTX가 공항 철도 선로 시험 운행에 성공함으로써 우리 직원들은 물론 주변 사람들에게도 KTX를 이용해 인천공항에 들어갈 수 있다는 확신을 심어 주었다. 그러나 실제 KTX 투입을 위해서는 보다 구체적이고 치밀한 계획이 필요했다. 추가적인 연구 검토를 거쳐 공항 철도 활성화를 위한 세부 실행 계획이 완성되었다. 그리고 연결선 공사에 필요한 사업비를 국가 예산에 반영했다. 하지만 이 사업 역시 내가 공직을 떠난 후까지 감사원 감사를 받았다. 그러면서 사업은 한없이 지연되었다.

2010년 3월 29일 김포공항역의 전차선 시설을 점검하고 KTX로 김포공항역부터 수색역까지 시운전 중에 찍은 사진이다.

그러나 인천공항까지의 KTX 열차 운행 계획은 그 자체만으로 커다란 위력을 발휘했다. 동남권 신공항 건설에 대해 다시 한 번 생각하는 계기가 되었고 2018 평창 동계 올림픽을 유치하는 데도 결정적으로 기여했다. 평창 동계 올림픽 유치 후 2년 이상 지루하게 진행되던 감사원 감사도 별문제 없이 마무리되었다. 만약 인천공항에 새로 고속철도를 연결하기 위해 별도 노선을 건설하려면 4조 원의 돈을 다시 투자해야 한다. 기존 공항 철도 선로를 이용하여 인천공항에 KTX를 운행하는 것은 국가 차원에서 엄청난 이익이 있다. 그러나 그런 새로운 아이디어들은 감사라는 벽 때문에 빛을 보지 못하는 경우가 한두 번이 아니었다.

2014년 6월 30일 인천공항까지 KTX가 들어가기 시작했다. 지방에 사는 많은 사람들이 KTX를 타고 인천공항으로 한 번에 갈 수 있게 되었다. 인천공항을 가기 위해 서울역에서 공항 철도로 환승할 필요가 없었다. 인천 시민들도 인천 도시 철도 검안역에서 KTX로 갈아탈 수 있게 되었다. 인천시 전체가 KTX 역세권 범위로 자연스레 편입되었다. 우리가 평창 올림픽 유치 시 세계올림픽조직위원회(IOC)에 했던 약속도 지킬 수 있게 되었다. 고속철도와 도시 철도 경계를 허무는 작은 생각 하나가 이렇듯 커다란 결과를 낳았다.

기존 공항 철도 요금도 일반 지하철보다 조금 높은 수준으로 대폭 낮추고 인천 도시 철도와 연결되었다. 그리고 김포공항에서 서울역까지 2단계 구간이 개통되었다. 공항 철도 인수 당시 1일 2만 명에 불과하던 승객이 1일 평균 17만 6000명, 최대 22만 명을 넘어섰다. KTX 승객도 당초 예상 1600명을 넘어 2500명 수준으로 145퍼센트 증가했다. 1일 최대 이용객도 4200명을 넘어섰다. 그리고 정부에서 국고로 지원하는 최소 수익 보장 금액도 당초 예상 7000억 원 수준에서 3000억 원대로 떨어졌다. 그리고 시간이 가면 갈수록 이 금액은 크게 줄어들 것이다.

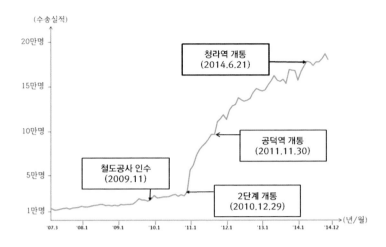

(수송 실적)

20만 명

15만 명

10만 명

5만 명

1만 명

청라역 개통
(2014.6.21)

공덕역 개통
(2011.11.30)

철도공사 인수
(2009.11)

2단계 개통
(2010.12.29)

(년/월)

'07.3 '08.1 '09.1 '10.1 '11.1 '12.1 '13.1 '14.1 '14.12

인천공항 철도 일평균 수송 실적 추이다. 2009년 공항 철도 인수 협상 당시 1일 평균
2만 명 내외이던 승객 수가 2014년 1일 평균 17만 6000명으로 뛰었다.(48)

　그리고 2015년 3월 28일, 지하철 1호선과 4호선 서울역에서 지하 통로로
공항 철도역까지 연결하는 환승 통로가 구축되었다. 공항 철도 활성화 대
책의 하나인 환승 통로 구축 계획을 수립한 지 6년 만의 일이다. 그전까지
만 하더라도 서울역에 가면 큰 짐을 끌고 계단을 오르내리는 외국인들을
쉽게 볼 수 있었다. 지하철 1·4호선 서울역에서 내려 공항 철도를 타기 위
해 공항 철도역으로 가는 외국인들이었다. 그들에게는 그 높은 계단을 오
르내리기가 지옥과도 같을 것이다. 그들의 모습이 매우 안쓰러워 보였다.
이제 우리나라를 드나드는 내·외국인은 3000만 명에 이르고 있다. 이들
중 10퍼센트만 지하철 1호선과 4호선을 타고 서울역에서 공항 철도를 이용
한다 해도 300만 명이 된다. 서울역 지하에 환승 통로를 개설하여 해외를
오가는 내·외국인들이 무거운 여행 가방을 10분 만이라도 끌고 가지 않게
해도 연간 100억 원 편익은 족히 될 것이다. 그보다 더 중요한 것은 외국
관광객들에 대한 우리 국민들의 배려.

아직도 공항 철도에 대해 아쉬운 게 있다. 사업 추진 과정에서 맨 처음 만든 활성화 대책 중 핵심이 되는 한 가지 사업이 이루어지지 못했다.

그중 하나가 현재 시속 100킬로미터의 공항 열차 속도를 시속 180~200 킬로미터까지 올리는 계획이다. 계획대로만 되었다면 인천공항에서 서울역 간을 지금의 50분대에서 30분대에 오갈 수 있다. 열차 속도를 올리기 위해 열차를 교체하는 비용은 2000억 원 정도 될 것이다. 그리고 기존 열차를 신설되는 다른 노선에 투입한다면 그 금액은 훨씬 줄어들 것이다. 매일 17만 6000명의 승객이 공항 철도를 이용하고 있다. 이 계획을 통해 승객들의 교통 시간을 평균 10분 줄인다고 가정하면 그 시간 편익만으로도 연간 625억 원에 이른다. 차량 내용 연수 20년 동안 총 1조 2000억 원의 시간 가치 편익이 생긴다. 그리고 공항 철도의 속도가 빨라지면 빨라질수록 공항 철도 이용객과 요금 수입도 추가로 늘어날 수 있다. 그리고 공항 철도의 용량도 지금보다 크게 늘어날 수 있다. 돈 몇 푼 아끼려고 속도를 포기하는 것은 어리석은 일이다. 이런 관점에서 보면 감사원 감사 등으로 주춤했던 공항 철도 고속화 사업을 다시 한 번 추진해 볼 필요가 있다.

많은 승객들로 공항 철도는 붐비고 있다. 더 많은 열차를 투입해야 혼잡도를 낮출 수 있다. 공항 철도의 속도만 높여서는 용량을 충분히 확보하기 어렵다. 빠른 열차들은 제대로 제어하여 용량을 높일 수 있도록 노후화된 신호 시스템을 바꾸어야 한다. 그리고 지하철 9호선과 연결시켜 김포, 인천, 강남, 강북을 하나의 생활권으로 묶어야 한다.

최근 철도공사는 자신들의 지분을 되팔기 위해 매각 협상을 벌이고 있다. 철도공사는 이번 지분 매각으로 부채 비율이 낮아지고 4000억 원가량의 추가 수익을 올릴 것으로 전망하고 있다. 그리고 정부의 국고 지원 방식도 손실 보상 방식으로 바꿔 그 금액을 대폭 낮출 수 있게 되었다. 이제 공항 철도는 국민들에게 애물단지에서 보물단지로 탈바꿈했다.

잘못된 인식들 공항 철도와 같은 사회 간접 자본에 대한 민간 투자 사업은 수요를 과다하게 예측해서 재정 부담이 많다고 자주 언론에서 듣곤 한다. 자초지종을 모르는 국민들은 그 말을 듣고 흥분할 수밖에 없다. 그러나 민간 투자 사업의 메커니즘을 제대로 알면 흥분할 이유가 없다. 수요를 과다하게 예측했다고 하는 것은 실제 수요가 예측 수요보다 적다는 이야기다. 민간 투자 사업에 참여한 민간 기업은 예측 수요를 근거로 선투자를 하고, 시설 완공 후 들어오는 수입으로 선투자한 금액을 회수한다. 시설 완공 후 들어오는 수입은 실제 수요에 근거하여 들어오는 수입이다. 이러한 상황에서 실제 수요가 예측 수요보다 작다면 민간 기업은 자신이 투자한 금액을 제대로 회수할 수 없다. 즉 민간 기업은 손해를 보게 되는 것이다. 이렇듯 투자 위험 요소가 클수록 민간 자본은 사회 간접 자본 시설에 투자하기를 기피한다.

때문에 민간 자본의 투자를 유도하기 위해 최소 수익 보장 장치를 두어 실제 수요가 예측 수요에 훨씬 미치지 못할 경우, 일정 부분에 대해 국고로 보전해 주도록 하고 있는 것이다. 다시 말하면 수요 예측을 과다하게 하여 발생한 민간 자본의 피해를 어느 정도 보상해 주기 위한 것이다. 즉 미래 수요 예측에 대한 불확실성을 줄이기 위해 국가나 민간 자본 누구도 손해 보지 않도록 실제 수요에 근거하여 사후 정산 시스템을 가지고 있다는 표현이 옳을 것이다.

최소 수입 보장을 위한 정부 지원이 언론의 도마에 오를 때마다 정부는 국고 지원을 줄여 나갔다. 신공항 고속도로의 경우 실제 수요가 예측 수요의 80퍼센트에 미달될 때, 천안−논산 고속도로의 경우는 82퍼센트 미달분, 대구−부산 고속도로의 경우는 77퍼센트 미달분, 용인−서울 고속도로의 경우는 70퍼센트 미달분에 대해서만 국고 지원을 했다. 민간 제안 사업은 아예 정산 구조 자체를 없애 버렸다. 수요를 잘못 예측한 책임은 민간 사업자에게 있으므로 이에 대한 페널티를 준다는 것이다. 사실상 민간 투자 협약 구조는 국가가 '갑'의 입장에서 일방적으로 유리하게 되어 있는 셈이다. 수요를 과다하게 예측한 것은 민간 투자자들의 잘못이므로 운영 단계에서 수입 감소분도 민간이 부담하라며 민간 투자자에게 모든 책임을 떠넘긴 셈이다.

건설 경기 침체로 어려워진 건설업체는 울며 겨자 먹기 식으로 공사 물량 확보를 위해 이러한 불평등한 보상 규정에 따른 적자 위험을 감수하고 SOC 민간 투자 사업에 뛰어들었다. 이러한 비정상적인 민간 투자 방식이 당장은 국가 입장에서 이익인 것처럼 보이지만 장기적으로는 부실 공사, 건설업체 도산, 실업 문제 등의 부작용을 낳을 것이다. 이제 그나마 남아 있던 민간 투자 사업도 자취를 감추고 있다. 최근의 경기 침체도 이와 무관하지 않다.

민간 투자 사업의 과도한 수익과 손실은 수요 예측의 잘못 때문에 생기는 것이 아니라 협약 이자율 때문이다. 민간 투자 사업은 협약 당시 이자율로 30년 동안을 협약하기 때문에 협약 이후 이자율이 오르면 정부가 이익이고, 이자율이 내리면 민간이 이익이다. 얼마 전까지 10퍼센트를 상회하던 이자율이 지금은 5퍼센트 이하로 떨어지고 있다. 당연히 그 과정에서 민간 투자자들은 막대한 이익을 챙기고 있다. 즉 민간 투자 사업의 과도한 수익과 손실은 하나의 금융 리스크 또는 프레미엄이지 민간 투자 사업 자체가 가지고 있는 리스크 또는 프레미엄이 아니다. 지금과 같이 이자율이 낮을 때 민간 투자 사업을 일으킨다면 이러한 리스크는 크게 줄일 수 있다.

김포공항의 부활

항공정책과장 때인 1999년, 김홍일 의원은 건설교통부 국정 감사에서 한국공항공사와 인천공항공사를 통합시켜야 한다는 주장을 했다. 김대중 대통령의 장남인 김홍일 의원은 당시 실세 중의 실세였다. 건설교통부 간부들과 정보기관들은 김홍일 의원이 제안한 양 기관 통합 문제에 대해 기정사실로 인식하기 시작했다. 양 기관이 통합할 경우 임원들을 줄일 수 있으니 비용 절감 측면에서 설득력이 있어 보였다. 당시 16개 전국 공항을 관장하는 한국공항공사는 김포공항에서 벌어 나머지 공항들을 먹여 살리는 재무 구조를 가지고 있었다. 한국공항공사 직원들은 인천공항이 개항되면 지금까지 김포공항의 대부분의 수입을 차지하는 국제선이 인천공항으로 옮겨 가는 것에 대해 많은 우려를 했다. 때문에 한국공항공사 직원들은 인천공항 개항 전에 인천공항과의 통합을 원했다. 김홍일 의원의 제안은 한국공항공사 임직원들의 생각과 일치했다.

그러나 인천공항공사 직원들의 생각은 달랐다. 두 기관을 통합할 경우 직원 수가 절대적으로 부족한 인천공항공사가 한국공항공사로 흡수, 통합될 것을 우려했다. 인천공항공사 직원들은 인천공항 개항을 위해 수년 동안 영종도로 배를 타고 출퇴근하면서 열악한 근무 조건 때문에 많은 고생을 했다. 인천공항 개항을 앞두고 이제 와서 한국공항공사와 통합 논의를 하는 것에 대해 못마땅해했다. 양대 노조의 충돌은 일촉즉발의 위기로까지 전개되었다. 하지만 두 기관 노조의 의견보다 어느 것이 먼저 국가 이익에 부합되는가를 살펴야 했다.

대부분의 선진국에서는 공항별로 독립 채산제를 실시하고 있다. 자신들이 먹고살 궁리는 스스로 알아서 해야 한다는 경영 철학이 반영된 것이다. 이미 선진 국가들의 경영 철학을 담아 기획재정부 역시 인천공항을 기존 한국공항공사에서 분리하기로 방침을 세웠다. 만약 인천공항과 한국공항공사가 관장하는 17개 공항을 모두 합쳐 한 기관이 운영할 경우 공항 운영을 독점하게 되는 것을 우려한 것이다. 이럴 경우 대부분의 국내 공항에서 발생한 적자는 자구 노력 없이 인천공항에서 발생하는 수입만으로 보전하려 했을 것이다. 경쟁 상대가 없으니 공항 운영이 방만해질 것은 자명했다. 민간 기업의 경우에도 그룹 전체의 재무 구조가 위태할 경우 흑자 기업과 적자 기업을 분리하여 선별적인 구조조정에 들어간다. 이러한 원칙에도 맞지 않았다.

통합 논의가 되던 시기에 언론들은 인천공항 개항과 관련하여 연일 부정적인 기사를 쏟아 냈다. 그런 상황에서 두 기관이 통합한다면 조직 내 주도권을 잡기 위해 내분이 생길 것은 뻔했다. 두 기관의 통합 논의는 1년 앞으로 다가온 인천공항 개항에 대한 주변의 많은 우려가 있는 상황에서 불에 기름을 붓는 것과 같았다.

일부에서는 양 기관을 통합한 후 김포공항을 폐쇄하고 그 부지를 팔아 아파트를 지어 인천공항의 부채를 갚자는 이야기도 나왔다. 아마 이것이 정치권에서 나온 두 공항 통합의 진짜 이유인지도 몰랐다. 세계적으로 인구 1000만 명 이상 도시에는 2~3개의 국제공항이 있다. 김포공항을 폐쇄할 경우 우리는 수도권에 오직 한 개의 민간 공항을 갖게 된다. 그리고 인천공항에 국내선 항공기를 취항시키기 위해 엄청난 규모의 추가 투자가 불가피해질 것이다.

그린벨트 지역인 김포공항 부지를 민간에 매각할 경우 당시 공시 지가로 2500억 원에 불과했고, 용도를 변경하기 전에는 시장 가격도 1조 원 이상 되기가 힘들었다. 더 큰 문제는 항공 수요가 늘어나 김포공항 규모의 공항을 다시 건설하려 할 경우 최소한 10조 원 이상이 필요할 것이다. 양 기관 통합으로 인해 김포공항이 폐쇄된다면 국익 차원에서 엄청난 손실을 가져올 것이라고 생각했다. 이러한 이유를 들어 김홍일 의원이 제기한 통합 주장에 대해 반대 입장을 분명히 했다. 당시 중앙 부서 과장에 불과한 나로서는 모험이나 마찬가지였다. 그러한 주장으로 불이익을 받을 것을 우려한 많은 사람들이 나에게 적당히 타협할 것을 권했다. 하지만 나의 집요한 반대로 통합 논의는 한 발짝도 나아가지 못했다. 대내외적으로 나에 대한 압박은 날이 갈수록 심해졌다.

그때 나는 보다 객관적인 업무 추진을 위해서는 두 기관 통합 문제에 대해 전문적인 자문을 받는 것이 필요하다고 생각했다. 삼일회계법인으로 하여금 공항 정책에 대한 컨설팅을 받고, 사회 저명인사로 구성된 공항운영체제개선위원회를 만들어 이 문제를 논의했다. 위원회에는 당시 학계 원로인 김안제 서울대 교수, 경실련 사무총장이었던 이석연 변호사, 오연천 행정대학원 교수, 유한수 전前 전경련 부회장, 최훈 전 철도청장 등의 인사들이 참여했다. 위원회에서는 두 기관의 경쟁을 통한 이익의 합이 통합을 통한 이익의 합보다 크다는 결론을 내며 나의 주장에 힘을 보탰다. 김홍일 의원이 국정 감사에서 통합 의견을 제시한 지 1년쯤 지난 후 양 공사를 통합하자는 이야기는 더 이상 나오지 않았다. 아마 김홍일 의원도 이해한 모양이다. 정치권에서 불어온 양 기관 통합 시도는 원점으로 되돌아갔다. 그리고 6개월 후 인천공항은 성공리에 개항했다.

인천공항은 특화된 허브 전략을 집중적으로 구사하여 6000억 원(2014년 추정)의 이익을 냈다. 인천공항 개항으로 다급해진 한국공항공사는 김포공항 대신 제주, 부산, 청주 등 지방 공항에 국제선을 적극 유치하고 면세점 설치를 확대했다. 그리고 김포공항에도 김포-하네다, 김포-베이징, 김포-홍차우 등 단거리 국제 직항 노선을 신설했다. 그리고 유휴 시설에는 이마트, 병원, 영화관, 식당, 골프 연습장 등을 유치하고, 주차장 및 유휴 부지를 활용하여 골프장과 롯데호텔 및 면세점을 유치했다. 지상에 설치된 레이더 등 항행 장비 기술을 개발하여 독자적으로 외국에 수출하기도 했다. 김포공항을 운영하는 한국공항공사의 위기 극복 노력은 이처럼 다방면에서 전개되었다.

덕분에 한국공항공사는 적자에서 흑자 경영으로 전환했다. 이러한 결과가 나오기까지는 한국공항공사 성시철 사장과 임직원들의 공이 매우 컸다. 성시철 사장은 한국공항공사에서 일어나는 일 하나하나를 자신들의 일로 생각하며 동분서주했다. 그 결과, 한국공항공사는 2014년 2000억 원 규모의 흑자를 기록했다. 한국공항공사는 경쟁을 통해 스스로 멋진 부활의 신화를 썼다. 두 기관을 통합했더라면 구조조정 없이 인천공항에서 나온 수입을 나누기에 급급했을 것이다. 현재 두 기관을 합쳐 총 8000억 원의 흑자는 반토막 났을지도 모른다.

공항공사, 철도·도로 공사

우리 속담에 배보다 배꼽이 크다는 이야기가 있다. 기본이 되는 것보다 덧붙이는 것이 더 큰 경우를 말한다. 기본을 지키는 것이 중요하다는 의미에서 이 속담을 자주 사용하고 있다. 그러나 우리 공항공사는 배보다 배꼽을 더 키워 성공한 사례다. 공항을 운영하는 한국공항공사, 인천공항공사는 정부 지원 없이 2014년 기준으로 각각 2000억 원과 6000억 원 등 총 8000억 원의 흑자를 기록할 것으로 예상된다.

반면에 도로공사와 철도공사는 2014년도에 각각 1000억 원 미만의 흑자, 6000억 원 규모의 적자를 기록할 전망이다. 도로공사의 정부 지원은 도로 건설비 중 일부를 국가로부터 지원받고 있으며, 철도공사의 정부 지원은 공적 서비스 비용(PSO, Public Service Obligation)에 대한 지원을 받으면서도 재무 상황은 좋지 않다. 재무 상황만 놓고 본다면 한국공항공사와 인천공항공사의 재무 전망이 도로공사와 철도공사보다 훨씬 좋다.

2010년 교통정책실장 시절, 도로공사를 찾아가 임직원들에게 도로공사의 재정 상황이 나빠지고 있으므로 이에 대한 대비를 해야 한다고 말했다. 그 이유는 이렇다. 도로공사는 그간 많은 물량의 고속도로를 건설해 왔다. 공사 물량 자체가 도로공사의 실적이 되었다. 이러한 분위기에서 사장의 주된 관심 사항은 공사 중인 고속도로 완공 일정에 맞추어 차질 없이 공사를 마치는 것이었다. 도로공사는 고속도로 공사비 중 정부 재정으로 50퍼센트, 자체에서 50퍼센트를 조달하여 공사를 했다. 50퍼센트는 통행료를 징수해 갚으라는 이야기다. 건설 중에 있는 도로는 완공되기 전까지는 자산으로 잡히기만 할 뿐, 비용으로 잡히는 것이 없다. 건설 기간 동안 들어간 막대한 자금의 이자도 '건설 중 이자'로 자산에 포함된다. 도로 건설 기간이 통상 5~6년이 걸리는 점을 감안하면 5~6년 후 개통되기 전까지는 비용 발생이 없다. 지금 당장은 재무 구조가 건전하게 보일 것이다.

그러나 도로 건설이 끝나면 증가하는 부채에서 나오는 지급 이자 규모가 대폭 늘어난다. 현재 도로공사의 부채 규모는 2013년 현재 25조 원으로 2008년의 20조 원에 비해 5조 원가량 늘었다. 고속도로 물량이 늘어나면서 부채도 급속도로 불어나고 있는 것이다. 당연히 지급해야 할 이자 규모도 늘고 있다.

그러나 수입의 증가세는 완만하다. 고속도로 통행료는 물가 안정이라는 명목 아래 거의 동결 수준이다. 게다가 1995년부터 사회 간접 자본에 대한 민간 투자 제도가 도입되면서 수요가 많은 수도권, 부산권 일부 고속도로가 민간 사업자에 의해 건설되기 시작했다. 그리고 한국도로공사는 수요가 없는, 즉 수입이 없는 지방 고속도로를 도맡아 건설했다. 때문에 도로공사의 재정 상황은 당분간 좋아지지 않을 것이다.

도로공사나 철도공사 모두 통행료 수입, 열차 승차권 판매 수입 비중이 95퍼센트가량이다. 도로공사의 부대사업 수입 규모는 총수입의 5퍼센트 내외다. 철도공사의 경우 총수입 중 2.6퍼센트만이 부대 수입이다. 일본의 경우 민영화된 신칸센 철도 회사인 JR는 총수입 중 도카이도 일본철도 수입의 30퍼센트, 동일본철도 수입의 33퍼센트, 서일본철도 수입의 31퍼센트가 부대 사업에서 나온다. 그리고 프랑스 SNCF의 총수입 중 20.4퍼센트가 부대수입이다. 도카이도 일본철도는 연간 397조 원의 영업 이익을 올리고 있다.

우리나라 한국공항공사와 인천국공항공사 모두 착륙료, 공항 시설 이용료 등 항공 수입이 총수입의 각각 36퍼센트, 30퍼센트에 불과하다. 나머지 각각 64퍼센트, 70퍼센트의 수입은 면세점, 상가, 골프장 임대료 등 비항공 수입이다. 그리고 탄탄한 비항공 수입을 기반으로 항공기 착륙료, 공항 시설 사용료 등을 동결시키거나 낮추고 있다. 그렇게 함으로써 더 많은 항공기와 승객이 우리 공항을 이용하고 있다. 이처럼 우리 공항공사들은 경영을 다각화해서 자신들은 물론 나라의 살 길도 찾고 있다.

도로공사는 자신들이 도로를 건설하고 통행료를 받고, 철도공사는 승차권을 파는 것을 천직으로 알고 살아왔다. 나머지는 정부가 알아서 해 주겠지 하는 마음 때문에 스스로를 돌아보며 살려고 발버둥 치지 않았다. 도로공사는 많은 양의 고속도로를 건설하는 데만 관심을 가졌다. 엎친 데 덮친 격으로 최초 민간 투자 사업인 서해안 고속도로 행담도 사업은 정치권과 연루되어 많은 사람들이 고충을 겪었다. 그것이 트라우마가 되어 도로공사에서는 민간에 의한 부대사업 추진을 중단했다.

철도공사는 자신들이 투자해서 수익을 올릴 수 있는 곳에도 국고 지원을 기다리다 투자할 기회를 놓쳤다. 영등포역 롯데백화점은 쏟아지는 손님으로 막대한 수익을 올리고 있다. 그러나 정작 영등포역을 소유한 철도공사는 몇 푼 되지 않는 역사 시설 개량비를 민간 사업자로부터 지원받고 직원 한두 명을 그 업체에 채용시키는 데 그쳤다. 주인 없는 철도공사 경영의 난맥상을 보고 있는 것이다.

주말이나 공휴일이 되면 KTX 승차권을 구하기가 어렵다. 그리고 광명시, 수원시, 천안시, 세종시, 울산시 등은 고속열차를 더 많이 넣어 달라고 아우성이다. 이 모든 것이 KTX 열차 수요다. 그러나 KTX 열차가 부족해 수요가 늘어도 운행시킬 수 없다. 철도공사는 KTX 열차를 구매할 경우 부채 비율이 늘어난다는 이유로 정부가 지원할 때까지 KTX 열차를 구매하지 않겠다는 입장이다. 너무 오랜 기간 동안 정부 재정 지원에 길들여진 탓일 것이다. 과연 민간 기업이라도 그랬을까?

철도공사는 많은 영업 적자를 기록했고, 도로공사도 부채와 지급해야 할 이자가 늘고 있다. 이러한 문제를 통행료나 요금 인상으로 해결하기도 어려운 상황에 빠져들고 있다. 거의 매년 있는 대통령, 국회의원, 지방 자치 단체장 선거 등으로 물가 상승률을 초과하는 고속도로 통행료와 철도 요금 인상은 쉽지 않을 것이다.

이제 도로공사와 철도공사는 인천공항이나 김포공항과 같이 스스로 자신들의 살 길을 찾아 나서야 한다. 살기 위해서는 무엇이든 팔아야 한다. 우리 공항공사들처럼 배보다 배꼽을 더 키워서라도, 즉 수입 다변화를 통해 지금의 경영상 어려움을 벗어나야 한다. 조그만 가게도 길목만 잘 잡으면 많은 수입을 올린다. 그런데 모든 길목을 잡고 있는 도로공사와 철도공사가 적자를 본다는 것은 조금 이상하지 않은가? 이는 비단 철도공사나 도로공사에 국한된 문제가 아니다. 모든 공공 기관에 해당되는 이야기다.

우리 국민들은 IMF 사태가 터졌을 때 장롱 속에 있는 금팔찌, 금반지, 은수저 등의 가격이 오를 것을 알면서도 우리 경제를 살리기 위해 헐값에 내다 팔았다. 그리고 우리 경제를 살렸다. IMF 사태와 같은 일은 언제든 일어날 수 있다. 다음번의 국가 위기는 장롱 속의 모든 것을 팔아도 극복할 수 없을지도 모른다.

동남권 신공항

동남권 신공항 건설을 위한 입지 문제가 온 나라를 흔들고 있다. 갈등만 있고, 문제 해결 기미는 보이지 않는다. 이 문제를 논의하려면 우리는 먼저 공항의 항공공학적 특성을 이해해야 한다.

공항은 항공기의 이착륙을 위해 만든 것이다. 그러므로 항공기의 하늘에서의 동적 거동에 따라 활주로 방향과 길이를 결정한다. 항공기는 바람을 안고 비행해야 안전하다. 왜냐하면 바람을 안아야 날개에서 부력이 발생하기 때문이다. 항공기는 하늘 높이 날 경우 비행 속도가 빨라 어느 방향으로 날든 부력을 얻는 데 아무 문제가 없다. 그러나 이착륙 단계에서는 항공기가 속도를 낮추기 때문에 바람의 방향과 세기가 항공기의 안전 비행에 결정적인 요소가 된다. 항공기가 이착륙할 때는 항공기 뒤에서 불어오는 배풍背風 그리고 항공기 옆에서 부는 측풍側風은 위험하다. 항공기의 안전한 이착륙을 위해 배풍과 측풍은 시간당 13~20 항속 마일 이내가 되어야 한다.

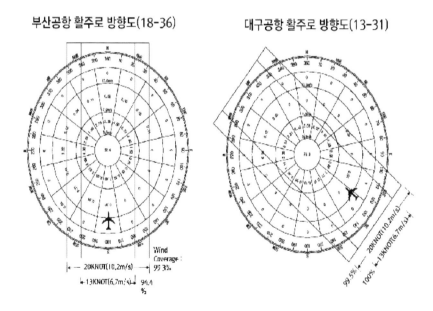

공항을 설계할 때 그리는 바람 방위도다. 공항의 활주로는 바람이 가장 많이 부는 방향으로 결정한다.(49)

공항의 활주로 방향은 이 같은 측풍과 배풍으로 인한 항공기 운항 장애를 최소화할 수 있도록 설계된다. 우리나라는 북서풍이 70퍼센트 이상이고, 나머지 20퍼센트가량은 남동풍이다. 동서풍은 거의 없다. 인천공항의 활주로 방향은 북서풍이 불 때 항공기가 충분한 부력을 받을 수 있도록 북서쪽으로 활주로 방향을 잡았다. 공항의 활주로 방향을 잡을 때는 수십 년간의 기상 데이터를 근거로 통계적 다이어그램을 그려 활주로 방향을 잡는다. 이 통계적 다이어그램이 바람 방위도(wind rose), 즉 바람의 방향과 강도에 따른 확률 도표다. 그리고 활주로 방향을 돌려 가며 측풍치 15마일 범위 내에 들어오는 확률값(검은 막대 안의 숫자를 더한 값)을 모아 가장 큰 확률이 나오는 방향을 활주로 방향으로 잡는다.

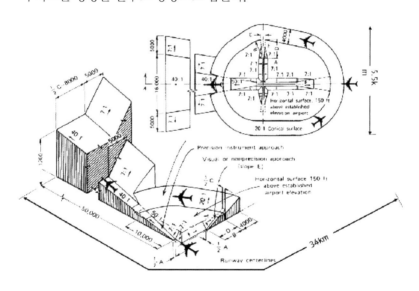

공항 활주로 주변의 고도 제한 기준이다. 밀양이 공항의 조건을 갖추려면 이 기준에 따라 주변의 많은 산들을 절개해야 한다.(50)

또 항공기는 착륙 시 활주로에 접근할 때마다 유지해야 하는 고도가 있다. 그리고 착륙 및 이륙 시도 중 문제가 생기면 선회해야 한다. 때문에 활주로 주변은 거의 비스듬한 평면에 가까운 경사면을 유지해야 한다. 신공항은 활주로 지역만 평평하다고 건설할 수 있는 것이 아니다. 지금 동남권 신공항 건설을 두고 많은 쟁점이 있는 이유는 공항 설계에 대한 기본적인 지식이 부족하기 때문이다. 지역적 욕심 때문에 기술적인 문제는 접어 둔 채 지역 간 감정의 골만 깊어지고 있다. 전문가들은 정치적인 이슈에 입을 닫았다. 오해받을까 봐 제대로 이야기해 주는 사람이 없다.

밀양에 신공항을 세우려면 주변의 산을 상당 부분 절토切土해야 된다. 여수공항 확장 당시 안전한 비행 경로를 확보하기 위해 여수공항에 근접한 일부 산을 절토한 적이 있다. 당시 지역 주민들은 영산靈山을 건드린다고 해서 산 지키기에 나섰다. 그로 인해 여수공항 확장 사업은 계속 지연되었다. 당시 절토한 산의 양은 밀양 신공항을 건설할 때 생긴 절토량에 비하면 아주 미미하다. 가덕도에 신공항 건설에 대한 타당성을 운운하던 교통연구원의 연구는 지금 가덕도 신항만 자리에 입지하는 것이었다. 이제 와서 가덕도에 공항을 세우려면 별도로 대형 컨테이너 선박이 오가는 평균 수심 19미터의 바다를 메워야 한다. 또한 북쪽에서 접근하는 항공로 확보를 위해 엄청난 양의 산을 절토해야 한다.

바다를 메워 건설한 일본 간사이 공항의 예를 들어 보면, 간사이 공항의 단위당 건설비는 면적 대비 우리나라 인천공항의 열 배 이상 들었다. 깊은 바다를 매립하여 건설했기 때문에 천문학적인 건설비는 물론 이를 유지하기 위한 비용도 많이 든다. 간사이 공항의 착륙료, 공항 시설 이용료는 우리 인천공항의 세 배나 된다. 항공사들은 비싼 시설 이용료 때문에 간사이 공항 취항을 기피하고, 이 때문에 항공기들이 운행을 기피하는 죽어 가는 공항이 되고 있다. 간사이 공항은 인간들의 멋진 기술로 공항을 만드는 데는 성공했지만 자연의 흐름을 거스른 대가를 톡톡히 치르고 있다. 잘못 건설된 공항은 두고두고 재앙이 될 것이다.

동남권 신공항 규모는 현재 김포공항 크기인 7748만 제곱미터(255만 평)으로, 공항 건설에 들어가는 돈은 9조 5000억 원(2008년 불변가)이나 들어간다. 이미 개항한 인천공항 규모는 5620만 제곱미터(1700만 평)로 1단계 공항 건설에 8조 6000억 원(공항 자체는 5조 6000억 원)이 들었다. 동남권 신공항 규모는 인천공항 크기의 6분의 1이지만 인천공항 1단계 건설비 정도의 돈이 들어간다. 동남권 신공항이 단위 면적당 인천공항 건설비의 여섯 배 이상 드는 셈이다. 공사가 완공될 때쯤이면 누적 건설비는 17조 원이 넘는다. (51), (52) 공항 건설비가 늘어나면 착륙료, 공항 시설 사용료도 비싸게 받을 수밖에 없다.

밀양 및 가덕도 신공항 건설 이전에 무엇을 위해 공항을 건설해야 하고, 어떻게 하면 그 목적에 맞게 공항을 건설할 수 있는가에 논의의 초점을 맞추어야 한다. 수도권에 큰 공항이 있으니 우리도 큰 공항이 필요하다는 막연한 요구는 곤란하다. 이 때문에 생기는 지역 갈등도 건강하지 않다. 지난 2014년 6월 KTX가 인천공항에 운행하기 시작했다. 또한 최근 많은 관광객들로 인해 항공 수요가 급격히 늘어나고 있다. 지금까지 논의된 동남권 신공항에 대한 전반적인 재검토가 필요한 시점이다. 머리를 맞대고 지혜를 모으면 분명 방법이 있을 것이다.

세종 정부 청사

세계 허브 정부 2012년 말부터 청와대와 일부 부처, 국회, 사법부를 서울에 그대로 두고, 대부분의 정부 부처가 서울에서 140킬로미터 떨어진 세종시로 이전하기 시작했다. 이 때문에 행정 효율성이 떨어지는 것은 당연하다. 그러나 대부분의 정부 부처가 옮겨 갔고, 이를 되돌릴 수 없다면 나름대로 해법을 찾아 효율성을 높이는 수밖에 없다.

정부 부처의 세종시 이전은 단순히 장소의 이전만을 뜻하는 것이 아니다. 이번 정부 이전을 계기로 중앙 부처 공무원들은 수도권 위주로 행정을 해 오던 오래된 습관에서 벗어날 수 있을 것이다. 그리고 국가 전체 관점에서 행정을 바라볼 수 있는 소중한 기회를 갖게 되었다. 그럴 바에야 좀 더 시야를 키워 지구촌 전반으로 넓혀 보자. 이제 세계 허브 정부로서 우리 정부의 지평을 넓혀 보는 것은 어떨까? 연간 3000만 명에 달하는 내 · 외국인이 우리나라를 드나들고 있다. 대통령은 한 달이 멀다 하고 세계 정상들을 만나고, 장관들은 일주일이 멀다 하고 외국 고위급 인사들과 자리를 함께하며 세계적인 이슈를 논의하고 있다. 우리 기업들은 밤낮으로 세계 도처에 흩어져 있는 외국 기업과 접촉하며 비즈니스에 열을 올리고 있다. 지구촌 한구석에서 테러가 발생하면 자신의 일처럼 호들갑을 떤다. 세계 유가에 따라 우리 경제가 요동치고, 가계 빚이 늘었다 줄었다 한다.

이렇듯 오래전부터 우리는 지구촌 시민으로 살아왔다. 우리의 삶이 하루하루 고달프고, 지역주의와 민족주의 그리고 국가라는 장벽 속에 둘러싸여 이 사실을 제대로 인식하지 못하고 있었을 뿐이다. 이번 기회에 우리 정부 역시 대한민국 정부라는 전통적인 틀에서 벗어나 세계 속의 허브 정부로서의 역할을 하는 것이 어떨까? 이를 위해서는 우리의 모든 것을 바꾸어야 할지도 모른다. 지금과 같이 매일매일 쏟아지는 국내 현안에만 매달리지 말고 세계적인 이슈에 관심을 갖고 대안을 제시하며 리드해야 한다. 우리의 중요한 정책들도 지구촌 구석구석의 모범적인 사례와 세계적인 전문가들의 의견을 바탕으로 만들어진다면 보다 미래 지향적인 정책을 만들 수 있을 것이다. 이렇게 만들어진 정책들은 한글, 영어, 프랑스어, 중국어, 일본어 등 여러 나라 언어로 번역하여 지구촌 어디에나 뿌려진다. 이미 구글, 야후 등에서 번역 서비스를 실시하고 있다. 이에 더해 해외 유학생들을 에디터로 활용한다면 우리말을 여러 개의 언어로 번역하는 것은 크게 어렵지 않을 것이다.

그렇게 되면 지구촌 곳곳에서 우리의 정책들이 환류(feed back)될 것이고, 이를 통해 업그레이드될 것이다. 수십억 명의 해외 컨설팅 그룹을 운영하는 것과 같은 효과를 거두고 우리 정부의 정책 결정이 세계 표준으로 자리 잡을 것이다. 지구촌 사람들은 우리 정부의 일하는 모습에서 자신들의 미래를 볼 것이다. 이런 정부를 가진 우리 국민이나 기업들은 항상 자신들이 허브가 될 수 있다는 자신감으로 충만할 것이다. 이것이 우리가 바라는 진정한 허브 정부의 모습이 아닐까?

과천 청사 가듯이 그러나 지금의 현실은 암울하기만 하다. 정부 청사가 세종시로 이전하면서 수도권 민원인들에게는 더 멀어진 정부요, 공무원들에게는 출퇴근길이 고단한 청사가 되었다. 지방에 사는 주민들은 세종 청사에 오기 쉬워졌지만 수도권 이북에 사는 주민들은 무척이나 불편해졌다. 중앙 부서 공무원들은 세종 청사로 옮겨 가는 것 자체가 고통이다. 현재 서울에서 차로 세종시 정부 청사를 가려면 거의 두 시간이 걸린다. 고속철도와 고속버스를 이용하여 서울에서 세종 청사를 가려면 두 시간 내외가 걸린다. 세종 청사에서 여의도 국회로 가려면 고속철도를 이용하더라도 세 시간 내외가 걸린다. 게다가 세종시 앞의 도로는 편도 3차선에 불과하고 그나마도 한 차선은 버스 전용 차로로 쓰이고 있어 상시 혼잡 구간이 되어 가고 있다. 많은 공무원들과 민원인들이 길바닥에 금쪽같은 시간을 버리고 있는 것이다.

지금까지 수도권에서 살다가 세종 청사로 이전해야 하는 공무원들은 새로 아파트를 장만하고, 맞벌이 부부는 두 집 살림을 하는 등 고민이 많다. 거주지를 옮기기 어려운 공무원들은 서울 지역 지방청 등으로 옮겨 앉았다. 지역 균형 개발이라는 명분 아래 그 많은 짐을 중앙 부서 공무원들이 지고 있는 느낌이다. 이렇듯 차분하게 정책 구상에 몰두해야 할 중앙 부처 공무원들이 일할 시간을 거리에서 흘려보내게 하는 것은 국가는 물론이고 국민 모두가 손해다. 또 민원 업무를 위해 세종 청사를 방문하는 수도권 주민들의 수는 우리 인구의 절반이 넘는다. 수도권 지역 민원인과 기업들 입장에서는 세종 청사까지 가는 데 많은 시간을 길바닥에 허비하고 있다. 교통 시간과 거리가 늘어난 만큼 국가적 효율성이 떨어진다.

사실 정부 청사 이전 문제는 수년에 걸친 여론 수렴과 기초 조사가 필요한 작업이었다. 그러나 정부 청사 이전 문제가 노무현 정부의 지역 균형 개발을 앞세운 선거 전략으로 활용되면서 시간을 다투는 문제가 되어 버렸다. 명품 도시를 만들기 위해서는 더 많은 시간과 노력을 쏟아야 하는데 현실은 그렇지 못했다. 정부 청사의 세종시 이전 문제는 정부 부처의 세종 청사 이전 직전까지 지루한 정치적·이념적 대결의 장으로 변했다. 마치 과거의 전통적 지역 균형 발전 방식에 매몰되어 치킨 게임을 벌인 양상이었다. 대화 없는 대결로 많은 시간을 보내는 동안 세종시에 제대로 기능을 재배치할 시간을 잃었다. 이래서는 허브 정부의 꿈을 실현하는 것은 요원하다. 세종 청사 기획부터 건설, 입주까지 10년 이상 걸렸으니 이러한 문제를 대비할 수도 있었다. 그러나 정치권의 흑백 논리에 의한 싸움으로 세종시 이전을 충분히 대비하지 못하고 엉거주춤 옮겨 간 모양새다.

문제는 노무현 대통령과 이명박 대통령 모두 과거 전통적인 거리 개념과 지역 균형 발전 방식을 갖고 세종시 문제를 다루었다는 점이다. 좀 더 넓은 안목으로 상황을 인식하고 기존과는 다른 방법으로 접근했다면 두 대통령 사이에 접점을 찾을 수 있었을 것이다. 그리고 지금과 같은 행정의 비효율도 없었을 것이다.

국민들이 인식하는 수도권 개념은 서울−천안 간 전철과 KTX 열차가 운행함으로써 법적 수도권인 서울, 인천, 경기도를 넘어 이미 천안까지 확장되었다. 천안에서 서울로 출퇴근하는 사람들이 많아지기 시작했다. 세종시 정부 청사는 천안에서 40킬로미터 정도 떨어져 있다. 고속철도로는 천안에서 10분 거리다. 미래에는 기술이 발전하여 시속 400킬로미터대의 운행 속도를 가진 고속철도가 개발될 것이고, 광역 철도도 시속 200킬로미터대로 대폭 향상될 것이다. 이렇게 되면 우리가 전통적으로 생각하는 수도권의 개념도 크게 달라질 것이다. 첨단 과학 기술을 이용해 거리의 종말을 앞당기는 노력을 먼저 했다면 노무현 대통령과 이명박 대통령이 추구하는 지역 균형 발전과 행정의 효율성이라는 두 마리 토끼를 잡을 수 있었을 것이다. 지금이라도 늦지 않았다.

지난 2005년 호남고속철도 노선의 세종시 통과 구간이 문화재 문제, 명품 세종시를 만든다는 명분으로 당초 계획보다 세종시 외곽 쪽으로 돌려졌다. 참으로 안타까운 일이 벌어졌다. 그 당시 장기적인 안목으로 호남고속철도 노선을 세종시 안쪽으로 당겼다면 문제 해결이 좀 더 쉬워졌을 것이다. 지금쯤 고속철도 세종청사역을 만들자는 이야기가 나왔을 것이며, 그렇게 되었다면 서울역에서 세종 청사까지는 40~50분이면 오갈 수 있다. 이는 서울역에서 과천 정부 청사까지 오갈 수 있는 시간이다. 2009년 교통정책실장으로 온 후 고속철도 노선을 세종 청사 쪽으로 옮기는 방안을 검토했다. 그럴 경우 호남고속철도 사업 전체가 2~3년가량 늦어졌다. 노선을 다시 안쪽으로 돌리기에는 너무 늦었다.

그 후 공직을 그만두고 철도기술연구원으로 자리를 옮겼다. 세종 청사의 접근성을 높이기 위한 나의 고민은 그때까지 이어졌다. 많은 연구진이 함께 모여 접근성을 높이는 여러 가지 대안을 검토했다. 2013년 11월, 서울시 서초구에 있는 '예술의 전당' 컨퍼런스 홀에서 이러한 대안들을 놓고 공개 세미나를 개최했다.

그중 한 방법이 현재 운행 중인 호남고속철도를 연계하여 세종 청사와 직결시키는 방법이다. 그러면 서울역에서 50분대에 세종 청사까지 갈 수 있다. 그리고 건설 중인 수서-평택 간 고속철도가 완공되면 강남 수서역에서 세종 청사까지는 40분대로 줄일 수 있다. 수도권에서 과천 청사에 가듯 세종 청사에 갈 수 있다. 만약 이것도 어려우면 현재의 오송역에서 세종 청사까지 버스 전용 차로를 이용해 빠른 속도의 도시 철도를 운행시키는 방법이 있다. 이럴 경우 고속열차를 세종 청사까지 직결하는 것보다 20분가량 더 많은 시간이 소요된다. 그래도 한 시간 내외면 세종 청사까지 갈 수 있다.(53)

국회에서 세종 청사까지는 여의도에서 건설 중인 신안산선을 이용해 광명역에서 고속철도를 연결시키면 50분 정도면 들어갈 수 있다. 물론 세종 청사까지 고속철도가 직결된다는 전제하에 이야기하는 것이다. 광명역 고속철도 선로와 신안산선 도시 철도 선로를 연결하여 KTX를 운행하면 국회에서 세종 청사까지 40분대도 가능하다.

현재 추진 중인 호남고속철도 건설 사업, 도시 철도 신안산선 건설 사업 등을 서로 연계시켜 보완한다면 서울에서 세종 청사까지 가는 일이 과천 청사 가는 것보다 크게 불편하지 않을 수 있다. 고속철도가 우리에게 가져다준 속도 혁명을 잘 활용했더라면 세종시는 수도권이 되기도 하고, 지방이 되기도 했을 것이다. 그러나 당시 철도기술연구원의 연구 결과에 제대로 귀를 기울이는 사람들이 없었다. 아마도 세종시와 국회 등을 오가느라 정신이 없었던 모양이다. 지금이라도 그때 이야기들을 꺼내 다시 고민해볼 수는 없을까? 막혔던 체증을 뚫어 버리는 커다란 반전이 기다리고 있을지도 모른다.

3장
미래의 허브

생각의 선점

우리나라는 인구는 많고 국토 면적이 작고, 이마저도 대부분 산악으로 이루어져 있다. 거주 면적으로 따지면 세계 최고의 인구 밀도다. 미국, 캐나다, 러시아, 브라질, 오스트레일리아 등 나라가 크고, 인구가 적은 나라들의 광활한 땅을 보면 한없이 부럽다. 저 넓은 땅덩어리 한쪽이라도 떼어 우리에게 주면 얼마나 좋을까?

우리가 부러워하는 나라들의 광활한 땅의 주인은 옛날부터 살던 원주민들이 아니다. 15~16세기의 '대항해 시대大航海時代'에 유럽에서 건너간 백인들이다. 이들은 증기기관이 나오기 전부터 배에 돛을 달고 바람의 힘으로 바다를 건넜다. 그리고 총과 대포로 원주민들을 학살하고 노예로 삼았다. 그들은 수백 년 전 개발한 과학 기술로 수천 년 동안 원주민들이 살아온 땅을 자기 것으로 만들었다. 그리고 전 세계 대부분을 차지했다. 그들은 현지 원주민들을 노예로 부리며 자신들의 농장, 공장, 가사 노동에 투입했다. 원주민들은 힘든 노예 생활로 비참하게 죽어 갔고, 많은 종족들이 흔적도 없이 사라졌다. 침략자는 주인이 되었고 원주민은 노예가 되었다. 과학 기술을 좀 더 빨리 아는 작은 차이가 큰 차이가 되었다.

과거 수천 년은 우리가 일본보다 항상 앞서 왔다. 우리나라는 중국을 통해, 일본은 우리나라를 통해 서구의 문물을 받아들였기 때문이다. 그러나 일본은 15~16세기 유럽의 대항해 시대 이후 서구 문물을 직접 받아들이면서 입장이 바뀌었다. 일본은 1853년 미국의 페리 제독이 타고 온 네 척의 2400톤급 증기선과 그 병사들에 의해 강제로 개항한 뒤부터 본격적인 근대화의 길을 걸었다. 일본 무사인 사무라이들은 총과 대포 등 근대 과학 기술로 무장하고 적과의 전투에서 많은 전과를 올렸다. 사무라이의 우두머리인 쇼군(將軍)은 정신적 지주인 천황天皇을 앞세워 일본 전역을 통일했다. 마침내 일본은 오다 노부나가, 도요토미 히데요시, 도쿠가와 이에야스로 이어지는 통일 막부 시대를 열었다. 그리고 자신들이 개발한 신병기新兵器를 들고 수차례 전란을 일으키며 조선까지 건너와 많은 양민들을 학살했다.

돌이켜 보면 당시 일본은 서구의 선진화된 문물을 받아들여 자신들의 영역을 확장하는 데 썼다. 그러나 조선 시대 조정朝政은 중국으로부터 건너온 서구 문물조차 척사양이斥邪洋夷라 하여 과학 기술을 금기시했다. 백성들이 과학 기술을 이용해 왕의 권위에 도전할지 모른다는 우려 탓이었다. 그 작은 차이는 큰 차이로 바뀌어 나타났다. 일본은 우리보다 앞선 과학 기술로 우리나라를 36년간이나 자신들의 식민지로 삼았다. 우리나라 백성들은 일본의 치하에서 노예나 다름없는 삶을 살았다. "모르는 것이 죄다"라는 속담이 있다. 당시 나라를 빼앗겼던 임금이나 신하 모두 나라가 잘되기만 바랐을 것이다. 그들 중 어느 누구도 우리 백성들을 일본의 노예로 만들고자 하지는 않았을 것이다. 임금과 신하들의 무지無知가 백성 모두를 노예 상태로 만든 거나 마찬가지였다. 나라를 팔아먹는 매국賣國은 일제 강점기만 있는 것이 아니다. 지금도 공부를 게을리하여 국가에 손해를 입히면 매국 행위를 한 것이나 마찬가지다. 그중 과학 기술은 우리의 생존과 번영을 위해 꼭 필요한 공부다.

그동안 과학 기술에 투자한 대부분의 돈은 선진 과학 기술을 모방하는 데 쓰였다. 정작 창의적인 과학 기술에는 투입하지 못한 셈이다. 그러나 창의적인 과학 기술은 많은 돈을 투자했다고 나오는 것이 아니라, 세상을 거꾸로 볼 수 있는 우리들의 생각에서 나온다. 고정관념의 틀을 벗고 거꾸로 생각할 줄 아는 사람이 많아야 한다. 그래야 창의적인 생각이 그 속에서 자라날 수 있다. 창의적인 생각으로 생각을 선점할 수 있다. 동서고금을 막론하고 생각을 선점한 나라가 강한 나라, 부자 나라, 큰 나라가 되었다. 이러한 사실은 앞으로도 변하지 않을 것이다.

　바다와 인접한 도시에는 대형 수족관들이 관광 명소로 자리 잡고 있다. 대형 수조水槽 안에는 상어, 돌고래, 가물치, 참치, 열대어 등 형형색색의 물고기들이 한데 모여 유영하고 있다. 먹이사슬로 연결된 물고기들끼리 어떻게 한 수조 안에서 사이좋게 유영하고 있을까? 그 비밀은 다름 아닌 선점先占 때문이다. 해양 수족관 조련사들은 먹이사슬 구조의 가장 아래에 있는 작은 물고기부터 대형 수조에 집어넣는다. 작은 물고기들이 대형 수조를 선점하게 하는 것이다. 나중에 들어온 상어는 수조를 선점한 물고기들의 눈치를 볼 수밖에 없다. 곁방살이 주제에 대형 수조를 선점한 작은 물고기들을 잡아먹는다는 것은 처음부터 생각할 수 없을 것이다. 먹이사슬 구조의 맨 아래에 있는 작은 물고기도 선점하면 자신의 생명을 보전할 수 있다. 그런 의미에서 선점은 엄청난 힘이다.

　생각도 선점하는 것이 중요하다. 생각을 선점하면 특허권, 지적 재산권 등으로 그 생각의 독점적 권리를 보호해 준다. 생각을 선점한 사람을 원조元祖라는 명칭으로 그 이름을 역사에 길이 남길 수 있다. 그러나 생각의 선점은 쉽지 않다. 모든 생각은 임신부의 산고와 같은 과정을 거쳐 태어난다. "한 송이 국화꽃을 피우기 위해 봄부터 소쩍새는 울었나 보다." 우리가 학창 시절 즐겨 낭송하던 서정주 시인의 시 「국화 옆에서」의 한 대목이다. 새로운 생각은 우연히 탄생하는 것처럼 보이지만 사실은 필연에 가까운 탄생 과정을 거친다. 즉 새로운 생각은 오랜 기간의 다양한 분야의 공부, 경험, 관심, 몰입이라는 숙성 과정을 거쳐 나온다.

정주영 회장은 바다를 매립할 때 방파제 역할을 할 수 있도록 커다란 선박으로 바다를 막고 공사하는 방법을 임직원들에게 제안했다. 매립토가 파도에 쓸려 나가지 않도록 하기 위해서였다. 정주영 회장의 아이디어가 맨처음 나왔을 때 현대건설 간부들은 모두 손사래를 쳤다. 하지만 정주영 회장의 "해 보기나 했어?" 하는 고집스러움에 그의 생각은 실행에 옮겨졌다. 그리고 많은 공사비를 절감시켰다. 그러한 생각은 그냥 나오는 것이 아니라 정주영 회장의 파란만장했던 인생 경험에서 나온 것이다.

미래를 허브로 이끌 과학 기술

2011년 4월 철도기술연구원 원장으로 부임했다. 철도기술연구원은 거리라는 장애를 극복할 수 있는 교통 물류 분야의 유일무이한 정부 출연 과학 기술 연구 기관이다. 철도기술연구원에는 첨단 철도를 만들기 위해 전기, 전자, 통신, 기계, 화학, 물리 등 여러 분야의 전공자들이 포진해 있었다. 각기 다른 분야의 전문가들이 많은 만큼 다양한 생각이 나올 수 있었다. 이런 다양한 생각들을 밖으로 끌어내기 위해 각 분야 전공자들과 함께 토론과 연구를 하는 것이 중요하다고 생각했다.

원장으로 부임한 후 그동안의 전공 위주 조직 체계를 목적 중심 연구 조직으로 바꾸었다. 그리고 원장실을 상시 토론이 가능한 회의실로 개조했다. 그리고 우수한 석·박사 연구원들을 매일 원장실로 불러 커피를 나누며 창의적인 생각들을 이끌어 냈다. 여러 분야의 전공자들과 하나의 주제를 갖고 쉽지 않은 토론들이 이어졌다. 그리고 결론이 나지 않으면 매주 또는 매달 단위로 한 가지 주제를 놓고 결론이 날 때까지 끊임없이 토론했다. 그렇게 시간이 흐르면서 많은 생각들이 맛있게 구워졌다. 그때마다 함께 토론에 참여한 사람들은 새로움을 만들어 냈다는 흥분과 그 결과에 만족했다.

카페로 변한 원장실은 짙은 향의 커피 냄새와 함께 바로 구워 낸 새로운 생각의 내음으로 가득 찼다. 내일은 누가 새로운 생각으로 우리를 흥분시키고 감동을 줄까? 원장 임기를 마치는 3년 동안 우리 연구원들과 토론한 수는 2000회에 달했다. 이렇게 하는데 풀리지 않을 문제가 없었다. 이렇게 해서 나온 새로운 생각들은 우리나라 정부와 학계, 연구 기관, 산업계 그리고 세계에서 주목받기 시작했다. 이렇게 선점한 생각들로 인해 우리 대한민국이 세계 허브로 우뚝 설 수 있다면 얼마나 좋을까?

레일형 초고속 열차

빠르면 빠를수록 짧은 인생 동안 더 많은 것을 보고, 느끼고, 즐기며, 일할 수 있다. 마치 자신의 생명을 연장시키는 것과 같다. 그런 의미에서 항공기 속도만큼 빠른 초고속 열차는 우리 인류의 꿈이자 화두話頭가 되어 왔다. 그러한 인류의 꿈을 실현하려는 세계 각국의 경쟁은 치열하다.

프랑스는 2007년 4월, 레일 방식의 초고속 열차로 시속 574.8킬로미터의 최고 속도를 기록했다. 중국도 2010년에 레일형 고속열차로 시속 486.1킬로미터의 최고 속도를 기록했다. 최근 들어 중국은 시속 500킬로미터급 고속열차 시제 차량을 제작하고 시험에 들어갔다. 레일형 초고속 열차들의 최고 속도는 중국 상하이 자기부상열차 최고 속도인 시속 430킬로미터를 훨씬 뛰어넘었다. 그리고 일본은 초고속 자기부상 기술을 활용하여 열차의 최고 속도를 시속 600킬로미터 이상으로 끌어올렸다. 그러나 세계 각국은 자기부상열차보다 기존 철도와 호환이 가능한 레일형 초고속 열차에서 그 답을 찾고 있다.

일부 사람들은 우리나라처럼 국토 면적이 좁은 나라에서 시속 500킬로미터급 고속열차 기술 개발에 회의적인 입장을 보였다. 우리가 이러는 사이 중국은 최근 시속 500킬로미터급 시제 차량을 제작해 발표했다. 우리가 중국, 일본, 프랑스, 이탈리아보다 한발 늦은 꼴이 되었다. 서둘러 따라잡지 않으면 우리는 세계 철도 시장에서 미아迷兒가 될지도 모른다. 우리 고속 철도 기술을 세계에서 인정받고 수출하기 위해서는 최고 기술을 가져야 한다. 그래야 우리에게 철도 차량을 공급받고 있는 나라들의 신뢰를 유지할 수 있기 때문이다.

프랑스(2007.4.3) 574.8km/h　　중국(2011.12.26) 500km/h(시제 차)　　중국(2010.12.3) 486.1km/h

일본(1996.7.26) 443.0km/h　　독일(1988.5.1) 406.9km/h　　스페인(2006.7.16) 403.7km/h

레일형 고속열차 최고 속도 경쟁이 뜨겁다. 국가 간 고속철도 기술 수준에 대한 자존심을 건 한판의 대결 양상이다.(54)

현재 가장 빠른 교통수단은 시속 1000킬로미터를 운항하는 항공기다. 그러나 공항까지 가는 시간과 불편함 때문에 근거리에서는 고속철도보다 경쟁력이 떨어진다. 일반적으로 최대 시속 300킬로미터의 고속철도가 최대 시속 1000킬로미터 항공기보다 경쟁력이 있다고 보는 거리는 1000킬로미터 이내다. 그러나 고속철도의 속도가 지금의 두 배인 최대 시속 600킬로미터가 된다면 항공기보다 경쟁력 있는 거리는 2000킬로미터로 늘어난다.

고속철도 서비스의 지역적 범위를 선線 개념에서 면面 개념으로 바꾸면 고속철도의 속도 증가로 인한 효과는 승수乘數배로 늘어난다. 예를 들어 고속철도의 속도가 두 배로 늘 때 혜택을 받는 지역 범위는 네 배로 늘어난다. 고속철도 운행 효과를 극대화시키기 위해서는 지금의 시속 300킬로미터보다 훨씬 빠른 고속열차가 필요하다. 이 초고속 열차만 있다면 서울—부산까지 한 시간 내에 갈 수 있고 전국이 경쟁력 있는 하나의 거대 지역권으로 바뀐다. 빠르게 갈수록 비용이 더 많이 들 것을 걱정하는 사람들이 있는데 꼭 그렇지만도 않다. 그래서 과학 기술은 매력이 있다. 열차 속도가 빠르면 빠를수록 철도 선로의 용량이 커진다. 예를 들면 서울—부산(419킬로미터) 간 열차가 총알 속도(시속 3500킬로미터)로 달린다고 했을 때 한 시간에 8회 이상 오갈 수 있다. 단선單線으로 철도를 건설해도 지금 복선複線 철도 수준인 8분당 한 대의 열차를 운행할 수 있다. 열차의 속도가 충분히 빠르다면 굳이 철도를 복선으로 건설할 필요가 없다.

재정 당국은 사업비가 많이 든다는 이유로 고속철도의 설계 속도를 낮추려 하고 있다. 건설비가 줄어 큰 이득이 되는 것처럼 보이지만 철도 속도가 낮아지면 철도 수요도 줄어든다. 단기적으로는 건설비가 줄어 이익처럼 보이지만 장기적으로는 수입이 줄어 손실이 크다. 그렇다면 교통 수요도 충분히 확보하면서 건설비를 낮추는 방법은 없을까? 지금보다 훨씬 빠른 고속철도를 단선으로 건설하면 된다. 운행 구간이 짧고 열차를 빠르게 운행할 수 있다면 단선 철도라도 충분한 용량을 갖게 된다. 일반적으로 복선 철도는 단선 철도에 비해 공사비가 30퍼센트가량 더 들지만 열 배 이상의 용량을 가진다. 그런 이유로 철도 수요가 많은 구간은 모두 복선 철도로 바꾸어 왔다. 지금까지 열차의 속도가 수요를 충족시킬 정도로 용량이 나올 만큼 빠르지 않아 단선 건설을 주저하고 있는 것이다.

그러나 고속철도가 나옴으로써 그러한 고정관념에서 벗어날 때가 되었다. 단선 철도를 복선화하여 용량을 대폭 높일 수 있지만, 단거리 구간(100킬로미터 내외)의 경우 철도 속도를 고속철도 수준(시속 300~400킬로미터)

으로 높이기만 해도 수요에 맞는 용량을 확보할 수 있다. 100킬로미터의 짧은 단선 구간에 시속 400킬로미터 고속열차를 운행하면 한 개의 열차로 왕복 운행했을 때 30분 간격으로 열차를 운행할 수 있다. 중간 역에 교차 운행이 가능한 대피 선로 하나를 두면 두 개 열차로 15분 간격으로 열차를 운행할 수 있다. 선로 중간에 대피 선로 하나를 더 만들면 10분 간격으로 운행이 가능하다. 이 정도면 시내버스의 배차 간격 정도다.

수요가 많을 때는 열차 편성 수를 두 배(10량→20량)로 늘리고 2층 고속열차를 운행하면 지금보다 3~4배의 승객을 태울 수 있다. 그리고 오전과 오후대의 방향별 교통량의 차이가 많을 경우, 일정 시간 동안 한 방향으로 열차를 계속 보내고 일정 시간 이후에는 반대 방향으로 열차를 계속 보낸다면 복선에 가까운 용량을 갖는다. 이렇게 되면 공사비도 줄이고 빠른 속도로 수요도 늘어 사업성도 좋아진다. 이것이 우리가 더 빠른 초고속 열차를 가지려 하는 또 다른 이유다. 이렇게 초고속 열차를 운영하면 건설 비용도 낮추고 수요도 충분히 확보할 수 있다. 그런 의미에서 빠른 것이 비싸다는 고정관념은 이제 접을 때가 되었다.

2010년 국토해양부 교통정책실장 시절, 이런 생각을 철도 전문가들에게 이야기한 적이 있다. 수십 년 동안 철도 하나만 바라보고 살아온 그분들 입장에서는 받아들이기 쉽지 않은 생각이었다. 심지어 어떤 분들은 단선 철도를 건설하면 큰일 나는 것처럼 지역 주민들을 부추겼다. 자세한 내용을 모르는 해당 지역에선 복선 철도로 건설하라고 난리가 났다. 이후 동서고속철도 건설 구상은 원래대로 돌아갔다. 내가 그런 생각을 갖게 된 것은 어떻게든 그 지역에 고속철도 서비스를 제공하려는 애정에서 비롯된 것이다. 그러나 주민들은 지역을 차별하는 것으로 보았다. 나의 생각을 긍정적으로 받아들여 함께 고민했더라면 동서 고속철도 사업은 경제성과 재무성 모두를 확보해서 지금쯤 한창 공사 중이었을지도 모른다.

국민들은 보다 빠른 교통 서비스를 원하고 있다. 우리 모두 지혜를 발휘하여 어떻게 하면 국민들의 열망을 채워 줄 수 있는지를 고민해야 한다. 이 과정에서 우리는 많은 문제에 직면한다. 이런 문제들은 시설 투자나 정책만으로는 해결할 수 없는 경우가 많다. 오히려 우리의 상상력과 상상력을 뒷받침하는 과학 기술로 해결하는 경우가 많다. 우리의 가슴을 좀 더 열어 놓는다면 해결하지 못할 일이 없다.

세계 여러 나라는 지난 20여 년간 최고 속도 300킬로미터대로 묶여 있는 고속철도의 운영 속도를 높이기 위해 안간힘을 쓰고 있다. 열차는 빨리 달릴수록 전차선에서 전력을 빨아들이는 팬터그래프의 접촉이 나빠져 차량으로 들어오는 전력의 품질을 불안정하게 만든다. 또한 고속철도 속도가 빨라지면 공기 저항과 소음 문제가 기하급수적으로 늘어난다. 반면에 마찰 저항은 크게 늘지 않는다. 이러한 문제들, 즉 급격히 증가하는 공기 저항 및 소음, 전력의 안정적인 공급 문제들을 해결하지 않고는 열차를 초고속으로 달리게 할 수 없다.

나는 철도기술연구원에 부임한 후 기존 고속철도와 호환성이 있는 차세대 레일형 초고속 열차(시속 500킬로미터) 개발에 착수했다. 철도 관련 연구원들과 함께 토론하고 연구하면서 초고속 열차 개발에 필요한 과학 기술들을 정리해 나갔다. 안정적인 전력 공급, 안전 주행 자세 제어, 공기 저항 및 미기압파微氣壓波 감소 문제 등 해결해야 할 과제들이 산적해 있었다. 그리고 이 문제들을 해결하기 위해 많은 토론과 연구를 했다. 이 과정에서 연구원들은 자갈 궤도보다 안정적인 콘크리트 궤도에서는 시속 500킬로미터로 운행할 수 있을 것이라는 고무적인 분석 결과를 내놓았다. 그리고 초고속 열차의 핵심 기술인 공기 저항 감소에 대한 여러 방안을 내놓았다. 그 동안 항공기를 더 멀리, 더 빨리 날게 하려고 공기 저항 감소 기술들을 개발해 왔다. 항공기에서는 공기 저항 감소 장치를 붙일 경우 일부 효과는 있으나 그 장치 자체의 무게 때문에 속도를 높이지 못하고 항속 거리도 늘릴 수 없다. 하지만 고속열차는 항공기와 다르다. 전기 동력은 전차선으로부터 오고, 열차 무게는 땅이 받쳐 주기 때문에 무게에서 좀 더 자유롭다. 이제까지의 수동적인 공기 저항 기술에서 벗어나 능동적인 공기 저항 감소 기술을 쓰면 고속열차는 더 빠르게 달릴 수 있을지도 모른다.

우리 연구진은 독창적인 기술로 시속 600킬로미터급의 레일형 초고속 열차를 선보이기 위해 기술 개발에 착수했다. 시속 600킬로미터 이상의 레일형 초고속 열차 기술은 지금까지의 고속열차 기술과는 전혀 다른 차원의 기술을 필요로 한다. 절대 온도(-273.15K) 부근에서만 작동하는 대용량 초전도 자석과 이를 냉각하는 기술, 공기 저항 감소를 위한 저상 및 유선형 열차 디자인 기술, 능동적 공기 저항 감소 기술, 궤도 추종형 독립 차륜 기술 등 최첨단 기술이 동원되어야 한다. 그리고 이러한 신개념의 열차를 우리 손으로 디자인해서 국제 세미나 등을 통해 세계에 알렸다. 정부의 적극적인 지원과 연구진이 함께 노력하면 레일형 초고속 열차를 우리 손으로 가장 먼저 개발하는 날이 올 것이다. 그것은 대한민국에 철도기술연구원이 존재하는 이유이기도 하다.

철도기술연구원에서 개발하고 있는 600킬로미터급 초고속 열차 개념도다.(55)

과학 기술계의 편견, 초고속 자기부상열차 과학자들은 시속 500킬로미터 이상의 초고속 열차를 개발하는 꿈을 키워 왔다. 이들은 빠르게 달리기 위해서는 열차가 달릴 때 발생하는 저항을 줄이는 것이 급선무라고 생각했다. 그리고 많은 과학자들이 마찰 저항을 줄이는 자기 부상 기술 개발에 빠져들어 이를 개발하는 데 많은 시간을 보냈다. 그 결과로 만들어진 것이 초고속 자기부상열차 기술이다. 이 기술은 상온에서 전기로 자력을 발생시키는 상전도常電導 방식과, 절대 온도대인 극저온에서 초전도超電導 현상을 이용해 자력을 발생시키는 초전도超電導 방식으로 나뉜다. 독일에서 설치한 상하이 초고속 자기부상열차는 상전도 방식이며, 일본의 초고속 자기부상열차는 초전도 방식이다.

이렇듯 마찰 저항을 줄이기 위해 초고속 자기부상열차를 만들겠다는 생각들이 지난 수십 년 동안 별다른 여과 없이 과학계의 통설처럼 이어져 왔다. 일본, 독일, 중국 등 몇몇 나라들은 자기 부상 기술에 심취하여 막대한 돈을 투입했다. 나무에 올라가 생선을 구하는 연목구어緣木求魚의 모습이다.

초고속 열차를 개발하기 위해 자기 부상 기술이 반드시 필요한 것은 아니다. 마찰 저항은 속도가 빨라져도 크게 늘지 않기 때문이다. 반면에 열차의 속도가 빨라질수록 공기 저항은 속도의 제곱으로 기하급수적으로 크게 늘어난다. 따라서 초고속 열차를 개발하기 위해서는 공기 저항을 줄이는 기술이 마찰 저항을 줄이는 것보다 훨씬 중요하다. 시속 100킬로미터의 속도로 달릴 때보다 시속 500킬로미터의 속도로 달릴 때 공기 저항은 25배나 늘어난다. 그러므로 공기 저항을 감소시키지 않고는 경제성 있는 초고속 열차를 만들 수 없다. 튜브형 진공 자기부상열차를 개발하자는 이야기가 나오는 것도 이 때문이다.

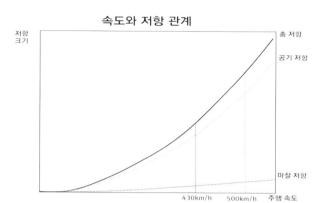

속도와 저항 관계

속도가 증가할수록 공기 저항이 기하급수적으로 늘어난다.

더 큰 문제는 초고속 자기부상열차 선로는 T 또는 U자형 등으로 기존 철도와 전혀 다른 구조다. 때문에 일반 철도 선로와 호환되지 않는다. 장거리 여행을 하려면 초고속 자기부상열차와 고속열차를 갈아타야 하는 경우가 대부분일 것이다. 그래서 초고속 자기부상열차를 이용하여 절감된 여행 시간은 환승 시간으로 상쇄되기 쉽다.

초고속 자기부상열차는 속도가 빠른 만큼 장거리(1000킬로미터 이상)를 달리지 않으면 뚜렷한 시간 절감 효과를 기대하기 어렵다. 경제성을 논하기 전에 장거리 초고속 자기부상열차 선로 건설에 필요한 천문학적 비용 자체로도 사업 추진이 어려울 것이다. 현재로서는 자기 부상 방식의 초고속 열차 기술 개발은 크게 진전을 보일 기미가 보이지 않는다.

또 하나의 편견, 콩코드 초음속 여객기　철도뿐 아니라 항공에서도 비슷한 일이 있다. 음속을 돌파하여 빠른 속도로 하늘을 나는 초음속 여객기 개발은 인간에게는 꿈같은 일이었다. 유럽의 항공기 제작사들은 초음속 여객기가 개발되면 운항 시간을 대폭 단축하여 미래 항공 시장을 선점할 것으로 보았다. 그리고 영국과 프랑스가 합작하여 초음속 여객기 개발에 천문학적인 돈을 쏟아부었다. 수십 년간의 연구 개발 끝에 최초의 초음속 여객기 콩코드가 선을 보였다.

콩코드기는 고도 약 2만 미터에서 승객 128명을 태우고 마하 2의 속도(시속 2000킬로미터)로 약 6000킬로미터를 날아갈 수 있다. 콩코드기는 일반 항공기로는 여섯 시간 걸리던 뉴욕과 런던 간의 대서양 구간을 세 시간 만에 횡단할 수 있게 되었다. 그러나 1977년 6월 영업 운항을 시작한 지 26년 4개월 만인 2003년 10월 공식 은퇴 선언을 하며 하늘에서 사라졌다. 그렇다면 콩코드기가 퇴역한 이유는 무엇이었을까? 우선 콩코드기는 속도를 초음속으로 내기 위해 많은 기름을 소모한다. 이 때문에는 콩코드기는 장거리 노선인 태평양을 건너갈 만큼 많은 기름을 실을 수 없다. 따라서 콩코드기는 상대적으로 비행 거리가 짧은 대서양 노선에서만 운항될 수밖에 없었다.

장거리 구간을 날 수 없는 콩코드기는 속도에 상응한 시간 절감 효과를 기대하기 어려웠다. 대서양 구간에서도 콩코드기를 이용할 경우 일반 항공기보다 3~4시간 정도 단축되는 데 불과했다. 이에 반해 콩코드기 항공 요금은 일반 항공기의 열 배 이상이어서 콩코드기를 이용하는 사람들은 몇몇 유명 인사를 제외하고는 많지 않았다. 결국 더 이상의 경영상 적자를 감수하지 못하고 콩코드기의 퇴역을 결정한 것이다. 콩코드기의 퇴역 이유는 장거리 운항 능력 미흡, 높은 항공 요금, 지나친 소음, 대기 오염, 연료 소비다. 콩코드기는 취항 초기의 기대감과 달리 초라한 모습으로 파리 샤를 드골 공항 한쪽에 전시되어 있다. 세계 최고의 기술 개발에 도취되어 항공 시장의 특성을 무시하고 개발한 것이 화근이었다. 멋있어 보인다고 다 좋은 과학 기술은 아니다. 우리 체질에 맞아 흡수가 잘되는 과학 기술이 좋은 과학 기술이다.

레일 운하

"사공이 많으면 배가 산으로 간다"는 속담은, 많은 사람들이 저마다 자기 주장만 할 때 배가 가지 말아야 할 곳인 산으로 올라간다는 뜻이다. 이 속담에는 배는 산으로 올라가서는 안 된다, 그리고 배는 산으로 올라갈 수 없다는 두 가지 의미를 담고 있다. 하지만 철도기술연구원에서는 이런 배를 산에 올리는 연구를 하고 있다. 파나마 운하, 수에즈 운하가 세계 경제에 미친 영향은 대단하다. 이 운하들은 유럽, 미국, 아시아 대륙 간의 선박 운항 거리를 획기적으로 단축함으로써 물류 비용을 대폭 줄이면서 세계 무역을 활성화시켰다.

지중해와 홍해를 연결하는 수에즈 운하는 폭 160미터, 길이 192킬로미터, 수심 19.5미터의 세계 최대 운하다. 수에즈 운하의 개통으로 런던과 싱가포르 간 운항 거리가 1만 5207킬로미터로 줄어들면서 아프리카 남단 케이프타운을 경유하는 노선(2만 5500킬로미터)보다 1만 293킬로미터의 항로를 단축했다. 파나마 운하로 인해 뉴욕과 샌프란시스코 간 운항 거리가 9500킬로미터로 줄어들어, 기존 남미 마젤란 해협을 경유하는 노선(2만 2500킬로미터)보다 1만 3000킬로미터나 항로를 단축시켰다.

운하는 물류 비용과 운송 시간을 획기적으로 줄이는 인류의 역사役事였다. 최근의 파나마 운하를 일부 확장하는 데만 5조 5000억 원(52억 달러)에 이른다고 하니, 처음부터 투자한 비용을 감안하면 20조~30조 원은 족히 들어갈 것이다. 이들 운하의 건설 기간과 투자 금액은 가히 천문학적이다. 파나마 운하나 수에즈 운하는 거의 독점적인 운영을 하고 있다. 그러다 보니 운하 통행료는 계속 올라가고, 이는 세계 해운 물류업계의 심각한 고민거리가 되어 왔다. 실제로 파나마 운하청은 2011년 10월, 통행료를 15퍼센트 인상했다. 또 수에즈 운하관리국도 매년 평균 7퍼센트 정도 통행 요금을 인상하고 있다. 이러한 독점적인 운영의 폐해를 방지하기 위해 파나마, 수에즈 운하를 대체할 수 있는 수송로를 확보하려는 움직임도 활발하다. 이러한 세계 물류 시장의 엄청난 변화에 우리는 어떻게 대처해야 하는가?

2012년 11월 27일, 서울 강남섬유센터에서 물류 관련 세미나가 있었다. 해양수산개발원, 교통연구원, 철도기술연구원 등 물류 관련 연구 기관들이 모여 '미래물류기술포럼'을 만들고 주기적으로 세미나를 개최하고 있다. 이날 세미나에서 미국 일리노이 대학의 앤서니 파가노(Anthony Pagano) 교수는 '파나마 운하 확장에 따른 세계 물류 환경 변화'에 대한 주제 발표에서 파나마 운하 확장 사업이 북미 화물 운송 시장에 미치는 영향을 말했다. 2014년경 태평양과 대서양을 잇는 파나마 운하의 폭은 233.5미터에서 최대 55미터, 길이는 82킬로미터, 수심 12.8미터에서 최대 28.4미터까지 늘어나면서 현재 최대 5000TEU급에서 최대 1만 3000TEU급 선박까지 파나마 운하를 통과할 수 있게 된다. 따라서 이번 파나마 운하의 확장은 미국 대륙을 횡단하여 동서안東西岸을 오가는 철도 컨테이너 운송 사업에 많은 영향을 미칠 것이라는 예측을 내놓았다.

나는 그날 세미나에서 문득 기존 수로형 운하 대신 철도로 선박을 끌어올려 운송할 순 없을까 하는 생각을 했다. 그리고 메모지를 꺼내 갑자기 떠오른 아이디어를 마치 만화 그리듯 그려 나갔다. 여러 개의 철도 선로에 수백 개의 화차를 깔고 그 위로 배를 끌어 올려 대형 선박을 운송하는 그림을 그렸다. 순간적으로 떠오른 생각이었지만 손맛이 묵직한 월척을 낚는 느낌이었다.

다음 날 신교통연구본부 서승일 본부장에게 새롭게 생각해 낸 아이디어를 이야기하며 기술적으로 가능한지 검토해 줄 것을 부탁했다. 서울대에서 조선공학으로 박사 학위를 받고 한진중공업에서 선박을 설계한 실무 경험이 있는 서승일 박사는 연구 팀을 꾸려 6개월여의 공학적 구조 해석, 시뮬레이션, 현장 조사 등의 과정을 거쳐 그 실현 가능성을 확인했다. 서승일본부장과 연구원들에 의해 내 생각 속에 머물렀을지도 모르는 아이디어가 베일을 벗고 세상에 나오게 된 것이다. 그리고 이 연구 개발 아이디어를 레일 운하(Rail Cannel)라고 불렀다.

2013년 5월 8일 백범김구회관에서 레일 운하에 대한 세미나를 했다. 세계 최초의 혁신적인 아이디어에 언론들은 앞다투어 보도했다.(56)

레일 운하의 개념은 간단하다. 여러 가닥의 철도 선로와 많은 기관차 및 화차를 이용하여 선박을 운송하는 기술이다. 선박이 해안에 도착하면 기관차와 로프를 이용해 물속에 있는 특수 다축 화차 위에 선박을 육상으로 끌어 올린 다음 여러 개의 기관차로 운송하는 시스템이다. 선박은 육상이나 독(dock)에서 건조한다. 따라서 대형 선박일수록 선박의 바닥 면은 평평하다. 육상이나 독에 건조된 선박은 진수식을 거쳐 바다로 보낸다. 레일 운하 기술의 운송 방식은 선박 진수 방식과 반대로 바다에서 선박을 육지로 끌어내어 철도로 운송하는 기술이다.

레일 운하의 개념이 세미나를 통해 소개되자 많은 사람들의 질문이 이어졌다. 그중 하나가 선박이 육지로 올라와 화차에 얹히면 선박과 화물의 무게로 선박이 부서지지 않을까 하는 질문이다. 그러나 선박은 견고하게 만들어지기 때문에 크게 걱정할 필요가 없다. 선박은 선박과 화물의 무게에 상응하는 엄청난 수압과 높은 파도, 강풍 등 대형 재난에도 충분히 견디도록 설계되어 있다. 화물을 가득 실은 선박이 육지로 올라와 철도 화차에 놓일 경우 선박이 받는 하중은 선박 설계 하중의 2분의 1 이하다. 그만큼 안전하다는 이야기다.

선박을 레일 운하로 옮길 경우 레일을 따라 움직이므로 선박의 좌우 요동이 일반 운하를 이용할 때보다 훨씬 적다. 따라서 레일 운하 건설에 필요한 면적은 기존 운하의 4분의 1밖에 들지 않는다. 또한 일반 운하는 대형 선박이 다닐 수 있도록 깊은 바닥 수심을 유지하기 위해 매년 많은 양의 토사를 준설해야 하지만 레일 운하는 땅에 노출되어 있어 준설할 필요가 없고 유지 보수도 쉽다. 레일 운하는 기관차의 견인력으로 선로를 따라 운항할 수 있으므로 선박의 이동 속도를 일반 운하에 비해 두 배 이상 올릴 수 있다.

선박이 레일 운하를 이용할 때 선박 밑바닥까지 전부 노출되기 때문에 선로 상에서 정기 선박 검사, 페인트 도장 등을 할 수 있다. 또 레일 운하를 이용하여 선박이 내륙 화물 기지까지 들어오면 항만에서 내륙 화물 기지까지의 화물 자동차 운송과 상하역 과정을 줄일 수 있다. 이렇듯 레일 운하는 일반 운하에서의 유일한 수입원인 선박 통행료 외에 여러 가지 부가가치가 높은 서비스 개발을 통해 부수적인 수입을 올릴 수 있다. 어쩌면 그 부수적인 수입이 더 클지도 모른다.

중국은 파나마 인접 국가인 콜롬비아 정부와 태평양의 쿠피카와 카리브 해의 우라바를 연결하는 220킬로미터 구간에 드라이 운하(Dry Canal) 건설 구상을 논의하고 있다. 이 구간에 철도를 놓아 운하 대신 철도로 수송하고 양안에서 선박으로 화물을 환적하여 대서양과 태평양을 연결시킨다는 구상이다. 그러나 화물을 선박에서 열차로, 열차에서 선박으로 옮겨 싣는 것은 많은 비용과 시간이 든다. 파나마 운하보다 경쟁력이 있을지 의구심이 든다. 또 다른 파나마 인접 국가인 니카라과는 파나마 운하와 별도의 운하를 건설하려는 계획을 갖고 있다. 이런 장소에 우리나라가 개발한 레일 운하 기술을 접목시킨다면 세계 물류에 크게 기여하는 것이다.

레일 운하를 이용하여 선박 자체를 내륙까지 운송하면 항만에서 내륙 화물 기지까지 수송하는 트럭 수송 비용과 상하역 비용을 줄일 수 있다.(57)

안다만 해(Andaman Sea) 태국과 베트남 국경이 접한 라농(Ranong)과 타이(Thai) 만에 접해 있는 랑수안(Rang Suan) 지역을 연결하는 90킬로미터가량의 운하를 파는 계획이 오래전부터 검토되어 왔다. 이 운하가 건설될 경우 싱가포르 인근 말라카 해협을 통과하지 않고 직접 유럽과 아시아 주요 국가를 연결할 수 있다. 그렇게 되면 선박 운항 거리를 1300킬로미터가량 줄일 수 있고 선박 운항 시간도 이틀가량 절감할 수 있다. 이 운하 건설 계획은 크라(Kra) 운하라고 명명되며, 세계 물류 산업계의 초미의 관심사다.

우리 연구진은 이곳에 레일 운하를 건설하는 문제를 검토하기 위해 태국 현지를 방문하여 지형 구조를 답사하는 등 구체적인 검토에 들어갔다. 2013년 5월 8일, 백범김구회관에서 레일 운하에 대해 지금까지 연구된 내용을 발표했다. 우리 언론은 세계 최초의 혁신적인 아이디어를 앞다투어 보도했다. 보도 자료가 나온 지 한참 만에 레일 운하에 관심을 갖고 칼럼을 쓰신 분들도 계셨다.

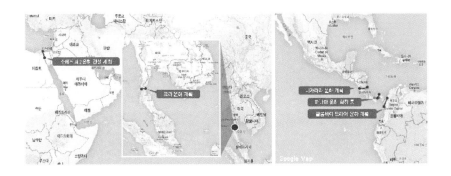

레일 운하의 후보지로 말라카 해협을 통과하지 않는 태국 크라 운하와, 파나마 운하를 대체할 니카라과와 콜롬비아 일대의 운하 노선도다.(58)

우리나라 고속철도의 태국 진출을 논의하기 위해 태국 과학 기술자 한 분이 철도기술연구원을 방문했다. 그분은 태국 왕실 소속의 운하위원회 위원이기도 했다. 그 자리에서 레일 운하 개념을 설명하자 깊은 관심을 보이며 왕실에도 레일 운하 기술을 보고했다. 그리고 매우 긍정적인 반응을 보였다. 이처럼 레일 운하는 세상에 나온 지 몇 개월 만에 국제적인 관심을 불러일으켰다. 많은 사람들이 레일 운하에 관심을 갖는 이유는 이제까지 듣도 보도 못한 생각이었기 때문이다. 작은 열차가 대형 선박에 들어가는 것은 쉽게 생각할 수 있다. 그 생각은 오래전에 열차 페리라는 새로운 선박을 탄생시켰다. 그러나 사람들은 대형 선박을 상대적으로 작은 열차에 싣는 일은 불가능하다고 생각했을 것이다. 레일 운하는 상식적으로 불가능하다는 기존 관념을 극복하고 만들어 낸 생각이기 때문에 세계가 관심을 갖기 시작한 것이다.

당시 우리 연구원들의 인건비, 출장비, 모형 제작에 들어간 비용은 2억 원도 채 들지 않았다. 거꾸로 보는 생각이 만들어 낸 레일 운하는 거액의 연구비를 들이지 않고도 많은 이들의 주목을 받았다. 그리고 새로운 시장 개척 기회를 갖게 되었다. 세계 무역 규모는 약 20조 달러에 이른다. 그중 10퍼센트인 2조 달러(2000조 원)가량이 국제 화물을 수송하는 데 쓰인다. 그 규모가 큰 만큼 레일 운하 기술은 세계 물류 역사를 바꾸면서 막대한 부가가치를 우리에게 가져다줄 것이다.

철도기술연구원의 레일 운하 기술 발표 후 서울경제 권홍우 논설실장은 레일 운하 세미나 이후 장문의 칼럼(2013. 5. 9)을 남겼다.

우리말에서 '산으로 가는 배'는 부정적 의미로 쓰인다. (중략) 산으로 가는 배는 실제로도 존재했다. 고대 그리스인들은 원양 항로를 단축하기 위해 아테네와 펠로폰네소스 반도 사이에 7킬로미터 안팎의 운하 건설을 추진했으나 암반층을 뚫기가 어려웠다. 결국 이들은 기원전 6세기에 운하 대신 경사도가 낮은 코스를 골라 돌길을 깔고 홈을 파 배를 수레에 얹어 이쪽 바다에서 저쪽 바다로 넘겼다. 디올코스(Diolkos)라는 이름이 붙여진 인공 돌길은 900년 이상 사용됐다. 철도의 조상으로도 꼽히는 디올코스가 있던 자리에는 1893년 코린트 운하가 들어섰다.

비잔틴 제국의 멸망에도 '산으로 넘어온 배'가 한몫 거들었다. 콘스탄티노플을 공략하던 오스만 투르크는 항구 입구의 거대한 쇠사슬에 방해받아 함대의 진입이 불가능해지자 언덕 2킬로미터 구간에 기름을 잔뜩 먹인 나무 도로를 깔아 70여 척의 전함을 산으로 올린 끝에 천혜의 방어선인 황금곳 내부로 침투할 수 있었다. 측면 보급선이 끊어지고 전선 확대를 강

요받은 콘스탄티노플은 결국 역사의 저편으로 사라지고 말았다. (중략)

철도기술연구원이 8일 열린 세미나에서 '레일 운하' 기술을 제시했다. 운하 대신 철로를 깔아 배를 실어 옮기자는 아이디어다.

아마도 바다와 육지의 호환성을 높인 레일 운하는 오랜 과거부터 우리 인류의 염원이었을지 모른다. 그 중심에 우리나라가 있다. 허브 나라가 되는 것은 시간문제다.

대용량 무선 급전 시스템

우리 정부에서는 다른 나라에서 하지 않는 연구 개발을 통해 연구의 부가가치를 높이라고 한다. 그러나 막상 도전적인 연구 프로젝트를 진행하려 하면 현실성 없는 프로젝트로 연구비를 낭비한다고 비난한다. 어느 장단에 춤을 춰야 할지 모르는 것이 오늘의 과학계다. 대표적인 것이 카이스트 서남표 총장의 프로젝트인 무선 급전 시스템이다.

철도는 오래전부터 전기를 동력으로 사용하고 있다. 전기 기관차는 디젤 기관차보다 높은 출력과 에너지 효율, 차량 경량화, 낮은 이산화탄소 배출 등 유리한 점이 많다. 때문에 철도 운영자들은 기회가 되면 디젤 기관차를 전기 기관차로 대체하고 있다. 그나마 철도는 노선이 정해져 있어 전차선을 설치하기 쉽다. 그런 이유로 철로를 이용하는 열차는 전기 동력을 많이 사용하고 있다. 우리나라도 예외는 아니다.

세계적인 자동차 메이커들은 전기를 동력으로 사용하는 전기 자동차 기술 개발에 열을 올리고 있다. 그 이유는 무엇인가? 자동차들은 작은 내연 기관인 엔진을 가동하여 동력을 얻고 있다. 자동차 엔진 연료는 ①산유국의 원유 생산→②대형 유조선 수송→③정유 공장→④주유소→⑤자동차 엔진 기화라는 복잡한 이동 경로를 겪는다. 이 과정에서 낮은 에너지 효율,

많은 물류비, 환경 오염 등의 문제가 발생하고 있다.

내연기관 자동차의 첫 번째 문제는 자동차에 부착된 작은 내연기관인 엔진의 효율이 매우 낮다는 점이다. 이럴 바에야 이 연료를 한곳에 모아 대형 발전기를 돌려 전기를 생산하면 지금보다 에너지 효율을 더 올릴 수 있다.

두 번째 문제는 자동차의 내연기관에 쓰는 연료가 산유국에서 채취되어 유조선에 실린 뒤 정유 과정을 거쳐 주유소에 공급된다는 점이다. 따라서 물류비는 연료 가격의 상당 부분을 차지한다.

세 번째 문제는 이들 연료가 화석 연료에 의존하여 지구 온난화의 주범인 이산화탄소 등 배출 가스를 뿜어낸다는 점이다. 전기는 이런 배출 가스가 없다.

네 번째 문제는 자동차는 화석 연료 이외에 대체가 불가능하다는 점이다. 화석 연료가 아닌 전기를 사용하면 원자력 등의 보다 저렴한 에너지원 사용이 가능하다.

이 같은 문제를 한꺼번에 해결할 수 있는 것이 전기 자동차다. 자동차 수백만 대의 작은 내연기관에서 쓰는 연료들을 모아 하나의 대형 발전기로 돌려 전기를 생산하면 보다 많은 에너지를 뽑아낼 수 있다. 그리고 그 에너지는 한 가닥의 전선에 담아 전국 어디로든 보낼 수 있다. 휘발유, 경유 등과 달리 전기를 수송하는 데는 물류비가 거의 들어가지 않는다. 또한 전기 자동차는 배출 가스가 없어 지구 온난화 문제도 해결할 수 있다.

그러나 일반 국민들은 오랜 충전 시간, 낮은 파워, 짧은 운행 거리, 높은 가격 때문에 전기 자동차를 구매하려 하지 않는다. 그렇다고 이러한 문제를 해결하기 위해 철도처럼 모든 도로에 전차선을 설치할 수도 없다.

이러한 단점을 극복할 수 있는 기술이 우리나라 과학 기술의 명문 카이스트에서 개발했다. 그리고 실용화를 위해 노심초사하고 있다. 이 기술은 달리면서 충전할 수 있는 무선 급전 기술이다. 무선 급전 시스템은 전선 없이 자기장으로 전기를 전송하는 기술이다. 이를 자동차에 적용하면 도로 아래 설치한 자기장 송출 장치에서 자동차 하부의 집전 장치를 통해 무선으로 전기를 공급받아 운행할 수 있다. 카이스트에서 온라인 전기 자동차(OLEV)인 무선 급전 기술을 개발했다. 이 기술을 최초로 선보인 것은 서울대공원에 있는 코끼리 열차다.

무선 급전 시스템은 1980년대 중반부터 5년간 미국 버클리 대학에서 개발을 시도하였으나 실패했다. 실패 원인은 무선 전송 효율을 높이려고 무리하게 전압을 높였는데, 이로 인해 많은 전자파가 방출되었기 때문이다. 외국에서 실패했다는 이유로 과학계에선 무선 급전 시스템 기술이 불가능한 기술이라며 앞다투어 비판하기 시작했다. 하지만 다른 나라에서 실패했기 때문에 성공한다면 그 부가가치가 훨씬 더 높았다. 온갖 어려움에도 불구하고 서남표 총장은 뚝심 있게 자신이 기획한 무선 충전 연구 개발 사업에 몸을 던졌다. 그리고 조동호, 서인수, 임인택 교수 등이 힘을 보탰다. 마침내 서울대공원에 무선 충전 기술을 이용한 코끼리 열차가 선을 보였다. 경유를 사용하던 코끼리 열차에서 나오는 매스꺼운 배출 가스가 사라졌다.

그럼에도 불구하고 무선 급전 시스템에 대한 비난은 계속되었다. 그리고 이어진 연구 개발 성과 평가에서 국가 연구 개발 사업 중 최하위 점수를 받았다. 그리고 이에 관련된 연구 개발 예산은 삭감 일로에 있었다. 그러나 청와대의 지속적인 관심과 실수요자인 국토해양부의 예산 확보 노력으로 무선 급전 기술은 그나마 명맥을 이어 오고 있다.

내가 무선 급전 기술에 관심을 보이게 된 것은 2005년 건설교통부 철도 국장 때였다. 당시 나는 한·일 철도협력회의의 한국 대표로 일본을 방문했다. 평소 일본의 고속철도 핵심 기술에 대해 궁금하던 차에 일본을 방문하게 된 것이다. 일본 철도 당국에 일본의 고속철도 기술 개발 전문가와 이야기할 수 있는 기회를 달라고 부탁했다. 일본 철도 당국은 우리 대표단이

나고야에서 회의 장소인 도쿄로 이동하는 신칸센 열차 안에서 일본의 철도 전문가를 내 옆자리에 앉게 했다. 나는 일본에서 고속철도 기술 개발을 위해 무엇을 하고 있는지를 물었다. 그는 전차선과 열차를 연결하여 전기를 공급하는 팬터그래프 연구를 하고 있다고 말했다. 나로서는 뜻밖이었다. 나는 고속철도의 핵심 기술로서 고출력 모터, 첨단 제어 장치 등을 이야기할 것으로 예상했기 때문이었다.

그의 설명을 다 듣고 나서야 팬터그래프를 핵심 기술로 개발하는 이유를 알았다. 열차가 달리기 위해서는 전차선에서 전기를 안정적으로 공급받아야 하는데 속도가 빨라질수록 팬터그래프와 전차선이 이격되는 횟수가 늘어 안정적인 전기 공급이 어렵다는 것이다. 더구나 속도가 빨라질수록 돌출된 팬터그래프는 많은 공기 저항을 일으키며 커다란 소음을 낸다는 것이다. 일본의 철저한 도제식 기술로 개발한 팬터그래프를 우리 기술로 만들려면 수십 년이 걸릴지도 모른다는 생각이 들었다. 한국으로 돌아오면서 고속철도의 핵심 기술인 팬터그래프를 어떻게 하면 선진국보다 잘 만들 수 있는가 하는 고민에 빠졌다.

그로부터 5년 뒤인 2009년 교통정책실장 시절, 카이스트에서 무선충전 전기 자동차(OLEV)를 개발했다는 소식이 언론에 대서특필되었다. 이명박 대통령과 서남표 카이스트 총장이 전기 자동차를 시운전하는 모습이 모든 신문에 실렸다. 순간 나는 일본과 다른 방식인, 무선으로 열차에 전기를 전달할 수 있다는 생각에 가슴이 설렜다. 보도가 나오고 한 달쯤 지나 주말을 이용해 우리 직원 40여 명과 함께 버스를 대절해 대덕 연구 단지를 방문했다. 나는 카이스트에서 골프 카를 개조한 무선 급전 전기 자동차가 움직이는 모습을 보고 신이 났다. 서남표 총장을 만나 "무선 급전 기술을 자동차보다 일정한 궤도나 노선을 움직이는 철도나 버스에 적용하는 것이 더 좋을 것 같다"라고 말했다.

나는 무선 급전 기술이 개발되면 활용 범위가 매우 넓다고 생각했다. 그리고 무선 급전 시스템을 철도에 적용하면 비용도 적게 들고 효용성이 더 있을 것으로 보았다. 철도 선로에서 무선 급전으로 전력 공급이 가능해지면 도시 미관을 해치는 전차선을 없앨 수 있다. 또한 터널 구간에서는 전차선이 차지하는 공간이 줄어들어 터널 단면적을 작게 만들 수 있다. 이에 따라 줄어드는 공사비도 적지 않을 것이다.

국토해양부 직원 40명이 카이스트를 방문하여 무선 급전 기술 개발 시연을 직접 체험하고 있다.

교육과학부나 지식경제부에서는 사회적으로 논란이 많은 무선 충전 전기 자동차의 추가 연구비 지원에 많은 부담을 느꼈다. 당시 연구비를 책정한 교육과학부나 지식경제부는 실수요 부처인 국토해양부만큼이나 이 기술 개발의 필요성을 느끼지 못했다. 실수요 부처인 국토해양부에서 무선 충전 전기차 연구 사업에 추가로 필요한 예산을 확보하겠다고 나섰다. 그러자 담당 사무관은 무선 급전 전기차 연구 사업과 관련된 그동안의 우려 섞인 기사를 들고 왔다. 무선 급전 전기차 연구 사업이 실패하여 골치 아파지지 않을까 염려하는 분위기였다. 나는 담당 사무관에게 "어떤 사람들은 상상력만으로도 일을 한다. 더구나 눈으로 볼 수 있는 것도 믿지 못하면 아무 일도 할 수 없다"라고 설득했다. 이어 "유언비어에 현혹되지 말고 서울 대공원 코끼리 열차를 직접 눈으로 확인하고 판단해 줄 것"을 당부했다.

내가 공직을 떠난 뒤 청와대와 예산 당국의 도움으로 실용화에 필요한 추가 연구 예산이 확보되었다. 그리고 그 예산으로 세계 최초로 경북 구미시에서 상용화된 무선 충전 전기 버스를 운행하고 있다. 남유진 구미시장의 새로운 무선 충전 기술에 대한 믿음과 지원이 있었기에 가능한 일이었다. 우리는 이렇듯 선견지명이 있는 분들 때문에 깊은 절망 속에서도 희망을 찾곤 한다.

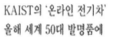

▲2010년 11월15일(월) 조선일보 (인물 B02면)

무선 급전 기술 개발에 대한 논란은 미국의 『타임』이 세계 50대 발명품으로 선정하여 보도하면서부터 잦아들었다.

무선 급전 기술 개발에 대한 비난은 미국의 『타임』이 한국의 무선 급전 시스템을 세계 50대 발명으로 선정, 보도하면서부터 점차 사라졌다. 많은 국가의 대중교통 관계자 및 항만 운영자들이 무선 급전 기술에 관심을 갖기 시작했다. 세계적인 교통 시스템 기업 봄바디어(Bombardia)는 독일 정부의 자금 지원으로 아우크스부르크에서 20킬로헤르츠 무선 급전 시스템 800미터를 선로와 트램에 설치하여 무선 급전이 가능함을 전 세계에 공개했다.

우리가 머뭇거리는 사이 다른 나라에서 먼저 실용화 기술을 선보인 것이다. 우리도 무선 급전 기술을 철도에 적용할 수 있도록 철도기술연구원 연구진과 카이스트 연구진이 만났다. 나와 카이스트 조동호 부총장은 양쪽 실무 연구진과 함께 철도기술연구원, 카이스트, 오송 차량 기지 등을 오가며 매달 두세 번씩 만나 머리를 맞댔다. 양측 연구 기관의 최고 사령탑이 쟁점 사항에 대해 함께 토론하고 그 자리에서 결론을 낸다는 것은 지극히 이례적이었다. 그만큼 연구 개발 속도도 빨랐다.

버스에 적용했던 20킬로헤르츠의 공진형共振形 무선 급전 기술을 철도에 그대로 쓰기에는 부족했다. 철도는 버스보다 수십 배 무거워 전력을 많이 쓰기 때문이다. 열차를 움직이는 대용량의 무선 급전을 위해선 한 차원 높은 기술이 필요했다. 1년여의 집중 연구 끝에 가시적인 성과가 나왔다. 기존 버스에 적용하던 20킬로헤르츠의 무선 급전 기술보다 세 배 효율성이 좋고 대용량의 전력 전송이 가능한 60킬로헤르츠 무선 급전 기술을 개발한 것이다. 충북 오송 차량 기지 내 시험 운행 중인 무가선 트램 차량에 이 기술을 적용하여 시연했다. 무선 급전 효율은 지금이라도 실용화가 가능한 수준인 85퍼센트 이상의 전송 효율을 보였다. 무선 급전 기술을 트램에 적용한 것은 봄바디어보다 늦었지만 보다 발전된 무선 급전 기술 개발로 이 분야에서 다시 선두에 나설 수 있게 되었다.

이 기술을 고속열차에도 적용하기 위해 철도기술연구원과 카이스트는 다시 만났다. 고속열차가 달리려면 10메가와트의 대용량 전력이 필요하다. 연구비를 절감하는 차원에서 우선 1메가와트의 무선 급전 기술을 개발했다. 그리고 2014년 5월 21일, 고속철도 차량을 시속 10킬로미터 내외의 속도로 달리는 시연을 해 보였다.

철도기술연구원과 카이스트는 2013년 6월 충북 오송 시험선에서 60킬로헤르츠 대용량 무선 급전 기술을 무가선 트램 차량에 적용하여 운행했다.(59)

고속열차까지 움직이는 대용량 무선 급전 기술은 세계를 다시 깜짝 놀라게 했다. 이러한 연구 성과는 카이스트 조동호 부총장과 정구호 박사, 윤우열 박사, 철도기술연구원의 이병송, 이준호, 이승환 박사 등 우수한 연구진이 밤낮없이 연구한 덕분이다. 이 철도 무선 급전 기술은 세계철도연맹(UIC)에서 혁신성을 인정받아 2014년 기술혁신상을 수상했다. 철도기술연구원에서 철도 무선 급전 기술 개발에 착수한 지 2년 만이다.

2014년 3월 루비노 세계철도연맹 사무총장이 세미나 참석차 우리나라를 방문했다. 프랑스의 고속철도 제작사인 알스톰 회장을 지냈던 그분은 우리의 무선 급전 기술을 보면서 이런 말을 했다. "프랑스에서 최고 속도 시험 운행을 할 때 더 속도를 올릴 수 있었다. 그런데 속도가 빨라지면서 열차에서 전기를 공급받는 팬터그래프와 전선의 접촉이 나빠져 추진에 필요한 전기를 충분히 받을 수 없었다." 나는 그 말에 전적으로 동감을 표했다. 그리고 지구 반대편에서 수십 년 서로 다른 길을 걸으며 살아왔어도 생각이 같을 수 있다는 사실에 깜짝 놀랐다. 이후 루비노 사무총장과 생각이 같은 사연思緣을 맺었다. 루비노 사무총장은 언제 어디서든 생각을 나눌 수 있는 친구로 남을 것이다.

2014년 5월 21일 철도기술연구원에서는 선로와 열차에 대용량(1메가와트아워) 무선 급전 모듈을 설치하여 묵중한 해무 고속열차를 움직이는 데 성공했다.(60)

앞으로 우리의 첨단 철도 과학 기술 없이 미래의 철도는 탄생할 수 없을지도 모른다. 아무 대안 없이 비판만 일삼는 사람들 때문에 열심히 일하는 사람들이 많은 상처를 받는다. 다행히 그런 비판에도 개의치 않고 새로운 일에 열정을 갖고 몸을 던지는 사람들이 많다. 그런 의미에서 우리나라는 우리가 생각한 것보다 크고 위대하다. 이제 서울, 포항, 제주도 등 여러 곳에서 전기 버스 도입을 위해 많은 고심을 하고 있다. 지금까지 개발한 무선 급전 기술은 그들의 고민을 크게 덜어 줄 것이다.

통근형 2층 고속열차

고속열차 개통 이후 출퇴근 통근권이 서울에서 대전까지 확대되고 있다. 지역 균형 개발 차원에서 전국으로 분산된 정부 청사와 공공 기관들로 인해 전국을 오가는 사람들이 늘어나고 있다. 그동안 수도권을 기반으로 살아왔던 공무원, 공공기관 임직원 그리고 민원인들은 새로운 환경에 적응하지 못해 혼란스럽기까지 하다. 여기저기서 정부와 공공 기관 지방 이전에 따른 행정의 효율성 저하를 우려하는 목소리가 높다. 그러나 우려만 증폭시켜서는 문제 해결에 아무 도움이 되지 않는다. 지금 우리가 겪는 혼란과 시련은 효율성만 강조하여 수도권 위주로 살아온 우리의 업보일지 모른다. 그리고 이러한 시련을 우리나라가 하나의 경쟁력 있는 거대 지역권으로 바꾸는 산고産苦쯤으로 생각하면 어떨까?

공공기관 지방 이전으로 거리가 멀어졌으니 그만큼 더 빠르게 움직이면 예나 지금이나 같다. 그래서 고속철도의 역할이 중요하다. 하지만 그 요금이 만만치 않다. 전국을 통근권으로 묶어도 고속철도 요금이 비싸 이용할 수 없다면 아무 소용 없다. 비싼 고속철도 요금을 지금보다 훨씬 싸게 할 수 없을까? 전국을 통근권으로 묶는 고속철도망 구축 계획 수립 당시부터 이 문제를 고민해 왔다.

과거 일본에서 신칸센을 타고 주말여행을 떠난 적이 있다. 주말이 되면 신칸센 고속열차는 입석·좌석 할 것 없이 사람들로 가득했다. 당시 '빠르게 달리는 고속열차에도 이렇게 사람이 많이 탈 수 있구나' 하는 생각을 했다. 그때의 생각은 10년이 지나 '통근용 2층 고속열차'라는 개념을 탄생시켰다.

프랑스에서는 주요 간선 구간에 2층 고속열차를 운행하고 있다. 프랑스의 2층 고속열차는 1층, 2층 모두 좌석형 구조다. 승객은 기존 고속열차보다 45퍼센트 정도 더 태운다. 고속열차 요금을 대폭 내리려면 적어도 승객을 지금의 두 배 이상 더 태울 수 있어야 한다. 우리 실정에 맞는 2층 열차가 필요하다. 그렇게 해서 만든 열차가 통근형 2층 고속열차다. 1층은 입석 위주로, 2층은 좌석 위주의 열차 구조를 만들어 지금보다 2~3배가량의 승객을 더 태우는 것이다. 용량을 획기적으로 증대시킨다면 요금도 반값으로 낮출 수 있다. 통근용 2층 고속열차는 우리나라를 경쟁력 있는 거대 지역권으로 만드는 핵심 역할을 할 것이다.

최근 들어 프랑스 TGV 고속열차를 운영하는 SNCF는 2층 고속열차만 구매하고 있다. 왜냐하면 유럽 국가들이 열차 운행 횟수당 선로 사용료를 받으므로 한 번 운행할 때 가급적 많은 승객들을 태우는 것이 경영상 유리하기 때문이다. 아마 우리도 얼마 후에는 그렇게 될 것이다.

통근형 2층 고속열차를 만들기 위해서는 보다 많은 첨단 과학 기술이 필요하다. 고속 주행에서 승객들이 많이 타는 만큼 안전이 우선되어야 한다. 늘어나는 사람의 중량만큼 차량을 가볍게 만드는 경량화 기술, 고출력 모터 기술, 차량 설계 기술 등 여러 가지 기술이 필요하다. 기술 개발에 착수했으니 곧 실현될 것이다.

철도기술연구원에서 연구 개발 중인 'KTX 산천'보다 300퍼센트 용량을 가진 2층 고속열차의 개념도다.

저심도 철도

1970년 초반부터 서울을 비롯해 부산, 광주, 대구 등 대도시들은 자신들의 교통 문제를 해결하기 위해 앞다투어 지하철을 건설하기 시작했다. 지하철은 도심을 지하로 통과하기 때문에 많은 사업비가 든다. 대도시들은 지하철 건설 시 발생한 엄청난 부채로 시市 재정에 많은 어려움을 겪고 있다. 지하철의 이런 문제 때문에 지하철보다 건설비가 반값(40퍼센트) 수준인 지상 경량 전철이 지하철의 대안으로 급부상했다. 20여 년 전부터 대도시뿐 아니라 중소 도시에서도 경량 전철 도입을 검토하기 시작했다. 부산 지하철 4호선, 대구 모노레일, 의정부·용인·김해 경전철 등이 건설되었다. 그러나 이들 경량 전철들은 지상 구조물로 인한 도시 미관 문제로 또 다른 민원이 발생하고 있다.

광주광역시는 도시 철도 2호선을 저렴한 고가高架 경량 전철로 건설하겠다는 계획을 정부에 제출해 예비 타당성 조사를 통과했다. 그러나 예비 타당성 통과 즉시 경전철 건설 계획은 도시 미관 문제 등으로 지역 주민의 반대에 직면했다. 그 결과 광주 도시 철도 2호선 건설 사업은 한 치도 나아갈 수 없었다. 광주광역시는 지상 경전철을 지하로 건설하자니 사업비가 늘어 사업 타당성이 없고, 고가 경전철을 건설하자니 민원 때문에 오도 가도 못하는 신세가 되었다. 결국 광주광역시의 도시 철도 2호선 사업은 추진 자체가 불투명지게 되었다.

철도기술연구원에서는 오래전부터 저렴하고 도시 미관에도 문제가 없는 도시 철도를 연구해 왔다. 그러던 중 도로 바로 아래 지하철을 건설하면 건설비를 낮출 수 있다는 아이디어가 나왔다. 그러나 현실은 달랐다. 전동차는 철로 만든 선로 위의 마찰력을 이용해 달리기 때문에 등판 능력이 자동차보다 떨어진다. 더구나 전동차의 길이가 길고 두 바퀴가 묶여 있는 대차를 전동차 밑에 고정시키기 때문에 회전 능력이 자동차에 비해 떨어진다. 이러한 전동차와 자동차의 서로 다른 운행 특성 때문에 도시 철도와 도로는 별개로 건설해 오는 것이 관행이었다. 도시 철도 선로는 도로를 피해 지상 10미터가량의 고가 또는 15미터 이상의 지하 공간에 건설해 왔다. 도로와 도시 철도는 두 개의 시설을 별도로 설치해야 하므로 건설비도 많이 들었다.

지하철 공사비를 낮추기 위해 지하철이 도로 밑을 그대로 따라가려면 지하철 전동차는 자동차와 같이 급커브를 돌 수 있는 회전 능력과 가파른 언덕을 오를 수 있는 등판 능력을 가져야 한다. 연구원들과 장시간의 집중적인 토론을 거쳐 철도의 고정관념을 깬 새로운 도시 철도 개념을 탄생시켰다. '저심도 철도'는 도로 바로 밑에 지하철을 건설하는 기술이다. 새로운 개념의 전동차는 독립 차륜 기술을 도입하고 차량 길이를 줄여 40미터 정도인 최소 회전 반경을 버스와 같은 15미터 정도로 줄였다. 그리고 경사가 높은 구간은 리니어 모터를 이용해 추진력을 보강하여 10퍼센트에 가까운 등판 능력을 갖도록 설계했다.

이러한 전동차는 자동차와 같이 도로 선형에 따라 운행이 가능하기 때문에 도로 밑 5~7미터 정도 깊이에 바로 건설할 수 있고, 건설비도 크게 낮출 수 있다. 그럴 경우 철도와 도로로 분리되어 운영하던 교통 인프라를 함께 쓸 수 있게 된다. 당연히 시설 투자비도 대폭 줄일 수 있다. 도시 미관에 문제가 없고 지하철에 비해 건설비가 훨씬 적게 드니 일석이조다. 저심도 철도 기술은 발(차량)에 구두(궤도)를 맞춘 것이 아니라 구두(궤도)에 발(차량)을 맞춘 기술인 셈이다. 이러한 역발상은 그동안 세계에서 관행처럼 굳어져 왔던 도시 철도 개념을 서서히 바꾸어 나가고 있다.

철도기술연구원의 연구진이 개발한, 비용이 저렴하고 도시 경관을 보존할 수 있는 저심도 철도의 개념도다.(61)

철도기술연구원에서는 광주광역시에 이러한 저심도 철도라는 신개념의 도시 철도를 도시 철도 2호선 모델로 제안했다. 그리고 6개월에 걸쳐 도시 철도 2호선 구간에 대한 지하 매설물 예비 조사, 저심도 차량 설계, 저심도 철도 노선에 대한 예비 설계, 추정 사업비 산출 등 정밀 검토를 했다. 이 과정에서 광주광역시 공무원, 광주도시철도공사 직원, 시민 단체들과 많은 토론을 거쳤다. 광주광역시 관련자, 철도기술연구원의 연구원은 물론 함께 참여한 업체들은 저심도 철도 건설에 강한 자신감을 보였다. 이 과정을 통해 현재 광주광역시에서 처음 계획했던 지상 경전철과 같은 비용으로 지하에 도시 철도를 건설할 수 있다는 확신을 갖게 되었다.

고가 경전철 건설 문제로 민원에 시달리던 강운태 광주광역시장이 '저심도 철도'를 광주 도시 철도 2호선에 적용하겠다고 발표하면서 광주광역시는 도시 철도 2호선에 대해 지상 경전철에서 저심도 철도 방식으로 전환했다. 지금까지의 기술로는 광주 도시 철도 2호선을 지상 경전철 방식에서 지하 경전철 방식으로 전환하여 건설하려면 1조 원 가까운 추가 건설비가 든다. 다시 말하면 저심도 지하 철도 건설로 광주시는 1조 원 이상의 혜택을 보게 되었다. 더구나 지상 경전철의 흉물스러운 교각을 없애 도시 미관도 살릴 수 있었다. 앞으로 광주광역시의 경험을 토대로 많은 도시에서 저심도 철도가 생길 것이다. 당초 도시 미관 문제로 시민 단체 등의 반대에 부딪혔던 광주광역시는 도시 철도 2호선 건설 방식을 고가 경전철에서 저심도 철도로 바꿈으로써 시민 단체 등 관련 단체의 합의를 이끌어 냈다.

2014년 광주광역시장이 선거를 통해 바뀌었다. 신임 윤장현 시장은 시장 선거 당시 광주 도시 철도 건설 방식을 전면적으로 재검토하겠다고 공약했으나 몇 개월 뒤 기존 안대로 추진하기로 결론을 냈다. 저심도 철도는 정치 논리와는 별개로 광주 시민들을 위해 많은 고민 끝에 만들어진 것이어서 쉽게 바꾸기도 어려웠을 것이다. 신임 광주광역시장은 자신의 공약과는 상관없이 시민들 편의를 위해 전임 시장의 의사 결정을 존중한 것이다.

신개념 개인용 교통수단

미국 유학 당시 지도 교수 슈나이더(Jerry B. Schneider)의 권유로 개인용 교통수단(PRT, Personal Rapid Transit)에 대한 연구를 한 적이 있다. 박사 학위 논문 내용은 대중 교통수단과 개인용 교통수단 등의 효율성을 분석한 '도시 내 순환 교통 시스템의 효율성 분석'에 관한 연구였다. 여러 가지 대중 교통수단을 가상 도시(virtual city)에 운영하면서 효율성을 분석하는 시뮬레이션 프로그램을 만들었다. 이 과정에서 개인용 교통수단의 특성에 대해 많은 지식을 얻을 수 있었다.

보스턴 대학의 앤더슨(Anderson) 교수는 개인용 교통수단을 개발하기 위한 엔지니어링 팀을 만들었고, 레이시언(Raytheon)사와 개인용 교통수단 개발을 위해 4000만 달러의 프로젝트를 개발했다. 앤더슨 교수의 개인용 교통수단은 택시처럼 작은 궤도 차량으로, 소규모 승객을 태우고 출발지에서 목적지까지 정해진 궤도를 따라 자동 운송하는 시스템이다.

차량 무게가 가벼워서 선로는 작고 경량화되어 선로 건설비가 적게 들며, 같은 사업비로 경량 철도, 모노레일 등 대형 순환 교통 시스템보다 훨씬 많은 네트워크를 구성할 수 있다. 대규모 네트워크를 구성해 역 간(station to station) 수송에서 문전 수송(door to door)으로 바꾸는 것이다. 차량 정차 시 주 선로에서 벗어나 지선(off－line guide way)에 설치된 정거장에 정차하게 함으로써, 주 순환선에서의 차량 속도를 일정하게 유지할 수 있다. 지하철과 같이 앞 차량의 정차 때문에 뒤의 차량이 속도를 줄이지 않아도 된다. 즉 다른 차량의 중간 정차로 인한 간섭이 없어 목적지까지 가는 시간도 줄일 수 있다. 또한 차량과 차량 간 운행 간격(headway)을 2초 정도까지 줄일 경우 그 용량을 경량 전철 수준으로 높인다는 것이다.

개인용교통수단의 이론적 근거

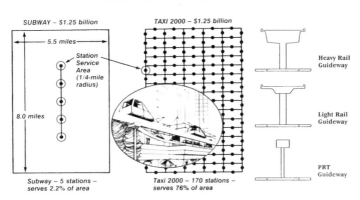

미국 TAXI 2000에서 제시한 개인용 교통수단 개념도다. 이 개인용 교통수단은 정차를 위해 지선(off—line)으로 빠진다. 본선에서의 개인용 교통수단의 속도를 유지시키기 위해서다.(62), (63)

미국 대중교통 이론의 권위자인 펜실베이니아 대학교의 부칸 부칙 교수는 개인용 교통수단 개발에 대해 비판적 입장을 보였다. 제한된 도시 공간에서 별도의 궤도를 가진 고가의 개인용 교통수단을 넣기가 생각보다 힘들 뿐더러 용량도 그리 크지 않다는 것이다. 부칸 부칙 교수는 개인용 교통수단에 흥미를 느낀 건축과의 동료 교수에게 도시 내에서 개인용 교통수단을 직접 설계해 보라고 제안했다. 그러나 동료 교수는 도시 내 교통수단 설계의 현실적 어려움을 토로하며 개인용 교통수단에 대한 연구를 접었다.

나 역시 미국 유학 중에 도시 내 개인용 교통수단의 네트워크를 직접 설계해 본 적이 있다. 개인용 교통수단의 회전 능력 및 등판 능력에 맞게 기존 도시에 별도의 고가 궤도를 설치한다는 것은 생각보다 어려웠다. 특히 작은 궤도 구조물로 교차로를 횡단한다는 것은 거의 불가능했다. 그리고 그에 따른 도시 미관도 문제였다. 컴퓨터 시뮬레이션을 통해 많은 차량들이 자유롭게 운행할 경우 차량 간 간섭 때문에 생각보다 많은 용량이 나오지 않는다는 것을 알았다. 더구나 수백 대의 차량 하나하나를 1초 단위로 동적 흐름(dynamic flow)을 파악하고, 수백 대의 차량 하나하나에 실시간으로 최적 경로를 제공하는 것은 슈퍼컴퓨터를 동원한다 해도 거의 불가능한 일이었다.

한국으로 돌아왔을 때 미국에서 개인용 교통수단을 연구했다는 사실을 알고, 많은 사람들이 사무실을 방문했다. 미국에서 개발한 개인용 교통수단을 우리나라에 한번 적용해 보자는 사람들이 많았다. 하지만 그들은 개인용 교통수단의 실제적 내용보다 사업적 측면에서만 개인용 교통수단을 접근했다. 나는 평소 생각대로 우리나라와 같이 인구가 밀집해 있고 도시 환경이 열악한 지역에는 개인용 교통수단이 적합하지 않다고 그들을 설득했다. 실제로 서울의 강남 지역, 여의도 지역의 개인 교통수단 설치를 위한 장밋빛 계획이 나왔다. 그러나 그중 한 가지 프로젝트도 실현되지 못했다. 얼마 후 미국 대학 지도 교수로부터 개인용 교통수단 연구회의 논문 에디터 제안을 받았다. 우리나라 사정을 이야기하며 정중히 거절했다. 그러면서 우리는 미국과 또 다른 매력을 가진 개인용 교통수단을 개발해야 한다고 생각했다.

철도기술연구원장으로 왔을 때 이미 개인용 교통수단에 대해 매년 20억 원씩 5년간 총 100억 원의 연구 개발 사업이 시작되고 있었다. 기존의 개인용 교통수단 개념에 부정적이었던 나는 새로운 개념의 개인용 교통수단을 만들기 위해 고민을 거듭했다. 해당 연구 책임자는 개인용 교통수단에 대해 내가 잘 모르고 있을 것이라 여겼는지 장점만 이야기하며 나를 설득하려 들었다. 나는 우리 연구원들에게 개인용 교통수단이 가지고 있는 현실

적용상의 문제점을 자세히 설명했다. 그리고 오랜 기간의 연구진 설득과 토론 끝에 우리만의 개인용 교통수단을 개발하기로 의견을 모았다.

나는 아랍에미리트 방문길에 환경 도시 마스다르 시티를 방문했다. 그곳에서 개인용 교통수단이 운행되는 현장과 세부 기술에 대해 자세히 알 수 있는 기회를 가졌다. 마스다르 시티의 개인용 교통수단은 앤더슨 교수의 별도 궤도가 있는 개인용 교통수단과는 그 개념이 사뭇 달랐다. 마스다르 시티에는 건물 지하 도로에 배터리를 동력으로 자석 감지 센서에 의해 자동으로 움직이는 택시 크기의 차량이 운행되고 있었다. 그리고 정거장에 정차하는 동안 차량은 정거장 바닥 면에 설치된 전기 공급선을 통해 차량 배터리에 충전한다.

문득 마스다르 시티처럼 별도의 궤도 없이 기존 도로를 이용한다면 승산이 있겠다는 생각이 들었다. 그러면서 다른 나라보다 경쟁력을 갖기 위해서는 우리만의 독특한 기능이 있어야 한다고 생각했다. 연구진과 많은 토론을 거쳐 수평 이동뿐 아니라 수직 이동이 가능하고, 달리는 동안 충전할 수 있는 무선 급전 기능을 가진 개인용 교통수단을 개발하기에 이르렀다.

아랍에미리트 마스다르 시티의 개인용 교통수단이다. 개인용 교통수단이 거대한 건물 내 복잡하게 분산된 사무실을 찾아다닌다.(64)

엘리베이터는 수직 이동을 하며 사람들을 실어 나르는 교통수단이다. 그에 비해 개인용 교통수단은 수직과 수평을 자유롭게 이동하며 사람을 실어 나르는 신개념의 교통수단이다. 우리가 개발하는 개인용 교통수단은 언덕을 오르기 위해 고가 궤도를 만들 필요 없이 작은 공간에서의 수직 이동이 가능하다. 그리고 주행 중 충전이 가능하여 차량의 회전율도 높아진다. 또한 도시 미관을 해치는 고가 구조물을 설치하지 않아도 된다.

세계적으로 많은 유락, 공업, 연구, 행정 단지들이 들어서고 있다. 우리만의 개인용 교통수단은 이러한 단지들에서의 자유로운 이동을 도울 것이다. 지금까지의 개인용 교통수단과는 다른 신개념의 개인용 교통수단이 될 것이다. 최근 이 교통수단에 대해 한국철도기술연구원에서는 시연을 해 보였다. 언론은 이 깜찍하고 조그만 교통수단에 '미니트램'이라는 이름을 붙여 대대적으로 보도했다. 그 모습을 보면 마치 먼 미래가 바로 앞에 와 있는 것 같은 착각에 빠져들게 된다.

철도기술연구원에서 개발 중인 수평·수직 이동 기능을 가진 개인용 교통수단 개념도다. 이 개인 교통수단은 수평·수직의 엘리베이터와 같다.(65)

누드형 열차 페리

열차를 싣고 한국과 중국을 오가는 선박, 즉 열차 페리라는 말을 들어 본 적이 있을 것이다. 한·중 열차 페리는 과거 박근혜 대통령 후보 시절의 선거 공약이다. 열차 페리 시스템은 항구에서 상하역 시간을 줄인다는 장점 때문에 중국과 핀란드 등의 유럽에서 도입하고 있다.

그러나 이러한 장점에도 불구하고 한·중 열차 페리는 좀처럼 실현될 기미가 보이지 않는다. 그 이유는 한국에서 화차에 컨테이너를 싣고 중국으로 건너가면 그 화차를 회수하는 것이 생각만큼 쉽지 않기 때문이다. 한·중 열차 페리 이야기만 나오면 철도공사 직원들은 화차 회수가 곤란하다는 점을 들어 열차 페리 도입에 대한 우려의 목소리를 냈다. 더구나 화물과 함께 화차를 수송하면 수송 효율도 반으로 떨어진다. 그럴 바에야 지금과 같이 항만의 갠트리 크레인(Gantrey Crane)으로 화물을 선적하여 수송하는 것이 보다 효율적일 것이다.

철도기술연구원에서 개발 중인 열차 페리의 내부 모습이다. 열차 페리에 화차를 빼내면 수송해야 할 무게가 줄어들고 화차 회수를 걱정할 필요가 없다.(66)

열차 페리를 둘러싼 문제들을 해결하기 위해 우리 연구진은 머리를 짜냈다. 그리고 누드형 열차 페리라는 신개념의 기술을 선보였다. 누드형 열차 페리 시스템의 작동 원리는 간단하다. 일단 기관차가 컨테이너 화차를 끌고 선박 안으로 들어간다. 열차가 선박에 들어오면 선박 안에 설치된 자키(jackey)로 컨테이너를 약간 들어 올린다. 그사이 빈 열차를 다시 선박 밖으로 빼낸다. 이런 식으로 선박에서 화차를 빼내고 컨테이너만 수송하는 방식이다. 목적지 항구에서도 컨테이너를 자키로 들어 올리고 그 밑으로 빈 화차를 선박 안에 집어넣어 컨테이너를 빼내는 기술이다. 우리는 이를 누드형 열차 페리라고 했다. 하나의 열차로 한꺼번에 수십 개의 컨테이너를 상하역할 수 있어 갠트리 크레인으로 컨테이너 하나하나씩 상하역하는 것보다 효율적이다.

특히 인천항은 조수 간만의 차이 때문에 독(dock) 시스템을 갖고 있다. 원유 수송선이 멀리 외항 지역에 돌핀(dolphin, 말뚝형 구조물) 송유관을 설치하고 그 송유관을 통해 상하역을 한다. 대규모 상하역 시설이 필요 없고 조수 간만의 차이를 송유관 매설로 극복하여 24시간 상하역을 할 수 있다. 컨테이너도 2~3킬로미터의 해중 터널이나 철도 교량을 건설하여 외항에서 상하역을 한다면 대규모 항만 시설이 없어도 24시간 상하역 시스템을 구축할 수 있다. 한번 도전해 볼 만한 과제다.

산악철도

2018년 평창 동계 올림픽이 얼마 남지 않았다. 평창 올림픽에는 우리의 기술로 만든 고속철도, 고속도로를 이용하여 전국 어디에서든 쉽게 갈 수 있다. 평창 올림픽 개최 지역에는 오스트리아 인스부르크, 스위스 융프라우의 톱니바퀴 열차와 같은 산악철도도 아직 없다. 우리는 평창 동계 올림픽에서 스키 점프대, 숙박 시설만 보여 주고 말 것인가? 많은 돈을 들여 우리나라에 유치했으면 행사를 잘 치러 부가가치를 높이는 것이 중요하다. 동계 올림픽을 통해 어떻게 지역 및 국가 발전의 기회로 삼을 것인가를 함께 고민해야 한다. 동계 올림픽 개최지인 평창 주변에는 많은 관광지가 있다. 그러나 관광지 간에는 자동차 외에 달리 연결할 만한 교통수단이 없다. 특히 자동차는 폭설에 취약하다. 앞으로 많은 관광객을 유치하려면 쉽게 접근할 수 있는 교통 시스템을 갖추어야 한다.

철도기술연구원에서는 동계 올림픽에 대비한 산악철도를 개발하여 투입하는 구상을 발표했다. 스위스 융프라우의 산악철도보다 한층 발전된 산악철도 기술을 선보이기 위해 연구진이 연일 노력하고 있다. 2018년 평창 올림픽 때 우리 고유의 환경 친화적인 산악철도를 선보였으면 좋겠다. 이 산악열차는 평창 올림픽을 성공적으로 이끌 것이다. 평창 올림픽이 끝나면 우리나라는 물론 외국의 많은 관광객을 싣고 우리의 아름다운 산하를 누빌 것이다. 그리고 우리의 첨단 산악철도 기술은 산이 많은 나라들에 주요 교통수단으로 수출될 것이다.

철도기술연구원에서 개발 중인 산악철도의 기본 구상안이다. 평창 올림픽에서 운행한다면 또 하나의 볼거리를 제공할 것이다.(67)

마이크로웨이브 거푸집

건물 재료를 보면 대부분 콘크리트다. 이 콘크리트는 양생養生에 3~5일이 걸린다. 때문에 빨리 집을 지으려는 사람들에게는 콘크리트 양생 기간이 커다란 장애로 느껴지기 쉽다. 또 공사 기간이 늘어날수록 공사장 관리비, 인건비 등 많은 돈이 들어간다.

철도기술연구원 원장실에서 연구원 개인별로 아이디어 발표회를 가진 적이 있다. 그 자리에서 고태훈 박사는 콘크리트 양생을 하루로 줄이는 기술 개발의 가능성을 발표했다. 참신한 아이디어에 함께 참석한 많은 사람들이 깊은 인상을 받았다. 그리고 신속한 연구비를 지원했다. 덕분에 고태훈 박사 팀과 (주)진인은 마이크로파를 이용한 발열 시스템으로 콘크리트 양생 시간을 획기적으로 줄인 콘크리트 급속 시공 기술을 개발하는 데 성공했다.

교각용 발열 거푸집　　　　철도교 교각 촉진 양생 시연

콘크리트 급속 시공 거푸집(좌측)과 급속 시공 장면(우측)이다. 발열 거푸집을 이용하면 일반 거푸집보다 공사 기간을 단축할 수 있다.(68)

이 신기술은 특수 제작된 거푸집을 활용해 전자레인지에서 음식을 데우는 원리를 이용, 섭씨 35~55도를 유지해 줌으로써 콘크리트 구조물의 강도를 확보하면서 급속 시공을 가능케 하는 기술이다. 종전에 3~5일 걸리던 콘크리트 양생 기간을 계절과 상관없이 1일 이내로 줄인 혁신적 공법이다. 이 기술은 우리 연구원이 폐자재를 이용한 침목을 개발하는 과정에서 우연히 발견한 연구 부산물이다.

2013년 12월 울산-삼척 구간에 철도공사가 시공하는 경북 영덕군 하직 터널에서 콘크리트 급속 양생 시공 기술을 선보였다. 터널 콘크리트 거푸집을 떼어 낼 때 콘크리트 강도는 3~5메가파스칼(Maga Passal) 이상이 되어야 한다. 이를 위해서는 28~40시간의 양생 시간이 필요하다. 콘크리트 급속 양생 기술을 적용해 12시간 후 거푸집을 떼어 내고 콘크리트 강도를 재보니 6.5메가파스칼의 강도가 나왔다. 양생 기간이 50퍼센트 이상 줄어든 것이다. 이번 개발한 콘크리트 급속 양생 기술은 철도·도로 교각을 비롯한 구조물이나 주택·상업용 건축물에 폭넓게 적용할 수 있다.

기술을 개발하고 나면 쉬워 보인다. 그러나 정작 건설 현장에서는 수십 년 동안 전통적인 방법을 고수하며 3~5일간의 콘크리트 양생 과정을 거치는 것이 불문율처럼 되어 왔다. 특히 러시아 시베리아, 핀란드, 미국 알래스카, 북극, 남극에서는 추운 날씨 때문에 콘크리트 시공이 매우 어려웠다. 추운 날씨에 콘크리트 양생을 하려면 콘크리트 거푸집 주위로 커다란 움막을 설치하고 뜨거운 증기를 며칠 동안 뿜어 주어야 했다. 콘크리트가 양생할 수 있도록 온도를 높이고, 이 과정에서 증발하는 수분을 채워 주는 것이다. 이 공법은 돈이 많이 들어가는 데다 절차 또한 복잡했다. 우리 연구원에서 개발한 콘크리트 급속 양생 기술은 추운 지역에서도 마이크로웨이브를 이용하여 쉽게 건물을 건설할 수 있게 되었다.

2013년 12월 26일 경북 영덕군 울산–삼척 구간 시공 중인 하직 터널에서 선보인 콘크리트 급속 양생 시공 기술 모습이다.(69)

　앞으로 20년쯤 지나면 이 콘크리트 급속 양생 기술을 이용해 러시아 시베리아, 미국 알래스카, 남극, 북극과 같은 동토凍土에도 큰 도시가 탄생할 수 있다. 우리의 생각 하나가 세상의 지도를 바꿀 수 있다. 과학 기술은 불가능한 것을 가능케 해 주는 매력이 있다. 더 좋은 콘크리트 급속 시공 방법을 찾기 위해 우리 연구진은 오늘도 신기술 개발에 몰두하고 있다.

　이 콘크리트 급속 양생 기술은 토목·건축 구조물의 콘크리트 공사 소요 기간을 20~30퍼센트 단축시킴으로써 연간 100조 원에 이르는 건설 시장에서 2조~3조 원의 비용을 줄일 수 있을 것으로 추정됐다. 기술 가치를 10년 동안 유지한다고 보았을 때 연구 개발 사업의 부가가치는 국내에만 20조 원 이상, 전 세계적으로 2000조 원의 가치가 있을 것으로 추정했다. 그러나 철도기술연구원이 이 연구 개발에 들어간 돈은 20억 원 정도다. 투자비를 많이 들였다고 효과가 좋은 것이 아니다. 생각을 바꾸면 투자비가 적어도 큰 효과를 볼 수 있다. 그래서 과학 기술은 매력이 있다.

파이프라인형 해중 철도

선거철이 되면 자주 나오는 이야기가 한국과 일본, 한국과 중국, 목포와 제주 간 해저 터널 건설 문제다. 모두 우리의 가슴을 설레게 하는 말들이 다. 동화책에서나 봄 직한 환상적인 해저 터널 건설 발표는 많은 국민들의 기대감을 불러일으켰다. 그러나 시간이 갈수록 사업 추진이 지지부진하자 국민들은 기대감보다 더 큰 실망감에 사로잡혔다. 그리고 더 이상 정치권 에서 흘러나오는 해저 터널에 관심을 갖지 않게 되었다. 정치권에서 해저 터널의 특성을 잘 모르고 이야기한 것이 화근이 된 것이다.

해저 터널 건설이 어려운 것은 그 길이가 길어질수록 사업비와 건설 기 간이 기하급수적으로 늘어나기 때문이다. 해저에서 터널을 파고 들어가면 서 파낸 흙과 암석을 육지까지 운반해야 하기 때문이다. 지상에서는 4~5킬 로미터 정도 터널을 뚫을 때 공사 기간과 공사비를 줄이기 위해 터널 옆으 로 중간중간 사갱斜坑을 만들어 터널을 뚫으면서 생긴 흙과 암석을 그곳으 로 빼낸다. 그러나 해저 터널은 바닷물 때문에 사갱을 뚫을 수가 없다. 해 저 터널 건설 현장에서 터널 입구인 육지까지 일일이 흙과 암석을 실어 날 라야 한다. 때문에 길이가 길어질수록 막대한 공사비가 든다. 우리에게 가 장 친숙한 46킬로미터 길이의 영 · 불 해저 터널은 킬로미터당 3000억 원의 사업비가 들었다. 우리나라 고속철도 건설비의 여섯 배쯤 된다. 엄청난 건 설비만큼이나 프로젝트를 추진한 회사가 여러 차례 부도나는 위기를 겪었 다. 이를 극복하고 1994년 5월 6일, 8년의 건설 기간을 거쳐 영 · 불 해저 터 널이 개통되었다. 한 · 중 해저 터널은 350킬로미터, 한 · 일 해저 터널은 250 킬로미터, 목포—제주 간 해저 터널은 150킬로미터에 이른다. 현실적으로 장거리 구간을 해저 터널로 건설할 경우 공사비와 공사 기간은 기하급수적 으로 늘어난다. 우리가 감당하기에는 역부족이다.

현실적인 대안은 파이프라인형으로 터널을 만드는 해중 철도를 건설하는 것이다. 프리캐스트형 터널 구조물을 수심 40미터 이상에 물의 부력과 선박의 닻의 원리를 이용하여 고정시킨다. 엄밀히 말하면 해저 터널도 흙의 부력을 이용하여 터널을 고정시키는 것과 같다. 해중 터널은 수심이 깊은 물의 부력을 1차적으로 이용하고, 흙과 물의 부력 차이를 바다 밑에 콘크리트 구조물을 이용해 고정시키는 개념이다. 이 경우 거리에 상관없이 킬로미터당 건설비는 1000억 원 정도 든다. 지금 해저 터널 건설비의 30퍼센트 정도에 불과한 금액이다.

철도기술연구원에서 개발 중인, 공사 기간과 비용을 획기적으로 줄일 프리캐스트 해중 철도 개념도이다.(70)

해중 터널의 장점은 해저 터널에 비해 저렴한 건설비와 짧은 공사 기간에 있다. 프리캐스트 공법으로 만드는 것이어서 길이에 구애받지 않고 5년 정도면 건설이 가능하다. 물론 해중 터널은 물속에 구조물을 만들기 때문에 안전 문제 등 검토해야 할 과제가 많다. 그래서 과학이 필요한 것이다. 해중 철도 기술은 바다 밑을 길게 통과해야 하는 구간에 적합한 기술이다. 그리고 해중 터널은 자연 경관을 보전해야 할 지역에 교량을 대신하여 건설하면 더 좋다. 중국 칭다오 호수의 수중 터널 계획이 좋은 예다.

본격적인 해중 철도 건설 전에 3~4킬로미터 정도의 바다 교량을 대체하는 해중 철도를 건설하여 안전을 확보하는 기술과 건설 경험을 축적할 수도 있다. 그리고 기술 개발 초기에는 여객보다 물류 수송부터 적용해 본다면 보다 안전하게 사업을 추진할 수 있다.

플로팅 활주로 기술

우리나라에서 관제하는 항공정보구역(FIR, flight information region)은 우리나라 면적의 네 배 크기다. 이 FIR에 출입하는 항공기는 모두 인천공항 내 항공교통센터의 지휘를 받아 운항한다. 우리 FIR는 독도와 제주도 남단 이어도를 포함하고 있다.

항공안전본부는 자체 점검용 항공기를 주기적으로 띄워 FIR 지상에 있는 항행 시설·장비가 제대로 작동하는지를 점검하고 있다. 독도, 울릉도 일대의 FIR를 살펴보기 위해 점검용 항공기에 탑승할 기회가 있었다. 한 시간쯤 비행하자 울릉도의 웅장한 분화구가 눈에 들어왔다. 분화구 주변은 수천 년의 모진 비바람에도 견뎌 온 각종 식물들이 어우러져 있었다. 마치 그랜드 캐니언의 웅장한 비경을 보고 있는 느낌이었다. 충분히 국내외에 내놓아도 손색이 없는 비경 중의 비경이었다. 그리고 10분여가 지나자 망망대해에 홀로 서 있는 섬, 독도가 한눈에 들어왔다. 독도 옆 바다에는 일본 해양 순시선과 우리나라 해경 선박이 대치하고 있는 모습이 보였다. 세계 곳곳이 총성 없는 전쟁 중이다. 우리 해경 선박이 일본 순시선에 비해 작아 보였다. 독도를 지키기 위해서는 수백 번의 말보다 이를 지킬 수 있는 강한 국력이 필요하다는 것을 느꼈다.

2008년 항공안전본부장 때였다. 당시 경북경찰청에서는 독도 경찰 헬기장에 독도 이름을 담은 국제민간항공기구(IACO)의 국제 호출명을 부여받고자 했다. 국제적으로 민감한 사안이었지만 IACO와 오랜 기간 협의를 거쳐 2008년 10월경 독도 헬기장의 지명 약어를 'RKDD'로 부여받았다. R는 서부 북태평양(동아시아) 지역, K는 대한민국, D는 경상북도, D는 독도를 의미한다. 우리 독도 헬기장이 IACO에 의해 독도라는 이름으로 호출 부호를 갖게 된 것이다. 이런 인연으로 독도에 더 많은 애정을 갖게 되었다.

울릉도는 연간 40만 명의 관광객이 찾아오고 있다. 제주 관광객 1000만 명에 비교하면 조족지혈鳥足之血이다. 제주도에 관광객 25명이 갈 때 울릉도에는 한 명 정도의 관광객이 가는 셈이다. 천혜의 비경치고는 정말 적은 숫자다. 수도권에 인접한 백령도, 안면도 등도 비슷한 수준이다.

국민들이 이처럼 아름다운 울릉도와 독도 같은 우리 섬들의 모습을 쉽게 볼 수 있다면 얼마나 좋을까? 제주도와 설악산에 식상한 외국인 관광객들에게도 좋은 볼거리가 될 것이다. 울릉도에 가려면 차를 타고 동해안까지 가서 배로 한참 들어가야 한다. 뱃멀미가 두렵고 시간이 오래 걸려 많은 사람들이 울릉도 구경을 못하고 있다. 우리의 아름다운 섬들을 누구나 보게 하려면 섬에 공항을 만들어야 한다. 울릉도에 공항을 만든다는 이야기가 나온 지 한참이지만, 그럴 기미는 아직까지 보이지 않는다. 최근 울릉도는 중국 관광객들로 만원을 이룬다. 마치 작은 중국이 울릉도에 생겨난 듯한 착각이 들 정도다. 우리가 잘 챙기지 않으면 남의 나라가 되는 것도 순식간이다.

도서島嶼 지역의 접근성을 높이려면 섬 인근에 공항을 설치하여 항공기로 빠르게 접근하는 수밖에 없다. 50인승 비행기가 내릴 수 있는 활주로는 폭이 80미터에 이르고 길이는 1.4킬로미터에 달한다. 25개 차선에 해당하는 크기의 교량을 만들려면 중간중간 대형 교각을 설치해야 하는 등 엄청난 공사비가 필요하다. 더 큰 문제는 공항을 만들기 위해 섬에 있는 산을 깎아 바다를 메워야 한다. 공항 건설 과정에 섬의 미려한 경관이 손상되고 생태계가 파괴된다. 오히려 자연과 조화된 섬의 가치를 떨어뜨려 관광객들의 발길을 끊게 할 수 있다.

철도기술연구원장 재임 시 연구원들과 함께 우리 기술로 공항 건설 문제를 풀 수 없는지 고민했다. 항공모함과 같은 공항을 만드는 것도 생각할 수 있다. 그러나 전투기는 긴박한 전시 상황에서 훈련된 조종사들이 항공모함의 흔들리는 활주로를 이착륙한다. 그러나 민간 항공기는 그러한 위험을 감수하고 이착륙시키기가 어렵다. 이 문제를 해결하기 위해 새로운 부유식 浮游式 활주로 개념을 생각해 냈다. 그리고 연구원들과 많은 토의를 거쳐 그 개념을 구체화한 뒤 오랜 기간의 시뮬레이션을 거쳐 우리에게 맞는 기술 개발의 가능성을 확인했다.

그동안 공항과 관련된 정책과 기술 분야를 공부하고, 항공기획관과 항공안전본부장을 지내며 항공 현장을 누빈 것이 기술 개발을 하는 데 많은 도움이 되었다. 어느 정도 연구 개발을 거쳐 기술 개발에 확신을 가질 무렵, 서울 상공회의소에서 이에 대한 세미나를 개최했다. 세미나 명칭은 '우리의 아름다운 섬 비행기 타고 가면 좋겠다'였다. 우리의 꿈과 과학 기술이 접목된 글귀다.

부유식 활주로 기술의 개념은 간단하다. 우리 입속에 중간 치아가 빠졌을 때 양쪽 치아에 브리지를 거는 것과 유사한 개념이다. 섬과 인근 조그마한 바위섬을 활주로 모양의 선체로 연결하고 비행기가 내릴 때에는 양쪽 끝 육지부에서 선체를 잡아 주어 고정시키는 방식이다. 평상시에는 부표처럼 떠 있어 파도를 이길 필요가 없으므로 활주로 선체에 무리가 가지 않는다. 교량의 경우에는 그 구조물이 교각에 의지하지만 활주로 선체의 경우에는 부력에 의존하여 지탱한다. 길게 늘어져 있는 활주로 선박은 바다에 거센 파도의 힘을 상쇄시키며 거동이 안정된다. 남아 있는 미세한 거동도 비행기가 착륙하기 10분 전후로 활주로 끝단 육지에서 팽팽하게 잡아 준다.

항공모함과 같은 개념이지만 활주로 끝단에 연결된 육지에 결속시킴으로써 항공기가 안전하게 착륙할 수 있도록 활주로를 안정화시키는 기술이다. 이 기술만 있다면 우리나라의 3000개가 넘는 섬을 비행기로 갈 수 있다. 그리고 전 세계에는 수백만 개의 섬이 있다. 이 섬들을 비행기를 타고 갈 수 있다면 많은 이들이 새로운 세계를 경험하게 될 것이다. 관광업계는 그런 사람들로 호황을 누릴 것이다.

부유식 활주로는 항공모함과 같은 개념이지만 활주로 끝단을 육지에 결속시켜 항공기를 보다 안전하게 착륙시킬 수 있다.(가)

새로운 과학 기술들

미래의 허브가 되기 위한 교통 물류 과학 기술은 지금까지 기술한 것만 있는 것이 아니다. 과학 기술의 소비자인 인간이 무엇을 원하는지 제대로 알고 있다면 더 좋은 과학 기술은 얼마든지 만들어 낼 수 있다. 우리나라에는 수만 명의 우수한 과학자가 있기 때문이다. 그들이 새로운 일을 할 수 있도록 하는 것이야말로 국가의 부를 창출하는 것이다.

차량 해체 없이 고장 유무를 진단하는 **'실시간 차량 스캐닝 시스템'**, 세계 표준 궤도와 러시아 철도 광궤 모두를 달릴 수 있는 **'가변 대차'**, 바다 위의 항구 **'모바일 허브'**, 대규모 행사를 치르기 위해 임시로 도로·철도 시설을 만드는 **'레고형 교통 시설'**, 인공위성과 같이 하늘에 항상 떠 있는 **'성충권 비행체'** 등 무궁무진한 생각들이 하나하나 실현되고 있다.

　이러한 창조적인 생각은 마르지 않는 샘처럼 계속 흘러나올 것이다. 이런 창조적인 생각을 가진 사람, 기업, 국가만이 허브의 주인이 될 자격이 있다. 창조의 샘에서 흘러나온 과학 기술을 상용화시키기까지는 많은 돈이 들어갈 것이다. 하지만 그 이익은 수십 배, 수백 배, 수억 배에 이를 것이다.

실시간 스캐닝 기술과(72) 모듈형 미니트림 기술(73)이다.

세계가 주목

    2013년 8월 미국 워싱턴 방문길에 미국 연방철도청장 조지프 새보(Joseph C. Szabo)를 만났다. 한국 기업들이 미국 고속철도 사업에 보다 많이 참여할 수 있도록 부탁하는 자리였다. 그 자리에서 우리 철도기술연구원이 개발하고 있는 철도 무선 급전, 레일 운하, 부유식 활주로 등의 그림을 보여주었다. 모두 놀라는 표정이다.

미국 워싱턴 방문길에 조지프 새보 미 연방철도청장을 만났다.

제네바에 위치한 세계대중교통연맹(UITP) 총회를 서울에 유치하려 했다. 그 소식을 접하고 서울시의 UITP 총회 유치를 지원하기로 했다. 나는 서울시 회의실에서 알랭 플로슈(Alain Flausch) 사무총장 등 네 명의 평가단 대표를 만났다. 그 자리에서 우리나라의 첨단 대중교통 기술과, 총회를 한국에서 개최할 경우 UITP가 갖게 될 이득에 대해 자세히 설명했다. 30여 분 정도 발표를 마치자 그들의 얼굴은 상기되었다. 한국의 대중교통 기술이 세계적 수준에 와 있는 것을 보고 매우 놀라는 분위기였다. 그리고 두 시간 가량의 질문과 답변이 이어졌다. 이 자리를 통해 UITP 사무총장을 비롯한 평가단과 친구가 된 느낌이었다.

서울시는 그해 UITP 총회 후보지 경선에서 고배를 마셨다. 두 차례 고배를 마셨던 평창 올림픽과 같이 이번 경험을 토대로 다음번에 준비를 잘하면 총회를 유치할 수 있을 것이다. 나는 이 발표가 인연이 되어 제네바의 UITP 콘퍼런스에 토론자로 초청받았다.

스위스 제네바에서 열린 UITP 콘퍼런스에 참석하여 유럽의 대중교통 전문가들과 토론하는 모습이다.

태국 방콕에서 열리는 세계철도정상모임(World Railway Summit Meeting)과 아시아 태평양 경제사회위원회(UN ESCAP)에서 우리의 녹색 교통 기술을 발표할 기회를 가졌다. 세계철도정상모임에서 발표를 마치자 USB 금융 그룹 관계자가 다가와, 상하이에서 몇 개월 후 개최하는 USB 금융 그룹 세미나에 발표자로 참석해 줄 것을 부탁했다. 나는 흔쾌히 승낙하고 USB 금융 그룹 세미나에 참석하여 우리의 녹색교통과학 기술에 대해 발표를 했다.

UN ESCAP 행사에서는 각국의 대표로부터 너무 많은 질문이 이어져 다음 행사 일정을 조정해야 했다. UN ESCAP 발표를 마치자, 각국 대표들의 질문이 이어졌다. 토론은 시종 진지하게 진행되었고 UN ESCAP에서는 예정보다 30분 넘는 시간을 할애해 주었다. 그러고 나서 유럽 UN ECE 철도분야 의장(Secretary Rail Secretariat)인 알렉소폴로스(Konstantinos Alexopoulos)가 인사를 했다. 오늘 발표가 매우 인상적이었다며 유럽 국가들의 모임인 UN ECE에 참석하여 발표해 줄 것을 부탁했다. 그로부터 3개월 후 제네바에 있는 UN ECE 철도분과 회의의 초청을 받았다. 하지만 국내 일정과 겹쳐 회의에 참석할 수 없었다.

1년이 뒤 다시 참석을 요청받았다. 우리의 지능형 철도 기술(ITS for railway)과 고속철도의 타당성 문제(feasibility on high speed rail) 등 두 개의 세션에서 발표해 줄 것을 부탁했다. 우리가 만든 녹색 교통 기술이 철도의 본고장 유럽 무대에 진출할 수 있는 좋은 기회였다. 나는 비행기로 15시간이 걸려 스위스 제네바에 도착했다. 그날 철도분과의 발표는 성공적이었다. 우리가 개발하고 있는 무선 급전 시스템과 고속열차 기술에 대해 인상적이라며 많은 질문이 이어졌다. 그 이후 태국의 고속철도 관계자를 서울에서 열린 국제 세미나에 초청했다.

UN ECE의 철도분과 회의에서 지능형 철도, 고속열차의 타당성에 대해 발표했다.

2013년 11월 오스트레일리아에서 세계철도학회(WCRR)가 열렸다. 미국, 프랑스, 영국, 일본, 체코, 한국 등 세계 모든 철도 연구 기관장이 한자리에 모였다. 나는 학회 기간 중 세계철도연맹(UIC) 루비노 사무총장을 만났다. UIC는 프랑스 파리에 있는 197개 철도 관련 기관이 모인 가장 권위 있는 철도 관련 국제기구다.

나는 루비노 사무총장에게 우리 철도기술연구원에서 연구하고 있는 혁신적인 연구 과제들을 그림으로 보여 주었다. 루비노 사무총장은 파이프라인형 해중 철도, 레일 운하 등 그림을 손가락으로 가리키며 장난기 어린 미소를 지었다. 우리의 혁신적인 연구 과제들을 보며 어린 시절의 만화를 본 것 같은 느낌이 든 모양이다. 그리고 나에게 기술적 가능성에 대해 물었다. 나는 우리가 기술적으로 연구하고 검토한 내용에 대해 자세히 설명해 주었고, 그가 이해했다는 듯 고개를 끄덕였다. 나는 그 자리에서 루비노 사무총장에게 의미심장한 이야기를 했다.

루비노 사무총장이 우리가 만든 철도 신기술을 신기한 듯 손가락으로 가리키며 장난기 있는 웃음을 지었다.

　"이곳 오스트레일리아에는 세계 각처에서 온 수백 명의 철도 관련 연구원들이 참석해 있습니다. 대부분 철도 안전과 고속철도에 관한 이야기만 하고 있습니다. 앞으로 이런 이야기로는 이 많은 사람들이 먹고살 수 없을 겁니다. 이제 세계 철도도 보수적인 모습에서 벗어나 변해야 합니다. 그렇지 않으면 사람들이 외면할 것이고, 철도가 설 땅이 없어질 것입니다. 이제부터라도 혁신적인 철도 과학 기술을 통해 미래에 희망을 줄 수 있는 새로운 철도 서비스를 제공해야 합니다. 이 중요한 일을 하는 데 세계철도연맹이 앞장서야 할 것입니다. 우리 연구원에서는 지난 3년 동안 이러한 혁신적인 철도 과학 기술 개발에 전념해 왔습니다. 그리고 내년 3월에 철도 과학 기술의 혁신이란 주제로 국제 세미나를 계획하고 있습니다. 루비노 사무총장께서 직접 참석해 주시기 바랍니다."

우리 철도 과학 기술을 보고 천진난만한 표정을 짓던 루비노 사무총장의 얼굴은 이내 진지한 표정으로 바뀌었다. 그리고 내 얼굴을 뚫어지게 쳐다보면서 말을 이었다. "제 일정은 이미 연간 계획이 꽉 들어차 있어 시간을 내기 어렵습니다. 하지만 세미나 일정이 확정되는 대로 빠른 시간에 알려주십시오. 일정을 다시 점검해서 꼭 참석하도록 하겠습니다. 그리고 이번 세미나에서는 미래의 혁신적인 철도 이야기만 하는 것이 어떻겠습니까?" 그의 목소리는 떨리고 있었다. 그러고는 말을 이었다. "그리고 세계철도연맹에서도 회원국들에게 이번 국제 세미나 참석을 독려하겠습니다. 그러니 행사 규모를 좀 더 키우는 것이 좋을 듯싶습니다."

"그러겠습니다. 협조해 주셔서 감사합니다"라고 인사한 뒤 자리에서 일어났다. 나는 의외의 성과에 고무되었다. UIC 사무총장의 한국 방문을 통해 우리나라의 혁신적인 철도 과학 기술을 세계에 알릴 기회가 될 수 있기 때문이다. 귀국 후 다음 세미나 일정을 확정하고 루비노 사무총장에게 초청장을 보냈다. 그러나 일정상 참석이 어렵다는 연락이 왔다. 놀라운 일이 아니었다. 바쁜 일정의 UIC 사무총장을 세미나 개최 4개월을 앞두고 초청했으니 당연하다고 생각했다.

그리고 3주 정도 시간이 흘렀다. 외부 행사에 참석하고 있을 때 직원들로부터 메시지가 왔다. 루비노 사무총장이 일정을 바꿔 세미나에 참석하기로 했다는 것이었다. 그의 한국 방문 일정은 살인적이었다. 세미나 개최 첫날 아침에 인천공항으로 들어와 세미나에 참석하고, 세미나 이튿날 오전 행사를 마무리한 후 한국을 떠나는 일정이었다. 그는 한국의 혁신적인 철도 기술에 매료된 것 같았다.

한국 철도기술연구원의 국제 세미나에 철도의 유엔 사무총장이라고 할 UIC 사무총장이 참석한 것은 이례적인 일이었다. 루비노 사무총장의 세미나 참석으로 인해 많은 고위급 철도 전문가들이 한국을 찾았다. UN ECE

교통국장, UN ESCAP 교통 전문가, 유럽, 러시아, 일본, 중국, 동남아에서 60여 명의 전문가가 모여들었다. 루비노 사무총장은 두 개의 CEO 포럼을 주재했다. 그리고 함께 참석한 외국 전문가들은 우리의 창의적인 아이디어에 많은 관심을 표했다.

루비노 UIC 사무총장(맨 우측), UN ECE 교통국장(우측 두 번째), UN ESCAP 교통 전문가 등이 철도기술연구원이 개최하는 세미나에 참석했다. 루비노 사무총장은 이 세미나에서 기조연설과 두 차례 CEO 포럼을 주재했다.

그리고 철도 과학 기술의 혁신을 알리는 국제 세미나는 인터넷으로 생중계가 되고, 세미나 조회 건수는 15만 회가 되었다. 우리나라가 세계 철도 기술의 혁신 메카가 될 수 있다는 가능성을 알리는 자리가 되었으며, 세계인들의 관심을 우리나라, 우리 과학 기술에 붙들어 놓는 데 성공했다.

세미나가 끝나고, 3개월쯤 뒤 UIC에서 한 통의 편지가 왔다. 우리 철도기술연구원의 혁신적인 연구 개발에 감명을 받았다는 내용과 기술혁신상 수상 신청을 해 줄 것을 당부하는 내용이었다. UIC는 2014년 여섯 개의 기술혁신상을 수여했다. 철도기술연구원은 '무가선 트램'과 '대용량 무선 급전 기술' 등 2개 부문에서 기술혁신상을 수상했다. 우리나라의 첨단 철도 기술이 세계 철도 역사를 바꿀 수 있다는 것을 다시 한 번 입증한 셈이다. 과거의 철도공사, 철도시설공단, 지하철공사 등을 지원하는 공급자 위주의 기술 개발에서 벗어나 교통 물류 전반에 걸쳐 수요자 위주로 융복합 연구 개발에 매진해 온 덕분이다. 이러한 혁신적인 과학 기술 개발 성과는 국내에서도 그 가치를 인정받았다. 철도기술연구원은 국가과학기술위원회에서 2011년 대한민국 최고의 연구 기관, 2012년 기술 사업화 우수 기관, 2013년도 산업기술연구회의 평가에서 경영과 연구 부문 모두 우수 평가, 그리고 2011년, 2012년 2년 연속 연구생산성 1위의 영예를 안았다.

이러한 성과는 철도기술연구원의 자랑스러운 연구원들 덕분이다. 수십 년 동안 고속철도 기술 개발을 주도해 온 김기환 부원장, 박춘수, 김석원 박사 팀, 신개념 교통 물류 시스템을 개발하고 있는 양근률, 권용장 박사 팀, 레일 운하·해중 철도·부유식 활주로 등 신교통 과학 기술 개발에 매진해 온 서승일, 김종국, 사공명 박사 팀, 초고속 열차 기술을 주도하고 있는 유원희, 한영재, 김동현 박사 팀, 에너지 효율이 높은 차세대 전동차를 개발한 김길동 박사 팀, 유리 대차로 열차의 무게를 줄인 김정석 박사 팀, 모노레일 연구에 매진하고 있는 정종덕 박사 팀, 이단적 열차 개발에 몰두하고 있는 김남포 박사 팀, 수직·수평 이동이 가능한 미니트램을 개발하고 있는 정낙교 박사 팀, 바이모달 트램을 개발하고 실용화에 힘쓰는 목재균 박사 팀, 초정밀 위치 시스템을 개발하고 있는 이재호 박사 팀, 세계 최초로 LTE-R 무선 통신 열차 제어 시스템을 개발하고 있는 김용규 박사 팀, 가변 대차를 개발한 나희승 박사 팀, 철도 체결구締結具를 국산화한 김은, 김만철, 양신추 박사 팀, 분해하지 않고 열차의 고장 유무를 알아내는 열차 스캐닝 기술을 개발한 권석진 박사 팀, 콘크리트 급속 양생 기술을 개발한 고태훈 박사 팀, UIC로부터 기술혁신상을 받은 대용량 무선 급전 기술과

무가선 트램 기술을 개발한 이병송, 곽재호 박사 팀, 경전철과 저심도 철도 기술을 개발한 이안호 박사 팀, 토양 오염 제거 및 소음 문제를 해결하고 있는 이재영, 고효인 박사 팀, UIC와 세계은행에서 맹위를 떨치고 있는 최성훈, 이준 박사 등이 있다. 특히 탁월한 연구 개발 기획 능력을 보여 준 조용현, 최진유, 박준혁 박사, 연구와 행정을 넘나들며 직원들을 하나가 되도록 한 이준석, 이희업, 목진용, 민재홍, 신덕호, 신경호 박사 등이 있다. 그리고 세계를 바꾸는 성과를 내기 위해 보이지 않는 곳에서 열심히 일하는 우수한 연구원들이 있다. 최근에 합류한 오혁근, 임재용, 김성일, 김순희, 김정태, 이준호, 김재희, 이승환, 고상원, 김보경 박사 등은 탁월한 실력과 뜨거운 열정으로 연구에 임하고 있다. 그리고 행정의 맏형으로 보이지 않는 곳에서 직원들을 다독거려 온 김춘수 부장 등이 있다.

우리나라 녹색 교통 기술을 세계 최고로 만든 주인공들이다. 나는 이렇게 실력, 열정, 책임감으로 충만한 연구원들과 행복한 3년을 보냈다. 그들과 하루 종일 토론해도 지치지 않았고, 그들이 만들어 내는 성과를 보며 행복했다. 내 인생 최고의 시기였다. 지금도 우리 연구원들의 이름만 들어도 가슴이 설렌다.

세계에는 우리 철도기술연구원보다 훨씬 큰 철도 연구 기관이 많다. 그러나 우리 철도기술연구원은 기관의 크기로 승부하는 것이 아니라 아이디어의 크기로 승부한다. 그리고 상상력의 크기로 얼마든지 우리 자신을 키울 수 있다. 세계 교통 과학 기술 개발의 중심에 철도기술연구원, 즉 대한민국이 서 있다. 이제 넓어진 위상만큼이나 철도기술연구원 문패도 바꾸어 달 때가 되었다. 새로운 문패는 한국교통물류과학기술원쯤이 좋을 것이다. 이 문패를 달고 더 넓은 세계로 힘차게 나아갔으면 좋겠다.

4장
진정한 허브

진정한 허브

　우리나라가 세계의 교통 물류 허브가 되는 것은 국가의 생존을 위해 꼭 필요한 과제다. 이를 이루기 위해서는 다른 나라와 차별화된 전략으로 투자에 선택과 집중을 해야 한다. 또한 우리 국민 모두 지혜를 모으고 힘을 합쳐야 한다. 그렇게 할 때 우리나라는 세계 교통 물류 허브가 되고, 그 과실은 고스란히 우리에게 돌아올 것이다.

　우리나라가 물리적인 교통 물류의 허브 나라가 되어도 진정한 허브가 되는 것은 아니다. 지구촌에서 존경받는 진정한 허브가 되기 위해서는 지구촌에 사는 사람들의 마음을 사로잡고, 세계 도처에서 일어나는 일들을 해결할 수 있는 잠재적 능력이 있어야 한다. 이제 우리는 진정한 허브가 되기 위해 무엇을 해야 하는지 몇 개의 화두를 정해 논의해 보자.

　이를 위해 자유自由, 공정公正, 생각生覺, 변화變化, 혁신革新, 전략戰略, 인재人材, 고용傭雇, 과거過去를 화두로 정했다. 어떤 화두는 당면한 문제이기도 하고, 어떤 화두는 수천 년 동안 인류가 고민해 온 문제들이다. 진정한 허브가 되려면 이러한 문제들에 대해 끊임없이 고민하고 답을 내야 한다. 이 화두를 주제로 이야기하다 보면 우리가 직면한 문제들에 대한 해결의 실마리와 미래를 향해 나아가야 할 방법을 찾을지도 모른다.

우리의 미래가 될 아이들에게 무엇을 해 줄 수 있을까? 아이들에게 이 세상의 중심, 즉 허브가 되는 길을 가르쳐 주어야 할 것이다.

자유

프랑스 영화 「빠삐용(Papillon)」(1973)은 인간에게 자유가 얼마나 중요한지를 일깨워 준다. 주인공 빠삐용은 무죄이지만 살인죄의 누명을 쓰고 복역한다. 그는 열악한 감옥에서 수차례 탈옥을 감행한다. 그때마다 잡혀 엄청난 고초를 받고 다시 수감되지만 결국 탈옥에 성공한다. 처음에는 자신을 살인죄로 몰고 간 검사에 대한 복수를 위해 탈옥을 시도했다. 하지만 탈옥과 재수감이 거듭되면서 자유를 찾는 것이 그의 목표가 되었다. 아마도 빠삐용이 자유를 갈구하지 않았다면 그 열악한 감방에서 소리 없이 죽어 갔을 것이다. 이처럼 인간은 수천 년 동안 자신의 모든 것을 바쳐 자유를 찾으려는 노력을 해 왔다. 자유는 인간에게 현존하는 가치 중에서 가장 높은 가치다.

우리 인류는 자유를 쟁취하는 방식을 놓고도 보수냐 진보냐를 놓고 싸웠다. 보수주의자들은 기존 체제의 점진적 변화를 통해, 진보주의자들은 폭력을 통해 권력 구조를 통째로 바꿈으로써 자유를 찾으려 했다. 최근에 진보주의자를 자처하며 북한 공산주의를 추종하는 사람들이 생겼다. 그들은 권력 구조를 바꾸기만 하면 진보주의자라고 잘못 생각하는 것이다. 그 속에 자유를 찾는 노력이 없다면 진정한 진보라고 부를 수 없다. 자유와 인권이 없는 북한을 추종하는 것은 종북從北일 뿐, 그 이상도 그 이하도 아니다.

출장차 프랑스 파리 샤르드골 공항에서 다른 비행기로 갈아타는데 공항 직원이 어느 나라에서 왔느냐고 물었다. '코리아'라고 하자 금방 표정이 바뀌더니 우스꽝스러운 몸짓을 해 가며 '강남 스타일'을 연호했다. 한국의 일부나마 이곳으로 옮겨 놓은 것 같은 느낌이 들었다. 한류韓流는 「겨울 연가」와 「대장금」을 필두로 지난 20년도 채 되지 않은 짧은 기간 동안 한국을 대표하는 세계적인 문화로 자리 잡았다. 그리고 싸이의 「강남 스타일」에서 절정을 이루며 한류의 자유분방함은 세계를 놀라게 했다. 그렇다면 세계인들이 한류에 열광하는 이유는 무엇 때문일까?

1994년 당시 중국의 한국 대사관에 근무하던 김화중 대사는 중국인들이 한류에 열광하는 이유를 이렇게 말했다. "중국인들이 한류에 열광하는 이유는 한류 속에 녹아들어 있는 자유 때문이다." 공감이 가는 말이다. 한류의 작품에서 거침없이 나오는 대사臺詞, 가사歌詞, 몸짓 들은 자유롭다 못해 도발적이며 통쾌하기까지 하다. 이러한 한국 드라마는 권력과 고정관념에 억압받고 있는 사람들에게 자유롭게 숨 쉴 공간을 준다. 그래서 한류를 만나면 마치 종교적 구원을 얻은 듯 열광한다.

우리 한류가 본격적으로 태동하게 된 것은 과거 김영삼 정부 때부터다. 이 시기는 독재라는 암울한 시기를 지나 국민들이 선거로 대통령을 뽑아 진정한 자유를 찾은 때다. 이때부터 우리 한국인들은 새롭게 얻은 자유를 한류라는 콘텐츠에 실어 세계 방방곡곡으로 내보내기 시작했다. 그리고 세계인들은 한류를 통해 자신들이 갖지 못하던 새로운 자유를 느끼고 있다. 즉 한류가 세계로 널리 퍼지게 된 것은 기존의 고정관념을 깨는 기발하고 창의적인 아이디어가 있었기 때문이다. 그래서 한류는 그 가치가 매우 높다. 그리고 이를 잘 포장한 한국인들의 섬세한 맛깔스러움이 있었기 때문에 가능했다. 우리의 자유로부터 나오는 참신하고 창의적인 아이디어와 정제된 미적 감각은 세계 어디서나 높게 평가받고 존중받을 수 있다는 것을 보여 준 셈이다.

나는 상하이 방문길에 상하이 엑스포 이후 보존되어 있는 중국관을 찾았다. 중국관에는 고풍스러운 미술품들이 전시되어 있었다. 대부분의 작품들이 자연 현상을 가급적 가깝게 모사한 사실주의 작품들이었다. 지금의 디지털카메라와 포토샵으로도 만들 수 있는 그림들을 보는 느낌이 들었다. 많은 기대를 했으나 큰 감동을 주지는 못했다. 아마도 공산주의 국가인 중국은 의사 표현의 자유가 없어 그럴지도 모른다고 생각했다.

스페인의 프라도 미술관, 러시아 상트페테르부르크의 에르미타주 박물관, 프랑스의 루브르 박물관 등에서 세계적인 미술품들을 만날 기회가 있었다. 그 미술품 대부분은 왕권의 존엄함을 알리기 위한, 왕실을 주제로 한 그림들이었다. 르네상스 시대에 와서야 화가들은 인간들이 자유를 훔쳐보는 많은 그림들을 남겼다. 이 그림들은 아주 훌륭하고 대단한 작품이었음에 틀림이 없다. 그리고 당시의 시대상을 정확히 알 수 있어 좋았다. 그러나 중세와 근대 작품 전체에서 풍기는, 어둡고 자연스럽지 않은 분위기는 어디서 오는 것일까? 당시 화가들은 자신들이 경험한 고통을 쉽게 그려 낼 수 있었으나, 자신들이 경험하지 못한 자유는 그려 낼 수 없었기 때문이 아닌가 생각했다.

얼마 전 예술의 전당에서 화가들이 모여 공동 미술전을 개최했다. 나는 큰 기대를 하지 않고 전시장에 들어섰다. 그러나 전시장에 들어서는 순간, 그림들과 함께 많은 생각들이 내 가슴으로 밀려들어 왔다. 우리의 현대 화가들은 거침없는 자신의 생각들을 다양한 붓놀림으로 화폭에 담고 있었다. 그림들은 다양하고 도발적이며 과감하기까지 했다. 전시된 그림들을 통해 화가의 생각을 알아내느라 나의 발걸음이 점차 느려졌다. 그동안 유명한 미술관에서 본 세계적인 작품들과 또 다른 무언가가 느껴졌다. 과거 르네상스 시대의 경우 절대 권력의 억압 속에서 인간이 원하는 자유를 그렸다면, 우리 화가들은 마음껏 누릴 수 있는 자유 속에서의 진정한 고독과 그리움을 그려 내고 있다는 느낌이 들었다.

그리고 우리는 그 고독과 방황 속에서 많은 호기심과 물음을 던지며 스스로를 일으켜 세운다. 그러면서 우리는 각기 달리 생각하는 독립된 주체로서 개성이라는 다양성을 갖는다. 이러한 다양성은 비교할 수도, 비교해서도 안 되는 존엄을 갖는다. 이런 의미에서 우리가 누리고 있는 자유야말로 우리의 진정한 자산이다.

이제까지 우리 인류는 외부의 독재 권력과 싸우며 자유를 쟁취했다. 이제부터는 우리 사회가 갖고 있는 고정관념이라는 벽과 싸워 진정한 자유를 쟁취해야 한다. 그 자유가 주는 심오한 고독 속에서 세상을 달리 발견하는 창조적 능력을 가져야 한다. 우리가 누리는 자유로 무엇을 할 것인가. 아마도 무한대일 것이다.

공정

프로 야구 시즌이 되면 경기장마다 열성적인 팬들로 인산인해를 이룬다. 사람들이 그토록 열광하는 이유는 프로 야구의 공정성과 투명성 때문이다. 그리고 홈런 한 방이 있기 때문이다. 프로 야구 경기는 감독이나 선수들의 일거수일투족이 영상으로 기록되고 승수, 타율, 타점, 방어율, 도루 성공률 등이 각종 통계로 기록된다. 그리고 이를 토대로 시즌이 끝나면 감독, 코치, 선수 들의 연봉 인상이나 연임 여부가 결정된다. 경기에 임하는 감독, 코치, 선수 들은 한마음이 되어 죽기 살기로 싸워 상대 팀을 이기는 수밖에 없다. 이렇듯 프로 야구의 공정하고 투명한 경기 운용은 그 판의 크기를 더욱 키우고 있다.

반면에 선수 선발 과정과 운용에서 실력보다 인연, 학연, 관행 등으로 팬들로부터 외면받는 스포츠 종목들이 있다. 경기장에는 대회 관계자를 제외하고 찾는 사람들이 많지 않다. 자신들만의 잔치를 벌이고 있다는 생각이 들기도 한다.

결국 일부 스포츠 종목에서는 우리 스스로를 불신한 나머지 외국 감독을 불러들여 뜻밖의 성과를 올렸다. 대표적인 사례가 2002년 월드컵에서 우리나라 선수들과 연緣이 없던 네덜란드의 히딩크 감독을 영입해 세계 4강에 오른 사건이다. 그리고 아직도 스스로를 믿지 못해 독일 출신인 슈틸리케 감독을 영입했다. 태극 마크를 단 젊은 선수들은 이런 외국인 감독들의 지휘봉 아래 연일 좋은 성적을 올리고 있다. 이 감독들의 경기에 대한 폭넓은 경험과 공정公正함 때문이다. 즉 공정한 업무 처리는 조직의 생산성을 높인다. 그렇지 않으면 그 조직은 매우 비싼 대가를 치러야 한다.

1996년 고속철도과장 때다. 경부고속철도 공정工程은 사업 관리, 설계, 건설, 감리 등으로 이루어져 있다. 당시 고속철도 노반 설계와 건설은 우리나라 업체가, 사업 관리(미국) 및 감리(프랑스, 독일)는 외국 업체에 맡겼다. 외국 업체에 맡긴 사업 관리 및 감리 업무는 고도의 기술보다 공정한 업무 처리가 필요한 분야였다. 두 업무 모두 우리나라 업체가 맡은 노반 설계와 건설을 제대로 하고 있는지 감독하는 것이다. 이는 우리나라 업체가 하는 일을 믿을 수 없으니 사업 관리 및 감리 업무를 외국 업체에 맡겨야 한다는 논리였다. 즉 외국에서 공정公正이라는 도덕道德을 수입하는 꼴이 되어 버린 것이다.

중국도 마찬가지였다. 고속철도를 건설할 때 우리나라를 포함해 외국 기업에 고속철도 감리를 맡겼다. 그 당시 중국 고속철도의 일부 노선에 대한 감리는 한국철도시설공단이 맡았다. 수천 년의 역사를 가진 중국도 스스로를 못 믿어 공정이라는 도덕을 외국으로부터 수입해 온 셈이다. 도덕성을 강조하는 한국, 중국 등 동양 사회가 스스로 공정하지 못해 외국 기업에 안방을 내준 꼴이 되었다.

공직에 들어오기 전에 중앙공무원교육원에서 교육을 받았다. 어느 날 외국인 강사가 한국에 거주하는 외국인이 한국의 영자英字 신문에 기고한 칼럼을 복사해서 교육생들에게 나누어 주었다. 왜 한국 사회가 인맥人脈 위주의 사회가 되었는지를 나름대로 분석한 글이다. "한국은 나라가 좁고 인재풀이 제한되어 있기 때문에 한 번 만난 사람을 또 다른 자리에서 만날 확률이 높다. 따라서 한국에서는 다른 사람의 청탁을 쉽게 뿌리치지 못한다. 이러한 관행이 오랜 기간 흐르면서 인맥 중심의 사회가 되었다. 반면 미국은 나라가 크고 인구가 많아 한 번 만난 사람은 다시 만날 확률이 거의 없다. 따라서 미국에서는 사람과 사람 간의 관계인 인맥보다는 사람의 능력을 중시하는 공정한 사회가 된 것이다." 우리의 인맥 위주 사회의 난맥상에 대해 일침一針을 놓은 이야기다.

그가 칼럼에서 쓴 것과 마찬가지로 인맥 위주 사회는 스스로의 한계 때문에 우리나라보다 크기나 인구가 수백 배 큰 세계로 나아가는 데 걸림돌이 될 수밖에 없다. 인사 때면 불거지는 혈연, 지연, 학연, 정연政緣 등의 문제도 불공정한 인맥 위주 사회의 연장선에 있다. 인맥 위주 사회의 가장 큰 문제는 인사의 기본인 적재적소 원칙이 적용되지 않는다는 데 있다. 즉 인맥 위주의 사회는 인맥만 있으면 능력이 없어도 기회가 주어지고 인맥이 없으면 능력이 있어도 기회가 주어지지 않는다. 이것이 인맥 위주의 사회가 갖는 불공정성이다. 게다가 더 큰 문제는 인맥에 익숙해진 사람들은 자신들의 인맥을 떠나면 두려움을 느끼고 성과를 내지 못하게 된다. 이렇듯 우리나라가 인맥 위주 사회를 계속 유지하는 한, 세계적인 허브 경쟁에서도 살아남을 수 없다.

김영삼 대통령은 "인사가 만사다"라며 인사를 중시했다. 그러나 정권 말기에 IMF 사태로 국가 존립 위기를 맞았다. 많은 인재들이 그들의 보스에 충성하는 패거리 문화에 젖어 풍전등화 같은 국가 위기에서도 입을 닫았다. 김영삼 대통령은 "인사가 만사다"라고 외쳤지만 어떤 사람을 어떻게 써야 할지를 몰랐다. 즉 구호만 있었지 콘텐츠가 없었던 것이다. 앞으로 우리나라가 모든 분야에 있어 미래에 대비하는 인재를 제대로 골라 쓰지 않는다면 똑같은 일이 일어날 것이다.

나는 공직 생활을 하면서 "같은 값이면 이 사람을 쓴다"라고 말하는 상사들을 많이 보았다. 결국 사람들에게 같은 값을 매겨 놓고 자기 마음대로 인사하겠다는 생각이다. 사람들은 저마다의 독특한 개성과 능력을 갖고 있다. 사람들은 모두 다른 값을 가지고 태어났으며, 또 살아가면서 다양한 경험과 공부를 통해 저마다 다른 값을 갖는다. 어떤 자리에 가장 적합한 사람은 많은 이들 중 딱 한 사람이다. 그 사람을 그 자리에 앉히는 것이 적재적소 인사다.

　우리나라가 36년간 일본의 지배를 받고 일본으로부터 해방된 지 70년이 흘렀다. 우리가 일본의 지배를 받게 된 것은 국가의 안위보다 인맥의 안위를 걱정하는 조선 시대의 당파 싸움 때문이었다. 지금에 와서도 이에 대한 반성 없이 다양한 연緣에 의한 인사가 몇 번 더 반복되면 우리 대한민국은 인류 역사에서 영원히 사라질지도 모른다. 이제 개개인의 능력이 아닌 연緣에 의한 인사는 우리 세대에서 끝내야 한다. 개개인의 능력에 따른 적재적소 인사는 우리나라가 세계 속에서 대한민국이라는 이름으로 생존할 수 있는 최소한의 조건이다.

　우리는 지금 세계화 시대에 살고 있다. 세계화라는 국제 질서는 지구촌의 기본 질서로 자리 잡아 가고 있다. 세계화는 여러 가지 해석이 있을 수 있지만 쉽게 말해서 인종, 나라, 학교, 지역에 상관없이 그 일을 가장 잘하는 사람을 쓰겠다는 이야기다. 우리가 흔히 말하는 비교 우위比較優位 원칙에 입각한 자유 무역도 사실상 알고 보면 이 세상에서 가장 저렴하게 제품을 만들 수 있는 사람들에게 제품 생산을 맡기자는 이야기다.

　국토해양부 교통정책실장으로 근무할 때다. 공무원들의 유일한 인센티브인 승진은 근무 평정評定을 통해 서열을 매기고 인사위원회에서 심의를 거쳐 결정한다. 근무 평정 시기가 되면 주무관, 사무관들은 좋은 평가를 받으려고 전전긍긍했다. 일부 직원들은 영향력 있는 간부들을 찾아다녔다.

일부 간부들은 근무 평정 회의가 시작되면 자기 부서 직원이 높은 근무 평가 점수를 받아야 한다며 고함을 지르기까지 했다. 그때가 되면 다른 간부들도 자신들을 옹호하기 위해 맞고함을 쳤다. 마치 한 편의 쇼를 보는 듯한 느낌이 들었다. 자칫하면 근무 평정을 둘러싼 논란 때문에 업무는 뒷전이 되는 게 아닌지 걱정스러울 정도였다. 그렇게 근무 평정이 끝나면 다음에 있을 6개월 후의 근무 평정 때까지 후유증을 앓았다.

　나는 근무 평정을 둘러싼 과거의 비효율과 반목이 계속되어선 안 된다고 생각했다. 이를 위해 어느 일방이 근무 평정에 큰 영향력을 발휘할 수 없도록 각자 위치에 따라 할 수 있는 근무 평정 권한을 나누었다. 예를 들면 기존에 자신들이 받았던 누적 근무 평정 점수 30퍼센트를 우선 반영하고, 나머지는 과장 집단 평가 30퍼센트, 국장 평가 20퍼센트, 실장 평가 20퍼센트 식으로 합산하여 평가하도록 했다.

　그동안 근무 평가에 영향력을 미친 간부들은 이러한 평가 방식을 달갑지 않게 생각했다. 나는 간부들을 불러 많은 시간 동안 설득과 협조를 부탁했다. 그리고 공정한 평가를 위해 18명의 과장들을 한자리에 모았다. 직원들이 자신들이 한 일들을 과장들이 모여 있는 가운데 3분 동안 발표토록 하고, 과장들은 그 자리에서 직원들을 평가하도록 했다. 평가는 실명으로 하고, 실명은 봉인을 시켰다. 나중 평가에 문제가 생길 때를 대비한 것이다.

　그렇게 실시한 직원 평가 결과는 비교적 공정하고 납득할 만하게 나왔다. 그리고 직원들은 자신들의 평가 점수에 승복하고 곧장 평상의 업무로 돌아왔다. 6개월 동안 앓아야 할 진통이 하루 만에 끝나 버린 것이다. 평정 때문에 골머리를 앓던 간부들도 차제에 잘됐다는 눈빛이었다. 공정하고 투명한 평가로 조직의 효율성이 높아진 것은 말할 것도 없다. 직원 개개인은 특정 간부들을 일일이 찾아다니며 개인적 충성을 할 필요가 없어졌다. 더 큰 소득은 직원 하나하나의 개인적인 인격을 존중하는 평가가 이루어질 수 있게 되었다는 것이다.

이러한 평가 방식은 공직을 마치고 근무한 철도기술연구원에서도 계속되었다. 원장으로 가자마자 연구원들의 이력서를 대충 한번 훑어보고는 서랍 깊숙한 곳에 넣어 버렸다. 그러고는 연구원들과 많은 토론을 통해 그들의 생각을 들여다보고 일을 함께하면서 그들의 열정과 능력을 보았다. 이를 기준으로 열정과 능력 있는 연구원들에게 보직을 주고, 승진시켰다.

신규 채용 때의 서류 심사는 처음부터 외부 인사에게 맡겼다. 내부 평가위원들에게 맡긴 서류 심사 평가 결과가 학연, 외부 청탁 등의 영향을 받았는지 공정치 않게 나왔기 때문이다. 최종 면접도 여덟 명의 외부 평가 위원과 원장·부원장만 참석하여 전공 면접과 심성 면접을 실시했다. 그리고 각위원들이 같은 비율로 평가하게 한 뒤 합산하여 높은 점수 순으로 사람을 뽑았다. 당시 에피소드다. 일부 외부 평가 위원들은 "누구를 뽑아야 합니까?" 하고 원장인 나의 의중을 묻곤 했다. 혹시 자신들을 들러리로 세운 것이 아닌가 생각해서였다. 나의 대답은 간단했다. "연구 개발을 잘할 수 있는 분을 뽑아 주십시오." 평가 위원들은 나의 답변에 고개를 갸우뚱했다. 아마도 이렇게 직원들을 선발하는 모습이 생소했던 모양이다. 이렇듯 공정한 평가를 거쳐 선발된 신규 직원들은 자부심도 높고 생산성도 높다.

한참 뒤에 안 일이지만 우리 간부들과 신입 직원들은 지역, 학교, 전공등이 고르게 분포되어 있었다. 인재는 지역, 학교, 전공을 뛰어넘어 고르게 분포되어 있다. 그 때문에 적재적소의 원칙을 적용하면 저절로 지역, 학교, 전공별 안배가 이루어질 수밖에 없다. 이런 공정한 인사를 통해 우리 직원들은 그동안 억눌려 왔던 지역주의, 학벌주의의 틀에서 벗어날 수 있었다. 그리고 자유로워진 만큼 더 많은 성과를 낼 수 있었다.

우리는 인사 때만 되면 혈연, 지연, 학연, 정연 등의 이야기를 많이 듣는다. 어떤 경우엔 공정하게 인사한답시고 지역, 학교, 전공별로 자리를 배분

한다. 하지만 나중에 그게 더 문제가 된다. 그 사실을 안 직원들은 지역, 학교, 전공별로 파벌을 만들어 배분을 요구한다. 더 큰 문제는 직원들이 일보다는 지역, 학교, 전공에 의존하여 살아남으려 한다는 점이다. 비정상이 정상이 되는 것은 순식간이다.

적재적소의 원칙을 지키려면 인사권자가 청탁에서 자유로워야 한다. 인사권자는 인사권 행사를 투명하게 하는 절차를 만들어 인사 청탁을 해 봐야 쓸데없다는 확신을 대내외에 알려야 한다. 중요한 인사는 외부 및 내부 평가 위원들과 함께 평가하는 것도 좋은 방법이다. 그리고 평가 위원들이 지연, 학연, 혈연에 의하지 않고 평가했는지를 사후에 점검해야 한다. 그리고 평가 위원들이 사사로이 평가를 왜곡한 것으로 밝혀지면 응분의 책임을 물어야 한다. 평가의 권한만 있고 이에 상응하는 책임이 없으면 공정한 인사 시스템이 무너지는 것은 시간문제다.

흥미로운 점은 공정하고 투명한 평가 절차를 밟았을 때 다른 사람들에게 인사를 맡겨도 내가 원래 의도했던 것과 비슷한 결과가 나온다는 사실이다. 그리고 적재적소 원칙도 지킬 수 있다. 그러한 조직의 업무 성과는 그렇지 못한 조직보다 수십 배 높다.

공정이란 공명정대를 줄인 말이다. 하는 일이나 태도가 사사로움이나 그릇됨 없이 정당하고 떳떳하다는 뜻이다. 우리가 공정하게 매사를 처리해야만 세계인들의 마음을 훔칠 수 있다. 그리고 우리는 그들의 마음속에서 존경받는 허브로 자리 잡을 수 있다. 그리고 그들도 우리들과 함께 일하면서 생산성을 높이게 될 것이다.

생각

    지난 70여 년 동안 남한과 북한은 각각 자유 민주주의와 공산 독재 정권 아래에서 서로 다른 삶을 살아왔다. 때문에 같은 민족임에도 불구하고 남한 사람과 북한 사람의 생각이 매우 다르다. 우리는 같은 민족이지만 생각이 다른 북한 주민들보다, 우리와 생각이 비슷한 자유 민주주의 국가인 유럽, 북미 국가들과 훨씬 더 많은 인적 · 물적 교류를 하고 있다. 생각의 동질성이 민족의 동질성보다 더 중요하다는 단적인 예를 보여 주는 것이다. 이러한 현상은 앞으로 더할 것이다. 이제 민족주의만 주장해서는 지구촌에서의 생존이 곤란하다. 1억도 되지 않는 우리 민족 수로는 14억 명의 중국, 12억 명의 인도, 1억 3000만 명의 일본을 당해 낼 재간이 없다. 우리는 민족이라는 우연한 관계가 아닌 합리적인 논리와 창의적인 생각으로 지구촌의 일원이 되어 세계와 함께 커 나가야 한다.

    우리 대통령은 OECD, UN ESCAP, APEC, ASEAN+2 정상 회담 등을 통해 세계 각국 정상들과 한 달이 멀다 하고 만나고 있다. 그리고 정상끼리 공감대를 형성하면 이를 뒷받침하기 위해 고위급 실무 공무원들이 따로 모여 구체적인 실행 계획을 만들어 행동으로 옮긴다. 이러한 만남의 횟수는 시간이 갈수록 점차 늘어 가고 있다. 또한 세계 각처에서 우리의 교수, 연구원, 학생 들이 수시로 각종 국제 학술 대회에 참석하여 세계적인 전문가들과 함께 자신의 아이디어를 발표하고 토론하고 있다. 오늘도 수십억 건의 이메일이 수십 개의 언어로 번역되어 지구 전역을 오가고, 세계의 뉴스가 우리의 뉴스가 되고 우리의 뉴스가 세계의 뉴스가 되고 있다. 최근 들어서는 복잡한 지하철 안에서 많은 외국인 관광객들과 어깨를 부딪치며 일상을 보내고 있다. 이러한 활동들의 공통 분모는 생각이다.

많은 이들이 자신의 비즈니스를 위해 자신과 생각이 같은 사람을 찾아 전 세계를 훑고 다닌다. 이들은 사람들과 수시로 생각을 교환하고 있다. 그리고 생각이 맞다 싶으면 함께 일을 도모한다. 이렇듯 세계는 생각으로 짝짓기를 하느라 밤낮으로 움직이고 있다. 우리나라 기업들도 사정은 마찬가지다. 세계 시장에서 치열한 경쟁을 통해 살아남아야 하기 때문에 지연·학연에 의한 인사를 할 만큼 여유롭지 않다. 우리나라 기업들은 이미 생각과 능력을 중시하는 적재적소 인사 원칙으로 인사의 중심축을 옮겼다. 이제 우리는 생각만으로 지구촌 구석구석까지 연緣을 맺을 수 있는 사연思緣의 시대를 맞고 있는 것이다.

우리는 대학을 졸업하고도 반세기 이상의 인생을 산다. 이 기간 동안 자신의 노력 여하에 따라 자신의 생각과 능력을 몇 번이든 바꿀 수 있다. 그리고 우리 사회는 그렇게 바뀐 개개인의 생각과 능력을 활용할 수 있도록 인재 등용문을 활짝 열어야 한다. 이렇게만 된다면 우리나라에 세계 각처로부터 유능한 인재들이 모여들어 새로운 일들을 도모하게 될 것이다. 이것이 우리나라가 생각의 허브가 되는 길이다.

변화

'판'이 바뀐다 변화는 차이에서 온다. 수력 발전은 높은 데서 아래로 흐르는 물 높이의 차이를 이용해 전기를 생산하는 것이다. 열을 전기로 바꾸는 열전熱電 기술은 온도가 따뜻한 데서 차가운 데로 열이 움직이는 과정에서 전기를 생산하는 것이다. 물의 높이나 열이 에너지를 만드는 것이 아니라 그 차이差異가 에너지를 만든다. 물이 높은 위치에 있지만 낙차를 만들 수 없거나, 따뜻한 열로만 가득 차 있으면 변화의 에너지는 만들어지지 않는다. 음양陰陽의 차이로 우주가 만들어졌다는 동양 철학과도 일맥상통한다. 과학계의 화두였던 양자론도 이러한 우주론에서 나온 것이다.

변화의 에너지는 이 같은 차이로부터 나온다. 그 차이로부터 나오는 에너지를 먹고 사는 변화는 트렌드보다 패러다임적인 변화의 모습을 보인다. 즉 앞으로의 변화는 '판'이 바뀌는 변화다. 그러나 아직도 우리 주위에는 트렌드에 익숙한, 트렌드에 의존하는, 트렌드의 노예가 된 사람들이 많다. 이런 사람들은 '판'을 바꾸는 변화를 보지 못하여 미래에는 도태되어 버릴지도 모른다. 그러므로 '판'을 바꾸는 변화를 예측하고 이에 대비할 수 있어야 미래를 선도할 수 있다.

가속되는 변화 이렇듯 '판'을 바꾸는 변화의 원인은 인간의 축적된 지식과 빠른 전파 속도, 축적된 자금력 때문이다. 뉴턴, 아인슈타인, 스티븐 호킹 박사의 이론을 연구하는 과학자들이 지구촌 곳곳에서 매년 수십만 명씩 배출되고 있다. 축적된 지적 재산들은 인터넷을 통해 빠른 속도로 전 세계로 퍼져 나가고 있다. 마치 가속이 붙은 느낌이다.

제2차 세계대전 이후 70년 동안 월남전, 이라크전 등 국지적인 전쟁 이외에는 커다란 전쟁이 없었다. 전쟁이 없으니 축적된 자본들은 소비할 곳을 찾지 못했다. 사람들은 노후에 안정된 삶을 영위하기 위해 벌어들인 돈들을 연금, 저축, 보험 등에 넣고 있다. 이러한 자본들은 쓰이는 곳보다 축적되는 자금이 훨씬 많다. 자본이 축적되면서 이자율이 내려가고 수많은 연금, 펀드들이 수익률을 높이기 위해 호시탐탐 새로운 비즈니스 기회를 노리고 있다. 그리고 마이크로소프트, 야후, 네이버, 구글, 애플, 아마존 등은 세계 시장의 판을 바꾸며 큰돈을 벌어들였다. 선진국은 후진국의 추격을 따돌리기 위해 첨단 과학 기술 개발에 많은 돈을 쏟아붓고 있다. 이렇듯 수십조 달러의 자금이 지구촌을 떠돌아다니고 있다. 축적된 지식과 자금이 판을 바꾸는 잠재적 힘이 되고 있다.

과거의 '판'을 바꾸는 변화는 과학 기술로 인한 공급 능력의 증대에서 시작되었다. 그 대표적인 예가 증기기관의 발명으로 비롯된 산업혁명이다. 최근 들어 판을 바꾸는 변화는 새로운 과학 기술로 소비자의 잠재적 욕구를 밖으로 끌어내는 수요 창출로 인한 변화다. 이렇듯 판을 바꾸는 변화는 과거 트렌드를 앞세운 전통적인 분석 방법으로는 제대로 예측하기 어렵다.

우리가 '판'을 바꿀 만한 과학 기술을 판단하기 위해서는 신이 우리에게 내려 준 모든 능력을 동원해야 한다. 우리에게는 시각, 미각, 청각, 후각, 촉각과 상황을 읽어 내는 육감 등 여섯 가지 감각이 있다. 그리고 이와 관련된 많은 자료를 도서관이나 인터넷 등에서 구할 수 있고, 시장 조사를 통해 많은 정보를 얻을 수 있다. 그리고 이러한 정보를 순식간에 판단해 내는 직관이 있다. 그리고 잘못된 정보에 현혹되지 않을 사고, 지성 그리고 통찰력이 있다. 또한 여러 사람의 토의를 거치는 집단 지성도 있다. 우리가 그동안 애지중지해 왔던 선험적인 트렌드 모델은 미래를 예측하는 참고적인 툴(tool)로만 사용해야 한다. '판'이 바뀌는 변화를 예측하는 데는 이런 트렌드 모델보다는 우리 인간의 직관, 지성(집단 지성 포함), 사고, 통찰력이 미래를 정확히 예측하는 데 훨씬 유용할 것이다.

많은 발명가와 벤처 기업가들이 큰돈을 들여 과학 기술을 개발하고도 상품화할 수 있는 자금을 구하느라 상당한 시간을 보내고 있다. 이렇듯 새로운 과학 기술은 머무는 곳이 있다. 새로운 과학 기술에 대한 제품화 단계다. 제품화를 위해서는 추가의 과학 기술 개발, 실용화 자금 확보, 마케팅 등 원천 기술을 개발했던 것보다 더 많은 노력, 시간, 비용이 소요된다. 이 기간 동안 '판'을 바꾸는 과학 기술인지 여부를 판별할 시간은 충분하고 이 과정에 참여한다면 판을 바꾸는 주체가 쉽게 될 수 있다. 우리가 무심코 지나치지만 않는다면 말이다.

혁신

일반적으로 혁신은 가죽을 새롭게 벗겨 내는 것으로, 고통스럽다고 생각한다. 그러나 혁신도 습관을 들이면 그것처럼 재미난 것이 없다. 스스로 혁신에 길들여지면 우리 인생도 매일매일 새로워질 수 있다. 혁신은 사업 간 타이밍을 맞추고 속도감 있는 추진으로 시너지 효과를 내는 것이다.

시너지와 타이밍 전체는 구성 요소의 합보다 크다. 전체는 구성 요소들을 유기적으로 연결시켜 스스로의 생명력을 갖고 엄청난 시너지 효과를 낸다. 이러한 사업들을 유기적으로 연결시켜 시너지 효과를 내려면 사업들 간의 타이밍이 맞아야 한다.

1960~1970년대 박정희 대통령은 몇 차례에 걸친 경제 개발 5개년 계획을 만들어 냈다. 이를 통해 국가 전략 사업들을 상호 연결시켜 사업 전체로 시너지 효과를 만들어 냈다. 당시 경제 개발 구상은 '경부고속도로를 건설하고 그 도로 주변에 산업 단지를 조성하며, 산업 단지에 인접한 수심이 깊은 부산 앞바다에 컨테이너 항을 건설한다. 철광석 수입과 철강 제품 수출이 편리한 바다가 접한 포항에 제철소를 세우고, 소양강 댐을 만들어 경제

개발에 필요한 용수를 공급한다' 등 스토리가 있었다.

또한 이들 사업 간에 서로 유기적인 관계를 맺고 시너지 효과가 나올 수 있도록 사업들 간의 타이밍을 맞추기 위한 작업이 이루어졌다. 당시 박정희 대통령은 일정대로 공사를 끝내기 위해 헬기를 타고 현장을 돌면서 근로자들을 격려했다. 타이밍의 중요성을 알기 때문이다. 덕분에 한국전쟁 이후 먹을 양식조차 구하기 어려웠던 우리나라가 빈곤을 극복하고 세계 일류 국가로 도약할 수 있는 기반을 만들었다. 이때 만들어진 경부고속도로, 포항제철, 소양강 댐 등 대규모 국책 사업들은 지금도 국가 발전에 크게 기여하고 있다.

이 모든 사업들은 과거 통계가 없어 경제성 분석 자체가 어려웠던 사업들이다. 그러나 지금의 현란한 경제성 분석으로 사업별 타당성을 검토하며 추진한 사업들보다 수백 배 수천 배 경제적 효과가 높았다. 한 지도자의 통찰력과 리더십으로 동시에 사업을 추진하여 그 사업 모두를 성공시켰기 때문이다. 사업 하나하나의 경제성을 살피기보다는 사업 전체로 시너지 효과를 중시한 탓이다. 시너지 효과를 높이기 위해서는 지금과 같이 정책 결정자들이 자신들의 책임을 면하기 위해 과학적인 것처럼 보이는 경제성 분석에 안주해서는 안 된다. 우리 인간이 가지고 있는 통찰력을 활용하여 사업들을 유기적으로 연결시켜 시너지 효과를 올려야 한다. 이를 위해서는 타이밍 있는 사업 추진이 중요하다.

스피드 이노베이션 한번 계획한 일들은 빠른 속도로 추진해야 성공률이 높아진다. 나는 공직에 들어와 과장이 된 이후 한자리에 1년 이상 있어 본 적이 드물었다. 5년마다 정권이 바뀌고 장관들도 2년 이상 넘기는 경우가 거의 없었다. 중앙 부처 간부급 공무원들도 1년이 멀다 하고 자리를 옮겼다. 많은 공직자들이 금방 자리를 옮기게 될 것이라는 생각에 새로운 일을 시작하기를 두려워한다. 이런 상황에서 국면 전환을 위해 마구잡이로 책임부터 묻는 사회적 분위기는 공직 사회를 더욱 위축시키고 있다. 그러나 아직도 자긍심을 갖고 국가를 위해 열심히 일하는 많은 공직자들이 있다. 국가로서는 다행한 일이다.

나는 어느 자리에 가든 곧바로 일할 수 있도록 평소 공부하는 것이 중요하다는 생각을 했다. 관심 있는 업무에 대해서는 많은 서적과 논문을 읽고 현장 조사, 의견 교환, 통계 검토 등을 통해 생각을 구체화시켰다. 그리고 새로운 자리에 임명되자마자 그동안 구상해 온 일들을 바로 실행에 옮겼다. 그리고 짧게 데드라인을 정하고 바로바로 일을 진척시켰다. 덕분에 평소 생각하고 구상하던 많은 일들이 성사됐다. 나는 이 업무 방식을 '스피드 이노베이션'이라고 이름 붙였다. 이노베이션도 속도감 있게 추진해야만 성과를 낼 수 있다는 의미다.

스피드 이노베이션은 ①평소 다른 정책 업무에도 관심을 갖고 공부하여 나름대로 대안을 마련한다. ②업무 발령과 동시에 관련 전문가들을 모아 평소 구상했던 정책들에 대한 검증을 하고, ③시너지 효과가 날 수 있도록 연관된 사업들도 함께 추진하는 계획을 마련하고, ④이를 효과적으로 추진할 수 있는 추진 체제를 갖추고, ⑤사업 추진 단계마다 데드라인을 짧게 설정하여 그때그때마다 애로 사항을 풀어 나가고, ⑥이해관계자들을 사업 추진에 동참하게 하고 그 결실을 골고루 나누는 것이 스피드 이노베이션의 핵심이다.

스피드 이노베이션이 성공하기 위해서는 정책을 이끄는 사람들이 사전에 자신이 갖고 있는 전문성과 실무 경험을 토대로 확고한 비전을 갖고 일을 추진해야 한다. 그래야 일을 추진할 때 여러 곳에서 동시다발적으로 발생하는 많은 문제점을 해결할 수 있다. 이러한 전문성과 경험을 축적하기 위해 팀 리더는 평소 업무와 관련된 많은 자료와 보고서를 읽고, 현장과 수시로 교감을 가져야 한다. 그리고 항상 변화를 준비하면서 변화를 즐겨야 스피드 이노베이션을 실행할 수 있다. 지금과 같이 급변하는 사회에서는 스피드 이노베이션이 아니고는 어떤 일도 해낼 수 없을지 모른다.

전략

2012년 5월 11일 여수 엑스포 개막 전야제가 있었다. 개막식에는 이명박 대통령, 각국 정상, 로세르탈레스 세계박람회기구 사무총장, 국회의원, 경제 단체장, 기업 대표 등 국내외 인사 2400여 명이 참석했다. 여수 엑스포는 국가적으로 많은 지원을 했지만 기대만큼 성공하지 못했다. 그 원인 중 하나가 인구의 절반이 살고 있는 수도권과 너무 멀리 떨어져 있기 때문이다.

2011년 10월 5일 여수 엑스포 개막 7개월 전 최고 속도 시속 150킬로미터급 전라선 복선 전철화 사업이 완료되었다. 사업을 시작한 지 11년 만이다. 그리고 용산역에서 여수 엑스포역까지 KTX 열차를 운행했다. 용산역에서 여수 엑스포역까지 KTX로 세 시간 반가량 걸리며 고속도로를 이용해도 거의 비슷한 시간이 걸렸다. 수도권에 사는 사람들이 네 시간 가까이 걸리는 여수 엑스포를 오기는 쉽지 않았다. 예상대로 수도권 지역의 관람객이 기대치에 훨씬 못 미쳤다.

당시로서는 시속 50킬로미터 속도의 단선 전라선을 과거와 비교해 그보다 세 배가 넘는 150킬로미터의 속도로 건설하면 충분하다고 생각한 것이다. 시속 150킬로미터의 전라선은 미래를 보지 못하고 과거와 비교하는 트렌드적 생각이 만들어 낸 결과다. 전라선 철도는 현재 수요에 맞추는 것이 아니라 미래 수요에 맞춰 건설되어야 했다.

전라선 복선 전철화 사업 당시 20퍼센트가량 사업비(4000억 원)를 더 들여 시속 250킬로미터 이상의 철도를 건설했다면, 서울에서 여수 엑스포 역까지 두 시간대에 들어올 수 있었고 많은 수도권 사람들과 외국인들이 KTX 열차를 이용해 여수 엑스포를 방문할 수 있었을 것이다. 그리고 각종 인프라를 포함해 20조 원이 들어간 여수 엑스포를 보다 더 성공적으로 이끌었을 것이다. 또한 여수 엑스포 이후의 시설 활용은 물론 지역 발전에 큰 힘이 되었을 것이다. 즉 4000억 원을 투입해 수조 원을 건질 수 있는 기회를 놓치고 만 것이다. 장기적인 비전과 전략 없이 그때그때 싼 것만 찾아 나선 국가 전략 사업의 결과가 어떤지를 보여 주는 대목이다. 과거와 비교하는 트렌드적인 생각은 지금과 같이 판이 자주 바뀌는 시대에서는 경계해야 할 사고방식이다.

그리고 앞으로가 더 큰 문제다. 전라선 완공 시점에는 전라선 착공 시점과 모든 환경이 바뀌었다. 여수 엑스포가 개최되었고, 경부고속철도와 호남고속철도가 완공되었다. 전라선과 연결된 광양, 여수, 순천 지역은 호남고속철도 개통 후 광주(서울부터 한 시간 반), 목포, 포항(두 시간대) 등에 비해 상대적으로 격차가 더 커졌다. 결국 전라선 철도는 과거보다 세 배나 빨라졌지만 다시 '저속철'이라는 오명을 벗기 힘들 것이다. 이러한 문제는 전라선뿐 아니라 지금 건설 중인 경전선, 동해남부선, 원주–강릉선, 계획 중인 서해선 등에도 있다.

사업별 경제성 맞추기에 급급해 철도의 설계 속도를 낮춘다면 철도망 전체의 경제성은 떨어지게 된다. 만약 시속 150킬로미터의 설계 속도를 시속 300킬로미터로 높이면 30퍼센트 건설비가 늘어나는 반면에 소요 시간은 반으로 줄어든다. 줄어드는 시간 비용(50퍼센트)이 늘어나는 건설비(30퍼센트)를 훨씬 초과한다. 그리고 그 건설비조차 기술 개발을 통해 낮출 수 있다. 이것이 혁신적인 과학 기술이 우리에게 주는 혜택이다. 사업비를 줄이기 위해 철도 속도를 낮추면 승용차, 고속버스보다 교통 시간이 더 들어 수요 확보도 쉽지 않다. 수요가 줄어들면 추가로 국가에서 운영비를 지원해야 한다. 그리고 지역 균형 발전도 더욱 어려워진다. 교통 시스템 구축 사업은 하나의 네트워크 사업이다. 전체 시스템을 고려하지 않고 일부 구간을 잘라 경제성 여부를 판단하는 것은 매우 어리석은 일이다.

대규모 국가 전략 사업들은 한번 건설하면 이후 100년 이상 쓴다. 그리고 바꾸기도 쉽지 않다. 앞으로 100년 이상 쓸 인프라에 100년 전 기술을 적용하는 우愚를 범하지 말아야 한다. 우리가 갖고 있는 최고의 과학 기술을 적용해도 시간이 흐르면 쏟아져 나오는 신기술로 인해 많은 아쉬움이 남게 될 것이다. 첨단 과학 기술은 우리에게 예상치 못한 기회와 이익을 준다. 그것을 충분히 헤아리는 사람만 미래의 주인공이 될 수 있다.

경제성 우리가 국책 사업을 추진할 때마다 자주 듣는 문구다. 경제성은 국가적인 입장에서 이익이 될 것인가를 따지는 것이고, 사업성은 운영자 입장에서 이익을 낼 수 있는가를 따지는 것이다. 인프라 시설들은 국가적으로는 필요하지만 운영자 입장에선 수익을 내기가 어렵다. 즉 경제성은 있으나 사업성이 없는 경우가 대부분이다. 때문에 교통 시설을 설치하거나 운영하는 것은 민간보다 국가나 지방 자치 단체가 주도한다.

정부나 지자체 입장에서는 국가 또는 도시의 경쟁력을 확보하기 위해 지하철을 건설해야 한다. 그러나 여기서 발생하는 경제적 편익을 모두 요금으로 회수할 수 없다는 것이 문제다. 서울시 지하철(1~8호선)을 이용하는 사람들은 하루 670만 명에 달한다. 이들이 지하철을 이용함으로써 20분만 통행 시간을 줄인다 하더라도 그 시간 절감 가치는 연간 5조 원에 달한다. 거기에 도로상 교통 체증 감소 등의 편익까지 더하면 경제적 편익은 연간 10조 원 이상이 족히 될 것이다. 그러나 이들 지하철에서 벌어들이는 요금 수입은 2조 원이 채 되지 않는다. 국가나 도시 전체적으로는 아무리 이익이라 해도 지하철을 건설하고 운영하는 기관으로서는 경영이 어려워질 수밖에 없다.

정부가 경제성 분석을 할 때 계산하는 편익 항목은 매우 제한적이다. 경제적 편익은 돈으로 환산 가능한 것만으로 편익을 산출하기 때문이다. 지하철 건설에 따른 비용은 시장에서 입증된 명확한 비용인 반면, 그에 대한 편익은 수치로 환산하기 어려운 경우가 대부분이다. 지하철에 대한 편익은 지하철 건설로 인해 교통 시간을 줄일 수 있다든지, 교통 체증을 해소하여 자동차 승객들의 교통 시간을 줄여 준다든지 하는 것을 돈으로 환산하는 것이 고작이다.

돈으로 환산하기 곤란한 편익들은 편익 산출에서 제외되거나 미미하게 취급된다. 예를 들면 지하철 운행으로 도시 내 공기를 맑게 하고, 도시 내 소음을 줄인다든지, 보다 많은 토지를 고밀도로 개발하여 경제를 활성화시킨다든지, 새로운 일자리를 창출한다든지, 도로와 주차 시설을 그만큼 적게 건설함으로써 그 토지를 주민들 삶의 공간으로 돌려준다든지 하는 편익 등이 그것이다.

어쩌면 돈으로 환산하기 어려운 편익들이 앞서 말한 돈으로 환산 가능한 편익보다 더 중요할지도 모른다. 그만큼 우리나라 인프라 시설에 대한 경제성이 매우 보수적으로 계산되고 있는 것은 또 다른 위험을 안고 있다. 이 때문에 실질적으로 경제성 있는 많은 인프라 사업들이 추진되지 않을 경우 오히려 국가나 국민들이 손해를 볼 수 있기 때문이다. 과거 경제성 문제에 논란이 많았던 경부고속도로, 경부고속철도, 인천공항 등의 국책 사업이 없었다면 우리나라 경제가 어떻게 되었을까 하는 생각이 든다. 이제부터라도 개개 사업의 경제성보다는 우리의 통찰력과 사업 전체에서 나오는 시너지 효과를 중시해야 한다. 그래서 국가를 성공으로 이끄는 전략이 중요하다.

인재

우리에게 인재는 중요한 자산이다. 우리에게는 국내외 대학에서 매년 배출되는 수천 명의 과학자, 의사, 약사, 간호사, 미술가, 음악가, 문학가, 디자이너들이 있다. 또 많은 프로덕션을 통해 배출되는 가창력 있는 가수와 연기자들이 있다. 이는 우리나라가 허브가 되기 위해 필요한 중요한 인적 자원이다.

우리의 뛰어난 과학자들은 쉴 새 없이 신제품을 만들어 낼 수 있다. 그리고 우리의 경험 많은 의사, 약사, 간호사들은 세계 도처의 난치 환자를 치료할 수 있다. 문학가, 공연 기획가, 미술가, 음악가, 가수, 연기자, 만화가들은 무형의 정신세계를 유형의 문화 자산으로 만들어 낼 수 있다. 디자이너들은 도시 미관을 바꾸어 우리 도시들을 더 매력적으로 꾸밀 수 있다.

이제 미래를 준비하기 위해서는 보다 경쟁력 있는 인재를 육성해야 한다. 그리고 이러한 인재들이 자신들의 능력을 발휘할 수 있는 장을 만들어 주어야 한다. 그렇다면 미래의 주인이 될 인재들이 가져야 할 능력과 덕목에 대해 이야기해 보자.

전문성 항공정책과장 때 일이다. 항공 정책 업무를 제대로 수행하기 위해서는 조종사들이 조종실(cockpit) 안에서 어떤 일들을 하는지 궁금했다. 지방 출장길에 조종실 뒤편에 앉아 조종사들의 행동 하나하나를 관찰한 적이 있다. 그런데 조종사들이 좁은 조종실에 앉아 하는 일이 생각보다 많았다. 국내선의 경우 짧은 시간 동안 조종하랴, 무선 교신을 하랴, 기내 방송하랴 조종사들의 손길이 바쁘다. 특히 활주로에 착륙하는 순간은 조종실에 팽팽한 긴장감이 흐른다.

나는 조종사들이 착륙할 때 조종간을 잡는 모습을 보고 아찔한 느낌을 받았다. 활주로 방향으로 착륙해야 하는데 활주로와 비스듬하게 비행기를 내리는 것이었다. 마치 비행기가 활주로를 벗어날 것 같은 위기감이 맴돌았다. 그러나 비행기는 착륙한 후 활주로를 따라 미끄러지듯 나아갔다. 나중에 안 일이지만 바깥에서 불어오는 바람의 방향을 감안하여 비행기를 비스듬하게 착륙시킨 것이다. 이렇게 바람이 부는데도 항공기를 안전하게 착륙시킬 수 있는 전문성은 오랜 기간의 교육 훈련, 부기장과 기장을 거치면서 터득한 경험 때문이다.

양궁에서도 우리 궁사弓師들은 바람 방향을 보아 가며 오조준으로 화살을 과녁에 명중시킨다. 오랜 기간 바람의 방향과 세기를 연구하고 오조준의 정도, 활을 놓는 힘을 조절한 덕분이다. 오조준을 얼마나 잘하느냐에 따라 올림픽에서 메달의 색깔이 바뀐다. 우리의 미래도 마찬가지다. 미래의 과녁을 명중시키기 위해서는 변화의 흐름을 읽고 오조준을 해야 한다. 특히 시간이 오래 걸리는 정부의 대형 인프라 사업일수록 오조준을 잘해야 국가 발전에 도움이 된다. 그만큼 많은 경륜과 전문성이 필요하다.

그러나 경험 없는 사람들은 오조준으로 미래의 과녁을 맞히려는 사람들에게 오조준 때문에 나라가 망한다며 비판하고 있다. 그리고 그 비판 때문에 얼마 되지도 않는 전문가들이 활시위를 놓고 그 자리를 떠나고 있다. 이

대로라면 그들은 나라가 매우 어려워져야 다시 돌아올 수 있을 것이다. 하지만 그때는 그들의 화살집에 다시 나라를 살릴 화살이 남아 있지 않을지도 모른다.

융복합 소비자는 전공專攻을 구매하지 않는다. 소비자는 제품이 마음에 들어야 지갑을 연다. 최근 유행하는 스마트폰은 단순해 보이지만 디자인, 컴퓨터, 전자, 통신, 재료, 기계, 광학, 반도체, 인지공학 등 다양한 분야의 전공자들이 힘을 합쳐 만든 작품이다. 미래 소비자들은 과학자들이 첨단 제품에 더 많은 기능을 집적시켜 지금보다 훨씬 많은 서비스를 제공해 주기를 원할 것이다. 제품은 외견이 단순하지만 내부는 지금보다 훨씬 복잡해질 것이다. 이런 점들을 감안하면 융복합적인 연구 개발은 우리에게 선택이 아니라 필수다.

그러나 현실은 다르다. 아직도 우리 대학들은 전공별로 나누어 가르치고 있다. 소비자들의 까다로운 취향에 맞게 대학도 연구원도 바뀌어야 하는데 그렇지 못하다. 대학은 학부 과정에서는 어쩔 수 없이 전공 위주로 가르치더라도 대학원 과정은 목적 위주로 여러 분야를 융복합하여 가르쳐야 한다. 그것은 항공 우주, 교통 과학, 전자 통신, 미디어 및 공연 기술 등 인간이 살아가는 데 직접 필요한 항목들이다.

그리고 전공 위주로 이름이 붙은 정부 출연 연구원들도 무엇을 연구하는지 뚜렷하게 알 수 있도록 목적 중심으로 재편되어야 한다. 그래야 연구 개발의 수요자인 정부, 기업, 개인 등에서 자신과 협력할 대상을 정확히 알게 될 것이고, 대학과 연구원 입장에서도 자신들의 수요자를 정확히 파악하여 그들의 요구에 맞는 연구를 할 수 있을 것이다. 소비자를 만족시키는 융복합 제품이 많을수록 많이 팔려 나갈 것이고 그중 일부를 떼어 연구 개발에 재투자하는 선순환 구조를 갖게 될 것이다.

이제 과학계는 소비자들이 원하는 제품 자체가 하나의 전공이라는 새로운 개념을 받아들이고 이러한 개념에 익숙해져야 한다. 하나의 제품이 소비자 마음에 들기 위해서는 디자인도 좋아야 하고, 부품의 성능과 기능도 좋고, 간편해야 한다. 까다롭기로 소문난 우리 소비자들의 구미에 맞는 제품을 개발하려면 디자인, 기계, 전자, 전기, 화학, 물리, 마케팅 등 모든 분야의 전문가들이 함께 모여 연구하지 않으면 안 된다. 즉 이종교배異種交配로 새로운 제품을 탄생시켜야 한다. 보다 경쟁력 있는 제품을 만들기 위해서는 전공 자체가 없어져야 할지도 모른다.

철도기술연구원 원장 시절, 미국 샌프란시스코에 있는 스탠퍼드 대학교에서의 리쿠르팅 행사 모습이다.

　철도기술연구원 원장 시절, 미국에서 열리는 재미 과학자들 콘퍼런스에서 리쿠르팅 행사를 하던 때다. 어떤 참가자가 의미 있는 질문을 했다. "한국철도기술연구원에서는 넓고 얇게 공부한 사람과 좁고 깊게 공부한 사람 중 누구를 원합니까?" 나는 그 자리에서 바로 답변했다. "우리 철도기술연구원에서는 넓고 깊게 공부한 사람을 원합니다." 뉴턴은 만유인력을, 아인슈타인은 상대성 이론을, 스티브 호킹 교수는 우주에서 블랙홀 현상을 평생을 바쳐 밝혀냈다.

우리는 하룻밤 독서를 통해 세계적인 과학자들이 평생을 바쳐 발견한 연구 성과를 이해할 수 있다. 우리가 며칠이면 뉴턴, 아인슈타인, 호킹 교수가 되기도 한다. 한 가지 전공만 고집하기엔 인생이 너무 길다. 최고의 제품을 만들기 위해서는 폭넓고 깊이 있는 지식을 바탕으로 자원을 효율적으로 배분하고 조합해야 한다. 이를 위해서는 여러 전공 분야를 섭렵하고 다양한 역할을 맡을 수 있는 인재(multi—layered and multi—player)가 필요하다. 이들이 미래의 세계를 견인할 것이기 때문이다.

미래의 과학자들은 전공을 넘나들며 목적에 맞는 공부를 하지 않으면 안 된다. 지금까지는 한 가지 전공 분야를 좁고 깊게 파고들어도 대학에서 박사 학위를 받을 수 있었다. 그러나 우리 사회에서 많은 박사 학위 취득자들은 그들이 보여 준 편협함 때문에 지식이 엷다는 의미에서 넓을 박博 대신 엷을 박薄 자를 쓰는 박사薄士 칭호를 얻었다. 미래 사회에선 이런 박사들이 설 땅이 더 이상 없다.

배려 최근 미국 시사 주간지 『타임』은 2014년 최고 발명품 중 하나로 '셀카봉'을 선정했다. 셀카봉은 사진을 찍는 사람이 스스로를 찍을 수 있다. 따라서 모든 사람들이 셀카봉을 통해 스스로 주인공이 될 수 있다. 사람들 대부분은 조연보다 주연을 원하기 때문에 자신을 주인공으로 만들어 주는 셀카봉에 열광한다.

모든 사람들이 신데렐라처럼 주인공이 되고 싶어 한다. 하지만 우리가 다른 사람을 주인공으로 만들어 주는 배려를 한다면 많은 이들이 우리에게 몰려들 것이다. 그리고 배려를 받은 사람들은 고맙게 생각하고 배려해 준 사람에게 그 은혜를 갚고자 노력한다. 그런 의미에서 배려할 줄 아는 사람은 더 큰 일을 할 수 있다.

사람들은 무슨 일을 할 때마다 끊임없는 협상 과정을 거친다. 그리고 협상의 성사 횟수가 많고 그 규모가 클수록 더 많은 일을 해낼 수 있다. 협상은 얻어 내는 것이 아니라 상대방의 이익을 보장해 줌으로써 내 이익을 보장받는 것이다. 남을 배려하는 사람이 협상도 잘하고, 인생도 성공한다. 남을 배려하는 마음을 이 세상 밖으로 돌려 보자. 지구 온난화, 인권, 자유 등 세계적 이슈에 관심을 가지게 될 것이다. 이렇듯 넓은 안목을 가지면 세계 어디서나 친구를 만들 수 있다.

논리 사람들은 저마다 나름대로의 논리 체계를 갖고 있다. 정제된 논리는 사람들의 뇌 속에 들어 있는 논리 체계를 공명共鳴시키며 막강한 힘으로 퍼져 나간다. 마치 깊은 산속 사찰의 종소리가 스스로 공명하며 수십 리까지 은은히 울려 퍼지는 것과 같다. 많은 이들의 마음을 움직여 장차 큰일을 하게 만들려면 논리적인 사고 체계를 갖도록 해야 한다.

우리 아이들은 사춘기 때 기성 사회에 대한 반항심을 갖는다. 아이들의 반항심은 새로운 사회에 대한 두려움 때문에 생긴 것이다. 이러한 두려움에 벌을 준다면 반항심은 더욱 커질 것이다. 이럴 때일수록 인내심을 갖고 논리적으로 아이들을 설득시키는 것이 중요하다. 논리적인 설득 과정은 아이들의 논리 체계를 성숙시킨다. 그리고 그 논리 체계를 자기 삶의 규범으로 삼아 자신만의 논리로 많은 사람들을 설득시켜 자신이 하고자 하는 일을 성공시킬 줄 안다.

이 과정에서 아이들에게 자유를 주어야 한다. 이때 아이들에게 주어지는 자유는 자신들의 논리를 폭넓게 개발할 수 있는 여지를 제공한다. 이러한 자유는 우리 아이들의 휴식처이자 자기 생각의 깊이와 크기를 키우는 공간이 될 것이다. 그리고 자신감을 갖고 새로운 생각으로 새롭게 다가오는 도전을 극복해 나갈 것이다. 이러한 자신감은 논리로부터 나오고, 논리는 자율로부터 나온다. 그리고 자율은 자유로부터 나온다.

고용

고용 없는 성장 실업 문제가 사회 곳곳에 만연하면서 빈부 격차를 심화시키는 원인이 되고 있다. 특히 사회 전반에 넓게 퍼져 있는 비정규직 문제는 심각하다. 그리고 우리 사회는 가정·학교·군대 폭력 문제, 세계 최고 수준의 낮은 출생률과 높은 이혼율 등 많은 문제를 안고 있다.

이런 현상이 지속되면 중산층이 붕괴되고 가정이 파탄되고 사회 정의도 무너져 내릴 것이다. 1945년 광복 이후 지난 70년 동안 꿋꿋이 지켜 온 대한민국의 모든 것을 한꺼번에 잃을 수도 있다. 건강한 중산층은 우리의 최고 가치인 자유를 지키는 파수꾼이다. 이 위기를 극복하려면 빠른 시일 내에 놀고 있는 청년과 장년 실업자들에게 일자리를 찾아 주어야 한다.

유효 수요 확대 1929년 월스트리트의 대공황을 계기로 세계적 불황이 급습했다. 많은 실업자들이 생겨났고, 경제는 끝을 모르고 추락했다. 영국의 경제학자 케인스는 이러한 경제 불황이 생기게 된 것은 유효 수요 부족 때문이라는 주장을 했다. 아무리 가격을 낮추어도 소비자들은 구매력이 없어 물건을 살 수 없다는 것이다. 따라서 정부가 재정 지출을 통해 유효 수요를 끌어 올려야 불황에서 벗어날 것이라고 했다. 그동안 애덤 스미스의 보이지 않는 수요와 공급의 경제 법칙에 따라 저절로 해결되리라 보았던 마셜을 포함한 고전적 경제학자들의 견해를 뒤엎는 이론이었다. 이러한 케인스 이론은 루스벨트(F. D. Roosevelt) 대통령의 뉴딜 정책의 이론적 배경이 되었다.

미국 정부는 유효 수요를 끌어 올리기 위해 뉴딜 정책을 시행했다. 그중 하나가 테네시 강 유역개발공사를 설립하고, 발전과 치수 관개용治水灌漑用 다목적 댐을 건설하는 사업이다. 이러한 대규모 토목 사업은 많은 일자리를 만들고, 그들의 소비를 통해 미국 경제의 불씨를 살렸다. 그리고 세계를 불황의 늪에서 벗어나게 했다. 당시 불황을 극복한 유효 수요 이론은 케인스 혁명이라 불릴 정도로 파격적인 이론이었다.

이와 비슷한 일들이 우리나라에도 있었다. 박정희 대통령 시절에는 경부고속도로, 소양강 댐, 포항제철 건설 등 막대한 양의 토목 공사로 유효 수요를 창출했다. 그리고 공장을 세우고 상품 수출로 국민들의 일자리를 만들어 냈다. 국민소득이 늘자 주택 가격이 폭등하여 전국에 걸쳐 주택 건설 사업이 붐을 이루었다. 그리고 마이카 붐으로 자동차 공업이 활발하게 일어났다. 늘어난 가계 수입이 소비로 이어져 한강의 기적이라 일컬을 만큼 고도성장을 거듭했다. 그러나 최근 들어 주택 및 승용차 보급률은 포화 상태에 이르렀다. 그리고 공장들은 우리나라를 떠나 중국, 동남아 등지를 떠돌고 있다. 우리 경제가 또 다른 위기를 맞고 있다.

이명박 대통령은 정권 초기 '4대강' 사업을 추진했다. 또한 경제성이 채 나오지 않는 도로, 철도 등 지역 숙원 사업들을 묶어 30대 프로젝트를 만들었다. 그리고 이 사업들에 대한 재정 지원을 했다. 세계적인 경제 침체와 우리나라의 주택 경기 침체로 경제 전체가 가라앉던 시기에 이러한 대규모 SOC 프로젝트를 추진함으로써 어느 정도 유효 수요를 유지할 수 있었다.

덕분에 우리나라 경제는 세계적인 불경기에도 불구하고 OECD 국가 중 가장 모범적인 성장세를 기록했다. 그러나 무리한 사업 투자로 재정 건전성은 악화되었다. 최근에는 복지 예산이 증가하면서 정부 재정은 더욱 어려워졌다. 이제 부채가 늘고 쓸 곳이 많은 정부로서는 대규모 재정 사업을 벌이는 일도 쉽지 않을 듯 보인다.

그러나 다행인 점은 국가는 재정 여력이 없지만 민간은 돈이 넘친다는 것이다. 이는 우리나라 기업들이 무역 수지 흑자로 많이 비축할 수 있었기 때문이다. 그러나 기업들은 미래 위기를 대비해 돈을 쌓아 놓고만 있지 투자할 곳을 찾지 못하고 있다. 한국은행과 금융투자협회에 따르면, 2013년 10월 우리나라 단기성 부동 자금 규모를 704조 원 정도로 추정했다. 이러한 막대한 부동 자금이 시중 이자율을 떨어뜨리고 있다. 시중 이자율이 떨어지면 사회적 할인율도 함께 떨어지게 마련이다.

최근 들어 이자율은 거의 0퍼센트대까지 내려오고 있다. 시중 이자율 인하는 이제까지 경제성이 없어 추진할 수 없었던 수많은 SOC 프로젝트들의 경제성을 좋게 만든다. 이러한 경제성을 기반으로 과거에 추진할 수 없었던 SOC 프로젝트를 다시 추진할 수 있다. 이러한 SOC 프로젝트들을 민간 자본을 활용하여 추진한다면 대규모 유효 수요를 창출할 수 있다. 이 유효 수요는 경제 회복과 고용 창출에도 큰 도움이 될 것이다. 또 이 프로젝트들은 두고두고 우리나라의 경쟁력을 높이는 데 도움을 줄 것이다. 거리의 장애를 극복하는 고속철도, 허브 공항 및 항만, 환승 센터 등 교통 물류 사업이야말로 우리나라의 미래 경쟁력을 높이는 프로젝트다.

시중 이자율이 낮아지면 국가 재정으로 사업을 추진하거나 민간 자본을 들여 사업을 추진하거나 들어가는 돈은 거의 비슷하다. 유효 수요를 키우기 위해 대형 SOC 사업들을 민간 자본으로 건설해 봄 직하다. 민간 자본을 SOC 프로젝트에 끌어들이기 위해 민간 자본에 대해서는 적정 이윤을 보장해 주어야 한다. 적정 이윤만 보장해 주면 704조 원 규모의 부동 자금을 언제라도 SOC 프로젝트로 끌어들일 수 있다. 특혜 시비가 없는 SOC 민간 투자 방식을 개발해야 할 때다.

지식형 산업 단지 우리는 마산, 창원, 대구, 울산, 포항, 여수 지역 등 많은 대단위 공업 단지를 갖고 있다. 이들이 우리나라 경제 발전에 기여하는 바는 매우 컸다. 이 때문에 제조업을 육성한다고 하면 땅을 밀고 공장을 짓는 것으로만 생각해 왔다. 그러나 이제는 그런 고정관념에서 벗어날 때가 되었다. 최근에는 상품의 라이프 사이클이 점차 빨라지고 있다. 미래에는 더 빨라질 것이다. 우리나라에서 연구 개발, 시제품 생산, 상품화까지 걸리는 시간은 5년 이상이다. 이런 장기간 제품 개발의 사이클로는 세계와의 경쟁이 어렵다. 이렇게 제품 개발 사이클이 오래 걸리는 데는 연구 개발, 기획, 예산 지원, 시제품 제작, 상품화 과정이 각기 다른 주체에서 진행되기 때문이다. 신제품이 하루가 멀다 하고 나오는 상황에선 막대한 투자비가 들어가는 공장을 가지고 있는 것 자체가 부담이 될 수 있다. 거꾸로 우리가 시제품을 만들어 내면 이 제품을 대신 만들어 줄 공장은 세계에 널려 있다. 따라서 이제까지 해 왔던 공장 위주의 제조업 육성 방식을 탈피할 필요가 있다.

즉 지식과 공장이 한데 어우러지는 지식형 산업 단지를 육성하는 것이다. 좀 더 빠르고 신속하게 좋은 아이디어를 제품화하는 것이 지식형 산업 단지의 핵심 개념이다. 이제 우리가 필요로 하는 공장은 동대문 패션 거리처럼 연구 개발과 제조 그리고 마케팅 활동 등 상품화 과정을 한자리에서 할 수 있는 지식형 산업 단지다. 지식형 산업 단지에는 도전적인 기업가, 우수한 과학자, 첨단 연구 및 제조 장비, 얼리 어댑터들이 하나의 시스템처럼 빠르게 돌아간다. 마치 생각의 속도로 신제품을 만들어 내는 것과 같은 빠른 상품화 과정을 거친다.

이를 위해서는 공장, 연구소, 대학이 모두 한곳에 모여 협업을 해야 한다. 그리고 연구소, 대학 등에서 만들어진 창조적인 아이디어를 단지 내 공장에서 바로 시제품으로 만든다. 이 시제품들은 단지 인근의 얼리 어댑터들을 통해 상품성이 검증된다. 얼리 어댑터의 검증을 통과한 시제품들은 곧바로 제조 및 마케팅 과정을 거쳐 지구촌 시장에 뿌려진다. 우리나라의 깐깐한 소비자들은 경쟁력 있는 얼리 어댑터가 될 수 있다. 그만큼 경쟁력 있는 지식형 산업 단지를 만들 수 있다.

시장을 엎어라 우리나라는 경제 개발 과정에서 제조업으로 한강의 기적을 일으켰다. 우리의 경제 발전 정책 중 1순위가 제조업 육성이다. 그러나 제조업은 정보화, 자동화, 공장 해외 이전 등으로 매출액 대비 국내에서 지출되는 인건비가 계속 감소하는 추세다. 한국은행에서 분석한 매출 10억 원당 고용 유발 계수도 2005년의 7.2명에서 2008년의 6.7명으로 3년 만에 7퍼센트가량 줄었다. 이제 제조업만으로는 실업 문제를 해결할 수 없을지도 모른다. 단순히 매출액만 늘어난다고 기계화, 자동화 비율이 높아지는 상황에서는 고용이 늘지 않는다. 새로운 제품으로 새롭게 공장을 만들어야 그나마 새로운 일자리가 창출된다. 즉 과거에는 제품을 많이 만들어 고용을 늘렸다면, 앞으로는 신제품을 만들어 내는 공장을 새롭게 지어 고용을 늘려야 한다.

이를 위해서는 시장을 갈아엎는 사건이 계속되어야 한다. 우리 역사상 가장 강력하게 시장을 엎어 버린 사건은 전쟁이다. 특히 두 차례에 걸친 세계대전은 세계 시장을 송두리째 갈아엎은 사건이다. 아이러니하게도 세계를 폐허로 이끈 두 차례 세계대전 이후 세계는 눈부신 경제 성장을 했다.

세계대전 동안 미국, 영국, 프랑스 등 승전국이나 독일, 일본, 이탈리아 등 패전국이나 할 것 없이 자신들의 사활이 걸려 있는 전쟁에 많은 돈을 쏟아부었다. 그들 나라들이 축적해 놓은 부富의 대부분이 소진되었다. 그러나 제2차 세계대전은 원자력 기술, 대규모 선박과 항공기 제작 기술, 레이더 제작 기술 등 많은 첨단 과학 기술을 양산했다. 이는 고갈되어 가는 에너지 문제를 원자력으로 해결할 수 있게 해 주었고, 인류의 교류와 교역 범위를 넓혔다. 당연히 원자력 산업, 조선 산업, 항공기 제작 산업, 전자 통신 산업 등이 활발히 이루어지면서 세계 시장 규모는 천문학적으로 커졌다. 즉 세계대전은 기존 시장을 갈아엎으면서 새로운 유효 수요를 창출하는 계기를 마련했다. 인간들이 원자폭탄, 수소폭탄 등 가공할 무기를 만들어 낸 후 새로운 수요를 창출하는 더 이상의 세계 전쟁은 지구 상에서 사라져 버렸다. 그리고 그때 개발한 과학 기술의 발전은 몇 차례 시장을 갈아엎었다.

이외에도 세계 시장을 뒤엎는 사건이 많았다. 20여 년 동안 전자 산업은 아날로그에서 디지털로의 가전제품 시장을 갈아엎으며 급격히 성장했다. 당시 일본 전자업체들은 아날로그 기술로 성공 신화를 쓴 기술자들이 회사 곳곳에 포진해 있었다. 이 때문에 일본 전자 회사들은 디지털 기술을 쉽게 받아들이지 못했다. 오히려 아무 기술도 없던 후발 주자인 삼성전자, LG전자 등은 처음부터 거부감 없이 디지털 기술을 받아들였다. 이 과정에서 한국의 전자업체는 일본의 소니, 도시바 등 세계적인 전자업체를 추월했다. '판'을 제대로 읽지 못한 일본 전자 회사들은 급작스러운 매출액 감소로 세계 전자 시장에서 밀리기 시작했다. 일본 전자 산업계는 트렌드라는 변화만 굳게 믿다가 실패를 경험한 것이다. 이렇듯 아날로그에서 디지털로 갈아엎은 시장은 천문학적인 금액의 새로운 수요를 창출했다. 그리고 전자업계의 순위를 바꿨다.

마이크로소프트는 1983년 11월 10일 뉴욕에서 윈도우라는 그래픽 인터페이스 운영 체제를 발표했다. 그리고 컴퓨터는 동시에 한 컴퓨터로 두 가지

이상의 일을 할 수 있는 멀티태스킹(multi—tasking) 기능을 확보함으로써 PC
의 사용과 생산성을 대폭 높였다. 1984년 애플은 매킨토시라는, 사용자들이
쉽게 다룰 수 있는 PC를 선보였다. 이 두 가지 사건은 하드웨어보다 소프트
웨어의 중요성을 다시 인식시킨 계기가 되었다. 마이크로소프트와 애플은
당시 대형 컴퓨터 회사인 IBM이 독주하던 시장을 갈아엎었다. 그리고 새로
운 고성능 PC와 고해상 모니터 등 새로운 유효 수요를 창출하며 많은 일거
리를 만들어 냈다. 그 결과 마이크로소프트와 애플은 세계 초일류 회사로
성장했다.

미국 애플은 2007년 1월 9일 휴대전화에 컴퓨터와 인터넷을 연결한 아이
폰(iPhone)을 출시했다. 휴대전화로도 PC와 같이 많은 앱을 통해 각종 서비
스를 받을 수 있게 되었다. 세계는 아이폰에 열광했고, 많은 사람들이 앞다
투어 아이폰을 구매했다. 구글의 안드로이드 운영 체제를 기반으로 한 삼
성 갤럭시폰, LG 넥서스폰, 소니, 에이서 등이 새로 스마트폰 시장에 진입
했다. 스마트폰은 출시된 지 5년도 안 돼 기존 휴대전화 시장을 대체했다.
인간의 작업 환경을 사무실 PC에서 인간과 함께하는 모바일 중심으로 판을
바꾸었다. 새로운 서비스로 모바일 시장을 갈아엎은 사건이다. 이를 통해
2014년 한 해 동안 12억 개의 스마트폰이 팔려 나갔는데, 어림잡아 계산해
도 2500억 달러에 해당되는 금액이다. 또 이를 통해 많은 사람들이 새로운
일거리를 찾고 있다.

스타벅스를 필두로 카페베네, 파스쿠찌, 파리바게뜨와 같은 커피 전문점
과 빵집들이 지난 5년 전부터 우리 길거리를 장악하더니 세계 곳곳에 자리
를 잡았다. 많은 사람들이 카페를 삶의 중요한 공간으로 인식하기 시작한
것이다. 문화와 디자인을 접목시킨 신종 커피 전문점 앞에 과거의 골목길
빵집과 다방은 우리의 추억 속으로 사라졌다. 시장을 엎어 새로운 수요를
창출해 낸 것이다.

이곳저곳에서 시장을 갈아엎는 사건들은 두 차례에 걸친 세계대전을 제외하곤 모두 민간이 주도했다. 이제 시장을 엎어 그 몸집이 커질 대로 커진 민간 초대형 기업들은 현실에 안주하려 하고 있다. 자신들의 기득권을 보호하기 위해 기존의 시장을 지키려 하고 있다. 많은 대기업들이 국가 경제가 어려운데도 새로운 시장을 만들어 내기보다 생존만을 위해 사내 유보 금액을 늘리며 투자하지 않는 것도 기득권을 지키려는 과거 지향적인 사고의 발상 때문이다.

이제 시장을 엎는 일에 정부 스스로 나서야 한다. 정부 스스로 미래 비전을 제시하고 지원하여 새로운 시장을 만들어 내자는 이야기다. 우리는 과거 박정희 대통령 시절 5년마다 새로운 비전을 만들어 경제 개발 5개년 계획을 만들어 발표했다. 당시 공무원들은 5개년 계획이 잘 이루어질 수 있도록 밤낮을 가리지 않았고, 기업들은 막대한 자금을 은행에서 빌려 가면서까지 이 사업들이 성공할 수 있도록 밤낮을 가리지 않고 뛰었다. 이러한 과정을 통해 우리 기업들은 미래 산업을 선점했고, 세계 굴지 기업으로 성장할 수 있었다. 앞으로도 정부가 비전을 제시하고 기업들이 그 비전을 공유하여 투자한다면 새로운 시장을 창출하는 것은 생각보다 어렵지 않다. 이를 통해 우리 청년과 장년층의 실업 문제를 해결할 수 있다. 어려울수록 꿈이 있어야 한다. 이런 의미에서 국가의 미래 지향적인 비전이 간절히 필요한 시점이다.

관광 산업 우리 주변에는 14억 명이 사는 중국과 1억 3000만 명이 사는 일본이 있다. 그리고 우리 남북한에 7500만 명이 살고 있다. 그런 의미에서 보면 우리나라를 둘러싸고 있는 잠재적 유효 수요는 16억 명이다. 미국과 유럽의 인구를 합친 8억 명보다 두 배가 많은 수다. 이러한 잠재 수요로 우리가 가지고 있는 참신한 생각들을 비즈니스로 엮는 것은 어렵지 않다. 이는 우리의 일자리 창출에도 크게 기여할 것이다. 이렇게 많은 잠재 수요로 고용을 창출하기 쉬운 산업이 관광 산업이다.

한국은행은 2010년 '우리나라의 취업 구조 및 노동 연관 효과'라는 보고서에서 10억 원 매출액 대비 고용자 수를 발표했다. 보고서에서 관광 관련 업종은 도소매업 30.6명, 음식·숙박 35.9명, 운수·보관 14.2명으로 제조업 9.2명과 비교할 때 세 배가량의 고용 창출 효과를 보였다. 관광 산업에서 100억 달러의 매출은 제조업에서의 300억 달러와 같은 고용 효과를 갖는다.

최근 우리나라를 찾는 중국인 관광객이 줄을 잇고 있다. 서울의 명동, 인사동, 북촌 마을, 제주도, 강원도, 울릉도 등이 늘어난 중국인 관광객들로 호황을 누리고 있다. 외국인 관광객은 지난 2000년에는 500만 명에 불과하던 것이 2014년에는 1400만 명에 달했다. 특히 중국인 관광객 수가 많이 늘어 600만 명(2014년 추정)에 달한다.

1년에 1억 1000만 명 이상의 중국인들이 해외를 나가고 있다. 늘어나는 중국 관광객은 중국과 가장 인접한 우리나라가 가장 큰 수혜자가 될 것이다. 그리고 우리 경제에는 엄청난 기회가 될 것이다. 우리가 어떻게 하느냐에 따라 더 많은 중국 관광객을 한국으로 불러들일 수 있다. 2012년 우리나라의 관광 수입은 142억 달러다. 만약 10년 내에 지금보다 두 배인 3000만 명의 외국 관광객이 우리나라를 찾는다면 이로 인한 관광 수입은 연간 400억 달러(40조 원)에 이른다.

2012년 미국 1262억 달러(6700만 명), 스페인 559억 달러(5800만 명), 프랑스 536억 달러(8300만 명), 마카오 437억 달러(1400만 명), 이탈리아 412억 달러(4600만 명), 독일 381억 달러(3000만 명), 영국 363억 달러(2900만 명), 태국 338억 달러(2200만 명), 홍콩 331억 달러(2400만 명) 등이 외국 관광객들로 벌어들인 관광 수입이다. 우리나라보다 영토가 작은 나라들, 또 오래된 유적이 적은 나라들도 많은 관광 수입을 올리고 있다. 우리도 얼마든지 많은 외국인 관광객을 유치할 수 있다.

관광 대국 이탈리아는 유적지를 제외하면 도시 전체가 호텔이고 카페다. 주민들 대부분이 숙박 및 서비스업에 종사하고 있다. 숙박업은 주로 빨래, 청소, 식당 일들로 아주 많은 노동력이 필요하다. 지금까지 3D 업종으로 보던 업종이다. 이제 이러한 직장들을 하나의 전문 직업으로 생각한다면 보다 많은 일자리를 만들어 낼 수 있다. 여기에 과학 기술을 더하면 첨단 전문 업종이 된다.

태국의 수도 방콕은 지평선 끝까지 농지에 둘러싸여 있다. 이런 곡창 지대에서 나오는 곡식이 지금의 강력한 왕권을 가진 태국을 만들었다. 끼니를 걱정하던 우리의 과거를 생각하면 지평선 끝까지 이어진 태국의 곡창지대가 여간 부러운 것이 아니었다. 이제는 태국에서 많은 관광객들이 우리나라를 찾아오고 있다. 특히 겨울철의 항공편은 여지없이 만석滿席이다. 돈 많은 태국인들이 스키, 스노보드, 썰매 등 겨울 스포츠를 즐기러 오기 때문이다. 우리에게 쓸모없어 보이던 우리의 겨울과 산들이 태국인들에게는 즐거움과 휴식을 주는 장소가 되었다. 그런 의미에서 우리의 산들과 사계절은 커다란 인프라나 마찬가지다. 우리나라는 국토 면적의 70퍼센트가 산이고 3면이 바다이다. 그리고 3000개의 섬이 있다. 대한민국 전체가 볼거리, 즐길 거리, 느낄 거리를 어디나 만들 수 있다.

스위스의 융프라우 산악열차는 비싼 요금(10만 원)에도 불구하고 하루에 1만 명의 관광객이 찾으면서 스위스의 주요 관광 수입원으로 자리를 잡았다. 우리나라의 경우, 산에 케이블카를 설치하려 하면 환경 단체의 반대로 한 발짝도 나아가지 못한다. 그렇다면 숲 속을 달리거나 지하 산악열차는 어떨까? 숲이 우거진 산은 인간에게 많은 평온과 위안을 준다. 우리의 산은 보존을 위해 그대로 놔두는 것도 중요하지만 잊히지 않도록 우리 곁에 두는 것도 나쁘지 않다. 더구나 우리의 산들은 우리에게 많은 일자리를 줄 수 있고 소득까지 올릴 수 있게 해 준다. 우리에게 산은 더 이상 천덕꾸러기가 아니라 소중한 자산이다.

나는 휴가 때가 되면 서남 해안을 즐겨 찾는다. 왜냐하면 여수 엑스포 이후 여수 주변에 싸고 좋은 숙박 시설들이 많기 때문이다. 특급 호텔도 잘만 잡으면 하룻밤에 10만 원 내외로 지낼 수 있다. 여수 엑스포 이후 이 지역 일대가 환경을 테마로 한 관광 지대로 자리 잡고 있다. 서남 해안에는 여수 엑스포 전시장이 있고, 끝없이 펼쳐지는 순천만 자연 생태 공원, 순천만 정원, 보성 녹차밭, 송광사와 선암사, 낙안읍성이 있다. 나는 순천만 자연 생태 공원과 순천만 정원을 보면서 또 다른 감명을 받았다. 순천만 생태 공원이나 순천만 정원을 개발할 때 공원 안에 생계를 위해 가게를 만들어 달라는 숱한 민원들이 있었을 것이다. 그러나 순천만에 위치한 가게들은 전부 공원 외곽이나 공원 밖에 배치시켰다. 이들 공원들의 자연 모습 그대로를 관광객들에게 돌려준 절제된 시민 의식은 또 하나의 관광 상품이 될 수 있다.

이렇듯 지방 관광 상품으로 키워 온 보성 녹차 단지, 순천만 정원, 순천만 생태 공원, 함평 나비 축제, 전주 한옥 마을, 제주 올레길, 경주 보문 단지, 부산 해운대 등 전국적으로 퍼져 있는 관광지들을 한데 엮으면 경쟁력 있는 관광 코스가 된다. 홍대 길, 인사동 길, 북촌 길, 가로수 길, 경리단 길에 있는 조그마한 상점, 카페, 음식점 하나하나마다 독특함을 자랑하는 골목 문화도 빼놓을 수 없는 우리의 관광 자원이다. 이런 골목길은 24시간 불이 꺼지지 않아 누구라도 원하는 만큼 보고 즐길 수 있는 볼거리, 즐길 거리들이다.

서울대, 카이스트, 포항공대, 과학고, 유치원 등의 과학 교육 현장도 교육열 높은 외국인 부모들에게는 좋은 관광거리다. 우리에겐 외국에서 볼수 없는 남북의 긴장감이 느껴지는 판문점, 백령도, 연평도, 휴전선 등이 있다. 세계에서 유일하게 남은 분단의 현장과 훼손되지 않은 자연 경관 자체가 멋진 관광 상품이 될 수 있다.

그러나 아무리 좋은 관광지라도 그곳에 쉽게 갈 수 없다면 쓸모가 없다. 이러한 볼거리, 즐길 거리들을 우리 기술로 만든 고속철도, 산악철도, 케이블카, 트램 등으로 연결하면 보다 많은 사람들이 아름다운 금수강산을 보고 즐길 수 있다.

해외 관광객에게 가장 부담되는 비용은 항공 요금(30~50퍼센트)을 포함한 교통 요금이고, 그다음이 숙박비(20~30퍼센트)다. 항공 요금은 취항하는 항공사 간의 경쟁을 통해 낮아진다. 우리나라 공항들은 다른 나라 공항에 비해 낮은 항공기 이착륙료, 공항 이용료를 받기 때문에 외국 항공사들은 우리나라에 항공기를 취항시키는 데 주저함이 없다. 이들 항공기 이착륙료, 공항 이용료를 지금보다 더 낮추면 더 많은 항공기들이 우리나라를 취항하게 될 것이다. 항공사 간의 경쟁으로 항공 요금은 낮아질 것이고, 더 많은 외국인 관광객이 한국을 찾을 것이다. 그래서 관광은 교통과 밀접한 관계를 가진다.

과거

    조선 시대 한양 도성을 지키기 위해 흥인지문, 돈의문, 숙청문(숙정문), 숭례문인 사대문이 있었다. 이 사대문 안은 우리의 찬란하고 파란만장한 역사의 숨결로 가득 차 있다. 사대문 안에는 조선 시대 5대 궁궐인 경복궁, 창덕궁, 덕수궁, 창경궁, 경희궁이 있다. 이 궁궐들은 자연과 한데 어우러져 그 자태가 아름답기 그지없다.

    그중에서도 특히 빼어난 정취를 느끼게 하는 궁궐은 창덕궁이다. 창덕궁 구석구석을 걷고 있으면 우리 조상들의 문화적 위대함을 느낄 수 있다. 창덕궁 입구는 여느 궁궐과 달리 자연을 따라 동쪽을 바라보며 돌아누워 있다. 궁궐 입구를 북향으로 배치하는 유교적 관행을 깬 것이다. 조선 시대 왕들은 자신들의 권세도 잠시 내려놓고, 자연 모습 그대로를 창덕궁에 돌려주었다. 자연과 함께 어우러진 창덕궁의 모습은 너무 아름답다. 세계 어느 곳에 이렇게 아름다운 궁궐이 있겠는가?

    중국 베이징의 쯔진청(紫禁城)은 그 규모가 경복궁에 비해 몇 배 크고 웅장하다. 하지만 왕의 권세를 과시하기 위해 자연과 소통할 틈까지 없애 버렸다. 호시탐탐 왕을 노리는 자객을 막기 위해 숲도 나무도 대부분 베어 버렸다. 쯔진청 안은 자연의 흔적은 볼 수 없고 건물과 돌로 만든 딱딱한 길들뿐이다. 자연 그대로를 살린 창경궁의 모습을 보며 감탄하는 이유도 그 때문이다. 수백 년 전 우리 조상들이 지녔던 지혜와 여유가 가슴에 절로 스며든다. 우리 조상들은 이미 수백 년 전부터 우리 인류의 화두인 자연과 인간이 공존하는 지속 가능한 개발을 행동으로 옮겼다. 창덕궁은 세계 어느 곳에서 찾아보기 힘든 위대한 문화 유적이다.

우리에게는 4344년의 위대한 역사가 있다. 우리에게는 김유신 장군, 선덕여왕, 세종대왕, 황희 정승, 이순신 장군, 해신海神 장보고, 서희 장군, 양만춘 장군, 안중근 열사 등 많은 위대한 조상들이 있다. 이들은 국가의 정체성을 지키며, 외침外侵이 있을 때마다 나라를 지키기 위해 기꺼이 자기 몸을 던졌다. 위대함도 있었고 치욕스러움도 있었다. 이 모든 것 하나하나가 우리의 위대한 자산이 된다.

나는 인생의 어려움을 겪을 때마다 지혜와 용기로 역경을 극복한 조상들의 모습을 되새기며 흐트러진 마음 자세를 바로잡는다. 그만큼 내가 기대고 돌아볼 수 있는 조상과 역사가 있다는 것은 나에게 커다란 행운이다. 최근 들어 개봉한 이순신 장군의 명량 해전을 그린 영화 「명량」에 1500만 명의 관객이 몰렸다. 아마 대한민국에 살고 있는 다른 분들도 나와 같은 생각으로 사셨나 보다. 우리의 과거가 위대한 만큼 우리는 미래에도 더 위대해질 수 있다. 지금 우리나라가 세계에서 10위권의 교역량과 30위권의 소득 수준을 유지하고 있는 것도 이와 무관하지 않다.

인류는 수천 년의 역사를 가지고 있다. 그러나 과거의 역사를 유적이나 유물로 그대로 간직한 나라는 드물다. 숱한 전쟁을 통해 많은 역사 유물들이 훼손당했다. 역사적 유적들은 역사의 질곡 속에서 불에 타고, 깨지고, 부서졌다. 그러나 후손들에 의해 끊임없이 복원되면서 위대했던 과거 역사는 다시 살아났다.

러시아의 상트페테르부르크 도심의 에르미타주 박물관이 된 황제들의 거처인 겨울 궁전이나, 여름 피서지였던 푸시킨 시市의 예카테리나 여제 궁전도 독일 나치의 폭격 등으로 원형을 잃었으나 수십 년간의 복원 과정을 거쳐 원래 모습을 찾아 많은 관광객의 발길을 잡고 있다.

보석의 일종인 호박(琥珀)방으로 유명한 예카테리나 궁전은 수십 년의 복원 과정을 거쳐 원형의 모습을 되찾았다.

과거는 현재의 사람들에 의해 복원되고 보존되어 왔다. 과거는 현재 그리고 미래를 사는 사람들을 위해 필요하기 때문이다. 우리는 5000년의 오래된 역사를 갖고 있다. 아쉽게도 많은 역사 유적들이 외세의 침입에 의해 파괴되고 사라져 버렸다. 우리의 화려했던 5000년 역사를 각종 문헌과 사료를 통해 앞으로 100년 동안 긴 시간을 갖고 복원해 보자. 그 과정에서 우리 조상들의 지혜와 경험을 배울 수 있을 것이다. 이를 토대로 새로운 미래를 만들어 낼 수 있을 것이다.

에필로그

세계는 허브 경쟁이 치열하다. 돌이켜 보면 내 인생의 대부분을 교통 물류 허브를 만드는 과정 속에 보낸 것 같다. 나의 많은 호기심 때문에 잦은 외도外道가 일상이 되어 버렸다. 그 과정에서 국어국문학과, 공인회계사, 공직자, 공학 박사, 국가과학기술연구원, 카이스트 등 서로 연관성이 없어 보이는 여러 자리를 거쳤다. 그리고 그때마다 반전의 연속이었다. 나를 아끼던 많은 분들이 새로운 도전을 할 때마다 많은 걱정을 해 주셨다. 그분들 눈에는 나의 도전이 무모해 보였을 것이다. 나 역시 새로운 도전을 할 때마다 실패할지 모른다는 두려움에 잠을 이루지 못했다.

하지만 나의 무모한 듯싶은 도전들은 보이지 않는 신神의 손에 이끌리듯 매번 결실을 맺었다. 그 결실들은 내게는 행운과도 같았지만, 반면에 인생을 살아가는 데 커다란 멍에가 되기도 했다. 닥친 일들이 어려우면 어려울수록 이를 해결하려는 나의 호기심은 더욱 크게 발동되었다. 나의 모습은 마치 험난한 산의 정상을 오르고 내려오자마자 또다시 더 높고 험난한 산으로 발걸음을 떼는, 산에 미친 산악인의 모습과도 같았다. 인생 내내 그 일을 해결하느라 밤낮없이 고민하고 뛰어다녔다. 이 때문에 스스로 인생을 고달프게 살아왔다. 또한 내 부모님, 아내를 비롯하여 주변에 계신 분들도 내 인생만큼이나 함께 고달팠다.

돌이켜 보면 내가 그동안 한 일 대부분은 우리나라를 허브로 만드는 일과 연관되어 있다. 그 과정에서 어려운 문제들은 계속 다가왔고, 그때마다 새로운 도전을 통해 극복했다. 풀린 문제들도 많고 앞으로 풀어야 할 문제들도 많았다. 많은 분들의 노력 덕분에 우리나라 교통 물류 시스템은 발전에 발전을 거듭했다. 우리의 교통 물류 시스템은 우리나라가 세계의 중심, 즉 허브가 될 수 있도록 변화를 거듭했다. 그 변화는 하늘, 땅, 바다에서 동시다발적으로 일어났다. 마치 하나의 드라마를 보는 것과 같았다.

미래의 허브를 위한 새로운 시도는 철도기술연구원에서 근무하는 3년 동안 이루어졌다. 그 과정에서 300명에 달하는 우수한 석·박사 연구원들과 약 2000회에 이르는 난상 토론을 했다. 우리 연구원들은 우수한 두뇌로 우리나라를 허브로 만들기 위해 많은 아이디어를 만들어 냈고, 이를 우리의 자산으로 만들기 위해 밤낮없이 노력했다. 우리 연구원들의 연구 성과물들은 우리나라는 물론 지구촌 곳곳의 모습을 바꾸어 놓을 것이다. 세계는 지금 우리의 도전적인 횡보橫步에 주목하고 있다. 마지막으로 우리가 세계의 진정한 허브가 되기 위한 우리의 생활 규범을 두서없이 풀어 썼다. 엄청난 주제이지만, 처음 말을 꺼낸 데 의미를 찾기 바란다. 이제 누군가가 나서서 진정한 답을 줄 것이다.

나는 이 책을 통해 내가 지난 30년간 몸담았던 교통 물류 현장에서 우리나라를 허브로 만들기 위해 실제로 어떤 일들이 있었는지를 알리고자 했다. 이 책을 읽는 분들이 쉽게 허브 메커니즘을 이해하고 스스로 허브가 됨으로써 인생의 승리자가 되었으면 한다. 그리고 훗날 내가 못다 이룬 허브,

즉 경쟁력 있고 살기 좋은 우리나라를 우리 후배들이 만들어 주었으면 하는 바람이다.

끝으로 우리나라를 허브로 만들어 가는 과정에서 이 책 속의 주인공이 된 많은 분들께 감사의 말씀을 드린다. 그분들 중 많은 분들이 지금 장관, 차관, 국장, 과장, 서기관, 사무관 등으로 국가를 위해 고군분투하고 계시다. 국가를 위해 소중한 분들이고, 그에 상응하게 존경받아야 하는 분들이다. 집필 편의상 당시의 직함을 쓸 수밖에 없었음을 양해드린다.

내가 쓴 원고를 여러 출판사에 보냈고 번번이 거절당했다. 그때마다 다시 쓰고 다시 또 썼다. 그 과정에서 더 많은 것들을 배우고 느낄 수 있었다. 그것은 내게 행운과도 같은 명상의 기회였다. 국어국문학과를 다니던 대학 시절을 돌고 돌아 다시 그 시절로 돌아온 기분이다. 그러던 중 문이당출판사 임성규 사장을 만났다. 출판 시장이 어려운데도 내가 쓴 원고를 일일이 읽고 한 권의 책으로 만들어 주었다. 참 감사한 분이다.

그동안 이 책을 집필하도록 항상 격려 말씀을 아끼지 않았던 국토교통부 김수곤 국장, 그리고 문구 하나하나를 교정해 준 오랜 친구 함기수 원장, 그리고 나의 오랜 선배이며 책이 나올 때까지 많은 지도와 격려를 해 주신 이장춘 회계사님께 감사의 말씀을 드린다. 항상 내 곁에서 책을 쓸 수 있도록 지원해 주신 카이스트 조천식녹색교통대학원 조동호 원장께도 감사 말씀을 드린다. 그리고 이외에도 책의 출판을 도와주신 많은 분들이 계시다. 그분들께 지면을 빌려 감사의 인사를 드린다. 마지막으로 나의 인생 도전의 어려움 속에서도 항상 내 곁에 함께해 준 나의 사랑스러운 아내, 당당하게 잘 커 준 딸과 아들에게 감사하다는 말을 전한다.

인용 문헌 및 자료

(1) 네이버 지식(시사상식사전), "알리바바그룹", 2014. 9. 5

　　http://terms.naver.com/entry.nhn?docId=2175283&cid=43667&cate
goryId=43667.

(2) Adib K. Kanafani, *Transportation Demand Analysis*", McGraw Hill, 1983, p14.

(3) 이카리 요시오 저, 권기안 번역, 『고속철도로 가는 길』, 한국고속철도건설공단,
1997, pp170~179.

(4) 전게서, p17.

(5) Teodor Grandinaru(UIC), "High speed evolution and worldwide and future developments",
2014 미래교통기술 국제세미나, 한국철도기술연구원와 세계철도연맹(UIC) 공
동개최, 서울 COEX, 2014 3.11, p33.

(6) Robert Cevero, *The Transit Metropolis*", Island Press, Washington D.C, 1998, p194.

(7) 전제서, p195.

(8) "KTX역 역세권지역의 지가분석", 한국부동산연구원 분석자료, 2009.8.

(9) "천안시 인구통계", 천안시 홈페이지

　　http://www.cheonan.go.kr/EgovPageLink.do?link=/stat/sub/sub03/sub_03_02.

(10) "제국의 영토 순위(1위~30위)", http://cafe.naver.com/praetorians/29006.

(11) Vukan R. Vuchic, Wright, *Urban Transit Systems and Technology*", 2007, Wiley - John
Wiley & Sons, Inc., p3.

(12) 전게서, pp40~41.

(13) 국가교통SOC 주요통계(내부자료), 국토해양부, 2014.12.31, p325.

(14) Norman J. Ashford, Saleh A. Mumayiz, and Paul H. Wright, *Airport Engineering, Planning,
Design, and Deveopment of 21st Century,* 4th Edition, John Wiley & Sons, Inc. Hoboken
NewJersey, 2011, p422.

(15) U.S. Department of Transportation, Bureau of Transportation Statistics, "Transportation
Statistics Annual Report 2000", BTS01-02, p145.

(16) 이성우 · 송주미 · 오연선, 『북극항로 개설에 따른 해운항만 여건 변화 및 물동량 전망』, 한국해양수산연구원, 2011. 12, pp148~152.

(17) 유주열, 「백가쟁명/유주열, 정화(鄭和)와 북극항로(NSR)」, 중앙일보 인터넷판, 2015.01.05., http://article.joins.com/news/article/article.asp?total_id= 16853220_&cloc=olink|article|default.

(18) "미드스트림의 상하역 모습", wikipedia, http://en.wikipedia.org/wiki/Mid_ -stream_operation.

(19) 『이단적열차 레이아웃 및 전차선 걸게 구조』, 한국철도기술연구원.

(20) 성원용 · 원동욱 · 임동민, 『대륙철도를 이용한 국제운송로 발전전략 비교 연구 : 러시아와 중국을 중심으로』, 연구총서, 2005. 10, 한국교통연구원.

(21) 나희승, 러시아 광궤와 표준궤가 모두 운행 가능한 궤간가변 고속대차 개발 공개 시연, 한국철도기술연구원 시험동, 2014. 3. 28.

(22) Richard Florida, Tim Gulden, Charlotta Mellander, "The Rise of the Mega-Region", the Rotman School of Management University of Toronto and etc., 2007.10, pp14~15.

(23) 전게서, 2007.10, pp30~31.

(24) 철도공사 내부통계자료, 2010.4.

(25) 철도청 고속철도운영준비단, "고속철도운영정보", 철도청, 1995.7, p170.

(26) 국가경쟁력강화위원회 등 4개 위원회 공동발표, "KTX국가철도망 구축전략", 2010.9.1.

(27) 전게서 참고자료, 국토해양부, 2010.9.1.

(28) Teodor Grandinaru(UIC), 전게서, p17.

(29) "해무 421.4km/h까지 주행 성공", 한국철도기술연구원 보도자료, 2013.4.1.

(30) 철도공사 내부자료, 2010.

(31) 수도권(서울, 경기, 인천) 인구통계, 국가통계포털, 2014.

(32) 고속철도와 국토공간구조의 변화(II), 국토연구원, 2006.

(33) 국토해양부 내부자료, 2009.

(34) Edward S. Neumann, "The Marketability of Advanced Transit Techonology, Journal of Advanced Transportation, 1989, p106.

(35) Robert Cevero, 전게서, p137, p174.

(36) OECD국가별 출 · 퇴근 소요시간, OECD Family Database, 2011.

(37) Vukan R. Vuchic, 전게서, p80.

(38) 이안호, 곽재호, 목재균, 「녹색교통시스템을 보다 저렴하고 친환경적으로 구축
한다」, '녹색교통기술개발로 출퇴근 시간 반으로 줄이는 녹색교통기술' 세미나,
한국철도기술연구원, 예술의 전당(서울 서초동), 2012. 10. 16, p6.

(39) 전게서, p27.

(40) 전게서, p20.

(41) 국토해양부 내부자료, 2009.

(42) 조용현, 「대도시 출퇴근 반으로 줄여보자」, '녹색교통기술개발로 출퇴근 시간
반으로 줄이는 녹색교통기술' 세미나, 한국철도기술연구원, 예술의 전당(서울
서초동), 2012. 10. 16, p12.

(43) 전게서, p15.

(44) 전게서, p29.

(45) 청주공항 국내선 항공통계, 항공진흥협회, 2011.

(46) 청주공항 국제선 항공통계, 항공진흥협회, 2011.

(47) 한국철도공사 내부통계, 2013.

(48) 코레일공항철도 내부분석자료, 2015.

(49) Norman J. Ashford and Paul H. Wright, *"Airport Engineering"*, 3rd Edition", John Wiley
& Sons, Inc. Hoboken New Jersey, 2007, p218, 『동남권 신공항 개발의 타당성 및 입지
조사 연구』, 국토해양부, 2009. 12, pp (II) 100～103

(50) 전게서, p221.

(51) 류재형, 『동남권 신공항 개발의 타당성 및 입지조사 연구』, 국토해양부, 2009. 12.

(52) 동남권 신공항 더 이상 추진하지 않기로, 국토해양부 보도자료, 2011.3.30.

(53) 김기환, 「과천청사가듯 세종청사간다」, '녹색교통기술개발로 출퇴근 시간 반으
로 줄이는 녹색교통기술' 세미나, 한국철도기술연구원, 예술의 전당(서울 서초
동), 2012. 10.

(54) "해무 421.4km/h까지 주행 성공", 한국철도기술연구원 보도자료, 2013.4.1.

(55) 유원희, 「Super Highspeed Train」, '미래교통기술' 국제세미나, 코엑스 4층 그랜드
    컨퍼런스룸, 한국철도기술연구과 세계철도연맹(UIC)과 공동개최, 2014. 3. 12.

(56) 서승일, 「레일운하 기술 및 적용방안」, '배가 산으로(레일운하) 올라간다?' 세미
    나, 한국철도기술연구원, 물류과학기술학회, 미래물류포럼 공동, 백범김구기념
    관, 2013.5.8., pp14~20, p30.

(57) 전게서, p32.

(58) 전게서, pp39~41.

(59) 조동호·이병송 등, '대용량 고주파(60kHz, 180kW) 무선전력전송 원천기술 세계
    최초 단위모듈시험', 철도연 오송무가선트램시험선, KAIST·한국철도기술연구
    원 (2013.2.13., 2013.6.4).

(60) 이병송·조동호 등, '대용량 고주파(60kHz, 1MW) 무선전력전송기술 고속철도
    적용시험', 철도기술연구원 시험선로, 한국철도기술연구원·KAIST, 2013.2.13.

(61) 이안호, 「녹색교통시스템을 보다 저렴하고 친환경적으로 구축한다」, '녹색교통
    기술개발로 출퇴근 시간 반으로 줄이는 녹색교통기술' 세미나, 한국철도기술연
    구원, 예술의 전당(서울 서초동), 2012. 10. 16, p7.

(62) William B. Rourke, et al., "Personal Rapid Transit(PRT) Another Option for Urban Transit?",
    Journal of Advanced Transportation, Advanced Transit Association, Inc., 1989.2, p192.

(63) "Taxi 2000, A New Generation personal Transit System", Taxi 2000 Corporation, 474 Revere
    Beach Boulevard, Suite 802 Revere, MA 02150, p4.

(64) 아랍에미레이트(UAE) PRT 시스템, 한국철도기술연구원.

(65) 수평·수직이동의 PRT시스템, 한국철도기술연구원.

(66) 김정국, "누드형 열차페리 기술", 철도교량 기술을 이용한 융복합 해상활주로
    기술세미나, 대한상공회의소, 한국철도기술연구원, 2013. 11. 5.

(67) 서승일외, '평창 동계올림픽 녹색순환 교통망 구축 전략 수립을 위한 세미나'
    – 평창 순환대중교통망 노선 선정 전략, 평창 순환대중교통망 구축을 위한 산악
    철도 기술개발, 서울교육문화회관 3층 거문고홀, 한국철도기술연구원, 2011. 12. 8.

(68) 고태훈, '세계 최초 콘크리트 촉진양생 신기술 개발' 시연, 한국철도기술연구원,
    2012. 4. 30.

(69) 고태훈, '콘크리트 급속양생기술 터널시공에 처음 적용' 시연, 하직터널(포항~삼척 철도5공구 건설공사구간), 한국철도기술연구원, 2013. 12. 26.

(70) 서승일, 「대륙철도연결을 위한 해중철도의 개념 및 설계안」, '해중철도' 국제세미나, 한국철도기술연구원, 한국화재보험협회(서울 여의도), 2012. 3. 28.

(71) 서승일, 「부유식 해상활주로 기술」, 철도교량 기술을 이용한 융복합 해상활주로 기술세미나, 대한상공회의소, 한국철도기술연구원, 2013. 11. 5.

(72) 권석진 등, 철도차량 스캐닝 시스템 공개시연, 한국철도기술연구원, 광명시험선, 2014. 3. 28.

(73) "레고형 교통시설", 한국철도기술연구원.

허브, 거리의 종말

초판 1쇄 인쇄일 • 2015년 6월 15일
초판 1쇄 발행일 • 2015년 6월 20일

지은이 • 홍순만
펴낸이 • 임성규
펴낸곳 • 문이당

등록 • 1988. 11. 5. 제 1-832호
주소 • 서울시 성북구 동소문로 65-2 삼송빌딩 5층
전화 • 928-8741~3(영) 927-4990~2(편)
팩스 • 925-5406
ⓒ 홍순만, 2015

전자우편 munidang88@naver.com

ISBN 978-89-7456-485-8 03300

값은 뒤표지에 표시되어 있습니다.